中国文化常识 3

干春松 张晓芒·主编

汤一介 楼宇烈 方克立 沙莲香·顾问

中国友谊出版公司

图书在版编目（CIP）数据

中国文化常识. 3 / 干春松, 张晓芒主编. -- 北京：中国友谊出版公司，2018.1（2020.7 重印）
ISBN 978-7-5057-4176-8

Ⅰ. ①中… Ⅱ. ①干… ②张… Ⅲ. ①中华文化—通俗读物 Ⅳ. ①K203-49

中国版本图书馆 CIP 数据核字(2017)第 225083 号

书名 中国文化常识. 3
作者 干春松 张晓芒 主编
出版 中国友谊出版公司
发行 中国友谊出版公司
经销 新华书店
印刷 天津中印联印刷有限公司
规格 710×1000 毫米 16 开
23 印张 400 千字
版次 2018 年 1 月第 1 版
印次 2020 年 7 月第 5 次印刷
书号 ISBN 978-7-5057-4176-8
定价 49.80 元
地址 北京市朝阳区西坝河南里 17 号楼
邮编 100028
电话 (010)64678009

序 言

Foreword

从起源的时间看，中华文明并不是最久远的。然与其他主要的文明相比，中华文明却更具有连续性和包容性，这为大多数人所认同。分析其原因，除了中华民族所具有的顽强的生命力之外，中华文明在发展的过程中所形成的独特的价值观和思维方式是更为重要的依据。

从价值观的层面，中华文明主张仁爱，既肯定家庭和社群的重要性，也将与天地万物为一体视为人类所追求的境界。在政治理念上，儒家、道家等诸子百家，都特别重视民众的利益。儒家坚持民为贵，道家主张以百姓心为心，虽然对秩序建构的理解有所不同，但终极价值却都是将百姓视为政治的目标。在人与人的交往中，提倡诚信和互助、尊长爱幼，倡导“己所不欲，勿施于人”的处事哲学。在社会秩序的原理中，主张公道和正义，并以此作为处理人与自然、人与社会和人与人的关系的准则。因为将人看作自然的一部分，所以追求人与环境的整体平衡；因为将他人看作是“同胞”，所以，天下一家，平等友爱，并设计了平等大同的社会理想。这些价值虽因社会发展程度的限制，并不可能完全实现，但千百年来一直作为我们祖祖辈辈坚守的信念。这些价值也是建基于中国人独特的思维方式，比如倾向于从整体和局部的统一、客观和主观的结合等方式来看待事物，肯定现世的生活秩序，在信仰生活中充满了美德和伦理的光辉。这些都构成了中华文明有别于西方文明、印度文明的一些特点，为人类文明的繁荣做出了巨大的贡献。

然而，一百多年来的现代化运动和中西文化交流，特别是军事和经济上一度失败的影响，导致国人对自身的文化传统以及独特的价值观和思维方式的意义产生了怀疑，在20世纪出现了全盘西化和彻底否定中国文化的倾向。而白话文的普及和现代的教育体制也导致人们不再集中心力阅读儒家的经典和其他的传世作品，客观上造成了人们对于中国文化的隔膜。

进入21世纪以来，国人对于文化传统的价值有了新的认识，文化自觉和文化自信成为全社会的共同认知，因此，形成了全国范围的国学热。越来越多的人希望通过阅读传统经典提升文化品位，并以此修身养性。但是，国学的熏染对于大多数国人而言，是一个漫长的过程，而掌握一些中华文化的基本知识，是做到这些的第一步。因此，我们编写了这样一部以“常识”为名的中国文化简明读本。

本书从思想、制度、习俗、礼仪、文学、教育等方面介绍了对于了解中国文化所必须要知道的一些内容，并以比较轻松和活泼的文字加以介绍，具有通俗性和趣味性相结合的特征。

在本书的编写过程中，已故的北京大学汤一介教授在生前就十分关心，后来又得到了楼宇烈先生、方克立先生和沙莲香教授的指导，保证了这部常识不会因为其通俗性而失去其准确性。本书由我和南开大学的张晓芒教授共同主编，因为术业有专攻，邀请了其他院校的许多教师共同撰写，我想大家都是本着让中华文化浸润每一个读者的内心世界的态度来做这项工作的，因此在撰写过程中尽心尽力，以求满足读者的需要。

干春松

于北京海淀万柳

2016年9月

目录

Contents

一、人物　掌故

二、思想　智慧

三、科学　技术

四、文学　音乐

五、书法　绘画

六、图书　博物

七、宗教　神话

八、文物　考古

九、建筑　园林

十、教育　学校

十一、美容　服饰

十二、语言　文字

十三、帝王　将相

十四、饮食　男女

一

人物　掌故

战国四大公子：春申君、信陵君、孟尝君、平原君

战国时期有四位出类拔萃的人物，被称为“战国四大公子”，即楚国春申君黄歇、魏国信陵君魏无忌、齐国孟尝君田文、赵国平原君赵胜。

楚国的春申君最初因为知识渊博、口才出众而为楚顷襄王赏识，被封为左徒。当时秦国强盛，不断进攻楚国，占领了不少地方。春申君见形势不妙，就出使秦国游说秦昭王，指出天下只有秦、楚两国最强，若秦、楚相争犹如二虎相斗，反而使别国得利。秦王认为有理，就撤回了军队。后来楚国太子到秦国作为人质，春申君随行，几年后用计使太子逃回了楚国，太子即位后对春申君十分信任，长达20余年。后春申君娶赵人李园之妹为妻。李园之妹有身孕后，被献给楚王，生子被立为太子。李园本为小人，得势后更加野心勃勃。春申君因为有实权，竟被李园派人刺死。

魏国的信陵君为人礼贤下士，不管对方地位尊卑，都以礼相交。不少名士都不远千里来投奔信陵君，如侯嬴、朱亥等都是足智多谋之士。齐楚两国相约攻魏，魏国向秦国求援，秦国果然发兵。但魏王因此就准备亲秦而伐韩。信陵君则指出秦乃虎狼之国，假如亲秦伐韩则魏国也会有危险。后来历史的发展果然如他所料。秦国攻赵，赵魏唇齿相依，就向魏国求救。但魏王畏秦，不愿出兵。信陵君则窃取兵符，发兵救赵，客观上维护了魏国的利益。信陵君曾居赵国10年，秦国遂不敢进犯赵国而攻魏。后信陵君返回，统领五国之兵大破秦军，威震天下。但功高震主，魏王并不信任信陵君。他为了避祸，就日日沉迷于酒色之中，很快就逝世了。

齐国的孟尝君少年时即深谋远虑，名声远播。秦昭王听说他为贤士，使人求见却不得。后孟尝君不得已而入秦，秦王欲使他为相，遭拒绝后被强留。孟尝君依靠门客的“鸡鸣狗盗”之法脱身，封为齐相，因名高其主、权力过大而被废。这时孟尝君的门客出谋划策，“狡兔三窟”，终于使他恢复了地位。齐滑王十六年（前286），齐灭宋，又一次准备废除孟尝君。孟尝君只好来到魏国，担任魏相，并联合秦、赵、燕等国大破齐国，占领齐国多座城池。后来齐襄王立国，惧怕孟尝君，重新宠信他。孟尝君死后，他的后代们争抢地位，齐国和魏国乘虚而入，灭了他的九族。

平原君赵胜在赵国的诸公子中最喜宾客，门人有数千人。秦国攻赵，包围了赵

国的都城邯郸。赵向魏国求援，获得救兵，但是救兵未至而邯郸危在旦夕。眼看就要城破国亡，平原君听从谋士的意见，尽散个人之家财，招募不惜性命的勇士3000人，将秦兵击退15公里，争取了宝贵的时间。不过在四公子当中平原君是才能较为平庸的一个。毛遂曾在他门下3年，如无“毛遂自荐”，他都不知其人有过人之才干，可见他不能识人。又，秦曾进攻韩的上党，上党守将无力抵御，就准备将城池献给赵国。赵王十分高兴，征询平原君的意见，平原君就积极主张接受。赵受韩地，结果惹怒了秦国，遭受了很大灾难。平原君服侍几代君主，后无疾而终。

（范松义）

八王之乱

西晋皇室诸王为争夺中央政权而连年作战，主要有汝南王司马亮、楚王司马玮、赵王司马伦、齐王司马冏、长沙王司马乂、成都王司马颖、河间王司马颙、东海王司马越等八王，历史上称为“八王之乱”。

西晋初期，晋武帝封了27个同姓王，每个王都有自己的军队。他死后，继位的晋惠帝昏庸无能。他听说各地水灾，百姓没有饭吃，居然问：“他们为什么不吃肉糜（肉粥）？”这样的皇帝自然大权旁落。先是外戚杨骏掌握实权，然后晋惠帝夫人贾后于永平元年（291）召司马亮和司马玮带兵进洛阳，杀了杨骏。这时候司马亮想独揽朝政，就与司马玮产生了矛盾。贾后趁机让司马玮杀了司马亮，又以擅杀大臣之罪除掉了司马玮。这以后贾后实际上就真正控制了朝纲。

由于太子不是贾后所生，贾后就趁他酒醉的时候，骗他写了一封逼晋惠帝退位的信，然后以此为据，废除了他。大臣们对此议论纷纷，都十分愤恨。永康元年（300），禁军将领司马伦见时机合适，就带兵杀进了宫中，杀了贾后。后来司马伦野心膨胀，竟软禁了晋惠帝，自己称帝。司马伦大封同党，就连侍从都当上了高官，朝中一片乌烟瘴气。由于官太多，官帽上用作装饰的貂尾不够用，只好用狗尾巴来凑数，这就是“狗尾续貂”的来历。第二年，司马冏、司马颖和司马颙又联合起兵，攻打洛阳。司马伦战败，惠帝复位。司马冏因为功劳最大，成为首辅。后来司马乂与司马颙又杀了司马冏，司马乂掌握朝权。第二年司马颖和司马颙以论功不平为借口，进攻洛阳，大战几个月，谁也难以取胜。此时司马越兵变，杀了司马乂，司马颖进占了洛阳，不过当年就被赶了出去。这种混乱局面直到司马越杀了司马颙与司马颖，毒死惠帝，拥立晋怀帝才告结束，前后持续了16年。

（范松义）

中国古代四大美女

中国古代的西施、王昭君、貂蝉、杨贵妃都有沉鱼落雁、闭月羞花的容貌，被称做四大美女。

西施原名夷光，战国时期出生于今日的浙江诸暨苎萝村。因家住西村，所以叫做西施。当时吴越交兵，越国战败，连越王勾践都做了俘虏，在吴国做奴隶3年。勾践回国以后，卧薪尝胆，奋发图强，图谋报仇雪恨。为了越国的复兴，勾践采取了很多策略，其中之一就是范蠡所提出的美人计。他把美若天仙的西施献给了吴王夫差，夫差一见十分宠爱，从此沉迷于美色之中，将朝政抛到了九霄云外。吴国逐渐衰落，而越国趁机崛起，后来终于灭掉了吴国。据说吴被灭后，西施与范蠡泛舟五湖，不知所终。

西施

王昭君，名嫱，字昭君，西汉时南郡秭归（今湖北兴山县）人，被选入宫中作为宫女。当时北方的匈奴因为争夺权力而衰落，5个单于互相争战。其中呼韩邪单于被他的哥哥郅支单于打败了，损失惨重，就决心与汉朝和好。后来呼韩邪朝见汉元帝，要求和亲。王昭君听说后，自告奋勇，积极响应。呼韩邪见昭君貌美如花，十分高兴，就带着她离开了长安。回到了匈奴之后，昭君积极把中原文化传给当地的人，获得了人们的尊敬和爱戴。从此汉与匈奴平安无事，有60多年没有发生战争。

貂蝉本是东汉时司徒王允的侍女。她貌美如仙，同时又特别善解人意。王允见朝政为奸臣董卓所操纵，整日愁眉不展。貂蝉见了，就表示愿为主人分忧。王允见董卓和他手下的猛将吕布都是好色之徒，于是定下连环计兼美人计。他先把貂蝉许给吕布，再把貂蝉献给董卓。吕布本已被貂蝉迷得神不守舍，现在见董卓将她抢去，十分恼怒。一日吕布偷偷进入董卓府第与貂蝉相会，被董卓撞见，二人关系从此破裂。后王允晓以大义，借吕布之手杀了董卓，貂蝉遂归吕布。

杨贵妃是唐蒲州永乐（陕西华阴县）人，小字玉环，道号太真。她最初为唐玄宗的第十八子寿王的王妃。因为她通晓音律，能歌善舞，姿容美丽，唐玄宗一见倾心，就把她召入宫中。杨贵妃聪明过人，善于揣摩他人心意，所以深得唐玄宗的欢心。唐玄宗虽为一国之君，但对杨贵妃情真意切。“一人得道鸡犬升天”，杨家的人从此飞黄腾达，她的哥哥杨国忠更是权倾朝野，使朝廷一片乌烟瘴气。后来“安史之乱”爆发，唐玄宗匆匆逃离长安。到了马嵬驿的时候，大军再也不肯前进，都要求处死杨国忠和杨贵妃。唐玄宗无奈，只好将杨贵妃缢死，尸体埋在了大路旁。

杨贵妃

（范松义）

中国古代的美男子

人们形容男子容貌俊美，常常会说：“美比宋玉，貌如潘安。”宋玉和潘安是古代两位著名的美男子。

宋玉是战国时期楚国人。《昭明文选》中《登徒子好色赋》一文说宋玉“为人体貌闲丽，口多微辞”，长得漂亮，口才又好。他邻居家有位少女，眉如翠羽，肌如白雪，腰如束素，齿如含贝，竟然暗恋宋玉 3 年，可见他的魅力了。

潘安即西晋人潘岳，字安仁，小字檀奴。他长相帅气，又很有气质，深得时人的喜爱。潘岳年轻的时候经常坐车出去游玩，不少妙龄少女见了，竞相围观，还紧紧地跟着他，把水果丢进车子，一天下来常常满载而归。

除了宋玉和潘安，中国古代还有不少美男子，如子都、卫玠、嵇康、高长恭等。

子都，春秋时期郑国人，原名公孙阏，字子都。子都能征善战，为一名神射手，是郑国的重臣。《孟子·告子》篇说：“至于子都，天下莫不知其姣也。不知子都之姣者，无目者也。”可见子都的美是天下闻名的。

卫玠，西晋人。他从小就风神秀异，但是喜怒不形于色，远远望去就像是一个玉石雕像，所以人们都叫他“璧人”。他坐着车在洛阳的街道上走的时候，男女老少都一起出动，来欣赏卫玠，场面十分宏大。后来卫玠到了南京，人们听说后自然也是围观，由于人太多，卫玠举步维艰，他身子又弱，后来居然疲劳过度，驾鹤西去了。

嵇康，字叔夜，三国时魏国著名的诗人。嵇康不仅腹有才华，而且英气逼人，俊美潇洒。时人见了他，都感叹说仿佛如一棵古松，气度不凡。有一次他去山中采药，竟被人误认为神仙下凡。嵇康个性耿直，从不与人同流合污，最后导致了杀身之祸。

兰陵王，名高长恭，本是南北朝时东魏的大臣，后为北齐的一员猛将，为建立北齐立下了汗马功劳。高长恭虽杀人无数，但是面貌过于秀美，他觉得难以震慑敌人，所以打仗时就戴上面目凶恶的面具。救援洛阳时，他带兵杀到城下，但守军怕是敌人的计谋，于是高长恭取下面具，结果城上的兵卒看到后士气大振，最终取得了胜利。

（范松义）

民间四大爱情传奇：牛郎织女、孟姜女寻夫、梁祝化蝶、白蛇传

中国民间流传着许多爱情故事，表达了人们对美好爱情的渴望。其中最著名的是“牛郎织女”、“孟姜女寻夫”、“梁祝化蝶”和“白蛇传”。

传说牛郎是一个放牛娃，一天，天上的织女偷偷下凡间沐浴，与牛郎相识，于是和牛郎成了亲。他们生了两个孩子，生活十分恩爱。但是王母娘娘知道后十分恼怒，就把织女强行带回了天上。牛郎想起老牛临死时说过披上它的皮可以上天，就背着孩子去追织女。眼看就要追上了，王母娘娘却用金簪画了一道银河，两人分开隔河相望，却无法相会。时间长了，他们的忠贞爱情感动了王母娘娘，就允许牛郎织女在每年七月初七的时候，踏着鹊桥相会，这也就是七夕节的来历。

孟姜女是秦朝时候的女子，她嫁给了范喜良，过着夫妻恩爱的生活。可是秦始皇要修万里长城，到处抓人做工，范喜良也被抓了去。过了一年又一年，别人都有信寄回来，范喜良却始终杳无音信。孟姜女于是决定千里寻夫。她跋山涉水，历尽艰难，终于到达了长城。孟姜女到处询问范喜良的下落，后来却得知他早已累死

了，尸骨埋在了长城下面。孟姜女悲恸欲绝，放声大哭。她哭了三天三夜，哭得天昏地暗，只听轰隆一声，竟哭倒了长城。爱人已经死去，最后悲怨的孟姜女也投海而亡。

"梁祝化蝶"说的是梁山伯和祝英台的动人故事。祝英台本是妙龄女郎，女扮男装，出外求学。在求学期间，祝英台深深爱上了同窗梁山伯，梁山伯却始终不知她是女子。后来英台接到家书，要立即返回，二人依依惜别。在送行的时候，英台多次暗示梁山伯自己为女性，表达爱慕之情，但梁山伯却始终懵懂，不能领悟。后来梁山伯从师母处得知真相，却为时已晚，英台已经被强行许配给别人。梁山伯悔恨交加，一病而亡。英台出嫁的时候，途中到梁山伯坟前祭祀，突然电闪雷鸣，坟头裂开，英台就跳进了里面。过了一会儿，一对彩蝶从中飞出，翩翩起舞，这就是二人的化身。由这个凄婉的传说编写的小提琴协奏曲《梁祝》已经成为20世纪的经典了。

白蛇传的故事发生在南宋初年。杭州的许仙清明节时上坟，邂逅了由白蛇修炼而成的白素贞与由青蛇修炼而成的小青。许仙与白素贞两情相悦，结为夫妇，过着恩爱的生活。镇江金山寺住持法海知道后，决心除妖。他设计使白素贞露出了原形，又软禁了许仙。白素贞请来虾兵蟹将，水漫金山寺，但最终不敌法海，后来法海用金钵将白素贞压在西湖雷峰塔下。小青趁机逃走，潜心修炼法术，终于救出白素贞，两人共同升天。鲁迅曾写过一篇文章《论雷峰塔的倒掉》，也提到了这个故事。

（范松义）

东郭先生

东郭先生的故事出自明代马中锡的寓言小说《中山狼传》。说的是春秋时期，晋国大夫赵简子到中山打猎时遇到了一只狼，赵简子拉弓搭箭，射中了它。狼负创而逃，赵简子穷追不舍。此时东郭先生赶着一头驮着书籍的驴子迎面而来。狼一见东郭先生，急忙跑到他跟前，哀求道："请您救救我吧，日后我一定报答您的大恩大德。"东郭先生是一个善良的人，平日连一只蚂蚁也不肯踩死，于是就答应了狼的要求。他取下装书的袋子，将书倒出来，然后将狼的四只脚捆在一起，勉勉强强地塞了进去。这时赵简子来到了东郭先生跟前，向他打听是否看到一头负伤的狼。

东郭先生说："什么也没看到。这里岔道这么多，狼大概是迷路了吧。"赵简子听了这话，掉转马头走了。

狼听到赵简子的人马都走远了，就说："多谢先生救命之恩，现在请放我出来吧。"东郭先生打开袋子，将狼放了出来。狼直直脖子，伸伸腿，突然间凶相毕露，说："刚才你救了我，可是现在我饿了，你好人做到底，让我吃了吧。"说着就张牙舞爪地向东郭先生扑去。东郭先生大惊失色，只好围着驴子与狼周旋。到了傍晚时分，东郭先生说："咱们请三位长者来评评理，如果都说应该吃我，那就吃我吧。"于是他们一起去寻找长者。但此时行人稀少，他们就去问一棵老杏树。老杏树说："我给主人结了20年的果实，现在老了，主人就要砍掉我。你对狼的恩情也不重，为什么不能吃?"去问老牛，却也是类似的回答。正在危险的时刻，来了一位拄着藜杖的老人，东郭先生急忙请他评理。老人问狼为什么要吃人，狼说："他把我装在袋子里，分明是想闷死我。"老人说："不知你说的是真是假。要是你让他再装一次，我亲眼看到，就可以让你吃了他。"狼高兴地答应了，就重新让东郭先生装进了袋子。老人见计谋成功，就用藜杖打死了这头凶残而又愚蠢的狼。

"东郭先生"与西方的寓言故事《农夫与蛇》一样，都说明了对凶残的人是不能轻易怜悯的。

（范松义）

孔子的弟子有多少个

孔子，名丘，字仲尼，春秋末期鲁国陬邑（今山东曲阜市）人。孔子是我国儒家学派创始人，是古代著名的思想家、教育家，其思想及学说对后世产生了极其深远的影响。据说孔子有弟子3000人，其中成为贤人的有72人。3000这个数字可能有些夸大，但孔子一生致力于教育事业，直到晚年仍然没有停止，他的确有许多学生。

孔子30岁左右时就开始招收学生。第一批学生中有颜路、曾点、子路、伯牛、冉有、子贡、颜渊等。他们主要是学习六艺，即礼、乐、射、御、书、数，这些都是当时的基础课程，能够陶冶学生情操，训练他们在政治、军事、外交方面的基本技能。中年之后，孔子不仅招收来自齐国、鲁国的学生，还有来自楚、晋、秦、陈、吴各国的弟子，可谓桃李满天下。到了晚年，孔子招收的学生有子游、子夏、曾参等人，这些学生都属于晚辈。此时他们主要学习《诗》、《书》、《礼》、《乐》、《易》、《春秋》，也就是后来所说的"六经"。

在孔子的弟子中，孔子最为满意的是颜回、子路和子贡。颜回字子渊，也称颜渊。颜回生活非常艰难，但安贫乐道。《论语·雍也》中说："贤哉回也！一箪食，一瓢饮，在陋巷，人不堪其忧，回也不改其乐。"颜回继承了孔子"仁"的学说，又善于学习，能举一反三，在孔门中是很突出的。当颜回中年去世时，孔子曾拍着胸脯悲叹道："天丧予，天丧予。"用通俗的话说就是："老天要我的命呀！老天要我的命呀！"

子路，名仲由，也叫做季路。他脾气耿直，勇敢刚强，很有政治才干，同时对军事也很精通。子路做过卫国的大夫，颇有政绩，深得孔子的赞赏。子贡，名端木赐。子贡的特点，一是口才很好，二是长于理财。他家财很多，于是乘坐豪华的车子，带着财物游于列国之间，宣传孔子的思想。孔子去世后，他服丧6年，以表达哀思。

孔子讲学图

孔子的其他弟子也各有千秋，《论语·先进》中就评价说：德行好的有颜渊、闵子骞、冉伯牛、仲弓；擅长言语的有宰我、子贡；擅长政事的有冉有、季路；擅长文学的有子游、子夏。按《史记·仲尼弟子列传》载，宰我"利口辩辞"，子贡"利口巧辞"。后来宰我做了齐国都临淄大夫；子贡则受命孔子出使鲁国，从事外交活动，成绩斐然："子贡一出，存鲁、乱齐、破吴、强晋而霸越。子贡一使，使势相破，十年之中，五国各有变。"

（范松义）

智圣东方朔

东方朔，字曼倩，平原厌次（今山东惠民）人，西汉文学家。汉武帝时为常侍郎、太中大夫等职。他诙谐滑稽，言词敏捷，机智过人，常在武帝前谈笑取乐，趣闻逸事颇多。

古人多迷信，汉武帝也如此。曾有人向汉武帝献上一瓶酒，说是喝了能长生不老。很明显，这是在欺骗皇帝，以谋取赏赐。东方朔知道这是无稽之谈，就偷偷地把这瓶酒喝光了。武帝得知东方朔把这么珍贵的酒给喝了，勃然大怒，下令要杀东方朔。死到临头，东方朔并没有惊慌失措，而是镇定地对武帝说："陛下，如果我所喝的真的是长生不老的酒，那么您杀我我也不会死；如果您把我杀死了，那么这酒根本就不能让人长生不老，则献酒的人就是在欺骗您，该死的是他啊。"这是一个两难推理，隐含着"或者您杀不死我，或者献酒的人在欺骗您"。武帝当然明白这个道理，于是赦免了东方朔。

一次，上林苑里有一只鹿被人误杀了。武帝见有人竟敢杀皇家园林的鹿，实在胆大妄为，非常生气，要把杀鹿的人处死。其实何至于此呢？但是其他大臣为了讨好皇上，都说此人该死，应当千刀万剐。这时候东方朔计上心头，上前说道："陛下，这人确实该死，而且应该让他死三遍。第一，他杀了鹿，使得陛下因鹿杀人，这是一大罪。第二，他使天下人都知道陛下重鹿轻人，有损您的威信，这是二大罪。第三，匈奴来侵犯的时候，我们本来可以用鹿去杀敌的。现在鹿死了，谁去抵抗敌人呢?"这么一说，武帝不禁笑了，也认识到自己这么做是会失去人心的，就收回了杀人的命令。

《晏子春秋》中也记载有因烛邹负责看管的鸟死了而要被齐景公杀死，晏子为烛邹辩护的故事。这两个有异曲同工之妙的故事，都采取了指东说西的方法，以谴责的姿态出现，虽一声声批在"罪人"身上，但其反语说理的话语锋芒却一声声刺在帝王心头。在"重鹿（鸟）轻人"与"重人轻鹿（鸟）"这一关系到国君声誉的大是大非问题上，被逼入死角的帝王当然不肯让自己声名狼藉。同时又由于批评者的批评委婉含蓄，帝王也自然乐得借坡下驴。

东方朔常常运用机智滑稽的言辞，来暗中对皇帝进谏。但因为他幽默诙谐的个性，汉武帝始终将他视为俳优，未能加以重用。

（范松义）

二十四孝

孝敬老人是中华民族的传统美德，古代有不少孝子的故事，其中流传甚广的是“二十四孝”。

1. 孝感动天。远古帝王舜年轻时，父亲、继母和异母之弟多次想害死他，但舜仍然对父母孝敬，对弟弟慈爱。他的孝行感动了天，于是就有大象和小鸟帮他耕种，后来帝尧还把帝位让给了他。

2. 戏彩娱亲。春秋楚国的老莱子为了让父母开心，70 多岁时仍然穿着五色彩衣，拿着拨浪鼓戏耍，就像小孩一样。一次他跌了一跤，怕父母伤心，就躺在地上装哭，逗得父母很高兴。

3. 鹿乳奉亲。周朝郯子的父母年老时想吃鹿乳，郯子就身披鹿皮，想混到鹿群中去取得鹿乳。不料猎人把他当做了真鹿，要用弓箭射杀他。他连忙解释，猎人才知是人，对他大加赞扬。

4. 为亲负米。春秋鲁国人仲由，年轻时家贫，自己常吃野菜，却从百里之外负米回家侍奉双亲。后来他做了大官，但是父母死了，他经常感叹：“现在我还想为父母亲去负米，却再不能了。”

5. 啮指心痛。春秋鲁国人曾参少年时经常到山里去打柴。一天家里忽然有客人造访，母亲不知如何接待，就用牙咬自己的手指。曾参忽然觉得心疼，明白是母亲在召唤，便赶快回家招待客人。

6. 芦衣顺母。春秋鲁国的闵损常受继母虐待。冬天继母的亲生子的棉衣里是棉花，而他的棉衣里是芦花。后来父亲发觉后要休掉妻子，闵损反而为继母求情，继母从此对他十分疼爱。

7. 亲尝汤药。汉文帝身为一国之君，对母亲非常孝顺。一次母亲病重，汉文帝日夜守护，天天为母亲煎药。每次煎好后，他都要先尝一尝，觉得合适了才端给母亲。

8. 拾葚供亲。汉代的蔡顺生活贫困，每日拾桑葚奉养母亲。一天遇到军士，问他为什么把红桑葚和黑桑葚分开装，他说黑桑葚让母亲吃，而红桑葚自己吃。军士们就送给他米和牛，让他孝敬母亲。

9. 为母埋儿。晋代郭巨家道中落，但妻子生了一个男孩，郭巨怕养孩子影响供养母亲，准备将儿子埋掉。挖坑时，突然挖到一坛上天所赐的黄金，于是既可孝敬母亲，又可抚养儿子了。

10. 卖身葬父。汉朝董永家贫，父亲去世后只好向地主借钱办丧事。后来他准备卖身去地主家干苦力，半路上遇到一位美女，于是董永就将她带到地主家帮忙。该女子勤劳能干，一个月就织了300尺布，还清了债务。原来她是天上的七仙女，被董永感动，特地下凡来帮助他的。

11. 刻木事亲。东汉丁兰的父母逝世后，他用木头刻了双亲像，每次吃饭都要先供养木像，然后自己才吃，仿佛父母在世一样。一次邻居用杖打坏了木像，丁兰大怒，将他痛打一顿。后来官人来抓丁兰时，木像竟潸然泪下。

12. 涌泉跃鲤。东汉姜诗之妻每日取婆婆爱喝的长江水，还常做婆婆爱吃的鱼。一次她回来晚了，姜诗怀疑她不孝顺而将她逐出家门。后误会澄清，姜诗将妻子请了回来，此时院中突然冒出了与长江水味道一样的泉水，以后每天还跳出两条鲤鱼。

13. 怀橘遗亲。三国时陆绩6岁随父谒见袁术，袁术用橘子款待。陆绩悄悄在怀里藏了两个橘子，临走时掉了出来。袁术嘲笑他，陆绩则说："这是要送给母亲的。"袁术对此十分赞赏。

14. 扇枕温衾。东汉黄香9岁丧母，对父亲特别孝顺。夏天就为父亲扇凉枕席，冬天则为父亲暖热被褥，得到世人的好评。

15. 行佣供母。东汉的江革背着母亲四处逃难，有时贼人要杀死他，江革以老母无人照顾哀求，贼人遂不忍下手。后来他做雇工供养母亲，而自己整日衣着破烂。皇帝听说后，就任他为孝廉。

16. 闻雷泣墓。战国时魏国王裒的母亲生前惧怕雷声，他常在打雷时陪伴母亲。母亲去世后王裒特意把她安葬在幽静的山林中，打雷时还跑到坟墓前跪拜，低声说道："母亲请不要怕，儿来陪您了。"

17. 哭竹生笋。三国时孟宗的母亲得了重病，想吃竹笋煮羹。可是当时正是严冬，大雪纷飞，孟宗十分着急，就跑到竹林里痛哭。过了一会，他发现四周冰雪融化，草木变青，竟然长出了许多竹笋，原来是他的孝心感动了上苍。

18. 卧冰求鲤。晋朝王祥的继母对他很坏，但是继母病时想吃鲤鱼，又恰逢冬天，他就脱掉衣服卧在冰上，这时冰忽然融化，跃出了两条鲤鱼。

19. 扼虎救父。晋朝的杨香14岁那年随父亲下地干活，路上突然跳出了一只老虎，父亲被虎拽走了。杨香手无寸铁，但一心想着救父，就冲上去和老虎厮打，死死抓住了老虎的脖子。老虎受了惊吓逃跑，父子俩都逃过了一劫。

20. 恣蚊饱血。晋朝时，吴猛家贫，买不起蚊帐。夏日蚊叮虫咬，父亲不能安睡，于是夜里吴猛就赤身坐在父亲床前，虽然蚊子将他咬得全身是包也不驱赶，生怕蚊子去咬父亲。

21. 尝粪心忧。南齐黔娄任县令时忽然心惊流汗，怕家中有事，就急忙赶回去一看，原来他父亲病了。医生说尝病人的粪便即可知是吉是凶，甜则凶，苦则吉。黔娄就尝了尝父亲的粪便，发现是甜的，十分担忧。过了几天，父亲果然去世了。

22. 乳姑不怠。唐代崔山南的曾祖母年高无齿，他祖母就每天用自己的乳汁喂养婆婆。这样过了好几年，曾祖母的身体非常健康。后来崔山南对祖母也非常孝顺。

23. 亲涤溺器。宋朝黄庭坚对母亲非常孝顺，每天都为母亲洗涤溺器。他身为高官，仆人很多，但他从不让他人代劳，而是坚持亲力而为。

24. 弃官寻母。宋代的朱寿昌自幼母子分离，他当官后知道了母亲的下落，就弃官不做，去寻找母亲，后来终于母子团圆。

（范松义）

曹操的家宴

曹操字孟德，沛国谯县（今安徽亳州市）人，三国时著名政治家、军事家、诗人。曹操为一方霸主，经常在家里大摆宴席，款待文武，在这些宴会上也发生过一些有名的历史故事。

曹操曾建铜雀台，台成后摆庆功宴，文武济济一堂。曹操想看武官比试弓箭，就在垂杨枝上挂了一件锦袍，下面摆了一个箭垛，规定射中箭垛红心者得到锦袍，射不中则罚酒一杯。曹休先出，一箭正中红心，正欲取走锦袍，谁知文聘、曹洪、张郃也先后射中了红心。夏侯渊见此，跃马而出，一箭射去，正中四支箭的中心。后徐晃奔出，一箭射断柳条，大家齐声喝彩，徐晃则将锦袍披于身上。此时许褚不服，竟然上来强取，于是二人互相厮打，结果锦袍扯得粉碎。曹操见众将武艺高超，十分高兴，于是每人赏赐了一匹锦缎。

“击鼓骂曹”的故事也发生在曹操的家宴上。三国时祢衡饱读诗书，才高八斗，但恃才傲物，十分狂放。曹操本想将让他效力，但他对曹操嗤之以鼻，对曹操手下的文武百官也是个个鄙夷不屑。曹操十分生气，想羞辱他，于是命他当鼓吏，在举行宴会时当众表演。祢衡便装而来，曹操又呵斥他不换新衣，祢衡遂将衣服全部脱下，赤身裸体，擂了一通鼓，大声斥骂曹操，然后才穿上了新衣。曹操反被他羞辱，怒火万丈，但又不愿落个杀害贤人的恶名，只好将他送出门去，后来借黄祖之手杀了祢衡。

（范松义）

弘一法师

弘一法师（1880~1942），俗名李叔同，浙江平湖人。他早年在文化艺术领域有杰出的成就，后来出家为僧，被尊为中国律宗的一代宗师。

李叔同最初沉醉于诗、词、书画、篆刻、音乐、戏剧、文学等各个艺术门类。他曾与任伯年等人组织上海书画公会，同柳亚子共同创立了文美社，与吴昌硕在西泠印社互相切磋。李叔同曾留学日本，因国内水灾而两度演出《茶花女》与《黑奴吁天录》等西方著名的戏剧，用门票收入来赈灾，显示出强烈的爱国热情，同时这也是中国人演话剧的滥觞。尤须一提的是，他在剧中饰演的都是女角。同时，他比较早地在中国传授西洋画，最早采用真人模特来作画。他创作的一些歌曲，如《送别》、《悲秋》、《祖国歌》，等等，都是脍炙人口的佳作。不仅如此，他还注意培养后学，他的学生丰子恺、刘质平等人后来在文化界都名噪一时。

1918年，李叔同39岁时，于杭州虎跑寺剃度出家，皈依了悟上人，法名演音，号弘一。他将一生的积蓄以及艺术品、衣物等全部送给了友人、学生，从此远离红尘。弘一法师持戒十分严格，对自己从不放松。他的雨伞用了30年，仍然不忍抛弃。生活起居都以佛法为准，每日只吃两顿，过午不食，所住的地方自然十分简陋。自清末以来，对佛门的清规戒律遵守得最为严格者，当首推弘一法师。弘一还潜心研究律学，广为弘扬佛法，以普度众生脱离苦海。

从风流潇洒的才子到青灯古卷的高僧，弘一法师的一生极富传奇性，颇耐后人咀嚼。

（范松义）

王国维：自杀的理由

王国维（1877~1927），字静安，号观堂，浙江海宁人。他是中国20世纪杰出的国学大师，在文学创作、文艺批评、美学研究、哲学研究诸多领域都有杰出的成就。然而在1927年6月2日，王国维竟然自沉于北京颐和园昆明湖，震惊四海。王国维虽有遗书留世，其中有“五十之年，只欠一死。经此世变，义无再辱”，但语焉不详，其家属又对此讳莫如深，所以对于其自杀的理由，80多年来人们多方猜测，提出了不少分析见解：

被人逼债说。内务府大臣绍英曾让王国维代售宫内字画，亲家罗振玉知道后，就假托代卖取走字画，后来以所得画款来抵偿王国维所欠他的债务。另外当时王国维的儿子已死，罗振玉让女儿在自己家里守节，要求王国维每年提供不菲的生活费。王国维债务缠身，难以解脱，遂投水自尽。

以身殉清说。王国维是清朝遗老，末代皇帝溥仪对他十分看重，王国维感激其知遇之恩，所以在溥仪退位、清朝灭亡之后以身殉国。曹云祥和罗振玉、吴宓等赞同此种观点。不过也有人提出异议，因为王国维并不是一个愚忠之人。

心灵惊惧说。当时北伐军大举北上，北京的政治局势也是风云变幻。王国维生怕自己落入北伐军手里后会遭受羞辱；另外他视辫子为命，而当时谣传北伐军会杀掉留有辫子的人，所以王国维自杀。但这种说法与王国维平时的为人不合，也被一些学者所怀疑。

文化殉节说。陈寅恪认为，一种文化衰落的时候，为此文化所化之人必定会感到十分痛苦。当时中国历经千年未有之巨变，则中国传统文化精神所凝聚的人自有可能与之同归于尽。王国维之自杀也正是这个原因。

各种说法都从一个侧面解释了王国维自杀的理由，但都难以成为公论。或许诸多意见综合起来，考虑到王国维内与外的方方面面，方能揭开这个谜底。

（范松义）

近代的名门世家

在近代中国，不少名门世家人才辈出，在中国近代史上写下了浓浓的一笔。

梁济和梁漱溟

梁济，字巨川，广西临桂人。他40岁时应顺天府乡试中举，后来曾任清内阁侍读，官至四品。清帝退位后，梁济也辞职归家。梁济所处的时代，是中国被西方列强横加欺凌的时候，他对此有切身的体会，深感痛心，于是主张务实，认为一切学问必须有利于国家的振兴，不然即是无用。由此出发，他极端厌恶八股、科举，因此大力提倡维新。梁济曾和人创办报纸，曾经创作并上演了新戏《女子爱国》，也曾在监狱中创办职业学校，还努力解决贫苦儿童的教育问题。

梁漱溟，梁济子，原名焕鼎，字漱溟。他是中国现代著名的思想家，是现代新儒家的早期代表人物之一。梁漱溟曾信奉过改良主义，也一度沉心于佛学，最后转向了儒学。任北京大学教授后，他出版了《东西文化及其哲学》，对新儒家思想作了阐述，产生了很大的影响。梁漱溟是中国民主同盟的创始人，1946年曾参加国共两党的和谈。建国后任中国人民政治协商会议委员，后因批评当时的农民政策而受到批判。到20世纪的80年代，他仍然坚持著文和演讲，保持着学术青春。

周氏三兄弟

在20世纪的中国文化史上，一家兄弟而声名卓著者，莫过于鲁迅（周树人）、周作人、周建人三人。

鲁迅是中国现代伟大的文学家、思想家和革命家。原名周树人，字豫才，浙江绍兴人。他的《狂人日记》是中国现代文学史上第一篇白话小说，为新文学运动奠定了基础。《阿Q正传》深刻揭露了国民劣根性，也是不朽杰作。另外鲁迅还创作了大量的杂文、散文，组织了“未名社”等进步的文学团体，主编了《莽原》、《语丝》等文艺期刊，积极培养青年作者，潜心古典文学研究，对发展中国的文化事业有突出贡献。1936年10月19日，鲁迅病逝于上海。

周作人，鲁迅的二弟，也是现代文学史上著名的散文家、诗人、翻译家。他曾留学日本，归国后于1917年任北京大学教授。在新文化运动中，他既从事散文、新诗的创作，又进行理论研究，并参与文学研究会的成立工作，在当时有很大的影响。“五四”后创作了大量清淡优雅的散文，后来更是提倡闲适幽默的小品文。周作人一生最大的污点是抗日时期在北平沦陷后出任伪职，为世人所讥。

周建人，鲁迅的三弟。周建人并不以文学成就著称，他是一位现代著名社会活动家、生物学家、鲁迅思想研究专家，著有《动物学》、《植物学》、《进化与退化》、《论优生学与种族歧视》、《略讲关于鲁迅的事情》、《鲁迅回忆录》等。新中国成立后，他曾担任出版总署副署长、高等教育部副部长、浙江省省长等职。

梁启超和梁思成

梁启超（1873～1929），字卓如，号任公，又号饮冰室主人，广东新会人，是中国资产阶级启蒙思想家、政治活动家、教育家、文学家、学者。梁启超自幼聪明过人，有“神童”之称。后拜康有为为师，受到很大影响。1895 年，梁启超在北京参加会试时参与了“公车上书”，4 年后又成为“戊戌变法”的主将，名留青史。变法失败后他流亡日本，主张改革，反对革命，政治上趋于保守。在近代文学史、学术史上，梁启超也是一个重要人物，他大力提倡文学革命运动，在中国历史文化的研究方面也有杰出贡献。

梁启超之子梁思成则是一位闻名中外的建筑学家、建筑教育家，是中国建筑史学科开创者，清华大学建筑系即是他所创立。梁思成生于日本，成年后到美国留学，获美国宾夕法尼亚大学建筑系硕士学位。他曾主持了人民英雄纪念碑和鉴真纪念堂的设计，中华人民共和国国徽和国旗最后修订也与他有密切的关系。梁思成致力于北京旧城的保护工作，经常奔走呼吁，然而在特定的年代里却受到了错误的批判，北京旧城也遭受了相当程度的破坏。

义宁陈氏

江西义宁的陈氏家族，自陈宝箴到陈三立再到陈衡恪、陈寅恪，祖孙三代皆成就斐然。

陈宝箴（1831～1900），字右铭。1895 年他任湖南巡抚，到任后即大力改革，使湖南政坛的面貌焕然一新。陈宝箴很注重经济的发展。他批准成立了湖南矿务总局，有力促进了湖南工矿业的发展。同时，他也是湖南近代电信业的开山人物。另外，他还注意启发民智，授民以权，这也是难能可贵的。

陈宝箴之子陈三立，字伯严。他官吏部主事，曾参加戊戌变法，辛亥革命后则以遗老自居。陈三立诗名很大，他好用僻词拗句，自成一体，为“同光体”诗派的重要代表。陈三立生有三子，长子陈衡恪、次子陈隆恪、三子陈寅恪。

陈衡恪字师曾，在诗、文、书、画方面皆有很高的成就。绘画上他长于山水、花卉，速写漫画也十分精到，很能传神。书法则老辣雄浑，名噪一时。他又热心指导后辈，艺术大师齐白石之所以有那么高的成就，其实与陈衡恪的指点不无关系。陈隆恪以诗著称，其诗风最酷肖其父，同时又自成一家。

陈寅恪则是一代学术大师。他学识极为渊博，曾6次出国留学，精通14种文字，对史学、宗教学、语言学、人类学、校勘学、文学都有深入的研究，尤以史学著称。因其父为诗人，他自然受到熏陶，旧体诗词也多有佳作。

德清俞氏

浙江省德清县俞氏名人辈出，俞樾、俞陛云、俞平伯于学术皆有精深造诣，可称文化世家。

俞樾，字荫甫，自号曲园居士。他曾任翰林院编修，得到清咸丰皇帝的赏识，任河南学政。俞樾秉性刚正，因得罪上司而被革职，从此移居苏州，潜心学术。俞樾主要研究经学，也涉及子学、史学、训诂学，对戏曲、诗词、小说也很精通。他的学生中不乏名家，如吴昌硕、章太炎等都是各自领域内的杰出人物。

俞陛云是俞樾之孙，字阶青，号乐静居士。光绪二十四年（1898），俞陛云中探花，授编修。抗日战争期间拒不出任伪职，显示出崇高的民族气节。他继承了家学，长于书法，特别擅长诗词创作。

俞平伯是俞陛云之子，名铭衡，字平伯。从小受到熏陶，古文底子非常扎实。但新文学运动兴起的时候，他积极参加，创作了很多新诗，也创作了不少优秀的散文，是现代著名的诗人、散文家。在古典文学研究方面，俞平伯也是硕果累累。他的《读词偶得》和《清真词释》是词学研究的经典之作，至今仍为人所重。在《红楼梦》的研究上，他做出了重大贡献，被视为新红学的代表人物。

曾国藩家族

曾国藩，字伯函，号涤生，湖南省双峰县人。中进士后，他于10年中连升10级，仕途通达。后来母亲去世，曾国藩返乡。当时清王朝正走向没落，内忧外患接连不断。太平天国运动也风起云涌，于是他受命清廷组织了湘军，为清王朝立下了汗马功劳，被封为一等勇毅侯。后来他历任两江总督、直隶总督，官居一品。曾国藩不仅仅是政治家，还是有名的文学家、学者。他精于古文，是桐城派后期的领袖。曾国藩十分注重对晚辈的教育。长子曾纪泽，刻苦自励，通过自学精通英文，成为优秀的外交官。在与沙皇俄国的谈判中，他不卑不亢，取得了清末外交史上唯一的一次胜利。次子曾纪鸿则对自然科学兴趣颇浓，在数学研究上有很深的造诣。除了曾国藩之子，他的孙辈曾宝荪、曾约农也是有名的教育家和学者。曾国藩的家族，至今出了名人 200 多人，实属难得。

李鸿章和张爱玲

李鸿章，本名铜章，字渐甫、子黻，号少荃、仪叟，谥文忠，安徽合肥人。他出身于耕读之家，后中进士，改庶吉士，授编修。他曾跟随曾国藩学习，研讨经世之学。后回乡招募士卒，组建淮军。在与太平军的作战中，李鸿章因有功于清廷，被封为一等肃毅伯，赏戴双眼花翎。在镇压捻军的过程中，李鸿章也是一个关键性的人物。李鸿章是洋务派的领军人物，他创办了一系列的民用企业，又组织北洋水师，增强军力，还创办新式学堂，派人留学欧美，这些都有不小的社会影响。但是，在外交上李鸿章软弱惧外，代表清廷签订了《马关条约》、《辛丑条约》等不平等条约，是中国近代史上的屈辱。

张爱玲，中国现代著名女作家，李鸿章的曾外孙女。她原籍河北，生于上海。中学毕业后就读于香港，后回上海，以文为生。1943 年，她发表小说处女作《沉香屑》，一举成名，然后《倾城之恋》、《金锁记》等名作也随之问世。1955 年，张爱玲旅居美国。张爱玲的作品以她在上海、香港的生活为基础，题材较为狭窄，但是细腻动人，长于对人物内心的剖析，十分感人。她既对中国古典小说有所继承，又融合了西方现代派文学的技巧，从而独树一帜，对 20 世纪 40 年代的上海文坛和 50 年代后的港台文学都有一定的影响。

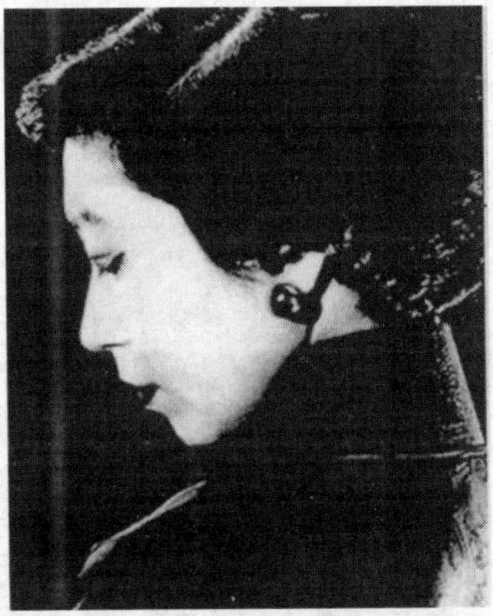

张爱玲

周一良

周一良，当代著名历史学家。他最初入北平辅仁大学历史系，然后转入燕京大学历史系，后到美国留学，学习日本文学，并学习了梵文。归国后先后在燕京大学、清华大学任教，1952年以后调至北京大学。周一良学识渊博，精通多种外语。他对魏晋南北朝史有精深的研究，《魏晋南北朝史论集》及《魏晋南北朝史札记》两书新见迭出，严谨扎实，是史学著作中的经典。另外，他在敦煌学、佛教史、日本史、亚洲史领域也是权威人物。

周一良系出名门，其先辈多有政治、经济、文化界的名人。曾祖周馥，字玉山。周馥出身寒微，为李鸿章所赏识，从此仕途通达。他追随李鸿章长达几十年，协助其进行洋务运动。周馥为清廷大员，最后官至两广总督。周馥之子周学熙最初进入仕途，曾任长芦盐运使、直隶按察使等职，后来在袁世凯政府两任财政总长。袁氏妄图复辟，周学熙与其政见不同，被软禁。后来淡出政界，致力于民族实业，先后创办有华新纱厂、耀华玻璃公司等企业，被称为北方实业巨头。长子周学海则喜读书，对医学颇感兴趣。他既能亲自给人看病，又有一定的理论修养，编撰有《周氏医学丛书》。周学海之子周叔弢为周一良之父，既是一名实业家，也是知名的藏书家。他大力搜求古籍、善本图书和金石文物，其藏书既多，版本又精，为人称道。

钱基博和钱钟书

钱基博，字子泉，别号潜庐，江苏无锡人，近代著名学者、教育家。辛亥革命时期，他曾参军，任陆军十六师中校副官参谋。1938年被湖南蓝田国立师范学院聘为教授。抗日战争期间，他心念祖国，专门开设《孙子》一课，讲授兵法。钱基博于国学研究上创获甚多，出版有《经学通志》、《中国现代文学史》、《版本通义》、《文心雕龙校读记》等20余种书，可谓著作等身。

钱钟书

钱基博之子钱钟书，字默存，号槐聚，现代著名作家、国学大师。他于1933年毕业于清华大学外文系，后赴英法留学。归国后历任昆明西南联大外文系教授、清华大学外文系教授，1953年起任中国科学院文学研究所研究员。他的小说《围城》名扬海内外，对知识分子的剖析鞭辟入里，是经典之作。钱钟书学贯中西，学养深厚，世不二出。其古典文学研究的著作《管锥篇》旁征博引，见解精辟，在海内外有重大的影响。其他学术著作如《七缀集》、《谈艺录》、《宋诗选注》也深为学界推重。钱钟书贯通中西、古今互见的治学方法，将多种学科知识熔为一炉，在学界独树一帜。

（范松义）

“怪人”沈有鼎

沈有鼎，字公武，出生于上海市，是我国著名逻辑学家，杰出的中国逻辑史家，我国数理逻辑研究的先驱。他 1929 年毕业于清华大学哲学系；1929 ~ 1931 年留学美国哈佛大学，获硕士学位；1931 ~ 1934 年留学德国海德堡大学和弗赖堡大学；1934 年回国，任西南联大哲学系讲师、教授及清华大学哲学系教授；1945 ~ 1948 年赴英国从事研究工作；1948 年回国后历任清华大学哲学系教授、北京大学哲学系教授、中国社会科学院哲学研究所研究员。

沈有鼎在数理逻辑领域里的主要贡献是建立了两个新的逻辑演算系统。沈有鼎也研究中国传统文化，提出了许多重要的新见解。在先秦名辩思想研究中，他取得了多项重要成果。他在诂解《墨经》中有关逻辑学的文字的基础之上，以现代逻辑为工具去研究《墨经》的逻辑学，挖掘出《墨经》中许多鲜为人知的逻辑思想。在哲学方面，他提出了中华民族性和哲学关系的新观点。他乐观地预言：“无论如何，我们现在已经可以知道：哲学在中国将有空前的复兴，中国民族将从哲学的根基找到一个中心思想，足以扶植中国民族的更生。”正如贺麟当年评论，沈有鼎说出了“非卓有见地的人不敢说的话”。

汪子嵩在回忆西南联大的回忆录中写道，沈有鼎先生是联大的“怪人”之一：戴着一副近视眼镜，头发和胡子总是邋邋遢遢，总穿着一件洗得发白的蓝布长衫，几个扣子没有扣上，一边走路，一边微笑或喃喃自语。不管是教师和学生，只要向他提个问题，他就拉着你讨论不休。在联大后面的文林街经常可以看到沈有鼎出现在茶馆或小饭馆里，提着一只小小的破旧箱子，里面装着书和钱。我听人说，沈先生可以出钱请你喝茶，但只有当他觉得你的意见有意思时，才肯让你吃他买的那碟花生或者瓜子。不管是哪一个系的教授开的课，只要他感兴趣，就会去旁听，有时还起来发问，甚至插嘴说，你讲错了，使得教授下不来台。沈有鼎是金岳霖的高足，有一次金岳霖讲到一本新出版的数理逻辑专著，沈有鼎站起来说：“这本书你是读不懂的。”金先生只是“唔”了一声，不以为忤。

（潘宇　单春梅）

二

思想　智慧

秦始皇焚书坑儒

焚书坑儒是秦始皇统一六国后为统治思想文化而采取的两项重大措施。秦统一六国后，秦始皇把以前分的诸国改为郡县。博士淳于越反对封建专制主义中央集权的郡县制，建议依据古制，封子弟功臣以为枝辅。丞相李斯为杜绝“诸生不师今而学古，以非当世，惑乱黔首”的现象，提出建议，除秦国的史书、博士官收藏的图书和百姓家收藏的医药、卜筮、种树等书外，凡列国史记、百姓私藏的《诗》、《书》和百家语等均限期交出焚烧。禁止私人办学等。秦始皇接受了李斯的建议，下令焚书。

秦统一六国后的第二年，为秦始皇寻觅长生不老仙药的方士侯生、卢生，因难以再继续行骗，便以始皇贪于权势，以为之求仙药为由，相约逃亡。秦始皇闻讯大怒，认为儒生多以妖言惑乱黔首，于是下令御史案问诸生，受株连的儒生达460余人，全被活埋于咸阳。焚书坑儒暴露了当时的社会矛盾，加速了秦朝的灭亡。

（单春梅）

演连珠

连珠是我国古代的一种别具特色的推论形式。孔子的“名不正，则言不顺；言不顺，则事不成；事不成，则礼乐不兴；礼乐不兴，则刑罚不中；刑罚不中，则民无所措手足”，就已经具有了连珠的痕迹。但连珠的形式始创于韩非，一般是“先列其纲而后著其解，谓之‘连珠’”。比如《韩非子》诸篇中的连珠，都是先列出总纲，即所谓的“经”；然后再逐条解析，列举例证，称之为“说”。在韩非的连珠中，“经”所表达的就是所要论证的论题，“说”所表达的就是论证“经”的论据。

如：徭役多则民苦，民苦则权势起，权势起则复除重（免除徭役的人多了），复除重则贵人富。苦民以富贵人，起势以藉人臣，非天下长利也。（结论）故曰：徭役少则民安，民安则下无重权，下无重权则权势灭，权势灭则德在上矣。（结论）

（《韩非子·备内》）

从形式上看，韩非的连珠似乎与传统逻辑中的连锁推理相似。在传统逻辑中，连锁推理是复合推理的省略形式，它只提出最后一个总的结论，而省略了其他各个小推论的结论。但仔细分析，尽管韩非的连珠也有省略小结论的步骤，但它的推导关系是建立在因果联系的基础之上的。而这与传统逻辑建立在类属（属种）关系基础上的连锁推理有本质的不同。

如：人有祸则心畏恐（心中不安），心畏恐则行端直（行为端正），行端直则思虑熟（考虑周全），思虑熟则得事理（把握规律）。行端直则无祸害，无祸害则尽天年。得事理则必成功。尽天年则全而寿。必成功则富与贵。全寿富贵之谓福，而福本于有祸。故曰："祸兮福之所倚"，以成其功也。人有福则富贵至，富贵至则衣食美，衣食美则骄心生，骄心生则行邪僻而动弃理（不走正道，动则背弃规律）。行邪僻则身死夭，动弃理则无成功。夫内有死夭之难，而外无成功之名者，大祸也。而祸本生于有福。故曰："福兮祸之所伏。"（《韩非子·解老》）

韩非这种建立在事物因果联系基础之上的连珠，其错综穿插的推导，也是与传统逻辑的连锁推理的固定模式有很大的不同。这可从另一个连珠例子得到证明：

人有欲则计会（思虑）乱，计会乱则有欲甚，有欲甚则邪心胜，邪心胜则事径绝，事径绝则祸难生。（上为反推连珠）由是观之，祸难生于邪心，邪心诱于可欲。（上为正推连珠）可欲之类，进则教良民为奸，退则令善人有祸。奸起则上侵弱君，祸至则民人多伤……夫上侵弱君而下伤人民者，大罪也。（上为反推连珠）故曰：祸莫大于可欲……祸莫大于不知足。（结论）（《韩非子·解老》）

总之，韩非的连珠推论形式多样，视需要而定，不曾固守于一个固定模式。加之韩非的连珠推论是建立在因果联系之上，这些都是它有别于传统逻辑的连锁推理之处。

至西汉末年，扬雄吸收了韩非"连珠"的形式，使之与文学结合，并赋予了"连珠"之名。其形式一般有两段式与三段式。两段式只有两段，前一段为前提，后一段为结论。也有三段的，三段式又分几种情况，其一是"……何则……"，其二是"……是以……故……"。

对于连珠的特点，古人评价说："所谓连珠者……其文体辞丽而言约，不指说事情，必假喻以达其旨，而览者微悟，合于古诗劝兴之义，欲使历历如贯珠，易睹而可悦。"（［晋］傅玄：《连珠序》，《艺文类聚》五十七）"连珠者，盖谓辞句连

续，互相发明，若珠之结排也。”（［南朝梁］沈约：《注制旨连珠表》，《艺文类聚》卷五十七）

（张晓芒）

“譬”的类推论辩方法

“譬”即援类而推的方法，是中国古代社会特有并广泛使用的一种思维方法。它是按照两种不同事物、现象在“类”属性或“类”事理上具有某种同一性或相似性，以“假物取譬”、引喻察类的过程，通过论说者的由“所然”进到“未然”的认知形式，描述、说明、论证或反驳一种思想的是非曲直。这种方法的特质是建立在“类”概念基础之上的，古人称之为“譬”。

作为一种思维方法，早在西周时代“譬”就已开始运用，《易经》就以“取象比类”开了先河。《尚书》也有运用“譬”的事例，如《尚书·梓材》连用种地、建房、作器三个日常生活中常见的事理做比喻，说明创业和守成的关系；《尚书·胤征》还以“玉石俱焚”比喻说明了官吏的过错“烈于猛火”。在我国最早的一部用文字记载的诗歌总集《诗经》中，“譬”的思维技巧更是比比皆是，并成为《诗经》赋、比、兴的三大艺术形式之一：“比，见今之失，不敢斥言，取比类以言之”，“兴，见今之美，嫌于媚谀，取善事以喻劝之”（［汉］郑玄：《毛诗正义》）；“比者，以彼物比此物也”；“兴者，先言他物以引起所咏之辞也”（［宋］朱熹：《诗集传》）；比、兴的本质区别并不明显，兴中许多发端起兴之辞多含有比喻义。所以，后人往往将比、兴合称，“写物以附意，扬言以切事”（《文心雕龙·比兴》），倾诉诗人的情怀。

至以后，孔子以“能近取譬”使这种方法有了定名，“无譬则不能言”的惠施更以“夫说者，以其所知谕其所不知而使人知之”，给这种思维方法下了定义。而墨子、孟子、庄子、韩非等人在使用类推方法以论证自己的主张时，更是广譬博喻，充分利用了日常生活中的浅显道理与治国、治世中的深刻道理在某一属性或事理中的同一性或相似性，从而在由此及彼的推论中，成为类推论辩的好手。例如，墨子以类推论辩成功地“止楚攻宋”，孟子以类推论辩使齐宣王“顾左右而言他”，庄子则以“涸辙之鲋”的类推论辩揭穿了监河侯的丑恶嘴脸，等等。

由于类推论辩方法的关注点只是在于两个思维对象，或用来做“比”的事物与所要论证的事物之间有“举相似”的同一性，从而断定对于它们的思维取舍也即肯定或否定也应该相同。因此，类推方法的特点是：两类事物在某一性质上具有相似性或相同性；将抽象的思想形象化或具体化，是论辩的工具；在论辩的过程中，所要说明的事理对听者来说可能是还未清晰了解的认识，但对论辩者来说，则是已经清晰了解的认识。所以在论辩的过程中，论辩者只是用类推方法或通俗化地或形象化地阐述了一个抽象的道理，并未增加任何新的知识；使表达思想、进行说服说理具有形象性、生动性。它的结论性质是对已知事物的事理之正误的说明，其结论是“应该如此”的价值命题，具有道义性。显然，类推论辩方法依据“类”事理上“同情”、“同理”的同一性，可以增强“说明”的力度，对于古人论辩各种政治伦理问题时“取辩于一物”有着非常积极的意义，表明了现世应该怎样做和为什么这样做的伦理精神，从而以这种思维方法最好地表达了那个时代的理想诉求，熔铸了那个时代求真的态度与精神，以及求善、求治的振世精神和人文关怀。为此，现代文学家钱钟书还曾就“譬”的强调或联想了两类极不相同的事物之间的相同、相似之处评价说：“不同处愈多愈大，则相同处愈有烘托。分得愈开，则合得愈出意外，比喻即愈新异，效果愈高。中国古人论譬，说不能‘以弹喻弹’，又说‘凡喻必以非类’，正是这个道理。”（钱钟书：《读“拉奥孔”》，《文学评论》1962 年第 5 期）也正是由于“譬”是一种言浅显喻深远的思维方法，所以它自古以来就是中国人在谈说论辩中广泛运用的方法，并使之具有了中国的特色。这样的例子从古到今举不胜举，例如梁启超的《少年中国说》就是运用“譬”的一篇极好的范文。

（张晓芒）

刘邦与儒生

刘邦起先对儒生很不以为然，所以经常会恶作剧地捉弄儒生。比如，当时的儒生喜欢戴帽，喜欢喝酒的刘邦在醉醺醺的时候，看见儒生就会揪下帽子往里面撒尿，以此来侮辱儒生。但是当时鲁地有一个名叫叔孙通的人，还是认为要通过刘邦而让世人了解儒家对于治理国家的重要性。所以，他不顾鲁地一些固执儒生的批评而转投汉高祖，他认为最重要的事就是要为强调帝王权威而制定朝仪。他说：“夫儒者难与进取，可与守成，臣愿征鲁诸生，与臣弟子共起朝仪。”刘邦当时还不太放心，叔孙通又说：“五帝异乐，三王不同礼。礼者，因时世人情为之节文者也。故夏、殷、周之礼所因损益可知者，谓不相复也。臣愿颇采古礼与秦仪杂就之。”（《史记·刘敬叔孙通列传》）结果使刘邦体会到了帝王的威严。后来叔孙通又负责制定了宗庙礼仪，并为儒生利用自己的知识而制度性地进入权力体系拉开了序幕，并被认为是“一代儒宗”。

（潘宇　吴彩强）

“眼中有色”和“心中有色”

北宋程颢、程颐为亲兄弟，人称二程，为北宋诸儒之冠，有道学正传之誉。一天，二程同赴宴，座中有女乐。小程一见，不悦，拂袖而去；大程则谈笑自若。回家后，小程责怪大程。大程答道：“昨日我是眼中有色而心中无色，今日你是眼中无色而心中有色。”

（吴彩强）

龙场顿悟

明代哲学家王阳明是集心学之大成者，创立了阳明学派。龙场顿悟是阳明心学思想宗旨确立的重要标志。明正德元年（1506），王阳明因得罪宦官刘瑾，被贬谪贵州龙场（今贵州修文县城）任驿丞。在龙场期间，他常念“圣人处此，更有何道？”并“日夜端居澄默，以求静一”。一日，“忽中夜大悟格物致知之旨，寤寐中若有人语之者，不觉呼跃，从者皆惊，始知圣人之道，吾性自足，向之求理于事物者误也。乃以默记‘五经’之言证之，莫不吻合，因著《五经臆说》”。（《王文成公全书》卷三十二，《年谱》）这就是后人盛称的“龙场顿悟”。

王阳明顿悟之“道”，即吾心之道，意谓圣人之道先天地固存于吾心，不必外求，所以吾心即道。这便否定了朱熹“求理于事物”的认识途径，肯定了“吾性自足”，而“求理于吾心”，就是“圣人之道”。从此王阳明开始发明“心即理”的心学命题，为其“知行合一”说的创立准备了理论基础。“龙场顿悟”，正是王阳明由否定朱程理学而飞跃到建立自己的学术思想体系之关键，为他大步迈进明代新儒学的巍巍殿堂开辟了道路。

（单春梅）

三

科学　技术

息壤和大禹治水

《山海经》中有一则大禹治水的传说：鲧采取堵的方法“窃帝之息壤以堙洪水”，虽然“先发治水”，但洪水依旧横流。后来鲧的儿子禹以疏导的办法让百川归海，“卒布土以定九州”。“息壤者，乃可生长不息之神土也。”

按史籍记载，鲧、禹治水，有不同的方针。“禹鲧是始布土均定九州”（《山海经·海内经》）。“滔滔洪水，无所止极，伯鲧乃以息石息壤以填洪水”，治水九年不成功，帝尧即令祝融杀鲧于羽渊（羽渊，在今连云港羽山。见于《山海经》、《淮南子》、《史记·夏本纪》等）；“鲧自沉于羽渊，化为玄鱼”，或为三足鳖，“蛇之精”（《拾遗记》、《述异记》）；大禹为父守孝3年后，帝尧命禹卒布土以定九州，禹治水13年，“姒氏治水，而巫步多禹”（《法言·重黎》）；“禹步者，盖是夏禹所为术，召役神灵之行步。此方万术之根源，玄机之要旨”（《洞神八帝元变经·禹步致灵第四》）；“禹治水，有应龙以尾画地”，“黄龙曳尾于前，玄龟负青泥于后”（《山海经广注》、《拾遗记》）。

在4000多年之前，尧帝统治的地区在今河南省西部、北部和山西省南部一带。传说尧把国家治理得很好，真是路不拾遗，夜不闭户。所以，人人都很满意。但令人不快的是，那时年年发大水。尧作为君主，深感洪水是天下的大患，便有了治水的雄心壮志。

当时由四个主要的臣子推举担任崇伯的鲧来负责领导与组织治水工作。鲧虽性情暴戾，但却认真负责，故仍有一定的能力。于是尧也就同意了这项任命。

鲧上任后，就确立了“水来土挡”的治水策略。他并不了解当时中国水患十分严重，绝不是靠“堵”的办法就能治好的。但据说鲧找到一种叫做息壤的神奇土壤，其能够自己生长，无穷无尽，他就将息壤视为治水的法宝。

他首先在今河北与山东境内用“堵”的办法，保护这里的土地免遭水患。据说他修了一道从大山直到大海的长堤，高五六丈，也恰逢次年洪水较小，暂保一方平安。鲧以为治水成功，继续用堵的办法治理其他地方的水患。一共治水9年，修了许多大堤，自以为安全无忧。

但没有想到的是，有一天，一夜之间，倾盆大雨引起山洪暴发，汹涌而下的洪水把从吕梁山到孟门山几百里长的大堤冲坏七八处。滔滔洪水如万马奔腾，巨大的波浪把人畜卷走，尽归鱼腹，房屋倒塌不计其数，连首都西门外都积水盈尺。鲧治水失败，引起大家愤怒，最后为尧的继承人舜所诛杀。

鲧死后，舜了解到鲧的独生子禹是一个很有作为的青年，其曾多次劝他的父亲不能把治水的希望放在“堵”字上，于是就任命禹主持治水大任。禹接受任务后，首先就带着尺、绳等测量工具到全国的主要山脉、河流作了一番周密的考察。他发现龙门山口过于狭窄，难以通过汛期洪水；他还发现黄河淤积，流水不畅。于是他确立了一条与他父亲的“堵”相反的方针，叫做“导”，就是疏通河道，拓宽峡口，让洪水能更快地通过。所以他采用了“治水须顺水性，水性就下，导之入海。高处就凿通，低处就疏导”的治水思想。禹根据轻重缓急，定了一个治水的顺序：先从首都附近地区开始，再扩展到其他各地。禹知道治水的艰难，还提出了一个全民动员的计划。首先宣传讲解治水的重要性和方法，然后提出以各地包干的办法，自治门前水，只有十分必要时，才有外地支援。并且25～50岁的男子是征工的对象，施工经费由国家支出，对治水的伤亡人员还有抚恤。这个计划既得到了舜帝的批准，也得到了群众的拥护。

从此以后，禹就全心全意投入治水工程。他不是视察、测量或同人商定计划，就是指挥工程、检查质量。寒冬腊月时河水已退，又是施工的最好时机，禹日日夜夜、不分年节地工作。开凿孟门和壶口山是治水的最大工程，据说在施工时还发现一个深洞，禹亲自进洞考察了10天。洛阳地区的伊洛河流域原是一个大湖，禹开通了龙门山，泄去湖水，使洛阳成为后来许多朝代建都的良好地方。如今开业的山口仍叫做龙门，或叫做伊阙，即伊水的缺口。

据说禹治水到涂山国，即他家所在地，但他三过家门，都因治水忙碌，无法进家门看看。他的妻子到工地看望，也被他送回。禹治水13年，耗尽心血与体力，终于完成了这一件名垂史册的大业。

人们在他治过水患的地方，开垦了良田沃土。在他还没有治过水患的地方，后人接替他的事业。直到近2000年以后的战国时期，地势最为低洼的冀中平原，也出现了城镇与村落的遗迹，中国的古代治水才算告一段落。

（马一玲）

我国什么时候开始使用算盘

算盘是我国古代的一项伟大发明。算盘究竟何时由何人发明，现在无从考证，但它的使用应该是很早的。据东汉数学家徐岳所著的《数术记遗》记载：“珠算控带四时，经纬三才。”北周甄鸾注云：“刻板为三分。位各五珠，上一珠与下四珠色别，其上别色之珠当五，其下四珠各当一。”可见汉代即有算盘，但形制与今不同。不过，中梁以上一珠当五，中梁以下各珠当一，则与现代相同。又据徐岳说，他的老师刘洪曾问学于道家天目先生，天目即曾传授珠算之法，可见至迟在东汉已出现算盘。有些历史学家认为，算盘的名称，最早出现于元代学者刘因撰写的《静修先生文集》里。在《元曲选》无名氏《庞居全误放来生债》里也提到算盘：“闲着手，去那算盘里拨了我的岁数。”元代杨辉在其《乘除通变算宝》里、元代朱世杰在其《算学启蒙》里，都记载了有关算盘的“九归除法”。明代吴敬在其《九章详注比类算法大全》里，对算盘的用法记述则较详。而宋代画家张择端在其《清明上河图》中也画有一个算盘，可见，早在北宋时或北宋以前我国就已普遍使用算盘了。直到明代才出现《盘珠算法》这类专著，那时已有带横梁的上二珠下五珠的算盘。

我国的算盘由古代的“筹算”演变而来。“筹算”就是运用一种竹签做筹码来进行运算。唐代末年，已见筹算乘除法的改进，到宋代产生了筹算的除法歌诀。15 世纪中叶，《鲁班木经》中有制作算盘的规格。由于算盘普及，论述算盘的著作也随之产生，流行最久的珠算书是 1593 年明代程大位所编辑的《算法统宗》。由于珠算口诀便于记忆，运算又简便，因而在我国被普遍应用，同时也陆续传到了日本、朝鲜、印度、美国、东南亚等国家和地区。算盘的出现，被称为人类历史上计算器的重大改革，就是电子计算器盛行的今天，它仍然在发挥着特有的作用。

（马一玲）

"算经十书"包括哪些书

"算经十书"是指汉、唐1000多年间的10部著名数学著作，它们曾经是隋唐时候国子监算学科（国家所设学校的数学科）的教科书。10部算书的名字是：《周髀算经》、《九章算术》、《海岛算经》、《五曹算经》、《孙子算经》、《夏侯阳算经》、《张丘建算经》、《五经算术》、《缉古算经》、《缀术》。

这10部算书中，以《周髀算经》为最早，但不知道它的作者是谁。据考证，《周髀算经》成书的年代当不晚于西汉后期（前1世纪）。《周髀算经》不仅是数学著作，更确切地说，它是讲述当时的一派天文学学说——"盖天说"的天文著作。就其中的数学内容而言，书中记载了用勾股定理来进行的天文计算，还有比较复杂的分数计算。当然不能说这两项算法都是到公元前1世纪才为人们所掌握，它仅仅说明在现在已经知道的资料中，《周髀算经》是比较早的记载。

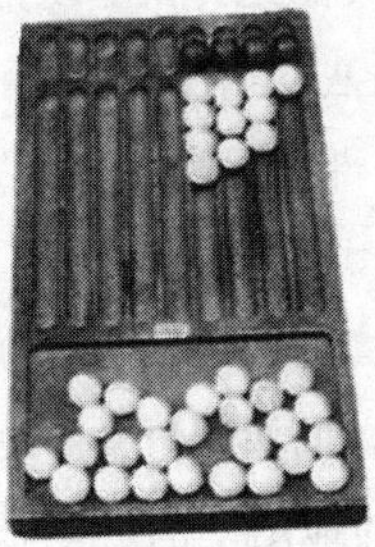

游珠算盘

对古代数学的各个方面全面完整地进行叙述的是《九章算术》，它是10部算书中最重要的一部。它对以后中国古代数学发展所产生的影响，正像古希腊欧几里得（约前330～前275）的《几何原本》对西方数学所产生的影响一样，是非常深刻的。在中国，它在1000多年间被直接用做数学教育的教科书。它还影响到国外，朝鲜和日本也都曾拿它当做教科书。

关于《九章算术》的确切作者是谁，已无从考证，只知道西汉早期的著名数学家张苍（前201～前152）、耿寿昌等人都曾经对它进行过增订删补。《汉书·艺文志》中没有《九章算术》的书名，但是有许商、杜忠二人所著的《算术》，因此有人推断其中或者也含有许、杜二人的工作。1984年，湖北江陵张家山西汉早期古墓出土《算数书》书简，推算成书当比《九章算术》早一个半世纪以上，内容和《九章算术》极其类似，有些算题和《九章算术》算题文句也基本相同，可见两书有某些继承关系。可以说《九章算术》是在长时期里经过多次修改逐渐形成的，其中的某些算法可能早在西汉之前就已经有了。正如书名所反映的，全书共分九章，一共搜集了246个数学问题，连同每个问题的解法，分为九大类，每类算是一章。

从数学成就上看，首先应该提到的是，《九章算术》中记载了当时世界上最先进的分数四则运算和比例算法。书中还记载有解决各种面积和体积问题的算法以及利用勾股定理进行测量的各种问题。《九章算术》中最重要的成就是在代数方面，书中记载了开平方和开立方的方法，并且在这基础上有了求解一般一元二次方程（首项系数不是负）的数值解法。还有整整一章是讲述联立一次方程解法的，这种解法实质上和现在中学里所讲的方法是一致的。这要比欧洲同类算法早出1500多年。在同一章中，还在世界数学史上第一次记载了负数概念和正负数的加减法运算法则。

《九章算术》不仅在中国数学史上占有重要地位，它的影响还远及国外。在欧洲中世纪，《九章算术》中的某些算法，例如分数和比例，就有可能先传入印度再经阿拉伯传入欧洲。再如"盈不足"（也可以算是一种一次内插法），在阿拉伯和欧洲早期的数学著作中，就被称为"中国算法"。现在，作为一部世界科学名著，《九章算术》已经被译成许多种文字出版。

"算经十书"中的第三部是《海岛算经》，它是三国时期刘徽（约225～295）所作。这部书中讲述的都是利用标杆进行两次、三次，最复杂的是四次测量来解决各种测量数学的问题。这些测量数学，正是中国古代非常先进的地图学的数学基础。此外，刘徽对《九章算术》所做的注释工作也是很有名的。一般来说，可以把这些注释看成《九章算术》中若干算法的数学证明。刘徽注中的"割圆术"开创了中国古代圆周率计算方面的重要方法，他还首次把极限概念应用于解决数学问题。

"算经十书"的其余几部书也记载有一些具有世界意义的成就。如《孙子算经》中的"物不知数"问题（一次同余式解法）、《张丘建算经》中的"百鸡问题"（不定方程问题）等等都比较著名。而《缉古算经》中的三次方程解法，特别是其中所讲述的用几何方法列三次方程的方法，也是很具特色的。

《缀术》是南北朝时期著名数学家祖冲之的著作。可惜这部书在唐宋之际的10世纪前后失传了。宋人在刊刻"算经十书"时，就用当时找到的另一部算书《数术记遗》来充数。祖冲之的著名工作——关于圆周率的计算（精确到第六位小数），记载在《隋书·律历志》中。

"算经十书"中用过的数学名词，如分子、分母、开平方、开立方、正、负、方程等等，都一直沿用到今天，有的已有近2000年的历史了。

（马一玲）

《墨经》中的自然科学

《墨经》指《墨子》一书中，由战国末期的后期墨家所撰写的《经上》、《经说上》、《经下》、《经说下》、《大取》、《小取》六篇的合称。在《墨经》中已经出现了最早的几何学理论的雏形。如把“圆”定义为“圆，一中同长也”。意思为：圆有且仅有一个中心，从圆心到圆周上任何一点距离相等。这与古希腊欧几里得的提法基本一致，但比欧氏要早100多年。在《墨经》中还有许多几何命题，如两条平行线之间等距、三点共一直线、同圆的半径相等、矩形四角皆为直角等。

《墨经》中还论述了物理学的内容，有力学、声学和光学等，最早提出“杠杆原理”、“浮力原理”、“成像原理”等。其中最精辟、最受人推崇的是几何、光学部分。更令人惊叹的是，在2000多年前的《墨经》中已经出现了现代原子学说的萌芽思想，这使其无论在哲学发展史上还是在科学发展史上都占据一定的地位。

力学知识在《墨经》中也有很好的阐述。如《墨经》认为，力是人体所具有的使运动发生转移和变化的手段，指出杠杆平衡与两端的重量和力臂的长短都有关系，发现船的形体大小与其在水中下沉深浅有一定的均衡关系，这是关于浮力原理的朴素表述。此外，《墨经》中还有光的直线传播、小孔成像和各种镜面对光的反射的记载。

（马一玲）

李冰父子和都江堰

都江堰是我国古代创建的一项闻名中外的伟大的水利工程，位于四川灌县城西岷江上游，为战国秦昭王时蜀郡守李冰父子率众兴建。汹涌的岷江水经都江堰化险为夷，变害为利，造福农桑，使川西平原成为千百年来旱涝保收的“天府之国”。

都江堰引岷江之水，浇灌川西平原十几个县的农田，使四川省的这一水旱灾害频繁的地区，成为“天府之国”。但是岷江原来却并不流入川西平原，而是经平原的西沿注入长江。故每年夏秋季节，岷江洪水泛滥，而它东边的平原却发生旱灾。因此，引岷江水到川西平原就成为改变这里大地面貌、为我国西南地区的发展提供条件的一项关键措施。

大约在秦昭王五十一年（前256），李冰被任命为蜀郡守。作为地方长官的李冰十分关心人民疾苦，为发展地方经济，他访问了当地乡亲父老，察看了各地的实情，下决心要治理岷江。

首先，他同儿子二郎率领众人在玉垒山凿开了一个宽20米的口子，取名为“宝瓶口”，寓意这是把岷江水引进川西平原这个宝瓶的口子。玉垒山被分离的那一小部分就叫做“离堆”。宝瓶口是引岷江水入内江的总入水口。

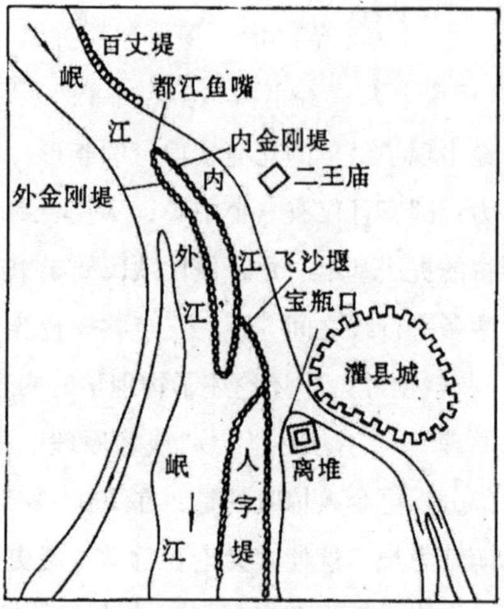

都江堰工程布置示意图

为了使水流进宝瓶口，李冰还在江中构筑了一个分水堰。水流到这里，遇到了分水堰就分做两支，其中一支只能流进宝瓶口，从而保证了宝瓶口的引水功能。

但是江心水急浪大，修建分水堰十分困难。最初采用在江心抛石的办法，但筑起的石堰抗不住洪水的冲击，几次筑成，几次冲垮。但李冰毫不灰心，最后发现岷山盛产大竹，当地人用竹盖房、编笼，都很强劲有力。于是他就让竹工编成长三丈、宽二尺的大竹笼，装满鹅卵石，然后一个一个沉入江底。由于竹笼很大，盛石很多，江水无法冲走。终于用这个办法战胜了急流，修成了分水堰。分水堰迎水的一端做成尖形，就减少了水对堤堰的冲力，故取名“鱼嘴”。

鱼嘴把岷江的流水分成两支。西支叫做外江，就是原来的岷江；东支叫做内口，就是流进宝瓶口的水流。这样，宝瓶口就成了灌溉大渠的渠首。宝瓶口以下水流再分成许多大小沟渠河道。在千里川西平原上形成了一个灌溉水网，把水送进每一块农田，使它们成为年年丰收的稳产田。分水堰两侧都垒砌大卵石护堤，称内、外金刚堤，从此，分水堰就很坚固了。

但是，每当岷江发生洪水时，如果过多的水流进入宝瓶口，就会引起平原水患。为了防止这一现象发生，李冰又在分水堰的下水端，修了一道叫做“飞沙堰”的溢洪道。飞沙堰的高度较低，如果内江水过高的时候，水就会漫过飞沙堰，自动地泄水到外江。这样，都江堰就建成了有史以来第一座自动控制水量的工程。为了用好这一工程，李冰还做了一个石人，立在内江中，要求水位“竭不至足，盛不没肩”，作为观察内江水量的标志，使水位保持在足以上肩以下的区间。

为了使都江堰更好地发挥作用，李冰规定每年要维修一次。岁修的原则是“深掏滩，低作堰”。深掏滩就是说掏挖淤积的泥沙要深些，才能保证灌溉水量；低作堰就是说飞沙堰不要过高，以免泄水不畅，引起川西平原的水患。

至今，都江堰已使用2000多年了，但因其设计合理，同现代水利工程相比仍是佼佼者。1949年时全堰灌区仅为200余万亩，现在已扩大为800余万亩。

（马一玲）

中国古代的三大铸造技术

中国古代的三大铸造技术是泥范铸造、铁范铸造和熔模铸造。

泥范铸造

我国自新石器晚期，就进入铜石并用时代。从河北唐山等地出土的早期铜器看，有锻打成形的，也有熔铸成形的，说明范铸技术在我国源远流长，很早就发展起来了。

夏代已经能熔铸青铜。最初的铸型是使用石范。由于石料不容易加工，又不耐高温，在制陶术发达的基础上，很快就改用泥范，并且在长达3000多年的时间里，砂型铸造以前，它一直是最主要的铸造方法。

商代早期以河南偃师二里头遗址作为标志，已经用泥范铸造铜锛、铜凿等小型生产工具和铜铃、铜爵等日用器具。稍后，以郑州二里岗作为标志，青铜冶铸业开始发达起来。郑州张寨出土的两件大方鼎，分别重64.25公斤和82.25公斤，表明商代中期铸铜技术已经具有相当水平。从单面范、双面范铸造，已经发展到能用多个型、芯组成复合铸范铸作重达百斤以上的大型铸件。

为了获得形状高度复杂、花纹精细奇丽的青铜铸件，古代冶铸工匠采取了一系列重要的工艺措施。例如，在造型材料的制备上，就地取材，精选质地纯净、耐火度比较高的砂泥，予以炼制，铸型表层所用的面泥，用水澄洗，得到极细极纯的澄泥，这种泥料有很好的塑性和强度，翻制铸范的时候能得到很高的清晰度和准确度。背泥却采用比较粗的泥料或杂以沙子、植物质，以减少澄泥的耗用量，增加铸范的透气性。所有泥料都要经过长期阴干，反复摔打，使它高度匀熟，不致在造型、干燥的时候开裂。而在造型工艺上，以分铸法作为基本工艺原则，获得复杂的器形。或者先铸器身，再在上合范浇注附件（如兽头、柱等）；或者先铸得附件（如鼎的耳、足等），再在浇注器身的时候铸接成一体。著名的四羊尊（湖南宁乡出土）就是使用了分铸法才铸成的。

在商周青铜器中，礼、乐、兵、车四类占了绝大多数，生产工具为数很少，许多冥器（陪葬器物）铸成后就埋置地下。这种情形极大地阻碍了社会生产力的发展，以致在长达1000多年的时间里，泥范铸造基本上停留在一次型的阶段，到春秋时期才用多次型（半永久性泥型）铸造铜工具（如镢）。

我国古代泥范铸造的又一个杰出成就，是叠铸法的出现和广泛应用。所谓叠铸是把许多个范块或成对范片叠合装配，由一个共用的浇道进行浇注，一次得到几十个甚至几百个铸件。这种方法在近代是随着大机器生产的出现，需要大批小型铸件（如活塞环、链节等）才发展起来的。由于它生产率高，成本比较低，可以节省造型、浇注面积大，目前仍在广泛应用。我国最早的叠铸件是战国时期的齐刀币，是用铜质范型翻制出具有高度对称性和互换性的范片，每两片合成一层，多层叠浇而成。到了汉代，广泛用于钱币、车马器的生产。近年来，在陕西、河南、山东等省，这种铸范和烘窑遗址多有出土。特别是河南温县西招贤村汉代冶铸遗址一个烘范窑，就发掘出16类、36种规格的500多套叠铸范，为我们了解这一工艺提供了很可贵的实物资料。它们结构巧妙，制作精细，为便于清理铸件，内浇口厚度只有2~3.5毫米。用这些铸范浇出的铸件，表面光洁度达到5级（光洁度共分14级）。金属收得率可以达到90%，工艺水平和广东佛山近代所用同类方法已经相当接近。

从唐宋时期起，用泥范铸造大型和特大型铸件有了很大发展。沧州五代时期的铁狮，当阳北宋的铁塔，北京大钟寺明代的大钟，都是世界闻名的巨大铸件。明末宋应星（1587~约1667）在其《天工开物》中记述了两种浇注大件的方法：一种是用多个行炉相继倾注（千斤以内的钟），一种是用多个熔炉槽注。

铁范铸造

铸型材料从石和泥、砂改用金属，从一次型经多次型又改进成为耐用性更高的所谓“永久”型（就是金属型），在铸造技术的历史发展上具有重要的意义。1953年河北兴隆铁范的发现，证明我国早在战国时期就已经用白口铁的金属型浇注生铁铸件。这批铁范包括锄、镰、斧、凿、车具等类共87件，大部分完整配套。其中，镰和凿是一范两件，锄和斧还采用了金属芯。它们的结构十分紧凑，颇具特色。范的形状和铸件相吻合，使壁厚均匀，利于散热：范壁带有把手，以便握持，又能增加范的刚度。可以说是创造了一种中国风格的金属型，并且在那个时候已经大体定型了。

除铁范外，战国时期和汉代已经用铜制金属型铸造钱币（如传世和出土的五铢铜范等）。

用铁范铸炮是我国传统金属型铸造的一个创造。第一次鸦片战争时期，在浙江省炮局监制军械的龚振麟，为了赶铸炮位，打击侵略者，曾经创议用铁范铸炮并且获得成功。他所撰写的《铁模铸炮图说》，由魏源收入《海国图志》中，得以保存到现在。这是世界上最早论述金属型铸造的科学著作。

熔模铸造

传统的熔模铸造一般称失蜡、出蜡或捏蜡、拨蜡。它和用来制造汽轮机叶片、铣刀等精密铸件的现代熔模铸造相比，无论在所用蜡料、制模、造型材料、工艺方法等方面，都有很大不同。但是，它们的工艺原理是一致的，并且，现代的熔模铸造是从传统的熔模铸造发展而来的。

1978 年湖北随县出土的曾侯乙尊盘和 1979 年河南淅川出土的楚国铜禁，经研究，都是失蜡法所铸，说明中国在春秋时期已经发明了这种技术。

（万钧钟　马一玲）

我国古代物理学的成就

中国古代自然科学与自然哲学经历了几个时期：春秋战国时期（前 770 ~ 前 221）为形成时期；从秦、汉经三国、晋、南北朝到隋、唐、五代（前 221 ~ 960）是发展时期；宋、元至明初（960 年至 15 世纪）是鼎盛时期。在漫长的 2000 多年中，中国古代物理学在世界上一直处于领先的地位，只是到了明、清时期，由于欧洲近代物理学的兴起，它才显得落后了，可以称为衰落时期。从五四新文化运动开始，中国物理学汇合于世界物理学，呈现出不同于古代物理学的新面目。

先秦时期的伟大哲学家墨翟（约前 468 ~ 前 376）及其墨家学派（4 世纪 ~ 前 3 世纪），在他们的论著《墨经》中记述了大量的物理知识，这是春秋战国时期物理学成就最大的学派。《墨经》自然科学的主要成就在力学与光学方面。它探讨了力的定义，叙述了惯性运动，研究了杠杆、滑轮、轮轴、斜面等装置省力的原因，以及浮力与平衡原理；指出了光的直线传播及反射规律以及小孔、平面镜、凹凸面镜的成像情况；观察了温度与火色的关系。

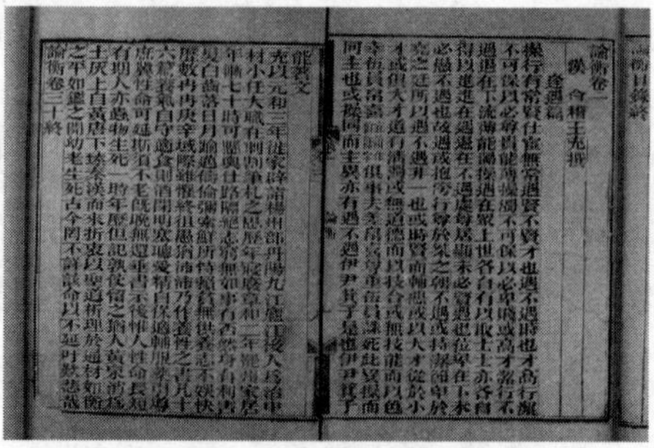

《论衡》书影

同时期的《考工记》是应用力学、声学方面的书籍，记载了滚动摩擦、斜面运动、惯性现象、抛物轨道、水的浮力、材料强度以及钟、鼓、磬的发音、频率、音色、响度及乐器形状的关系。

这时期的《管子·地数篇》、《鬼谷子》、《吕氏春秋》等书中还记载了天然磁石的吸铁现象以及最早的指南针“司南”。

汉代王充（27～约97）的《论衡》是中国中古时期的百科全书。在力学方面，《论衡》指出外力能改变物体的运动状态，改变运动速度；而内力不能改变物体的运动。同时，《论衡》还讨论了相对运动，在声学方面研究了声的发生、传播与衰减，并用水波作比喻。在热学方面，《论衡》研究了热的平衡、传导及物态变化；在光学方面，阐述了光的强度、光的直线传播及球面聚焦现象；在电磁学方面，记录了摩擦起电及磁指南器。

在唐代，有人进行了大规模的大地测量，这实际上是世界上第一次进行的子午线的实际测量。在《孙真人丹经》中记述了火药的配方：硫黄、硝石和木炭。《玄真子》中记述了人造虹的简单实验：“背日喷水”。唐人还将风力分为8个等级；了解到共鸣的道理并应用于音乐中；还指出了雷与电的关系。

宋代沈括（1031～1095）的《梦溪笔谈》一书具有很高的科学价值，被称为“中国科学史上的坐标”，其主要成就是在声学、光学、磁学方面。他研究了声音的共振现象、针孔成像与凹凸镜成像规律，形象地说明了焦点、焦距、正倒像等问题；研究了人工磁化方法，指出了磁场的磁偏角，讨论了指南针的装置方法，为航海用指南针的制造奠定了基础。他还研究了大气中的光、电现象。

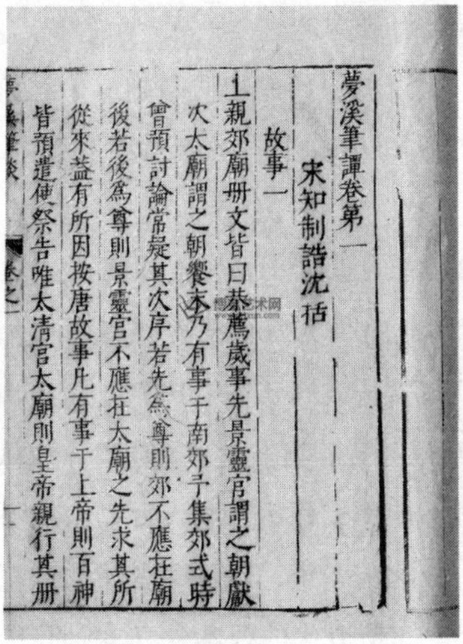

夢溪筆談卷第一

宋知制誥沈括

故事一

上親郊廟冊文皆曰恭薦歲事先景靈宮謂之朝獻次太廟謂之朝饗末乃有事于南郊予集郊式時曾預討論常疑其次序若先為尊則郊不應在廟後若後為尊則景靈宮不應在太廟之先求其所從來蓋有所因按唐故事凡有事于上帝則百神皆預遣使祭告唯太清宮太廟則皇帝親行其冊

《梦溪笔谈》书影

这一时期的赵友钦（1279～1368）在其《革象新书》中研究了光的直进、针孔成像，利用仿真实验研究月亮盈亏以及日蚀、月蚀。他擅长用比喻解释自然现象，使之生动、形象，易于被人们理解。

在明清时期，朱载堉（1536～1610）在其《乐律全书》中，用精密方法首次阐明了音乐中的十二平均律。方以智（1611～1671）则兼取古今中外知识精华，在其《物理小识》中涉及了力学、光学、磁学、热学等，研究了比重、浓度、表面张力及杠杆原理、螺旋原理，研究了光的反射、折射、光学仪器，进行了分光实验以解释虹，还研究了磁偏角随地域的变化以及金属导热问题。《物理小识》是300年前的一部科学著作。

在物理世界观或宇宙观方面，中国古代物理学（与哲学混杂在一起）也有独到之处。在先秦时期，墨家、惠施提出过类似原子论的思想。他们认为物质可以分割，但分到最后存在着不可再分割的“端”，“端”是物质的最小单位，类似于原子。但是这种类似原子论的思想在以后并未得到发展。中国古代物理中最有特色的理论是阴阳五行说及元气论，在漫长的中国历史上长存而不衰。

在《尚书》、《国语》中就列出了五行的名称：水、火、木、金、土及其性质，“以土与金、木、水、火杂之，以成万物”。五行之间相互依存、相互制约。

《周易》中则把自然界分为天、地、雷、火、风、泽、水、山八个领域（后来对应为乾、坤、震、巽、坎、离、艮、兑），天地是最基本的阴阳。后来把一切事物都纳入阴阳这对基本范畴中，并认为任何事物都受阴阳总规律支配。

阴阳五行说认为“五行”是万物的本源，而“阴阳二气”又为“五行”的本源。

在《管子·水地》中提出“水者，万物之本原也”，与古希腊自然哲学家泰利斯（Thales，约前624～约前547）所说的“水为万物之母”如出一辙。《管子·内业》提出精气说，认为万物是由气的变化而成，万物最小的单位是气，气又充塞于天地间，“其细无内”，“其大无外”，是“至大”与“至小”的统一。

荀况（荀子）则提出“元气说”，认为“气”是万物的共同基础。在《荀子·天论》中，他还指出“天行有常”，认为自然现象是有规律的。

汉代王充提出“元气自然论”，认为“元气”是万物原始的物质基础。在《论衡·自然篇》中指出“天地合气，万物自生”，在《道虚篇》中指出“天地不生，故不死；阴阳不生，故不死”。

唐代柳宗元（773～819）、刘禹锡（772～842）二人也持“元气论”观点。

宋代李觏（1009～1059）则把天地五行万物生成的“元气论”观点说得很清楚：“夫物以阴阳二气之会而后有象，象而后有形。”张载（1020～1077）则提出了“太虚”这个范畴，“太虚无形，气之本体，其聚其散，变化之客形尔”。他认为“太虚”是不定形的气体，“太虚不能无气，气不能不聚而为万物，万物不能不散而为太虚”。他指出了“气”的两种存在形式：万物与太虚，以及两者间的相互转化。叶适（1150～1223）认为“气”不生不灭，气是造化的根本。气本身只能发展变化，而没有终始。

明代吕坤（1536～1618）认为“天地万物只是一气聚散”，“形生于气”，“形中有气”，“有无形之气，无无气之形”，“气无终尽之时，形无不毁之理”，提出了他对于“气”与“形”的关系的理解。

明清之际的王夫之（1619～1692）是“元气论”的集大成者，他认为自然万物都是“气”的体现，“气”无所不在又无所不包。“气”构成万物，万物有生有灭，而“气”则只有聚散变化。自然无虚空，“凡虚空皆气也”，他还用“元气论”阐明了自然界不可能被创造，也不可能被消灭。

古代中国的“元气论”影响十分巨大，古代中国的宇宙结构理论、地球运动理论、天体演化理论都是建立在“元气论”基础之上的。

中国古代物理学中某些深刻的思想（如“元气论”）与现代物理中的某些思想（如“场”）极其相近。确实，“元气论”反映的物质运动比西方原子论反映的物质运动复杂得多。“元气论”对西方近代力学（最简单的运动）的发展并无贡献，这是可以理解的。但是对于中国古代物理学是一笔有价值的遗产。英国科学史家李约瑟说过一句发人深省的话：“中国传统科学的思想复合体可能会在科学发展的最终状态中发挥出大于人们所承认的作用。”

中国的科学技术也是一颗明珠。它在天文、数学、农学、医学、物理等诸学科内，在技术领域都有使西方人大为惊奇的成就。仅从物理学中的“世界第一”就足以证明这一点。

1. 时空观的先进性。远在先秦时期，不少中国古代哲人就把空间和时间联系起来考虑。战国时期成书的《管子·宙合》篇就把时间称为“宙”，空间称为“合”，其中说，“天地，万物之橐，宙合又橐天地”。意思是说，万物都包含在天地之内；而天地又包含在时空的“宙合”之中。

2. 物质无限可分论的最早提出者。战国的惠施已经认识到“至小无内，谓之小一”，意思是说物的构成单位没有内部的极限，是无限小的。与惠施同时代的辩者还用具体比喻来说明物质的无限可分性，即“一尺之棰，日取其半，万世不竭”。这种物质不可穷尽的观点，比古希腊的原子论更深刻地反映了自然界的辩证本性。

3. 对共振现象的认识与实验。我国古代很早就对共振现象有记述，先秦时代的《庄子》一书就记载了调瑟时发生的共振现象。这种基音与泛音共振现象的发现比西方早得多，欧洲直到 15 世纪才由达·芬奇首次进行共振实验。《墨子·备穴》还记述了共振现象的具体应用：在城墙根下每隔几米，挖一个坑，坑内埋置容量为 70 ~ 80 升的陶瓮，瓮口蒙上皮革。若有敌人挖地道攻城，可以根据各陶瓮声响情况，确定敌人挖掘的位置和方向。

4. 世界上最早的游标卡尺。公元初年，王莽变法改制，制作了一种铜卡尺。它长 14.22 厘米，分固定尺和活动尺两部分。尺的正面刻有寸、分等刻度。从原理、性能、用途看，这个游标卡尺同现代的游标卡尺十分相似，但它比西方科学家制成的游标卡尺早 1700 多年。

5. 常平架装置。公元 4 世纪前成书的《西京杂记》里记载了长安工匠丁缓发明的被中香炉。将香炉中的檀香木块点燃后，可以把香炉随便放进被子里，不仅不会烧坏被子，连香炉灰也不会撒出来。奥妙在于炉内有一种叫做“常平架”的装置，它由内外两个金属环组成，两环用转轴联结，外环又通过另一转轴与外架联结。这种常平架装置在近代航海磁罗经、电罗经上有广泛应用。欧洲直到 16 世纪才出现常平架装置，比中国晚了 1600 多年。

与物理学相关的中国的世界第一还有许多，如磁偏角和磁倾角的发现、对太阳能的利用、潜望镜、透光铜镜、光的直线传播、小孔成像、十二平均律等方面的发明和发现，都是世界上最早的。

（马一玲）

中国古代铜镜的制作

铜镜是中国古代的一种生活日用品，用以照面。在铜镜未流行前，人们用铜鉴盛水照面，故镜又称“鉴”。铜镜的正面平滑有光泽，背面一般都铸有各种题材的花纹或字铭，是研究古代装饰图案的重要资料。不同时期的铜镜有不同的艺术特点，它的发展演变在中国历史上曾出现过几次较兴盛的时期，最突出的是战国、汉代和唐代。过去研究铜镜的资料多为盗掘出土，并且多出于淮河一带。1976 年在河南安阳殷墟妇好墓的发掘，出土了几面商代的铜镜，把过去认为铜镜产生于春秋时期或战国时期的历史，又向前推进了几百年，但其制作仍以战国、汉代和唐代最为精美。铜镜的合金成分主要是铜、锡、铅，其中铜为 65% ~72%；锡为 22% ~25%；铅为 3% ~8%。宋代以后的铜镜中还有锌的成分。这种合金比例是铸造铜镜的最佳比例，用这种铜锡合金铸镜，既便于研磨（如唐代诗人孟郊诗云：铸镜须青铜，青铜易磨拭），又能使铜镜具有最大的光洁度，而其镜面的富锡层氧化后，在青铜表面产生极薄的一层氧化锡透明薄膜，这种稳定致密的薄膜称为“水银沁”、“水银石”、“水银包浆”，在古时也是很珍奇的，只要膜不被破坏，埋藏一两千年，镜面也不会锈蚀。

关于铜镜的铸造，在先秦时期的书中就有了记载，《诗经·邶风·柏舟》篇中就有“我心匪鉴，不可以茹”的诗句。铜镜的制作要通过制范、浇铸、刮削、研磨、抛光、开光等工序。先制成坯子，再将坯子放入模子中印出所需要的花纹，最后再把加工成型的镜坯放到火炉中进行加温烧制。在镜坯中加入铅可以降低烧制时所需要的温度。铅的含量越高，烧制需要的温度就越低。这不仅简化了铜镜加工的难度，使制作变得更容易，同时也有利于提高铜镜制作的工艺水平。铅的加入、制作工艺的发展、生产数量的增加，在一定程度上推动了铜镜的普及，使铜镜从原来贵族才能拥有的奢侈品逐渐成为一种人们日常生活所需的普通日用品。

虽然铅被广泛应用在青铜器的制造中，但就我国现在的考古发现来讲，还没有发现哪个古代人是因为中毒而死亡的，即铅的使用并没有对古代人的健康构成威胁，这也可以成为我国青铜器制造水平之高的一个表现。

（马一玲）

天坛回音壁的声学原理

明代建成的天坛中有一处建筑名叫“回音壁”，围括皇穹宇和东西配殿的高大的圆形围墙，周长193.2米，直径61.5米，墙高3.72米，厚0.9米，如果两个人分别站在院内东西配殿后的墙下，均面部朝北对墙低声说话，可像打电话一样互相对话，极其奇妙有趣，这就是“回音壁”得名的由来。

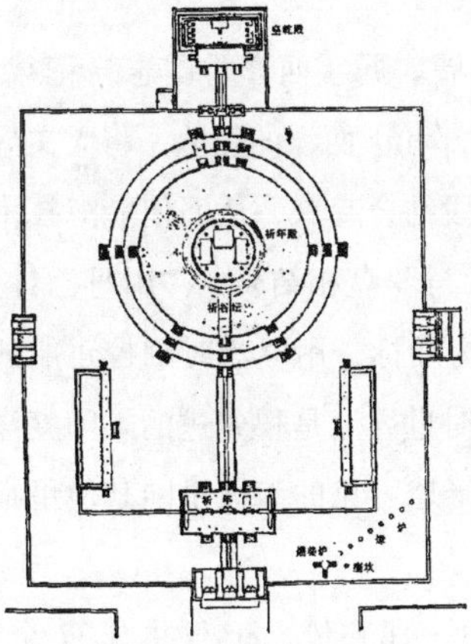

天坛祈年殿平面图

天坛的回音壁是利用声波反射原理，具有独特声学效果的建筑物，成为中国利用声学原理设计的四大奇妙的回音建筑之一。为什么会有这种奇妙的现象呢？原来，这是声学原理在建筑上的巧妙运用。因为围墙是圆形的，且又磨砖对缝，墙面十分光洁，再加上围墙顶部盖有檐瓦，声波不易散失，便可沿着圆墙连续反射传递而产生回音了。

（马一玲）

指南针和宋、明时期的中国航海

宋代以后，中国四大发明之一的指南针一般用于航海，朱彧的《萍州可谈》中，即有“夜则观星，昼则观日，阴晦观指南针”的记载。

在南宋理宗宝庆元年（1225），即有中国海船使用罗盘定向导航的记载。这一年赵汝适写了记载海外各国地理情况的著作《诸蕃志》，书中谈到他从泉州去海南岛乘的是海船：“舟舶往来，惟以指南针为则。昼夜守视惟谨，毫厘之差，生死系矣。”可知那时指南针在航海中指示方向的作用已经更加重要。比起11世纪时只在阴雨天才用指南针，仅仅作为指示方向的辅助仪器的情况是更进一步了。《诸蕃志》中所说的已不是指南针而是罗盘了。若无罗盘上的指向分度便不可能做到“守视惟谨”，“毫厘之差”。南宋吴自牧著《梦粱录》也载：“风雨冥晦时，惟凭针盘而行，乃火长（船长）掌之，毫厘不敢差误，盖一舟人命所系也。”可见罗盘针对航海的重要性。

罗盘针应用于航海，说明我国导航技术在宋代居于世界领先地位。南宋时，广州、泉州、杭州都是大商埠，当时和我国通商的有50多国，阿拉伯人、波斯人、罗马人纷纷由海道到我国通商。那时，通商的税收占国库总税收的1/20，如果没有指南针的发明是不可能有这样繁盛的海上通商贸易的。

至明代，指南针在航海上的运用较宋代又有所发展。据《西洋番国志》记载："砍木为盘，书刻干支之字，浮针于水，指向行舟。”郑和下西洋的船队，将天文导航、罗盘导航、陆标导航、测量水深和水质等导航手段结合起来，从而使航海技术又向前大大发展了一步。比如在近海航行时，把陆标与罗盘相结合，“用丹乙针，一更，船平吴淞江。”（《郑和航海图》）即以吴淞江为陆标，用罗盘时刻校正船的航向，使之与吴淞江保持平行。这种航海技术，在当时世界上是很先进的。印度洋上的外国航海家们，一直到15世纪末还是靠观察南半球可见的南极星同其他星宿高度的简单仪器来定航行方位的。

郑和7次下西洋所经过的国家和地区，据《明史·郑和传》记载共有37个：占城、爪哇、真腊、旧港、暹罗、古里、满剌加、渤泥、苏门答剌、阿鲁、柯枝、大葛兰、小葛兰、西洋琐里、琐里、加异勒、阿拨把丹、南巫里、甘把里、锡兰山、喃渤利、彭亨、急兰丹、忽鲁谟斯、比剌、溜山、孙剌、木骨都束、麻林、剌撒、祖法儿、沙里湾泥、竹步、榜葛剌、天方、黎伐、那孤儿。

从这些国家和地区的分布看，郑和率领船队到过中南半岛、南洋群岛、孟加拉湾、波斯湾、马尔代夫群岛、阿拉伯海、亚丁湾等地。郑和先后4次横渡印度洋，“雷波岳涛，奔樟踔楫，掣掣泄泄，浮历数万里，往复几三十年”（黄少曾《西洋朝贡典录·自序》），最远达到非洲东岸肯尼亚的蒙巴萨，确实是世界航海史上的空前壮举。

（马一玲）

太上老君的炼丹炉与中国古代的化学

“丹”即“丹砂”，是中国古代方士的术语，也是道教的道术之一。原指将朱砂放于炉火中烧炼，以制“长生不死”丹药（即“金丹”）。后有内丹、外丹之分。将人体拟作炉鼎，以静功和心法修炼精、气、神的，叫做内丹；用炉火烧炼药石的，叫做外丹。晋代葛洪的《抱朴子·金丹》对“还丹”的化学反应有一个概括：“丹砂烧之成水银，积变又还成丹砂。”丹砂就是硫化汞。对丹砂进行烧炼，其中所含的硫变成二氧化碳，游离出水银，再使水银与硫黄化合，便生成硫化汞。这不但开了我国古代化学之先河，而且也是现代化学之先声。

虽然炼丹术不能得到长生不老的灵丹仙药，但是伴随着迷信炼丹术的是化学科学的起源，使古代人们的化学知识得到了提高和丰富。这是炼丹术所始料不及的。

首先是发现了某些金属的化学反应。

古代炼丹的方法分为火法和水法两种。所谓火法，就是像《西游记》中太上老君用火烧炉子，直接加热的方法。火法大致包括煅、炼、炙、熔、抽、飞、伏等方法。煅就是长时间高温加热；炼是干燥物质加热；炙是局部烘烤；熔即加热使物质熔化；抽即蒸馏；飞是升华；伏是加热使药性改变，不再是原来的物质。

炼丹术最早使用的材料大概是朱砂，就是红色硫化汞。朱砂一经用比较低的温度加热，就可以分解出水银，而水银和硫黄又容易化合生成黑色硫化汞，再加热使它升华，又复成红色硫化汞状态。

大概就是这种容易观察和发生的变化引起古人的好奇和兴趣，他们搞不懂一会儿黑，一会儿红，一会儿又是亮晶晶呈液状但却不流散的水银会有多种神奇的功效。于是他们认为，既然物质可以变化，那么当然也能用别的东西制取黄金。点铁成金使人们更加深信不疑炼丹的功效。在不断的实践中，人们对这种变化已十分熟悉。在中国东汉和西汉时期，就有人生动地描写了水银容易挥发，容易和硫黄化合的特性，并讲到了炼丹家们在炼丹炉前观察“赫然还丹”的过程。

到了唐朝以后，炼丹方法更加精细，汞和硫都有一定的比例，加热有一定的火候，操作有一定的程序，最后炼出“化为紫砂，分毫无欠”的结果。其实，紫砂就是朱砂，看来，红色的硫化汞是炼丹家们用人工合成的第一种化合物。这不能不说是化学科学史上的一大成就。由此可见，我国最早创始的炼丹术，是近代化学的前身。

其次，古代炼丹术使人们得到了一些合金，懂得了怎样制造合金。

由于汞很容易和其他一些金属形成汞齐（汞合金），所以炼丹家们很早就注意到这种现象。中国东汉时有个炼丹家名叫魏伯阳，他在一本书上写道：“卒得金华，转而相亲，化为白液，凝而至坚。”魏伯阳制出的合金，除了含锡的锡汞齐，还有含金、银、铅等金属的汞齐。

到了宋朝，炼丹家们利用金汞齐制造金粉。先制成金汞齐，再加入食盐，然后蒸发掉水银，溶掉食盐，留下来的就是粉末状的黄金。这就是炼丹家们所孜孜以求的“神丹”。

最后，古代的炼金术，使人们认识了更多的化学物质。

炼丹要用药物，这些药物大半是化学上的化合物。在长期的实验中，人们认识了越来越多的化学物质。这些物质均是炼丹常用的，大致有60多种。

正是在炼丹术盛行的时代里，化学也像寄生物一样发展起来。所以，恩格斯曾经说过：“化学以炼金术的原始形式出现了。”

这种以炼金术出现的化学，虽然在益寿延年和创造财富方面，一点儿也帮不了统治者们的忙，但却促进了化学科学的兴起。逐渐地，化学科学从炼金术的母体中破腹而出，成为独立的化学工业部门。

（马一玲）

四

文学　音乐

文以载道

“文以载道”是中国古代文论的一种观念，是对文学作品中“文”与“道”关系的一种概括。最初的说法是“文以明道”。文以明道的思想在《荀子》中已初见端倪，在其《解蔽》、《儒效》、《正名》等篇中，荀子把“道”看做客观事物的规律，又把儒家的“圣人”看做客观规律的体现者，总理天地万物的枢纽。因此，要求文以明“道”。汉代的扬雄进一步提出遵循自然之道的问题，并认为儒家的圣人及其经书能够最好地体现自然之道。所以，又把明道与“宗经”、“征圣”联系起来。这些初步的明道思想对以后的南朝文学理论批评家刘勰产生了直接影响。刘勰在《文心雕龙》中设有《原道》篇，更加明确地论述了文以明道的问题：“道沿圣以垂文，圣因文而明道。”强调了“文”是用来阐明“道”的。

唐代古文运动为了反对六朝文学的绮靡之风，曾把“文以明道”作为理论纲领。古文运动的先驱柳冕曾说过：“夫君子之儒，必有其道，有其道必有其文。道不及文则德胜，文不及道则气衰。”（《答荆南裴尚书论文书》）韩愈作为古文运动的领袖，在他诗文中虽有“文书”、“传道”的字眼，却没有正式提出“文以明道”。他的门人李汉在《昌黎先生集序》中概括“文”与“道”的关系时说：“文者，贯道之器也。”实际上反映了韩愈的文学思想。韩愈以儒家“道统”的继承者自居，他所尊崇的“古道”即尧、舜、禹、汤、周公、孔、孟之道。但韩愈是一位文学家，他重“道”并不轻“文”。柳宗元也主张“文以明道”，他曾说：“圣人之言，期以明道，学者务求诸道而遗其辞……道假辞而明，辞假书而传。”（《报崔黯秀才论为文书》）在“文”与“道”的关系上，韩愈与柳宗元的看法是一致的，但两人对“道”的理解有所不同。韩愈重在提倡“古道”，以恢复自魏晋以后中断了的儒家“道统”；柳宗元则比较注重治世之“道”，从社会需要出发，重在经世致用，比韩愈的“道”较有进步意义。

宋代古文运动的代表人物欧阳修沿着韩愈的方向，使对这个问题的论述向前发展了一大步。韩愈所讲的“道”除了仁义外，就是《大学》里讲的格物致知、正心诚意、齐家治国平天下，比较抽象。欧阳修则反对“舍近取远，务高言而鲜事实”，主张从日常百事着眼，“履之以身，施之于事，而又见于文章”（《与张秀才棐第二书》）。并且还主张“载道”要能“载大”，即反映历史上和现实中与国家、社会有关的大事件，唯有“载大”，才能“传远”。在“文”的方面，欧阳修明确认识到“文”的相对独立性，指出有德者未必有言，强调应当“文与道俱”，反对重“道”而轻“文”。

宋代理学兴盛，理学家们不是重“道”轻“文”，就是将“文”与“道”对立起来。北宋理学家周敦颐是第一个明确提出“文以载道”的人，他说：“文所以载道也。”（《通书·文辞》）。但他所说的“文以载道”与唐宋古文学家不同，他把“文”当成“道”的运载工具，“载道”如同车载物，车是车，物是物，这比起古文学家“文”、“道”结合的主张显然是一种倒退。周敦颐在《通书》中又说：“圣人之道，入乎耳，存乎心，蕴之为德行，行之为事业。彼以文辞而已者，陋矣。”表现出明显的重“道”轻“文”的倾向。周敦颐之后，程颢、程颐将重“道”轻“文”的主张向更片面的方向发展，甚至认为“作文害道”，完全把“文”和“道”对立起来。南宋理学家朱熹则把“文”看成是“道”的附庸和派生物，他说：“道者，文之根本；文者，道之枝叶。”又说：“这文皆是从道中流出，岂有文反能贯道之理？文是文，道是道，文只如吃饭时下饭耳。若以文贯道，却是把本为末。”（《答吕伯恭》）他主张“文”统一于“道”，反对欧阳修等人的说法。朱熹认为“道外无物”，没有离开“道”而存在的“文”，“文”是“道”的表现形式或反映。从内容和形式的关系来看，这种观点有合理的成分，但也带着理学家排斥纯文学的偏见。

程、朱之后，理学成了儒家的正统，在此后的几百年中，对“文”与“道”关系的种种见解，主要表现为宣扬理学与反对理学的斗争。明清时期，反理学的斗争十分激烈，李贽对于“假道学”的批判，在当时产生了重大影响。明末清初的思想家黄宗羲、顾炎武等人，都大力反对形式主义的作品，主张明道致用。黄宗羲提出：“文之美恶，视道合离。”（《李杲堂墓志铭》）顾炎武认为：“文之不可绝于天地间者，曰：明道也，纪政事也，察民隐也，乐道人之善也。”（《日知录》）他们所说的“道”，与理学家脱离实际、空谈心性的“道”是不同的。

清代的章学诚对六朝以来关于“文”与“道”关系的论争作了总结，他的《文史通义》有《原道》三篇，专门论“道”。他反对“舍天下事物人伦日用，而守六籍以言道”，这是他论“道”的基本观点和基本精神，也就是作文章要从实际出发，合乎时代的需要，使“文”在社会生活中起作用。这样的“文”就符合“道”的要求，并达到“文”与“道”的统一。章学诚也很重视“文”的特点与规律，他说：“盖文固所以载理，文不备则理不明也。且文亦自有理。”（《辨似》）

“文自有理”，肯定了“文”有本身的特殊规律，不是“道”的附庸。在封建时代的文论家中，章学诚的“文”“道”统一论被认为是古代文论中比较突出的。

（卢月）

《诗经》的艺术手法及其特点

《诗经》“六义”并称，《周礼·春官·大师》说：“教六诗：曰风，曰赋，曰比，曰兴，曰雅，曰颂。”孔颖达在《毛诗正义》中说道：“风、雅、颂者，诗篇之异体；赋、比、兴者，诗文之异辞耳。大小不同，而得并为六义者，赋、比、兴是诗之所用，风、雅、颂是诗之成形，用彼三事，成此三事，是故同成为义。”他认为风、雅、颂是诗的不同体制，赋、比、兴是诗的不同表现手法，是包括《诗经》在内的中国古代诗歌创作的重要艺术手法。

朱熹在《诗集传》中解释说：“赋者，敷陈其事而直言之者也”，“比者，以彼物比此物也”，“兴者，先言他物以引起所咏之词也”。按照朱熹的解释，“赋”就是陈述、铺陈的意思。这种表现手法多见于《颂》和《大雅》，主要用于记述历史事件，以此来赞美君主及其他皇室成员的伟绩和美德。如《大雅·思齐》：“思齐大任，文王之母。思媚周姜，京室之妇”，赞颂文王之母的贤淑美德，同时彪炳文王的功业。又如《大雅·大明》：“牧野洋洋，檀车煌煌，驷騵彭彭。维师尚父，时维鹰扬。凉彼武王，肆伐大商，会朝清明！”这里描述了武王伐纣的宏大场面，赞美了武王的辉煌武功。这种铺陈的手法并不只限于此，《国风》的某些篇章，如《七月》、《氓》、《溱洧》等对此也有所运用。

“比”就是比喻和比拟，对人或物加以形象的比喻，使其特征更加鲜明突出。《国风》中有许多篇章大量运用了这种手法，《魏风·硕鼠》大概是最有名的：“硕鼠硕鼠，无食我黍！三岁贯女，莫我肯顾。逝将去女，适彼乐土。乐土乐土，爰得我所！”用偷食谷物的大老鼠来比喻贪得无厌的统治者，巧妙生动地谴责其不劳而获的无耻行径，进而抒发追求自由平等生活的理想。《卫风·氓》：“桑之未落，其叶沃若。于嗟鸠兮，无食桑葚”，“桑之落矣，其黄而陨。自我徂尔，三岁食贫”，用桑树由茂盛到凋落来比喻女主人公自从嫁到夫家之后，操持家务日渐衰老，感叹青春流逝，朱颜不再。

“兴”是借助其他事物作为诗歌的发端，以引起所要歌咏的真正对象和内容，也就是欲言此而先言彼。“兴”和诗的内容有一定的联系，二者在形式或类别上可能存在某些关联。如《周南·桃夭》是一首嫁女诗，表达的是对新婚夫妇的祝福，以“桃之夭夭，灼灼其华”起兴，使人从妖艳妩媚的桃花联想到貌美如花的新娘。又如《蒹葭》，抒发对心爱姑娘的爱慕和相思之情，每小节都以“蒹葭”和“白露”起兴，先描写带露的蒹葭的繁茂和青亮翠绿，使之与自己所爱慕的姑娘的美好产生关联。再如《伐檀》：“坎坎伐檀兮，置之河之干兮。河水清且涟猗”，由伐檀的坎坎之声以及河水的清澈触动情感，使人联想到伐木者艰辛的劳动，从而为质问谴责不劳而获的统治者做了铺垫。

赋、比、兴的运用，加强了诗歌的生动性和鲜明性，使诗中刻画的形象更加栩栩如生，抒发的情感更加真挚感人，从而增强了诗的韵味和感染力。赋、比、兴也因此成为古代诗歌创作的重要表现手法，对后世有深远影响。

此外，章句的灵活运用也构成《诗经》的一大艺术特点。《诗经》善于运用章句的重叠来表达思想感情，使诗歌在音律和修辞上都收到美的效果。这种手法在《国风》及《小雅》的部分诗篇中尤为突出。有的通篇重叠，各章只相对应地变换几个字，如《周南·关雎》；有的只在章首或章尾重叠，如《周南·汉广》；有的隔章重叠，如《周南·关雎》。重叠便于记忆和咏唱，是民歌的特点之一。回旋反复可以增强诗歌的音乐性和节奏感，更淋漓尽致地抒发情怀。《诗经》中还运用了叠字、双声、叠韵等修辞手法，如“风雨凄凄，鸡鸣喈喈”、“风雨潇潇，鸡鸣胶胶”，其中的“凄凄”、“喈喈”、“潇潇”、“胶胶”都是叠字；双声如“参差”、“踟蹰”等；叠韵如“窈窕”、“崔嵬”等。这些修辞手法的大量运用，不仅准确逼真地描摹出事物的特征和属性，而且增加了诗的音乐美，表达出细腻曲折的思想感情。

《诗经》的形式基本上是四言诗，比较齐整，这是诗歌发展的早期形式。虽然主要采用四字句和隔句用韵，但并不拘泥，时常突破四言的格局，使用二字到八字一句的形式，偶尔也有一字句和九字句。这种长短不一的句式，灵活自由富于变化，读起来节奏自然，避免了单调，同时也使得创作者能够根据表达的不同需要而采用不同的句式，有益于反映丰富多彩的现实生活。

修辞造句的方法，语言运用的技巧以及生动的表现手法，构成了《诗经》突出的艺术特色，对后代的诗人有很大的影响。刘勰对此给予了高度评价：“是以诗人感物，联类不穷。流连万象之际，沉吟视听之区。写气图貌，既随物以宛转；属采附声，亦与心而徘徊。故灼灼状桃花之鲜，依依尽杨柳之貌，杲杲为出日之容，瀌瀌拟雨雪之状，喈喈逐黄鸟之声，喓喓学草虫之韵。皎日嘒星，一言穷理；参差沃若，两字穷形。并以少总多，情貌无遗矣。”（《文心雕龙·物色》）这段话肯定了《诗经》在语言艺术上所取得的高度成就。

（卢月）

曹操与蔡文姬

蔡文姬名琰，字文姬，又作昭姬。陈留圉（今河南杞县）人，东汉著名文学家蔡邕的女儿，生卒年不详。蔡文姬自幼博学多才，喜爱诗辞文赋，又精通音律，是汉魏年间著名女诗人。

16 岁时，蔡文姬嫁给河东卫仲道，丈夫早逝，又没有孩子，蔡文姬只好回到娘家。汉末天下大乱，董卓占据洛阳，蔡文姬亲身体验到军阀混战给人民带来的深重苦难，亲眼目睹了“斩截无孑遗，尸骸相撑拒”（《悲愤诗》）的悲惨景象。在董卓军队的强迫下，蔡文姬与洛阳的百姓一起西迁长安，一路颠沛流离，同行的平民常常遭到毒打和虐待，陷入“欲死不能得，欲生无一可”（《悲愤诗》）的悲惨境地。

汉献帝兴平二年（195），蔡文姬被南匈奴军队所掳，辗转流落到南匈奴左贤王豹的部伍中，在匈奴度过 12 年，与左贤王生有二子。在这 12 年中，蔡文姬时常“感时念父母，哀叹无穷已”（《悲愤诗》）。汉献帝建安十二年（207），曹操感念“素与邕善，痛其无嗣”（《后汉书·列女传》），于是派遣使者到南匈奴，重金将蔡文姬赎回。归国的愿望终于实现，却又不得不抛下两个孩子，这使得蔡文姬内心痛苦万分。

回到故乡后，家人都已经过世，亲友也流离失散，蔡文姬又嫁屯田都尉董祀。后来董祀犯法即将被处死，蔡文姬亲自到曹操府上替丈夫求情。当时众多公卿名士在场，“文姬进，蓬首徒行，叩头请罪，音辞清辩，旨甚酸哀，众皆为改容”（《后汉书·列女传》）。可见当时蔡文姬虽然形貌落魄，但仍然心思机敏，能言善辩，不卑不亢。曹操也被蔡文姬打动，最后赦免了董祀。

蔡文姬的作品有五言《悲愤诗》和骚体《悲愤诗》各一篇，又有《胡笳十八拍》。五言《悲愤诗》一般认为是她的代表作，描写了她一生亲历的苦难。全诗分为三大段，第一段叙述汉末乱世的情形和自己被掳的经过，第二段写身处匈奴的痛苦生活和被赎时的情形，第三段讲述归汉途中及回到故乡后的感受，表达了再嫁后的隐痛。诗篇叙事与抒情相融合，全篇贯穿着深沉强烈的“悲愤”情绪。蔡文姬所生活的东汉末年，是一个政治黑暗、战乱不息、人民处于水深火热之中的时代，五言《悲愤诗》是对汉末社会动乱的真实写照，也是对军阀暴行的血泪控诉。作品最主要的特色是闪烁着现实主义光辉，范晔概括为“感伤乱离，追怀悲愤”（《后汉书·列女传》）。蔡文姬以真实的笔触叙写了自己的悲惨遭遇，深刻反映了社会动乱和封建礼法压迫下的妇女的命运，具有很高的思想意义和文学价值。

骚体《悲愤诗》的不少情节与蔡文姬的生平不相符合，不少学者认为是假托之作。《胡笳十八拍》在文体上与当时作品距离较远，因此有学者认为也是后人假托蔡文姬之名所作。

（卢月）

曹操和曹植

曹操（155 ~ 220），字孟德，小字阿瞒。沛国谯郡（今安徽亳县）人。汉魏时期政治家、军事家、诗人。曹操从小就机警有智谋，20 岁开始任官。黄巾起义爆发后，参与镇压起义军，壮大了势力。汉献帝建安元年（196）开始“挟天子以令诸侯”。建安五年（200）在官渡之战中击败袁绍，统一了北方。建安十三年（208）拜丞相，率兵南下讨伐荆州，在赤壁被孙权、刘备联军击败，形成三国鼎立的局势。建安十八年（213）封魏公，建安二十一年（216）进封魏王，建安二十五年（220）在洛阳病逝。曹丕称帝后，尊曹操为魏武帝。

曹操的文学成就主要体现在诗歌上。他的诗都是乐府诗体，大概分为两类：一类记述时事，一类抒写理想。与时事有关的作品有《薤露行》、《蒿里行》、《苦寒行》、《步出夏门行》等。《薤露行》、《蒿里行》用简练的语言反映了建安初年军阀之间的争斗和混战，被誉为“汉末实录，真史诗也”（钟惺《古诗归》）。《蒿里行》中的“白骨露于野，千里无鸡鸣”，以同情的笔调写出了人民在战乱中遭受的深重苦难。《苦寒行》和《步出夏门行》都是行军途中所作，前一首描写冬日太行山区的酷寒、荒芜、险峻，形象生动；《步出夏门行》共四首，其中《观沧海》和《龟虽寿》最有名。《观沧海》描写大海景象，“秋风萧瑟，洪波涌起。日月之行，若出其中；星汉灿烂，若出其里”，气势磅礴，衬托出诗人的宽广胸怀。《龟虽寿》

以一系列生动的比喻表达对人生和事业的看法，“老骥伏枥，志在千里。烈士暮年，壮心不已”，这是诗人进取精神的真实写照。这两首也可以归入表述理想的诗歌类型。曹操以抒写理想为主的诗有《度关山》、《对酒》、《短歌行》等。前两篇写诗人的政治理想。《短歌行》的主题是求贤，“山不厌高，水不厌深，周公吐哺，天下归心”，写出了曹操求贤若渴，希望成就大业的心情。

曹操的诗格调慷慨悲凉，朴实无华、不尚藻饰，以感情深挚、气韵沉雄取胜，开创了以乐府写时事的先河，影响深远。他的散文也平易自如、简练质朴，在当时独树一帜。曹操在文学上的功绩，还表现在他对建安文学所起的建设性作用，建安文学能够在长期战乱中勃兴，同他的重视和推动是分不开的。

曹植（192～232），字子建，人称陈思王。三国时魏诗人，曹操之子。曹植自幼聪颖，十多岁时就背诵了十几万字的诗文辞赋，出口成章下笔有神，深得曹操宠爱。曹操去世后，曹丕继位，处处限制和打击曹植，迫使他屡次迁徙，并且终身不得志。

诗歌是曹植文学创作活动的主要领域。前期的作品主要表现悠游自在的贵公子生活，描写游乐宴饮，内容比较虚泛，如《斗鸡》、《公宴》、《侍太子坐》等。也有一些作品表达了生于乱世的感受，如《泰山梁甫行》，描写了滨海地区人民的困苦生活，“剧哉边海民，寄身于野草。妻子像禽兽，行止依林阻。柴门何萧条，狐兔翔我宇”，这些朴素而真实的描写体现了诗人对百姓的同情。此外，《白马篇》表达了建功立业的壮志和抱负，“捐躯赴国难，视死忽如归”，风格雄健刚劲，是历来传诵的名篇。曹丕继位后，曹植处处受打击，心情极其悲愤哀怨，这种情绪在他后期的诗作中时有流露，主要有《野田黄雀行》、《赠白马王彪》、《七哀诗》、《七步诗》、《怨歌行》等。《七步诗》传说是曹丕命曹植在七步之内必须作出一首诗，否则将给予惩罚。曹植借此抒发了对手足相残的愤怒和无奈：“煮豆燃豆萁，豆在釜中泣。本是同根生，相煎何太急！”《赠白马王彪》是一篇力作，是写给和自己处境相似的曹彪的赠别诗，诗中隐讳地斥责曹丕的作为，并以“丈夫志四海，万里犹比邻”的慷慨诗句安慰曹彪，既表达了深沉的悲痛，又不流于绝望，情真意切，感人至深。

曹植在诗歌艺术上有很多创新，尤其是对五言诗的发展贡献很大。先前的汉乐府大多是以叙事为主，《古诗十九首》则是抒情占主要地位。曹植的作品把抒情和叙事有机地结合起来，使五言诗既能描写复杂的事态变化，又能表达曲折的心理感受，大大丰富了它的艺术功能。曹植还善于运用和创新民歌的比兴手法，在语言的提炼和修饰上也远远胜出前代的作品。他的诗一方面感情真挚强烈，笔力雄健，体现了建安风骨；另一方面又呈现出丰润多姿，文采斐然的面貌，他因此被视为五言诗的一代宗匠。

除了诗歌，曹植在辞赋方面的创作也极其出色。最著名的当属《洛神赋》。《洛神赋》刻画了一位美丽多情的仙子形象，表达了作者对她的爱慕以及因神人有别而无法相守的惆怅，笔法细腻生动。曹植的散文，包括颂赞、铭诔、碑文、哀辞、章表、序、论、杂说等，体裁众多，风格各异，其中也不乏名篇。可以说，曹植是建安文学的集大成者，钟嵘说他“粲溢今古，卓尔不群”（《诗品》）是恰如其分的。

（卢月）

饮中八仙

“饮中八仙”指唐代八位喜爱饮酒的文人，他们是贺知章、张旭、李白、李琎、李适之、崔宗之、苏晋、焦遂。杜甫的《饮中八仙歌》描绘了他们的生活和醉态：

知章骑马似乘船，
眼花落井水底眠。
汝阳三斗始朝天，
道逢曲车口流涎，
恨不移封向酒泉。
左相日兴费万钱，
饮如长鲸吸百川，
衔杯乐圣称避贤。
宗之潇洒美少年，
举觞白眼望青天，
皎如玉树临风前。
苏晋长斋绣佛前，
醉中往往爱逃禅。
李白一斗诗百篇，

长安市上酒家眠，
天子呼来不上船，
自称臣是酒中仙。
张旭三杯草圣传，
脱帽露顶王公前，
挥毫落纸如云烟。
焦遂五斗方卓然，
高谈雄辩惊四筵。

这八人中，李白、贺知章是唐朝著名的诗人，张旭是当时著名的书法家。

李白，字太白，号青莲居士。绵州昌隆（今四川江油）人。唐朝时最负盛名的诗人，性情豪放，胸襟旷达，喜爱饮酒，有“李白斗酒诗百篇”的说法，人称“诗仙”。李白的作品很多，保存下来的诗歌有900多首，名篇数量很多，如《望庐山瀑布》、《蜀道难》、《静夜思》、《梦游天姥吟留别》、《将进酒》等，都非常有名，读起来朗朗上口，历来为人们所喜爱。他的诗取材广泛，语言优美，善于运用夸张的手法、生动的比喻、丰富的想象来表达热烈奔放的情感和思想。

贺知章，字季真，自号“四明狂客”。越州永兴（今浙江萧山）人。武则天当政时期考中进士，授以国子四门博士。开元年间升至太子宾客、秘书监。天宝初年，出家为道士，不久后去世。贺知章性情旷达，能说善辩，经常醉后作诗属词，一气呵成，擅长草隶。他的七言绝句清新婉约，有名篇《咏柳》、《回乡偶书》等。

张旭，字伯高。唐玄宗时为金吾长史，所以又称张长史。他的草书和李白的诗歌、裴旻的剑术号称“三绝”。传说他时常大醉后呼喊狂走，然后落笔成书，有时以头发为笔蘸墨书写，因此也有人称他“张颠”。张旭以草书闻名，也有楷书传世。代表作有《古诗四帖》、《千字文》、《肚痛帖》等。

“饮中八仙”除了上面介绍的李白、贺知章、张旭以外，其余五人在文学上并无多大成就。“恨不移封向酒泉”的汝阳指的是汝阳王李琎，他是唐玄宗的侄子。“饮如长鲸吸百川”的左相是李适之，唐朝天宝元年，他曾和李林甫同为宰相，所以称左相。“举觞白眼望青天”的崔宗之曾做过御史，勤勉好学，与李白、杜甫有诗文往来，李白曾以“崔公生人秀，缅邈青云姿”的诗句来赞美他。“醉中逃禅”的苏晋官至太子左庶子。“高谈雄辩惊四筵”的焦遂，平日口吃，但只要斗酒下肚，便能高谈阔论，语惊四座。

这八位文人之间并没有深厚的友谊或密切的交往，他们举杯豪饮也并非在同一场合，饮酒的寄托也各不相同。李琎作为豪门子弟，只是好酒贪杯，饮酒是为了取乐或消愁而已。李适之当宰相时饮酒，用他自己的话说是“年今将半百，不乐复如何”，被李林甫陷害罢官后，借酒来排解烦闷。贺知章、张旭的醉酒，在不满现实的同时夹杂着玩世不恭的心态。李白酒醉诵诗，较大程度上是借酒排遣对世道的不满，抒发自己不得志的愤懑。古人把这八位文人作为“饮中八仙”并提，可以看出当时文人是爱好饮酒的。而且这八人都极有代表性，其中既有亲王、宰相，也有诗人、画家，还有僧人、道士，他们真实反映了当时知识分子的生活图景。这种狂放不羁的生活作风和思想情感，对于当时诗歌的内容和风格都有很大影响。

（卢月）

诗鬼

“诗鬼”指的是唐代诗人李贺。李贺（790～816），字长吉。祖籍陇西，是唐宗室郑王李亮的后裔。家居福昌昌谷（今河南宜阳），后世称李昌谷。李贺十五六岁时就精于乐府诗而与他的前辈李益齐名。唐宪宗元和二年、三年间（807～808），李贺到洛阳拜访韩愈，韩愈回访时，李贺写了有名的《高轩过》。李贺父亲名晋肃，“晋”和“进”同音，与李贺争名的人就说他应该避父讳不考进士，韩愈作《讳辨》鼓励李贺应试，但李贺最终没能金榜题名。后来做了3年奉礼郎，郁郁不得志。在京城时，李贺与王参元、杨敬之、权璩、崔植等人结为密友，常一起出游，一个小家奴背着破锦囊骑驴跟随，李贺路上写的诗就投进囊中。李贺一生体弱多病，后来辞官回家，27岁时病逝。人们出于对李贺的怀念，传说李贺临死时，天帝派绯衣使者请他到天上白玉楼作记文。

李贺一生以诗为业，《高轩过》赞美韩愈“笔补造化天无功”，用这句话评价他自己也不为过。

李贺善于用乐府诗来讽刺黑暗政治和不良社会现象。他所写的这类诗，有的直陈时事，有的借古讽今。其中有讽刺唐朝宫廷酣歌宴舞的奢靡生活，如《秦王饮酒》；隐约反映宫廷事变，如《汉唐姬饮酒歌》；反对藩镇分裂造成的灾祸，歌颂削平叛乱的军事行动，如《猛虎行》、《上之回》；反映权门贵族飞扬跋扈，骄奢淫逸，如《荣华乐》、《秦宫诗》、《夜饮朝眠曲》、《嘲少年》；讽刺宦官当权，贤才遭到迫害，如《吕将军歌》、《绿章封事》、《公无出门》；反映边塞敌人侵扰、抗敌士兵的艰苦生活，如《摩多楼子》；揭露统治者对人民的剥削迫害，如《老夫采玉歌》；抨击科举制度不能选拔真人才，如《送沈亚之歌》。这些诗篇所反映的社会生活画面相当广阔，大多运用乐府形式，或借用旧题，或自创新题，大都凝练而绚丽。在同时代乐府诗派以外，李贺的诗别开境界，独树一帜。后人评论说："长吉于讽刺，直以声情动今古。"（王夫之《唐诗评选》）这是李贺诗歌的主体部分。

抒发个人情感也是李贺诗歌的重要内容。李贺有积极的政治抱负，虽然仕途坎坷，疾病缠身，也存在"我当二十不得意，一心愁谢如枯兰"的消沉情绪，但仍有"天荒地老无人识"的不平之气，发出"世上英雄本无主"，"雄鸡一唱天下白，少年心事当拏云"的豪言壮语，更怀有"收取关山五十州"的雄心。而《日出行》、《苦昼短》、《梦天》、《相劝酒》等篇，则表达了李贺对时光飞驰、人生短促的悲叹。

神仙鬼魅题材的诗是李贺诗歌中很有特色的部分。李贺是一个青年诗人，但在他的作品中却时常出现"死"和"老"的字眼，反映了他好景不长、韶光易逝的感伤情绪。"曲水飘香去不归，梨花落尽成秋苑"，"况是青春日将暮，桃花乱落如红雨"，表达了他对现实人生的无可奈何；"依稀和气排冬严，已就长日辞长夜"，又透露了他对未来光明的憧憬。他在两者的矛盾中，探索摆脱死亡的途径，于是产生了对神仙境界的奇妙幻想。王母、嫦娥等神话人物，银河、月宫的天国风光，出现在《天上谣》、《梦天》等名作中，奇丽谲幻。而在《古悠悠行》、《拂舞歌辞》、《神弦》等作品中，则写到神仙的虚诞和沧桑的变化。既然死亡无法逃避，于是又出现了对另一种鬼魅世界的可怕描述："鬼灯如漆点松花"，"鬼雨洒空草"，"秋坟鬼唱鲍家诗，恨血千年土中碧"，"百年老鸮成木魅，笑声碧火巢中起"。幽灵出没，阴森恐怖。宋代的钱易、宋祁因此称李贺为"鬼才"，"诗鬼"的称号也由此而来。

李贺的诗还有其他的一些题材。如《李凭箜篌引》、《申胡子觱篥歌》等，通过奇特惊人的想象和比喻，描绘音乐家的高超技艺和动人的音乐美，并抒发了作者的情怀。《罗浮山人与葛篇》、《杨生青花紫石砚歌》则赞颂了劳动人民巧夺天工的手工绝技和卓越的创造力。《昌谷北园新笋四首》借咏新笋来赞美青春的活力。《马诗二十三首》借咏马反映现实，"何当金络脑，快走踏清秋"，表达作者不愿为功名利禄所羁绊，渴望在天地间自由闯荡的心情。这些诗表现了李贺诗歌题材的广度和思想的深度。

李贺是一个富于创造性的诗人，他的诗无论形象、意境，还是比喻、文辞，都不蹈前人之辙。他将屈原的丰富想象、南朝乐府的纪实风格以及李白的浪漫主义表现手法融于一炉，自成一格，在我国诗歌史上异军突起，独树一帜。他的诗歌的艺术特点，是想象非常丰富而奇特，色彩瑰丽，字字锤炼。他特别擅长短篇，《天上谣》、《梦天》、《帝子歌》、《湘妃》等都是后人称为“长吉体”的代表作。他写的大多是古诗和乐府，很少写当时流行的近体诗。他还受到齐梁宫体诗的影响，借鉴了它们的词采，但有时显得过于雕琢和晦涩。总的来说，李贺的诗歌有很高的艺术成就，唐代李商隐、温庭筠的古诗，走的就是李贺开辟的道路。李贺死之前把自己的诗编成四本，交给沈子明，后来由杜牧作序而流传于世，共收李贺诗223首。

（卢月）

诗豪

“诗豪”指唐代文学家、政治家刘禹锡。刘禹锡（772～842），字梦得，自称“江南客”。祖籍中山（今河北定县）。他是匈奴后裔。刘禹锡自幼好学，熟读儒家经典，浏览诸子百家。唐德宗贞元九年（793）考中进士，两年后任太子校书，开始踏上仕途，积极参与政治活动。贞元二十一年（805），唐顺宗即位，推行改革，刘禹锡当时是政治革新的核心人物之一。革新只进行了半年多，就遭到宦官、藩镇的强烈反对而失败，唐顺宗被迫退位。刘禹锡由此开始了长达22年的贬谪生涯，先后在朗州（今湖南常德）、连州（今广东连县）等边远地区任刺史、司马等职，所到之处，访问民间疾苦，受到人民爱戴。唐文宗大和二年（828），刘禹锡回朝任主客郎中，历任苏州、汝州、同州刺史，政绩突出。唐武宗会昌元年（841）擢升为礼部尚书。第二年病逝。

刘禹锡与白居易齐名，两人是挚友，合称“刘白”。白居易对他评价很高：“彭城刘梦得，诗豪者也。”

刘禹锡最突出的成就在诗歌方面。他很重视从民歌中汲取精华，创作了一批反映民众生活和风土人情的好诗。他的作品中有两卷是乐府诗，这是他学习民歌的结晶。《竹枝词》、《浪淘沙》、《堤上行》、《踏歌词》等都很有名，有的描写劳动的场面，有的表现劳动人民的爱情生活；有的展示江南水乡的人情风俗。题材广泛，并汲取了巴蜀民歌轻快婉转、朴素优美的特色，语言清新自然、健康活泼，充满生活的气息和情趣。《竹枝词二首》“杨柳青青江水平”，《浪淘沙词九首》“日照澄洲江雾开”等都是脍炙人口的名篇。

由于贴近民间生活，重视民歌，刘禹锡的诗较有写实风格，往往以鲜明的爱憎反映中唐社会生活的重大问题。他的政治讽刺诗经常采用托物、比拟的手法，抨击镇压革新运动的权臣、宦官，把他们比作“利嘴迎人著不得”的蚊虫（《聚蚊谣》），“瞥下云中争腐鼠”的飞鸢（《飞鸢操》），“笙簧百啭音韵多”的百舌鸟（《百舌吟》），形象逼真，从不同的角度揭露他们的丑恶嘴脸和本性。另外还有一些涉及社会生活其他领域的讽刺诗，如《昏镜词》讽刺当时贤愚颠倒的用人之道，《调瑟词》反对过重的剥削，《贾客词》揭露大商人勾结官僚牟取暴利，加剧农民的贫困。这些诗用意深刻，针对性强，具有重要的现实意义。

刘禹锡寄托身世和咏怀古迹的诗，也为人称道。他在逆境中不肯屈服，常以诗歌来激励自己。《学阮公体三首》、《萋兮吟》、《答杨八敬之绝句》等，都直抒胸臆，表现了刚正不阿的品格。他对生活充满激情，不管是被贬边地还是多病的晚年，都写出了昂扬乐观的诗句。如“天地肃清堪四望，为君扶病上高台”（《始闻秋风》），“莫道谗言如浪深，莫言迁客似沙沉。千淘万漉虽辛苦，吹尽狂沙始到金”（《浪淘沙词》之八）等，都具有鼓舞人心的力量。咏怀古迹的作品如《西塞山怀古》、《金陵怀古》、《蜀先主庙》、《观八阵图》等，都是名篇，不仅艺术技巧纯熟，思想内容也达到很高水平，而且精辟简洁，韵味深长。

刘禹锡重视诗歌艺术的创新。他的诗既不像韩愈那样奇峻，又不像白居易那么浅显，而是具有取境优美、精练含蓄、韵律自然的特点。这一方面得力于瑰丽的辞藻，如《浪淘沙词》语言清丽，形象鲜明；另一方面得力于比兴手法的运用，如以“红雨”比落花（《百舌吟》），以“白银盘里一青螺”喻洞庭湖中的君山（《望洞庭》），以“水流无限月明多”暗示倾诉不尽的美好爱情（《堤上行》）等，都新颖可爱，清新优美，勾勒出情景相生、绚丽多彩的意境。

刘禹锡的诗不讲求铺叙而讲究精炼，不主张浅露而强调含蓄。“片言可以明百意”、“境生于象外”（《董氏武陵集纪》），深刻地概括了诗歌精练含蓄的特性，道出了自己的艺术取向。酬答诗如《答杨八敬之绝句》、《酬乐天扬州初逢席上见赠》、《与歌者米嘉荣》等，篇幅短小但含意丰富，或婉转地写出难言之衷，或深沉地传达互相关切的友情，或寄寓感慨，或微言托讽，都很有韵致。怀古诗如《君山怀古》、《荆州道怀古》等，往往从眼前的景物出发，驰骋丰富的想象，对历史现象作出深刻的概括，形象鲜明又发人深思。

刘禹锡还很重视诗歌的音乐美。他的七言乐府诗汲取了民歌曲调的优点，音调婉转亮丽，节奏活泼鲜明，而且句式长短不一，更适合配乐歌唱。有《和乐天春词依〈忆江南〉曲拍为句》两首，是按照《忆江南》的曲调来填词的，这是中国文学史上依曲填词的最早记录。刘禹锡诗歌的这些特点，与崇尚风骨、讲究音乐美的盛唐诗风比较接近。明代周履靖说刘诗“祖风骚，宗盛唐”（《骚坛秘语》）。

刘禹锡的诗在唐代流传极广，西南少数民族地区、京口、襄阳、吴兴一带都传唱不绝。除了诗歌上的成就，刘禹锡还积极参与唐代古文运动，明确提出文章应当是“见志之具”，强调“文章之用”。不管是论说文还是杂文，都旁征博引，推理缜密，显示出渊博的学识和雄健的风格。散文辞藻优美，题旨含蓄，柳宗元说他“文隽而膏，味无穷而炙愈出”（刘禹锡《犹子蔚适越戒》引），是很中肯的评价。刘禹锡的文学创作在各个方面都有突出成就，后来的许多文人，如苏轼、苏辙、王安石、江西诗派等，从不同程度地受到刘禹锡的影响和启发。

（卢月）

唐宋八大家

“唐宋八大家”是唐代韩愈、柳宗元，宋代欧阳修、苏洵、苏轼、苏辙、王安石、曾巩的合称。“八大家”最早见于明初朱右编的《八先生文集》。八位文学家并提，是因为他们都是古文运动的倡导者、实践者。古文是与骈文相对而言的，奇句单行、不讲究对偶声律的散文。魏晋以后骈文盛行，骈文句法整齐，辞藻华丽，形式与内容脱节。“八大家”倡导古文运动，就是要反对骈文的不良风气，恢复先秦汉代内容充实、长短自由、质朴流畅的散文传统。古文运动最早由韩愈发起，得到柳宗元的响应，他们共同推翻了盘踞文坛600多年的骈体文。

韩愈（768~824），字退之，祖籍昌黎，称韩昌黎。任吏部、刑部侍郎，谥号文公。韩愈提出一套完整的古文理论，主张尊尚古道、写作古文，做到“文以载道”；指出学古的用意是在继承传统的基础上进行创新；强调写文章要做到充实的内容与完美形式的统一，强调文体和语言的革新；注重文学的社会作用，反对空发议论。韩愈在创作中实践自己的理论，他的散文构思严密，气势宏大，具有鲜明的时代特征和艺术特色。《论佛骨表》、《师说》从实际问题着眼，格局严整、层次分明；《杂说》、《获麟解》嘲讽社会现象，语气幽默，比喻巧妙，寄寓深长；《清河张君墓志铭》、《柳子厚墓志铭》是为友情深厚、志同道合的文学家所作，突出了不同作家的特色，而且叙事、议论、抒情相结合，真挚感人。

苏轼像

柳宗元（773～819），字子厚。河东（今山西永济）人，称柳河东。任礼部员外郎等。古文运动得到柳宗元的积极响应，他重视文学的实际社会功能，强调严肃的写作态度。他的散文很有特色，除政论外，还善于用寓言来讽刺、抨击丑恶现象，由《临江之麋》、《黔之驴》、《永某氏之鼠》组成的《三戒》，通过三种动物的描摹来嘲讽现实，语言犀利生动，篇幅短小但波澜起伏，表现了高度的幽默讽刺艺术。

古文运动开启了文坛新风气，在文学史上有着不可磨灭的功勋。宋代欧、苏、曾、王六大家继承古文运动的精神，巩固前人成果，建立了一个统治文坛1000多年的新传统。

欧阳修（1007～1072），字永叔，号醉翁、六一居士。吉州永丰（今属江西）人。官至刑部、兵部尚书，谥号文忠。欧阳修是北宋诗文革新运动的领袖。他继承古文运动的精神，提倡简约自然的文风，强调文章的社会功用。在诗、文、词、赋及经学、史学等方面都有成就，以散文著称。他的散文大多内容充实、平易自然、流畅婉转，构思曲折严密。《朋党论》、《醉翁亭记》、《泷冈阡表》等都是历代传诵的名作。欧阳修倡导的诗文革新运动，改革了唐末以来的形式主义文风。他还提拔了王安石、曾巩、苏氏父子等散文家，对他们的创作产生很大影响，同时为振兴北宋文坛培养了中坚力量。

苏洵、苏轼、苏辙父子都积极参与和推进欧阳修倡导的古文运动，在散文创作上取得了很高的成就，合称“三苏”，是北宋文坛的重要力量。

苏洵（1009～1066），字允明，号老泉。眉州（今属四川）人。任秘书省校书郎。苏洵主张文章要“言当世之要”，他了解社会现实，善于总结历史经验，以古为鉴。他的散文以政论为主，切中时弊，语言犀利，具有雄辩的说服力。《六国论》、《衡论》等都是名篇。

苏轼（1037～1101），字子瞻，号东坡居士。眉州眉山（今属四川）人。宋仁宗嘉祐二年（1057）进士，官至翰林学士。任大理评事、翰林学士等。

苏轼是宋代大家中成就最高的一位。他重视文学的社会功能，强调文章内容与形式的统一，鼓励革新独创，并以扎实的功力和奔放的才情，发展了欧阳修平易舒缓的文风，为散文创作开辟了新天地。他的政论雄辩滔滔，笔势纵横，见解新颖，不落窠臼；叙事文借事寓理，文意含蓄，发人深思；游记不仅描摹真切，而且善于寓情理于景色。叙事纪游的散文艺术价值最高，如前后《赤壁赋》、《石钟山记》、《书刘庭式事》等，都是广为传诵的名作。

苏辙（1039～1112），字子由。官至尚书右丞，曾出使契丹，谥号文定。苏辙在古文写作上也有自己的主张，注重内心修养，更强调丰富的阅历和广博的知识。他擅长政论和史论，文章多针对时弊，纵横古今，气势不凡。《六国论》、《三国论》等都是名篇。此外，他的赋也很出色。

王安石（1021～1086），字介甫，号半山。临川（今属江西）人。官至宰相。王安石文学主张的核心是“文章合时用”，非常看重文章的实际作用。他最擅长论说文的创作，文章结构严密，分析透彻，措辞大胆又恳切，很有说服力。《上仁宗皇帝言事书》很有名。他的记叙文不重写景状物，而侧重借事说理。抒情祭文语言古朴，情意真挚，很有感染力，以《祭欧阳文忠公文》最为著名。

曾巩（1019～1083），字子固。建昌南丰（今属江西）人。任实录检讨官等。曾巩很赞同欧阳修在古文创作上的主张，但他更重视阐发义理。基于这种观点，他的文章自然淳朴，立论精确，论证严密，条理清晰。他擅长议论文和叙事文，代表作有《寄欧阳舍人书》、《道山亭记》等。

唐宋“八大家”除了古文成就，在其他方面也往往有所建树，韩愈、柳宗元、欧阳修、苏轼都是著名诗人或词人。苏轼开创了豪放词派，还擅长书画，和蔡襄、黄庭坚、米芾并称“宋四家”。

（卢月）

苏门四学士

“苏门四学士”是北宋文学家黄庭坚、秦观、张耒、晁补之的并称。苏轼是继欧阳修之后主持北宋文坛的领袖人物，声誉很高，与他交游或受他指导的人很多，黄、秦、张、晁四人都曾得到他的培养和提携。在众多门生中苏轼最欣赏和重视这四人，最先将他们并提并加以宣传的就是苏轼本人。但“苏门四学士”这一称号只是表明这四位作家受过苏轼的指导和影响，并不意味着他们可以统称为一个文学流派。实际上四人受苏轼影响的程度各有差别，文学见解和作品风格也各不相同，例如，黄庭坚的诗自创流派；秦观以词著称，但风格与苏轼不同，以婉约纤丽为主。

黄庭坚像

黄庭坚（1045～1105），字鲁直，号山谷。洪州分宁（今江西修水）人。宋英宗治平四年（1067）进士，因不拥护新政而受到排挤，多次贬官，仕途坎坷。黄庭坚为“苏门四学士”之首，政治态度与苏轼相近，不赞同王安石变法，但他关心国事，同情人民，为人很有操守。黄庭坚的诗具有超迈的见识和襟怀，在当时很受赞誉，与苏轼并称“苏黄”。写景、遣怀、赠答、题画等抒情诗最能体现他的匠心和个性。如《题竹石牧牛》，命题新颖，笔力奇崛；《登快阁》抒写洒脱襟怀；《清明》寄托人生的感慨等，意境幽远，情趣浓厚，给人以美的享受，是历来深受赞赏的佳作。他关心现实，《流民叹》、《上大蒙笼》、《劳坑入前城》等，真切地描写了民间疾苦。他慨叹“民病我亦病”，表达了“不以民为梯，仰俯无所作”的爱民思想。黄庭坚有“文章最忌随人后”（《赠谢敞王博喻》），“自成一家始逼真”（《题乐毅论后》）的名言，注重作品的独创性，本着“无一字无来处”的严谨态度，并且胸襟旷达，学识渊博，在诗歌创作上能独立门户，成为江西诗派的重要创始人。但过分讲求出处和点化前人佳句的倾向对黄庭坚的创作有不良影响。黄庭坚有《豫章先生文集》、《山谷全集》等。他还擅长行书和草书，与苏轼、米芾、蔡襄并称宋代书法四大家。

秦观（1049～1100），字少游，号邗沟居士，人称淮海先生。江苏高邮人。宋神宗元丰八年（1085）进士，任太学博士、国史院编修官等，由于朝廷党争，多次受牵连被贬。秦观是“四学士”中最受苏轼器重的，诗、词、文都很出色，词的成就最高，被视为北宋词坛一流的婉约派作家。秦观的词以描写男女恋情和哀叹自己的不幸身世为主，善于把男女的悲欢离合之情同个人的坎坷际遇自然地结合在一起，手法含蓄，语言淡雅，形象新颖鲜明，具有浓重的抒情感伤色彩。《望海潮·梅英疏淡》、《千秋岁·水边沙外》、《踏莎行·雾失楼台》等名作都辞情相称，秀丽含蓄。也有少数词较为开朗，如《鹊桥仙》“两情若是久长时，又岂在朝朝暮暮”的爱情，境界就很豁达。他的诗精致细密，隽秀含蓄，但缺少气魄。总体上看，秦观作品的不足之处在于题材较狭窄，风格较柔弱。他的主要作品集有《淮海集》等。

张耒（1054～1114），字文潜，号柯山。楚州淮阴（今属江苏）人。宋神宗熙宁六年（1073）进士，任临淮主簿、寿安尉等。张耒 13 岁能写作，游学于陈州，受苏辙重视，从学于苏轼。张耒以诗歌成就最高，作品多写田野风光、稼穑艰难和民众疾苦。如《田家》、《海州道中》，歌咏乡土风物和农夫苦乐；《悯农》、《劳歌》、《大雪歌》则对农民寄予了深切的同情。他诗风平易、流丽、通畅，有白居易的风范，尤其是写景抒怀诗，真醇自然，清新可人。他开创了南宋诗人学习唐调的风气。但部分作品锤炼不够，比较粗糙。他的文章渊源于三苏，文理并重、平易自然，苏轼称赞他的文章“汪洋淡泊，有一唱三叹之声”（《答张文潜书》）。他的主要作品集有《柯山集》、《拾遗》等。

晁补之（1053～1110），字无咎，号归来子。济州巨野（今属山东）人。宋神宗元丰二年（1079）进士，官至礼部郎中，仕途坎坷，多次被贬官。晁补之早年就深受苏轼嘉许，赞叹他的文章“博辩俊伟，绝人远甚”（《晁君成诗集引》）。他散文成就最高，风格温润典雅，豪迈流畅，张耒曾称赞“晁论峥嵘走珠玉”。他的散文《新城游北山记》、《拱翠堂记》等，或即景抒情，描摹真切，或借事寓理，夹叙夹议，都可以看出苏轼的影响。他的词风格与苏轼相近，写景咏物之外，还多写贬谪生涯和田园风光，有的词风格雄峻，气势不亚于苏轼，如《摸鱼儿》“买陂塘旋栽杨柳”、《水龙吟》“问春何苦匆匆”等，词气慷慨，势如游龙。他的主要作品集有《鸡肋集》。

（卢月）

苏门六君子

“苏门六君子”是后人在“苏门四学士”外，把陈师道、李廌列在“四学士”之后，合称“苏门六君子”。陈师道是江西诗派的重要成员，先后学习过黄庭坚、杜甫的诗，也曾受过苏轼的指导。成就主要在诗歌方面。五言、七言律诗较出色，有的诗感情质朴，如《示三子》；有的恬淡有味，如《绝句》；有的华美绚丽，如《放歌行》。散文也较有成就。有《后山集》、《后山诗话》。

李廌少年时就受到苏轼的称赞，苏说他笔墨澜翻，有飞沙走石之势。他的诗以山水、行旅、酬赠、题画为内容，风格雄健奇丽，七言古诗、绝句较出色。散文说古论今，条理通畅，很有逻辑性。《答赵士舞德茂宣义论宏词书》、《师友谈记》是北宋文学批评理论的重要作品。《德隅斋画品》评论唐、五代和宋的名画，考证作者、阐发画理，见解精辟。他的主要作品集有《济南集》。

（于春松）

中国十大悲剧

悲剧是戏剧的主要类别之一，以表现主人公与现实之间不可调和的冲突及其悲惨结局为基本特点。中国十大悲剧包括：

《窦娥冤》——元代关汉卿

《汉宫秋》——元代马致远

《赵氏孤儿》——元代纪君祥

《琵琶记》——明代高则诚

《精忠旗》——明代冯梦龙

《娇红记》——明代孟称舜

《清忠谱》——清代李玉

《长生殿》——清代洪昇

《桃花扇》——清代孔尚任

《雷峰塔》——清代方成培

《窦娥冤》是关汉卿最著名的代表作，描写一个弱小无依的寡妇反抗强暴宁死不屈，却被诬陷杀人，最后冤死的故事。窦娥的冤案有巨大的现实意义，它强烈控诉了封建制度与民为敌的残酷现实和统治者的罪恶，表现了封建社会下层妇女的悲惨命运。剧中窦娥对天地的诘问引起人们对封建社会的现实秩序与传统观念的怀疑，从而把窦娥悲剧的意义升华到一个新的高度。

《汉宫秋》以汉元帝与王昭君的爱情故事为主线，揭露了帝王的昏庸、朝政的腐败，抨击了文武大臣在侵略者面前的怯懦和无能。作品取材于汉代王昭君和亲的故事，参考了民间传说以及历代诗歌对王昭君的咏唱，并结合元代民族压迫的严酷现实，成功塑造了王昭君这一爱国者的形象，对后世戏曲影响很大，“汉明妃”的形象可以说是在马致远笔下基本定型的。

《赵氏孤儿》取材于《左传》、《史记·赵世家》等书，讲述春秋时晋国奸臣屠岸贾谋害忠臣赵盾，赵家300余口满门抄斩。义士程婴为救出赵盾的遗孤，献出自己的幼子顶替赵家孤儿。20 年后赵氏孤儿生擒屠岸贾，报了血海深仇。这部悲剧语言精练，人物形象鲜明生动，戏剧冲突扣人心弦，在戏剧史上影响很大，有不少剧种改编上演。18、19 世纪时有英、法等多种译本，并登上欧洲戏剧舞台，受到世界瞩目。

《琵琶记》是高则诚根据《赵贞女蔡二郎》剧目改编而成的。陈留郡人蔡伯喈进京赴试考中状元，被牛相国招为女婿，妻子赵五娘却在家忍饥挨饿侍奉公婆。公婆去世后赵五娘弹着琵琶沿途乞讨到京城寻夫。高则诚在这里把背亲弃妇的蔡伯喈改写成不忘父母和发妻的人物，将重婚行为归咎于客观，并以一夫二妻团圆作结局，显然违背了原剧，但赵五娘的遭遇确实反映了封建家族制度下妇女的悲惨命运。

《精忠旗》是冯梦龙根据旧有的传奇修改的一部戏剧，讲述南宋抗金名将岳飞精忠报国，屡建奇功，却被奸臣秦桧陷害最终被杀的历史故事，歌颂了岳飞的慷慨大节，体现了将士和人民对他的爱戴。

《窦娥冤》插图

《娇红记》是孟称舜根据元代同名小说改编而成的，讲述王娇娘与申纯相爱，婚事却屡次遭到间阻。最后因为帅节镇逼婚，王娇娘和申纯双双殉情而死。作品揭露了封建家长制的残酷，歌颂了青年男女对自由婚姻的追求。该剧在《西厢记》、《牡丹亭》之后，把爱情剧推向了一个新的高度。

《清忠谱》是李玉的重要作品，写明末天启年间苏州市民反对魏忠贤逮捕东林党人周顺昌而进行的一场斗争。剧中揭露了阉党集团的残暴统治，描绘了群众斗争的热烈场面，塑造了具有坚贞气节的周顺昌和见义勇为的颜佩韦等五义士的生动形象。该剧对戏剧矛盾的处理比较集中，突出壮烈的斗争场面的描写。

《长生殿》是洪昇的代表作，讲述了唐明皇李隆基和杨贵妃的爱情悲剧。作品围绕李、杨的爱情和“安史之乱”两条线索来组织材料，对历史素材加以精心选择和剪裁，进行了艺术的加工和概括，使事件和人物的描写基本符合历史事实，真实地再现了唐代天宝年间各种尖锐复杂的社会矛盾和政治斗争，表现了一代盛世王朝走向没落的命运。

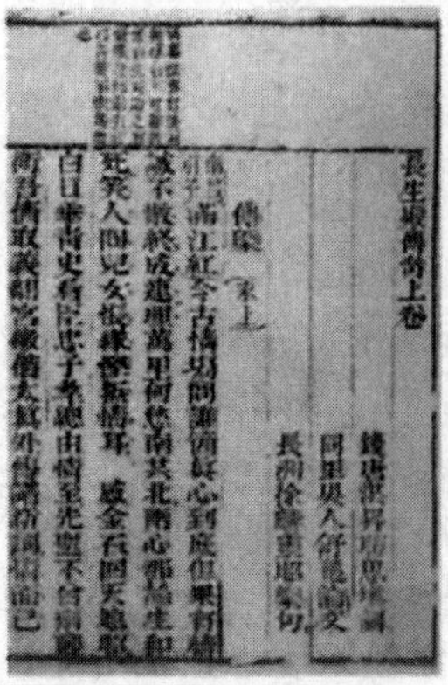

清刻本《长生殿》书影

《桃花扇》是孔尚任的代表作，写的是明末复社文人侯方域与秦淮名妓李香君的爱情故事。作品以明末清初的社会动荡为背景，叙述侯、李两人一见钟情定下终身，又惨遭离乱波折，最后双双入道的爱情悲剧，展现了当时复杂的社会矛盾和民族矛盾，评价了南明朝的历史，艺术地总结了这一段历史教训，唤醒了潜在的民族意识。《桃花扇》取得了多方面的艺术成就，结构布局巧妙，情节紧凑，人物塑造得栩栩如生，语言既有戏剧的表演性又富有文采，达到了戏剧性和文学性的统一，是清代戏曲的压卷之作。

《雷峰塔》源于民间白蛇传的传说，方成培在前人创作的基础上进行改编。作品讲述了白蛇为报恩化成人形嫁给许仙，夫妻恩爱，却被法海强行拆散，白娘子被压雷峰塔下的爱情悲剧。改编后的《雷峰塔》增加了水漫金山、断桥相会等重要场次，故事情节更加完善，白蛇的形象更加完美，法海则成为破坏他人幸福的恶势力的代表人物，作品的思想性得到提高。

（卢月）

中国十大喜剧

喜剧是戏剧的主要类别之一，一般用夸张手法讽刺和嘲笑丑恶现象，突出这种现象本身的矛盾及其与健康事物的冲突，往往幽默诙谐引人发笑，结局大多是圆满的。中国十大喜剧指的是：

《救风尘》——元代关汉卿

《西厢记》——元代王实甫

《墙头马上》——元代白朴

《看钱奴》——元代郑廷玉

《李逵负荆》——元代康进之

《幽闺记》——元代施君美

《中山狼》——明代康海

《绿牡丹》——明代吴炳

《玉簪记》——明代高濂

《风筝误》——清代李渔

《救风尘》是关汉卿杂剧中有代表性的喜剧，写的是妓女赵盼儿营救同行姐妹宋引章的故事。汴梁妓女宋引章年轻不谙世事，受纨绔子弟周舍的欺骗，不听赵盼儿苦苦相劝，一心要悔掉与秀才安秀石的婚约。周舍把宋引章骗到手后便拳脚相加百般凌辱，宋引章写信求赵盼儿相救，赵盼儿亲自赶到郑州，运用计谋使周舍休了宋引章，并控告周舍强占有夫之妇，由此救出宋引章。

《西厢记》是王实甫的代表作，描写了崔莺莺和张生冲破封建门第的束缚，争取婚姻自由最后终成眷属的故事。歌颂了以爱情为基础的结合，否定了封建社会传统的联姻方式以及以门第、财产和权势为条件的择婚标准。全剧对男女主人公的心理变化进行了深入细致的刻画，并围绕崔、张的爱情塑造了一系列典型的人物形象：机智伶俐侠肝义胆的红娘，具有豪爽和叛逆性格的火头僧人惠明，代表封建家长势力的崔母等，这些人物群的刻画在戏剧史上都有重要地位和影响。《西厢记》是元代杂剧最优秀的作品之一。

《墙头马上》是白朴的重要作品，写裴少俊奉父命从长安到洛阳选买奇花异草，骑马经过李家花园，和李世杰之女李千金隔墙答诗。两人相约时被发现，私奔到长安，在裴家后花园住了7年，生下一子一女，被裴少俊父亲裴行检发现，强令裴少俊休妻并留下孩子。千金回到洛阳，父母亡故。裴少俊考中进士后去接千金回家，裴行检夫妇也过来恳求，在一双儿女的哭求下，千金才与裴少俊正式完婚。

《看钱奴》取材于干宝《搜神记》中张车子的故事，写穷困的打墙人贾仁求神拜佛，得到财主周荣祖家的藏金而一夜暴富。周荣祖则因父亲不信佛，毁寺庙修住宅，以致应考落第沦为乞丐，将儿子长寿卖给贾仁。20年后贾仁死，家财归还周家，周荣祖和儿子团圆。剧中的细节描写夸张而富有生活气息，对守财奴贾仁的刻画入木三分。但郑廷玉宣扬因果报应的宿命论思想在一定程度上影响了创作成就。

《李逵负荆》写的是在梁山附近开酒店的王林的女儿满堂娇，被冒充宋江、鲁智深的恶棍宋刚、鲁智恩抢走。李逵听说后不加分辨就怒斥宋、鲁二人，还立下军令状，同宋、鲁一起下山找王林对质。真相大白后李逵负荆请罪，并除暴安良将功折罪。作品细节描写生动，人物心理也刻画得很细腻，成功塑造了李逵的英雄形象以及嫉恶如仇、豪爽天真的性格特征。

《幽闺记》又名《拜月亭》，写的是王尚书之女瑞兰和蒋世隆在逃避战乱的途中患难与共并结为夫妇，王尚书回朝后将两人强行拆散。后来王尚书做了宰相，要把女儿嫁给新科状元，瑞兰不愿意，状元也一口回绝。为难之际，被王夫人认作义女的蒋瑞莲认出新科状元正是自己的哥哥蒋世隆，有情人再次成眷属。作品赞扬了敢于冲破封建思想的樊篱，追求爱情和幸福的青年人，同时也讽刺了封建家长的丑恶嘴脸。

《中山狼》是一部寓言式的作品，讲述东郭先生救一只中箭逃命的狼，自己反而差点被狼所害，最后被一个猎人搭救的故事。作品通过对狼的本性的揭露，骂尽一切负国家、负父母、负师友的无耻之徒，同时嘲讽了东郭先生的迂腐，富有寓意。

《绿牡丹》是吴炳的重要作品，剧中成功塑造了一位富于斗争精神的新型女性形象——车静芳。她不仅才貌双全，同时也是一位具有新思想的女性，为了获得真正的幸福敢于冲破封建礼教的樊篱，最终得到了理想的婚姻。作品明确提出以才情为标准的婚姻价值观，强调婚姻应建立在男女双方才情相投、两情相悦的基础上，在当时具有进步意义。作者还将爱情主题与深刻严肃的社会问题相融合，用犀利的笔触和辛辣的语言，揭露了晚明科举制度的弊端。

《玉簪记》取材于《古今女史》，写南宋时陈娇莲与母亲在躲避战乱的途中失散，娇莲入金陵城外女真观为道士，法名妙常。观主的侄子潘必正应试落第，寄居在观中，两人互相爱慕，被观主发现，强令潘必正再次赴考。潘、陈二人在舟中泣别，互赠定情之物。后潘必正及第授官，回到金陵与妙常成婚。

《风筝误》是李渔最有名的喜剧。书生韩世勋在风筝上题诗，纨绔子弟戚施放风筝，风筝线断，被詹府才貌双全的二小姐淑娟拾到，重新题诗后再放，由此引出一连串误会与巧合，生出了韩世勋、戚施与詹府两位小姐两桩相互对比而又相互纠葛的婚事。该剧取材于家常俗事，但不落俗套，情节波澜起伏，引人入胜，并且语言生动明朗，曲调科白都能较为恰当地表达人物的感情。

（卢月）

《红楼梦》的魅力

《红楼梦》原名《石头记》，全书120回，前80回为曹雪芹所著，后40回由高鹗续写。小说以贾宝玉、林黛玉、薛宝钗的爱情婚姻悲剧为主要线索展开全书的情节，通过描绘以贾府为代表的四大家族由盛到衰的过程，广泛深刻地展示了封建社会末期的腐朽和黑暗，同时也展示了新的进步思想和进步力量的萌芽。《红楼梦》是曹雪芹以毕生的心血创作的文学巨著，是我国四大古典名著之一，也是中国文学史上最伟大的长篇小说。它以贾府的大观园为舞台，以钟灵毓秀的女儿为主角，传唱着人物命运各异的悲剧颂歌，蕴涵着宽广深厚的社会历史、思想文化内涵和艺术价值。作品在集中塑造了贾宝玉和林黛玉这两个封建社会叛逆者典型的同时，还以同情和歌颂的态度塑造了一系列富于斗争精神的下层妇女形象。一部《红楼梦》，构成了一座瑰丽的艺术宫殿，它是我国古典小说现实主义的最高峰。

林黛玉像

自问世以来，《红楼梦》吸引了一代又一代的读者，它的无穷魅力源于对中华文化和艺术的高度浓缩。对于一部小说，读者首先关注的是它的艺术魅力和美学效果。《红楼梦》在这一点上取得了很高的成就，书中诗词曲赋、酒令灯谜、诔赞偈语以及书画、戏剧、工艺、建筑、园林、服饰、丝织、烹饪、医学、巫术无所不包，众多的艺术样式和丰富的学科知识与小说的情节内容互相渗透交相辉映，造就了这部百科全书式作品的独特风貌和不朽价值。不管是塑造人物、叙述事件，还是刻画场面、描写环境，都像生活本身那样丰富、逼真、自然。那环绕着贾宝玉和林黛玉的形形色色不同阶层、不同年龄和性别、不同姿容和性格的几百个人物，以及他们之间所发生的依存又矛盾的关系；那围绕着宝、黛的爱情婚姻展开的众多事件，以及这些事件之间互相关联又互为因果的复杂关系，都浑然天成，一点不见刻意雕琢的痕迹。

在表现手法上，《红楼梦》讲究对比和虚实结合。在曹雪芹描绘的世界里，压迫与反抗、富有与贫困、欢乐与悲凉、腐朽与新生，像一对双生兄弟一样并存着；真与假、美与丑、善与恶交织在一起。从这个世界可以看到现实社会的陈腐不堪，看到延续了几千年的封建制度行将就木的命运，也可以看到美的人物、美的思想和感情、美的追求。这种多层次对比的方法也使《红楼梦》的构思打破了传统小说的单线式结构，文意曲折深远。鲁迅曾说：“至于说到《红楼梦》的价值，可是在中国的小说中实在是不可多得的。其要点在敢于如实描写，并无讳饰，和从前的小说叙好人完全是好，坏人完全是坏，大不相同，所以其中所叙的人物，都是真人

物。总之自有《红楼梦》出来以后，传统的思想和写法都打破了。”（《中国小说的历史变迁》）

贾宝玉大婚

此外，悲剧性也是《红楼梦》魅力的重要所在。曹雪芹在创作过程中怀有“运数”的观念，使得作品渗透着一种浓重的命运感，大大增强了小说的悲剧气氛和悲剧效果。在书中，无论是“功名奕世”的贵族大家，还是天真烂漫的少男少女，都受宇宙间这种盛衰变化的“运数”所支配；就是男女情爱，也是“人生情缘，各有分定”，不可强求。特别是作者心爱的一群女子，不管是有棱角、有叛逆性的，还是温顺和善、顺应世俗安排的，都有着可贵的童心、纯情和聪慧。她们是不应当失去青春和欢乐的。然而，“运数”注定她们“薄命”，最后一一被摧残。家亡人散，是《红楼梦》各类人物的共同归宿。鲁迅说：“悲剧将人生有价值的东西毁灭给人看。”（《再论雷峰塔的倒掉》）的确，从悲剧的意义来看，《红楼梦》的审美价值就在于它通过“美”的毁灭表达出对人生和历史的沉思与感伤，揭示了人生和历史变迁中给予人的虚幻感和可悲可泣的一面，因而引起读者的共鸣和悲剧性感受。

艺术上的成就使《红楼梦》成为中国文学史上最具有才情的作品之一，同时也给读者以美的享受和艺术的熏陶，但《红楼梦》的魅力不仅仅是这些。曹雪芹是一位文学艺术家，也是一位以小说为表达手段的思想家。他亲身经历了自己家庭由繁华到败落的过程，目睹了许多贵族、官僚家庭的衰颓没落：“陋室空堂，当年笏满床；衰草枯杨，曾为歌舞场”；“金满箱，银满箱，展眼乞丐人皆谤”。这位富于思辨能力的文学家，在描写这一社会现象时，也在作深入的、哲理性的思考与探索。《红楼梦》通过塑造一系列鲜明生动的艺术形象，展开了一幅广阔的社会历史图景，集中反映了“康乾盛世”时期上层社会日益严重的骄奢腐败和贵族世家的衰颓没落，以及主奴之间、贫富之间、正统思想的维护者与离经叛道者之间、官僚贵族之间愈演愈烈的矛盾。当不少文人、士大夫浑浑噩噩陶醉于中央帝国的“盛世”景象时，《红楼梦》已经揭示出这个“太平”世界的积弊和深刻危机，从“盛世”里发出了哀音与危言，为国人敲响了警钟。曹雪芹思想的深刻性赋予了《红楼梦》丰富的哲理和深刻的思想见解，这也是《红楼梦》魅力的一个重要方面。

《石头记》书影

《红楼梦》的诞生对中国的文学产生了深远的影响，历来都有著名学者对它进行研究评论。从最早的点评派，到后来的点评派、索隐派、评论派和考证派，形成了蔚为壮观的“红学”，由此足见《红楼梦》的魅力之大。

（卢月）

曹雪芹的背景

曹雪芹（？~1763），名霑，号雪芹，又号芹溪、芹圃，祖籍辽阳。曹雪芹可确定的最远的祖先是籍贯东北辽阳的曹世选。曹世选一家是汉族的读书人家，明朝天启元年（1621），努尔哈赤统帅的后金军队攻占沈阳、辽阳及辽河以东的70多座城池，并将首都迁到辽阳。曹世选一家大约是在这一年被后金军队俘获而沦为满族皇室的包衣。包衣是满语译音“包衣阿哈”的简称，是家庭奴隶的意思。他们主要从事农业耕作和家务劳动，编入八旗编制，为主子私有，世代为包衣。

曹世选的儿子曹振彦是曹雪芹的高祖，父子都是多尔衮属下包衣，属于八旗中的正白旗。曹振彦早年在满洲官办学校教书，清顺治元年（1644）随清军入关到北京，顺治七年被派往平阳吉州任知州，两年后升任大同知府。三年后又调任两浙都转运盐使司运使，这是关系国计民生的要职。多尔衮死后，他生前掌管的正白旗由皇帝接管，曹振彦一家随之归属内务府，成为皇帝本人的家奴。

内务府是管理宫廷事务、直接为皇帝服务的机构。曹振彦的长子曹玺、次子曹尔正都在内务府任职。曹玺为曹雪芹的曾祖，做过顺治皇帝的侍卫，其妻孙氏是康熙皇帝幼时的保姆。满人家庭有尊重保姆、乳母的习俗，这就加深了曹家与皇室的

曹雪芹像

关系，尤其是与康熙皇帝有了特殊的关系。康熙二年(1663)，曹玺出任江宁织造。当时江宁（今南京）、苏州、杭州三处设织造，负责供应宫廷衣料及祭祀、封诰、赏赐所用的织物。曹玺作为皇帝的家奴，除了本职事务外，还要为皇帝搜刮山珍海味、文玩古董；特别是要充当耳目，向皇帝报告吏治民情，以便加强对江南的控制。曹玺既忠心又得力，深得康熙皇帝的宠信。曹玺在江宁织造一直供职到康熙二十三年（1684）病逝。

曹玺有两个儿子，曹寅、曹宣。曹寅字子清，号荔轩、楝亭，是康熙年间很有影响的人物，早年是康熙的伴读，担任过御前侍卫，协助康熙铲除鳌拜。康熙二十九年（1690），曹寅出任苏州织造，两年后调任江宁织造，继承了父业。任职期间，他还一度和李煦（苏州织造）轮流兼任两淮巡盐御史。曹寅的政绩受人称道，康熙皇帝对他十分倚重，视为心腹。曹寅每次密折陈奏，都要详细报告江南各方面的情况，细到雨水、庄稼收成、物价等，但重点是江南的舆论和社会动向。对于见闻，曹寅都如实呈奏，很有胆略。曹寅的两个女儿，都由康熙皇帝指婚嫁入皇家成为王妃；康熙皇帝曾 6 次南巡，后面 4 次都是由曹家接驾，这些都极大地提高了曹家的身份和社会地位。曹寅 55 岁病逝，由他的儿子曹颙接任江宁织造，曹颙任职仅 3 年就病逝了。康熙下旨将曹宣的儿子曹頫过继给曹寅的妻子，并接任江宁织造。曹颙、曹頫是曹雪芹的父辈。

曹雪芹落魄著《红楼梦》

曹寅在世时，曹家处于赫赫扬扬的盛世，但实际上荣华中已潜伏着衰败的危机。两淮盐务和织造署都出现巨额亏空，这其实主要是康熙皇帝的几次南巡造成的；与此同时，宫廷内部争夺帝位的斗争也日趋激烈，作为康熙的家臣，曹家难免会被牵连，曹寅在世时已经意识到了潜藏的危机。雍正继位后，曹家果然在劫难逃，曹頫两度被罢官抄家，曹家从此一蹶不振，正应了曹寅生前“树倒猢狲散”的口头禅。曹雪芹这时十二三岁。

曹家是一个非常特别的家庭。作为包衣，他们是皇帝的奴仆，没有人身自主权。但是自曹振彦以来，他们家许多人都有官职，也有自己的家奴、庄地、房产，拥有巨大的财富，特别是他们作为皇帝宠信的家臣，地位显贵，炙手可热。出身于这样一个既卑贱又显贵的家庭，又目睹了家族由盛到衰的过程，曹雪芹形成了自己特殊的经历、特殊的品格和精神世界。

曹家还是一个书香世家，虽然是包衣，但有很高的学问和文化修养。曹家的人能以包衣的身份受到重用，原因就在于此。曹振彦是贡士，即通过考试选拔出来的地方官。曹玺善于作诗，有较高的文学造诣，经常与著名文士来往，曹寅兄弟俩从小就受到熏陶。尤其是曹寅，童年时就能作诗，才艺惊人，22 岁时就编成第一本诗集《荔轩草》，后来又有诗集《舟中吟》和《西农词》问世，并著有剧本《北红拂记》、《续琵琶记》、《太平乐事》、《虎口余生》。曹寅喜欢藏书，《楝亭书目》是他的藏书目录，共收书 3200 多种，两万多册，涉及的范围非常广泛。曹寅还精于勘印书籍，《全唐诗》、《佩文韵府》就出自他的书局，经他勘印的书籍很多都是精品。此外，曹寅还和康熙年间许多知名文士、学者有密切的交往，与他们建立了深厚的友谊，在文士中享有很高的声望。曹雪芹出生时曹寅已经去世，但还是赶上了曹家最后的一段繁华，并且从小耳濡目染，受到家学的熏陶，诗、词、曲、赋、画无所不能，又从祖父留下的藏书中汲取了广博的知识，从而为《红楼梦》的问世打下深厚的基础。

（卢月）

“红学”的派别

《红楼梦》是中国文学史上最伟大的一部长篇小说，气势恢弘，博大精深，是一部百科全书式的作品。对《红楼梦》的评论和研究，从它问世之日起就已经开始，200 多年来经久不衰，蔚为大观，成为我国文学研究的第一门显学。“红学”就是在研究和评论《红楼梦》的过程中形成的文学批评的学术体系，这一学术体系在形成和发展的过程中产生了不同的派别，主要有点评派、索隐派、评论派和考证派几大派别。

点评派是红学中最传统的派别，主要以脂砚斋为代表。该派主要是根据个人的生活经验和艺术感受，写出自己的心得、体会或感想，比较零碎，而且缺乏深度的研究和全面系统的把握。点评派几乎从《红楼梦》问世之日起就开始了活动，他们是较早接触到《红楼梦》的一批读者，如脂砚斋就是《红楼梦》最早的读者之一，而且和曹雪芹有密切的交往。因此，他们留下的资料虽然零碎不成系统，但还是很有价值的，尤其有助于我们了解《红楼梦》的原貌。

索隐派产生于19世纪，是历史比较长的一个派别。前期索隐派侧重寻找隐藏在《红楼梦》背后的真实事件。《红楼梦》开篇有“甄士隐”即将真事隐去、“贾雨村”即用假语存言的自白，他们因此认定作品背后有真实的历史事件。如有人认为《红楼梦》是明珠的家事，也有和珅家事说、傅恒家事说，等等。前期索隐派的重要著作是王梦阮、沈瓶庵的《红楼梦索隐》，认为《红楼梦》写的是清世祖顺治和董鄂妃的事，董鄂妃就是秦淮名妓董小宛。此书一问世即引起轰动，但这种说法已经被历史学家的考证驳倒。后继的索隐派以探求《红楼梦》作者的立意为目的。蔡元培的《石头记索隐》于1917年出版，是一部影响很大的索隐派专著。他从民族主义情感出发，提出《红楼梦》的立意在于反对满族统治，从而把《红楼梦》解读成一部政治小说。此后，邓狂言的《红楼梦释真》认为《红楼梦》是一部明清兴亡史，寿鹏飞的《红楼梦本事辨证》把《红楼梦》看成一部历史小说，景梅九的《红楼梦真谛》则综合了索隐派各家的观点，是索隐派最后一部红学著作。

评论派的开端为1904年王国维《红楼梦评论》的问世。王国维运用德国哲学家叔本华的理论，不仅分析了《红楼梦》的精神和主题思想，而且分析了它的美学价值、伦理价值等，并将《红楼梦》与《牡丹亭》、《长生殿》、《西厢记》等相比较，得出“《红楼梦》者可谓悲剧中之悲剧也”的结论。这是第一篇用哲学、美学思想系统评论《红楼梦》的论文，学术界由此开始了对《红楼梦》全面系统的研究和评论。继王国维之后，评论派发表了许多有影响的论文和著作。吴宓的《红楼梦新谈》是第一篇用西方小说理论来研究《红楼梦》的作品；佩之的《红楼梦新评》第一次从社会的角度对《红楼梦》进行评论；俞平伯的《红楼梦辨》则是一部兼有考证和评论的著作，在评论派中有很大影响；鲁迅对《红楼梦》的评论虽然没有专著、论文，却在很多文章中涉及，见解精辟，影响深远；李辰冬的《红楼梦研究》最早对《红楼梦》进行全面的综合研究；陈觉玄的《红楼梦试论》探讨了《红楼梦》产生的社会背景和时代思潮，在当时是一个崭新的角度；王昆仑的《红楼梦人物论》则是第一部研究《红楼梦》人物的红学专著。新中国成立后有李希凡、蓝翎的《红楼梦评论集》，何其芳的《论〈红楼梦〉》等。“文革”后评论派的研究专著大量涌现，如徐迟的《红楼梦艺术论》、舒芜的《说梦录》、王蒙的《红楼启示录》等，都比较有影响。

考证派是红学史上影响最大、实力最雄厚的红学派别。胡适的《红楼梦考证》

和《跋〈红楼梦考证〉》是考证派的开山之作，开辟了红学的新时代。胡适通过大量的历史资料，考证了《红楼梦》的作者、作者的身世背景、成书的经过以及书中封建家族的原型等，从而得出《红楼梦》是曹雪芹的“自传说”的结论，这些在当时都是惊人之笔。胡适是第一个对《红楼梦》作出如此系统考证的学者，他为《红楼梦》的研究工作建立了新的模式和思路，这是他最重要的贡献，人们因此称从胡适开始的红学为新红学，而将索隐派称为旧红学。胡适之后，考证派的阵营不断扩大。俞平伯的《红楼梦辨》对《红楼梦》本身的内容和版本进行了一番考证。李玄伯的《曹雪芹家世新考》对曹雪芹的家世背景进行了系统的考证，在胡适的基础上又进了一步。这两位学者都受到胡适的影响。方豪的《〈红楼梦〉新考》则从书中的地名、物品入手，其考证方法独树一帜。周汝昌是考证派的集大成者，他的《红楼梦新证》将真实历史中的曹家和文学作品中的贾家合而为一进行考证，分析了其中的人物及其籍贯出身、地点问题，附有曹雪芹和《红楼梦》年表及脂砚斋等人的评点，是考证学和“自传说”发展的顶峰。后继的吴世昌、冯其庸等也都是很有影响的红学家。

《红楼梦》诞生二三百年来，各派红学家从不同角度出发，采取不同的研究方法，对《红楼梦》的形成过程、思想内涵以及作者的家世背景等，进行了不懈的探索和热烈的讨论，从而使“红学”有了今日的规模和面貌。而《红楼梦》这部旷世巨作也在后人的解读中不断显示出它的价值和意义。

（卢月）

林纾的翻译

林纾（1852～1924），原名群玉，字琴南，号畏庐，别号冷红生，晚年称蠡叟、补柳翁、践卓翁、长安卖画翁。福建闽县（今福州市）人。近代文学家、翻译家。林纾年轻时博览群书，能诗文、善绘画，有狂生之称。清光绪二十六年（1900）在北京五城中学任中国文学教员，由于所作的古文受到桐城派大师吴汝纶推重而任北京大学讲师。辛亥革命后入北洋军人徐树铮所办的正志学校教学，后在北京以译书售稿和卖画为生。

林纾翻译小说始于光绪二十三年（1897），与精通法文的王寿昌合译法国作家小仲马的《巴黎茶花女遗事》。这是第一部进入中国的西洋小说，一时间风行全国，备受赞扬。紧接着林纾受商务印书馆的邀请专译欧美小说，在近30年的翻译生涯中，他先后共译作品180余种，介绍过美、英、法、德、俄、希腊、日本、比利时、瑞士、挪威、西班牙等国的作品。林纾翻译最多的是英国哈葛德的作品，有《迦因小传》、《鬼山狼侠传》等20种；其次是英国柯南道尔的作品，有《歇洛克奇案开场》等7种。他翻译的世界名著有俄国托尔斯泰的《现身说法》等6种，法国小仲马《巴黎茶花女遗事》等5种，大仲马《玉楼花劫》等2种，英国狄更斯的《贼史》等5种，莎士比亚的《恺撒遗事》等4种，司各特的《撒克逊劫后英雄略》等3种，美国欧文的《拊掌录》等3种。此外，还有希腊伊索的《伊索寓言》，挪威易卜生的《梅孽》，瑞士威斯的《颤巢记》，西班牙塞万提斯的《魔侠传》，英国笛福的《鲁宾逊漂流记》、菲尔丁的《洞冥记》、斯威夫特的《海外轩渠路》、斯蒂文森的《新天方夜谭》、里德的《吟边燕语》、安东尼·霍普的《西奴林娜小传》，美国斯托夫人的《黑奴吁天录》，法国巴尔扎克的《哀吹录》、雨果的《双雄义死录》，日本德富健次郎的《不如归》等译著。

林纾其实并不懂外文，全靠笔录别人的口译，因而也产生了一些疵误，如把名著改编或删节的儿童读物当做名著原作，把莎士比亚和易卜生的剧本译成小说，把易卜生的国籍误记成德国等。尽管如此，林纾仍然翻译了40余部世界名著，这在中国是独一无二的。他译书的速度极快，而且记录精确，经常是口述者还没讲完，他就已经心领神会地记录在纸上了，这一点连他自己也引以为豪。更为难能可贵的是他的译笔一般轻快明朗，有独到的特色和成功之处，如译作《撒克逊劫后英雄略》，很好地保有原文的情调，人物也很传神。

林纾是古文家，喜欢用古文义法来讲自己译的小说。他赞美狄更斯"扫荡名士美人之局，专为下等社会写照"，善于"刻画市井卑污龌龊之事"，善叙"家常平淡之事"（《孝女耐儿传自序》）。他又拿《史记》、《红楼梦》与狄更斯的作品作对比，为读者打开了眼界。他在《不如归序》里，称德富健次郎"夹叙甲午战事甚详。余译既，若不胜有冤抑之情，必欲附此一伸"。又说："纾年已老，报国无日，故日为叫旦之鸡，冀吾同胞警醒。"这说明他翻译小说，不光要把外国小说及其艺术技巧介绍到中国来，更要通过翻译作品把他的爱国热忱传达给读者，使读者受到感染。他凭借自己的文学素养来弥补原作的某些不足，使得一些译作在某些方面超出了原作的水平。他借助他人口译翻译的小说，其中的成功译作至今还具有生命力。

（卢月）

鸳鸯蝴蝶派

鸳鸯蝴蝶派是近代小说流派，发端于20世纪初叶的上海“十里洋场”，辛亥革命失败后开始兴盛。自鸦片战争以来，帝国主义对中国的侵略一步步加剧，他们霸占租界，开辟洋场，使半封建半殖民地大都市的生活乌烟瘴气，畸形怪异，呈现出光怪陆离的面貌，于是反映这种都市生活的作品也应运而生。这类作品最初热衷的题材是言情小说，往往是“佳人和才子相悦相恋，分拆不开，柳荫花下，像一对蝴蝶，一双鸳鸯”（鲁迅《上海文艺之一瞥》），因此称鸳鸯蝴蝶派。这一派的早期代表作为徐枕亚的《玉梨魂》，是用四六言骈俪文加上香艳诗词写成的哀情小说。

鸳鸯蝴蝶派以“游戏笔墨，备人消遣”为主要宗旨。他们的期刊、小报曾标榜“本杂志不谈政治，不涉毁誉”，“有口不谈国家……寄情只在风花”，他们的作品也大都以“消闲”、“遣愁”、“排闷”、“除烦”为目的。20世纪20年代初，《文学研究会宣言》中曾严正批驳鸳鸯蝴蝶派“将文艺当作高兴时的游戏或失意时的消遣”的工具。茅盾也曾对这一流派的实质作过中肯的评价，认为他们“思想上的一个最大的错误就是游戏的、消遣的、金钱主义的文学观念”（《自然主义与中国现代小说》）。

鸳鸯蝴蝶派是一种以迎合有闲阶级和小市民的庸俗口味为目的的都市文学。他们视作品为商品，为了竭力倾销这些“商品”，适应洋场的“五方杂处，三教九流”的需求，自然就随波逐流，作品的内容也不得不随着他们特有的读者阶层趣味的转换而转变：有时是言情小说，有时是黑幕小说，有时又以侦探、武侠最为热门。因此，这一流派的作品内容十分驳杂，大概可以分为言情、哀情、社会、黑幕、娼门、家庭、武侠、神怪、军事、侦探、滑稽、历史、宫闱、民间、公案等众多类别。早期鸳鸯蝴蝶派仅仅以言情小说为主，后来演变出如此庞杂的内容，要把它们归入鸳鸯蝴蝶派狭义的框框中，似乎不太贴切。于是有人以他们早期最有影响的杂志《礼拜六》命名，称他们为“礼拜六派”。

鸳鸯蝴蝶派的全盛时期是在辛亥革命至五四运动之间，特别是袁世凯复辟帝制前后。辛亥革命后，中国仍然是一个半殖民地半封建国家，袁世凯复辟帝制而掀起的复古狂潮，使得原本沉淀下来的社会渣滓重新泛滥起来，文艺界也随之呈现出一片颓败的局面，鸳鸯蝴蝶派的作品充斥于市场正是这种局面的一个缩影。这时的鸳鸯蝴蝶派作者，除了不少“封建才子”和“洋场文豪”之外，又增添了一些不愿在浓重的政治黑暗中继续探索的资产阶级、小资产阶级知识分子。他们从反对袁世凯的斗争中抽身，离开了旧民主主义革命的道路，投入到鸳鸯蝴蝶派的圈子。“五四运动”以后，该流派虽然多次受到新文学营垒的冲击和批判，报刊阵地和读者面都有所缩小，但仍然在市民读者中流行。直到中华人民共和国成立，鸳鸯蝴蝶派才在大陆逐渐消失。这一流派的活动时间与民国持续的时间大致相同。所以，新中国成立后也被称为“民国旧文学派”。

鸳鸯蝴蝶派从主导倾向而言，是一个消极的病态的文学流派。但在他们早期反映婚姻问题的作品中，也有年轻人因受到家长或封建道德的压迫，以致酿成悲剧的内容，从反对父母之命媒妁之言的封建道德的角度来看，这些作品是具有进步意义的。他们中间也有人在“五四运动”前后，翻译介绍了一批国外进步的文学作品，这也是值得肯定的。此外，该流派的部分作者如包笑天、周瘦鹃等，站在清贫的市民阶层的立场，反映他们的要求和愿望，写了一些对社会黑暗现实和封建军阀的压迫表示不满的作品，特别是“九一八”事变前后，这一流派中具有民族正义感的作家，写出了大量的“国难小说”，宣传爱国主义精神，反抗侵略。在抗日洪流的冲击下，鸳鸯蝴蝶派某些作者的思想发生了转变，他们的作品也随之出现了新的面貌，向健康的通俗文艺过渡，张恨水的小说在抗日战争爆发后发生的变化，是最有代表性的例子。

（卢月）

五声和七音

五声是宫、商、角、徵、羽五个音级的合称，也称五音。五音的五个阶名分别是一宫、二商、三角、四徵、五羽，分别对应于简谱中的 1（do）、2（re）、3（mi）、5（sol）、6（la）。我国几种传统的音阶形式，无论是古音阶、新音阶、清商音阶，还是五声音阶或六声音阶、七声音阶，其中都包含这五个音级。在同一个五声音阶的音列中，分别以各音作为主音时，就构成不同的调式，此时即根据主音的阶名来命名调式。例如以宫音为主音时，就命名为宫调；以商音为主音时，就是商调。依此类推有角调、徵调、羽调。《淮南子》有“一律而生五音”，“律”在这里指的就是主音，这句话讲的就是根据主音来确定调式。例如陕北民歌《山丹丹开花红艳艳》就是商调。在不同的音乐和音阶形式中，五声都是重要的音级。

在我国传统乐学理论中，宫声被认为是音阶组织中最重要的一个音级，《国语·周语下》伶州鸠论音乐时说：“夫宫，音之主也。”传统乐学一般以宫音的音高为标准来确定曲调的高低，宫音的音高位置确定后，商、角、徵、羽等各音的位置也就随之而确定。

七音是七声音阶及其七个音级的总称，或称为七律。《左传·昭公二十五年》子产论乐：“为九歌、八风、七音、六律，以奉五声。”《国语·周语下》伶州鸠论乐：“故以七同其数，而以律和其声，于是乎有七律。”七音、七律，都是七声音阶的意思。七音的七个阶名分别是一宫、二商、三角、四变徵、五徵、六羽、七变宫，变徵近似于简谱中的4（fa），变宫近似于7（si）。可见七音是由五声演变而来的，传统乐学理论将五声称为正声，把随音阶形式的差别而改变位置的另外两个音（四变徵、七变宫）叫做二变，变徵是徵的低半音，变宫是宫的低半音。

五声和七音都是我国古代音乐的基本结构要素。据史料记载，在晋代以后，五声和七音都曾用来表达弦序或不同调式中的各个音级的次序，而不拘泥于各个阶名所约定的音程关系。例如，宫字仅表明它是某种调式的音节第一级，商字仅表明它是所属音阶的第二级。

（卢月）

十二律和三分损益法

“律”在我国古代乐学中指乐音的音高标准，也指乐音的有关法则或规律。十二律是中国古代乐律学名词，是以黄钟律为标准音而创建的一套律制。中国历代所谓的“定律”，一般指确定黄钟一律的音高，并以此为标准，推算其他各律的律数。因此，历代的黄钟律就是历代的标准音高。十二律从黄钟标准音起，按照一定的生律法，在一个八度内连续产生十一律，使每相邻两律之间都成半音，这十一律加上作为标准音的黄钟律，合称为十二律。十二律的名称由低到高依次为：黄钟、大吕、太簇、夹钟、姑洗、仲吕、蕤宾、林钟、夷则、南吕、无射、应钟。十二律的单数各律称“阳律”或“律”，双数各律称“吕”，合称“律吕”。不同的生律方法产生的十二律，分属于不同的律制，它们的区别在于各律之间的半音大小不同，有略大的半音和略小的半音，或只有完全均等的半音。

三分损益法是我国古代生律的方法，用这种方法所生的各律，形成一种律制，称为“三分损益律”。三分损益法按照震动体的长度来进行律学计算。以 L 代表具有一定张力的一定弦长，去其三分之一，即“三分损一”，可以得到 L 上方五度音弦长 L′（$L' = L \times 1/3$）。

对弦长 L′增长其 1/3，即“三分益一”，可得到 L′下方四度音弦长 L″（$L'' = L' \times 4/3$）。

按照三分损益法生律的次序，求上方五度之律，称为“下生”；求下方四度之律，称为“上生”。如果按照《吕氏春秋·音律》的方法，从一律出发，下生五次、上生六次，就可以得出十二律。

（卢月）

“黄钟”“大吕”的意思

“黄钟”、“大吕”分别是十二律的第一律和第二律。按中国历代所谓“定律”，一般指确定黄钟一律的音高，并以此为标准，推算其他各律的律数。因此，历代的黄钟律就是历代的标准音高，这个标准音高依据朝代的不同会有所变化，但不管如何变化，黄钟都是十二律中声调最洪大响亮的。《史记·律书》：“黄钟者，阳气踵黄泉而出也。”也是这个朝代音乐创作的标准和起点，可见其重要性。

“大吕”是十二律的第二律。《汉书·律历志》：“大吕：吕，旅也，言阴大，旅助黄钟宣气而牙物也。”可见和黄钟相比，大吕的音调要相对低沉一些，甚至是作为黄钟的衬音而出现的。

由于古代讲究礼乐制度，对于一个国家而言，音乐不仅是一种艺术形式，更是带有浓重政治色彩的，它在一定程度上代表了这个国家对内以及对外的形象。因此，如何确定黄钟的音高标准，依据何种方法来推算黄钟之后的大吕等各律，在古代都是非常讲究的。基于音乐的这种重要性，“黄钟”、“大吕”后来就演变为高雅庄重的意思，尤其是用来形容代表一个国家的优秀文学、音乐作品。

（卢月）

“阳春白雪”和“下里巴人”

“阳春白雪”是古代琴曲，相传是春秋时期晋国乐师师旷创作，也有说是齐国刘涓子所作。唐代显庆二年（657），吕才曾依照琴中旧曲为“阳春白雪”配歌词。《神奇秘谱》将《阳春》列为上卷宫调，将《白雪》列为中卷商调。在《白雪》的解题中说：“《阳春》取万物知春，和风荡漾之意；《白雪》取凛然清洁，雪竹琳琅之音。”可见《阳春》《白雪》都是清雅的音乐。“下里巴人”指的是战国时期流传于楚国的民间歌曲。“下里”指乡里、乡村，“巴人”指巴蜀的人民，二者表明作歌曲的人和地方。

《文选·宋玉〈对楚王问〉》中有这样的记载：“客有歌于郢中者，其始曰《下里》、《巴人》，国中属而和者数千人；其为《阳阿》、《薤露》，国中属而和者数百人；其为《阳春》、《白雪》，国中属而和者不过数十人。引商刻羽，杂以流徵，国中属而和者，不过数人而已。是其曲弥高，其和弥寡。”《下里》、《巴人》是当时流传于楚国的民间歌曲，因此会唱的人很多。而《阳春》、《白雪》是相对高雅的音乐，会唱的人就很少。后世的人就以此为典故，用“阳春白雪”来泛指高深的或高雅不俗的文学艺术或音乐，用“下里巴人”来代表通俗的大众性的文学和艺术作品，并且时常二者对举。此外《阳春白雪》也用来指代琵琶古曲，又称《阳春古曲》。

（卢月）

声无哀乐

“声无哀乐”是三国时曹魏文学家、音乐家、思想家，竹林七贤之一的嵇康在他的音乐美学论著《声无哀乐论》中提出的观点，这是他音乐思想的基本点。

《声无哀乐论》全文约7000字，通过“秦客”和“东野主人”的八次论辩来阐述“声无哀乐”的论点。这个论点用嵇康自己的话来说，就是“心之与声，明为二物”，“声音自当以善恶为主，则无关于哀乐；哀乐自当以情感而后发，则无系于声音”。也就是说，音乐是客观的存在，而情感是主观的存在，两者并无因果关系。音乐主要是好不好、美不美，和人的哀或乐无关；人的哀或乐主要是人有所感受，进而表达出来，和音乐并没有直接关系。

从“秦客”和“东野主人”的论辩中可以看出，嵇康的这种论点与汉、魏时期源于儒家思想的庸俗音乐观点是相针对的。当时的统治者从儒家“治乱在政而声音应之”的观点出发，把音乐简单化为各种声音，并主观地赋予这些声音以意义，认为能从各种声音中知晓人情和事物。《声无哀乐论》中“秦客”的诘难说道：颜渊听到鲁国有人在早晨哭泣的声音就知道哭泣者有生离的痛苦；介葛卢听到牛叫声就知道这头牛的三条小牛犊都已做了牺牲（祭品）；师旷通过吹律（律管）时的声音就能知道楚国的军队必定打败仗；羊舌子容的母亲听到婴儿的哭声就能知道这孩子长大了要败家，如此等等。这就是要把表现一定思想感情的音乐还原为各种简单的声音，用它来起到占卜的作用。从“秦客”的反复诘难来看，其总的精神至少也是认为音乐不必通过对人的潜移默化，就可以直接成为一种统治人民的手段，和政治起到同样的作用。这种思想显然没有认识到，音乐作为一种特殊的艺术手段，必须通过一定的方式才能作用于社会生活以及人的思想。

嵇康的“声无哀乐”实际上就是要坚持音乐的艺术性，坚持音乐对人有潜移默化的作用。与此同时，《声无哀乐论》也提出了一些音乐美学中的重要问题，比如，音乐的创作、演奏和欣赏的关系；情感表达方式的多样性和音乐表现方式的多样性之间的关系；音乐创作和即兴演奏的关系；演奏者和乐器的关系；音乐欣赏和条件反射的关系，等等。这些问题总的来说就是如何评价音乐效果，也就是如何看待音乐的社会功能的问题。嵇康的音乐思想在中国艺术史上有创始意义。

（卢月）

中国古代乐器

中国古代民族乐器的发展历史悠久，种类繁多，最早可上溯到距今 7000 ~ 8000 年的上古时期。1931 年在山西万泉县荆村曾出土三个石器时代的陶埙，其中一个呈球状，顶端有一个吹孔，埙体有两个孔，能够奏出三个音。20 世纪 70 年代在浙江余姚河姆渡遗址又出土了古哨，这种古哨用禽类的肢骨制成，长度在 6 ~ 10 厘米之间，有 1 ~ 3 个孔，能吹出动物鸣叫的音调。由此可以推断，早在周代以前，先民对音高已有明确的概念，在乐器制作上也达到了相当高的水平。据文献记载，周以前的乐器就有鼓、钟、哨、埙等 20 多种。乐器的发展是和生产劳动有着密切关系的。据《吕氏春秋》记载："击石拊石，百兽率舞。"先民在长期的劳动过程中，发现某种石制的片状工具能够发声，于是就发明了磬这种乐器，并化装成百兽的样子舞蹈。另外，在渔猎时期，人们用动物的皮制成鼓。

随着生产力的发展，中国社会进入铜器时代，殷商时人们已经掌握了很高的冶铸技术，石磬逐渐被金属的钟所取代。商代以来的钟大都是铜制的，一般由大小3枚组合起来，称为编钟，是依据一定音列组成的旋律乐器。钟不仅作为乐器使用，同时也是统治者名分、等级和权力的象征，常常与鼎并提，称为"彝器"或"重器"。此外，随着农业、手工业的发展，出现了养蚕缫丝技术，弦乐器如琴、瑟等随之产生。《诗经》里已有关于琴瑟的记载："琴瑟在御，莫不静好。"古琴在周朝时就已经普遍流行，常与瑟合奏，并用于伴奏，到汉末琴大体上定型。瑟则在周代时已经基本定型，并且广泛用作声乐伴奏。目前考古发现的最早的瑟是湖南长沙浏城桥一号楚墓出土的，约为春秋晚期（或战国早期）制品。

春秋战国时期，乐器得到进一步发展。《战国策》中记载："临淄甚富而实，其民无不吹竽、鼓瑟、击筑、弹琴。"这说明当时民间器乐演奏活动十分盛行。与此同时，宫廷音乐也发展形成了庞大的乐队编制。在湖北随县开掘的曾侯乙大墓（战国初期，公元前 433 年）中，共出土古乐器 124 件，根据它们安放的位置，基本可以推断出当时一个诸侯国君在宫廷生活中享受雅乐时的情景。曾侯乙大墓的发掘，使我们见到了几千年前的古代乐器，这座地下宝库为我们研究中国古代音乐史提供了珍贵的材料。

秦汉以来，除了对原有的乐器进行改进和发展外，又不断有新的乐器出现。在秦代，劳动人民创造出一种直柄、圆形音箱，竖抱演奏的弹拨乐器，叫做"弦鼗"。到汉代，乌孙公主远嫁昆弥时（公元前 105 年前后），乐工在弦鼗的基础上融合了琴、筝等乐器的形制，创造出一种直颈长项、圆形音箱的乐器，后世称为汉琵琶。晋代"竹林七贤"之一的阮咸因擅长演奏这种乐器而闻名于世，后人据此称汉琵琶为"阮"或"阮咸"。汉武帝时，出现了一种与瑟类似的弹拨乐器，称为箜篌。南北朝时（公元 4 世纪），随着与西域文化交流的日益频繁，外来乐器不断传入。有一种曲项短颈的琵琶经由丝绸之路传入中原，称为"曲项琵琶"或"龟兹琵琶"。这期间还有一种五弦琵琶传入，这两种从西域传入的琵琶统称为"胡琴"。汉武帝时，张骞出使西域后传入了横笛；汉灵帝时，竖箜篌也从西域传入，称为胡箜篌。这些外来乐器丰富和促进了我国民族乐器的发展。

隋唐是中国历史上最强大的时期，中国古代乐器也在这时取得了重大发展，吹奏、打击、弹拨等种类的乐器都得到保留和完善。尤其是在唐代，琵琶是当时最盛行的一种乐器，体现了瑰丽多姿、繁华多彩的盛唐气象。琵琶也在此时出现重大改革，唐人在吸收汉代琵琶特点的基础上，融入了曲项琵琶的特点，制作出新型的琵琶，并且改进了弹奏的方法和技术，琵琶在唐代时基本定型。唐代还有一种龙首琵琶，又称“忽雷”。

宋代时出现了二胡的前身“奚琴”，并在中原广泛流行，后改称嵇琴。元代出现了以胡琴命名的拉弦乐器，这种乐器是在嵇琴的基础上加以改进的，和嵇琴相比，胡琴的弓子发生了变化，马尾取代了竹片，因此称为马尾胡琴。根据《元史》的记载和描述，当时的胡琴和现在使用的二胡已经很相近。明清以来，前代流传下来的乐器得到进一步完善。随着民间器乐、说唱、戏曲艺术的发展和繁荣，古代乐器得到很大的发展，不仅乐器制作日趋规范成型，种类也越来越多，其家族日益庞大。

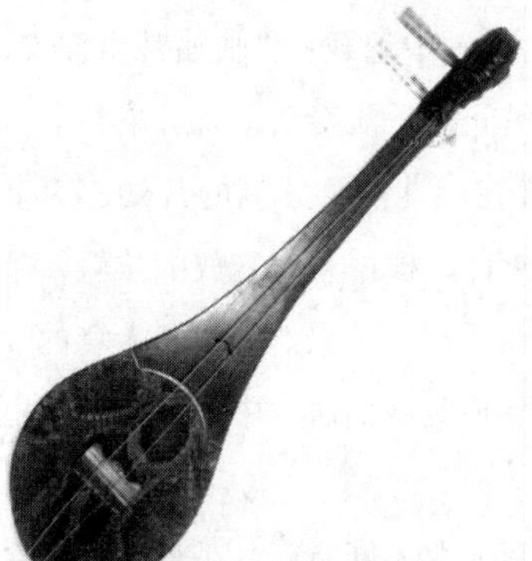

唐·小忽雷

中国古代乐器种类繁多，周代时，人们依照制造时所使用的不同材料，将乐器分为金、石、土、革、丝、木、匏、竹八种，称为“八音”。“八音”分类法延续了2000多年，一直到清末民初才被民间兴起的“吹、拉、弹、打”四大分类法所代替。四大分类法产生于民间艺人的乐器演奏实践，它从演奏方法入手，以乐器的演奏特征为依据和标准进行种类的划分。这种分类方法由于通俗易懂而具有形象性，因此自近代产生以来得到广泛的采用。按照四大分类法可以将中国古代乐器大体上划分如下：

吹奏类乐器：埙、箫、号筒、长尖、海螺、吐良；单簧类，巴乌、笙、芦笙等；双簧类，笛、管子、唢呐等。

拉奏类乐器：京胡、二胡、马头琴、根卡、瓦琴、锯琴等。

弹奏类乐器：古琴、琵琶、三弦、阮、古筝、冬不拉、口弦等。

打击类乐器：钟、磬、铜鼓、锣、钹、木鼓、梆等。

编钟

钟是古代打击乐器，在我国有着悠久的历史。陕西省长安县客省庄龙山文化遗址曾有陶钟出土，是新石器时代晚期遗物，距今已有4000多年的历史。商代以来的钟大都是铜制的，一般由大小3枚组合起来，称为编钟，是依据一定音列组成的旋律乐器。古代单独悬挂而且体积较大的钟称为特钟，在祭奠或古乐演奏时，经常与编钟并列，与特磬相对，多置于殿庭的东面，象征日出阳刚之气。

商代编钟的甬（即钟柄）中空，与钟的内腔相通，钟体饰有简单的兽面纹（即饕餮纹），有的铸有乐器主人的名号。演奏时，短甬的钟一般拿在手里或安放在座上敲击，这种演奏方法称为植鸣；编钟是悬挂起来敲击的，称为悬鸣。

春秋末期至战国时期的编钟数目逐渐增多，以9枚一组的居多，如河南新郑出土的春秋编钟、长治分水岭269号墓出土的春秋晚期编钟、河南淅川下寺出土的春秋楚墓编钟等，都是9枚一组。又有13枚一组的，如信阳长台关一号墓出土的编钟。也有数目较多的，如曾侯乙墓出土的编钟共计64枚，分三层悬挂。先秦的钟呈椭圆形，纹饰日趋繁复，常铸有铭文。敲击其隧部（钟体正面靠下的部位）和鼓部（钟体侧面靠下的部位），可以发出相差大三度、小三度或大二度的两个音。一套编钟可以构成完整的五声音阶、六声音阶或七声音阶，有的甚至12个半音都具备。

秦代以后，历代宫廷雅乐大多沿用圆形钟，每一枚钟发一音。但在西南地区多次出土的战国至两汉时期的编钟，则具有少数民族风格和地方色彩，如云南楚雄万家坝古墓出土的编钟，外形像铃，断面为核桃形，顶端有双角；云南晋宁石寨山古墓群和牟定福土龙村出土的编钟，上宽下窄，平口，钟面镂刻浮浅的蟠蛇花纹；四川涪陵出土的编钟，纹饰具有古代巴族文化特征；广西贵县罗泊湾一号汉墓出土的钟呈筒形，并带有半环钮等。反映了西南各地与中原地区在音乐文化上的密切关系。

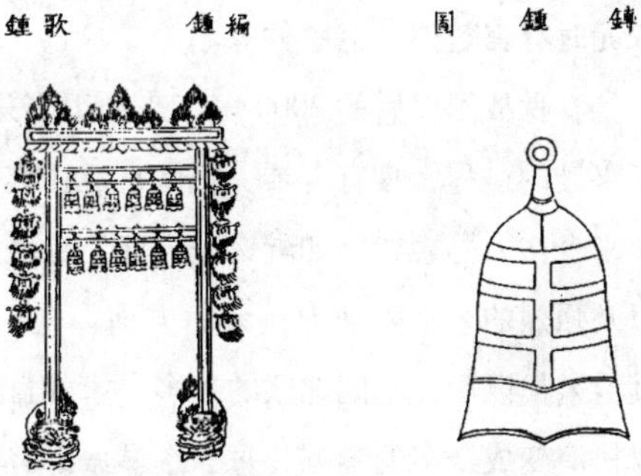

明《三才图会》的编钟、镈钟

琴瑟

琴是弹拨乐器，现代称古琴或七弦琴，在古代又别称绿绮、丝桐、瑶琴等。长约130厘米，宽约20厘米，厚约5厘米。一般是以桐木做面板，梓木做底板，制成内部空虚的音箱，并凿有龙池、凤沼两个孔，表面涂有色漆。琴的一端有岳山支撑琴弦，岳山下有琴轸，用来调整弦的音高。琴面上的 13 个圆点称为徽，用来标识弦上音位。上古时的琴有 5 根弦，到周朝时增为 7 根，由粗到细、自外向内排列，一般按五声音阶定弦，称“正调”。演奏时右手拨弦取音，有散、泛、按三种音色变化。散声是以空弦发音，其声刚劲浑厚，常用于演奏曲调中的骨干音。泛音是以左手轻触徽位，发出轻盈虚飘的乐音，适合演奏快速华彩的曲调。按声是左手按弦发音，移动按指可以改变音高，并能奏出滑音、颤音、揉音、涟音等装饰音，其音圆润细腻，有如歌声，能够表达丰富的情感。

古琴音域广泛，音色变化丰富，在周朝时就已经普遍流行，常与瑟合奏，并用于伴奏，《诗经》有：“琴瑟在御，莫不静好。”到汉末，琴大体上定型为后世通用的形制。琴一直是我国古代文化生活中很重要的乐器，汉代班固《白虎通》有：“琴，禁也，以御止淫邪，正人心也。”东汉蔡邕《琴操》有：“昔伏羲氏作琴，所以御邪僻，防心淫，以修身理性，反其天真也。”可见自古人们就把琴看做表征道德的乐器，古琴可以说是中国古代音乐艺术的灵魂，其深邃高妙的艺术境界、精湛绝伦的演奏技巧始终传承不断。早在先秦时期就有许多杰出的琴家，其中著名的有师旷、师襄、孔子等，汉代有司马相如、蔡邕、刘向等，魏晋时有嵇康、阮籍等，宋元时有郭楚望、毛敏仲等。

春秋战国以后的 2000 多年来，很多乐器由于朝代的更替、时代的变迁都经历了兴衰的过程，唯有古琴一直是宫廷贵族、文人雅士的青睐之物。古琴之所以千百年来令文人墨客如痴如醉，一方面，是因为它有独特的音色、精深奥妙的美学内涵以及强烈的艺术表现力；另一方面，是因为它具有古香古色、典雅质朴的文人气度。宋代以后，不同地区的众多琴家各自形成了自己独特的艺术风格，这些不同的风格演变成众多的琴派，每一个琴派都有自己卓越的琴家和代表琴曲。其中，最著名的琴派有浙派、虞山派、广陵派，近代以后又出现了浦城派、泛川派、九嶷派、诸城派和岭南派。古琴在长期的历史发展过程中不仅形成了独特的演奏艺术和各具特色的不同流派，而且，历代琴师创作了大量古琴曲，著名的有《梅花三弄》、《高山流水》、《广陵散》等，对琴曲的流传和发展做出了贡献，至今仍有上百种谱集传世，其中，保存着大量古代音乐作品，有些可以追溯到唐、宋以前，具有珍贵的史料价值。

瑟是古代弹拨乐器，形状与琴相似，但没有徽位，通常有 25 根弦。在远古的传说中有很多关于瑟产生的记载，据说伏羲氏就是一位造乐之神，是他创造了古老的弦乐器琴和瑟。《世本》中有这样的记载：“伏羲作琴，伏羲作瑟。”虽然此类传说不一定真实，但《诗经》里已有瑟的记载，其他很多资料也可以证明，周代时瑟已经基本定型并且广泛用作声乐伴奏。目前考古发现的最早的瑟是湖南长沙浏城桥一号楚墓出土的，约为春秋晚期（或战国早期）制品。近年在河南、湖北、湖南等地均发现有战国至汉代的瑟。唐、宋以来文献所记载的瑟和明、清宫廷所用的瑟，与周、汉时期出土实物已经有较大的差异。出土实物的瑟身是长方形，木质音箱，有四个系弦的枘，三条尾岳，一条首岳。多数为25弦，也有24弦、23弦，弦下有柱，用以调节有效弦长。

古代常以瑟和琴配合演奏，《礼记·明堂位》有："大琴大瑟，中琴小瑟。"宋代陈旸《乐书》有："故用大琴与大瑟配之。用中琴以小瑟配之，然后大者不陵，细者不抑，声应相保而为和矣。"古代的宴享礼仪活动多用瑟伴奏歌唱。魏晋南北朝时用于伴奏相和歌，隋唐时用于伴奏清乐。在这之后瑟只用于演奏宫廷雅乐，民间逐渐失传。

箜篌

箜篌是古代弹拨乐器，又叫做坎侯、空侯。主要有卧箜篌、竖箜篌、凤首箜篌三种形制。根据唐代杜佑《通典》记载，卧箜篌是"汉武帝使乐人侯调所作，以祠太一。或云侯晖所作。其声坎坎应节，谓之坎侯……旧说一依琴制。今按其形，似瑟而小，七弦，用拨弹之，如琵琶也。"这里记载了卧箜篌的来历以及构造特点和音色效果，可以知道卧箜篌属于琴瑟类。另一种形制的竖箜篌，汉代时从西域传入中原。《隋书·音乐志》："今曲项琵琶、竖头箜篌之徒，并出自西域，非华夏旧器。"《通典》有："竖箜篌，胡乐也，汉灵帝好之，体曲而长，二十二弦，竖抱于怀中，用两手齐奏，俗谓之擘箜篌。"这里也讲到了竖箜篌的由来以及外形特点。凤首箜篌的形制与竖箜篌相同，因为乐器顶端有凤首作为装饰而得名。凤首箜篌唐代时自印度和缅甸传入，在燕乐的天竺乐中使用。

凤首箜篌图

箜篌盛行于汉、唐时代，在石窟壁画、浮雕中时常可以看到。文人在诗词中也经常描述演奏箜篌的技巧及其音乐效果。到宋代时，仍有箜篌、小箜篌、凤首箜篌等多种形制存在。明代以后箜篌逐渐较少使用，以至于失传。近年来人们参照古代文献记载和现代竖琴的构造原理，设计试制了新型箜篌，以雁首作为装饰，因此称为雁柱箜篌。琴体高 175 厘米，宽 85 厘米，有两排琴弦，每排 44 弦。两排对应的弦同音，共 44 个音，按 C 大调七声音阶排列。

琵琶

琵琶是弹拨乐器，初名叫做批把。东汉刘熙《释名・释乐器》中讲道："批把本出于胡中，马上所鼓也。推手前曰批，引手却曰把，像其鼓时，因以为名也。"也就是说，琵琶最初是以弹奏方法而得名的。在秦代，劳动人民根据鼗的形式，创造出一种直柄、圆形音箱，竖抱演奏的弹拨乐器，叫做"弦鼗"。傅玄《琵琶赋序》中说道："杜挚以为兴之秦末，盖苦长城役，百姓弦鼗而鼓之。"根据傅玄的解释，这种名为"弦鼗"的琵琶起始于秦代，是修长城的人为奏悲苦之音而在原有的鼗鼓上装弦改制而成，《旧唐书・音乐志》又称之为秦琵琶。

到汉代，乌孙公主远嫁昆弥时（公元前 105 年前后），乐工在弦鼗的基础上融合了琴、筝等弹奏乐器的形制，创造出这种直颈长项、圆形音箱的乐器，有 4 弦 12 品位，这时才正式称为琵琶，后世称为汉琵琶。晋代时，"竹林七贤"之一的阮咸因擅长演奏这种乐器而闻名于世，后人就干脆称汉琵琶为"阮"或"阮咸"。南北朝时（公元 4 世纪），随着与西域文化交流的日益频繁，有一种曲项短颈的琵琶由西域经丝绸之路传入中原，这种琵琶和秦汉琵琶有所不同，而且是从外域传入，因此称为"曲项琵琶"或"龟兹琵琶"。这种琵琶 4 弦 4 相，没有品位，音箱呈半圆形，横抱胸前用拨子弹拨或用手弹奏，在敦煌莫高窟中，北魏壁画伎乐天演奏的琵琶即属此类。这期间还有一种五弦琵琶传入。这两种从西域传入的琵琶隋唐年间盛极一时，统称为"胡琴"。

琵琶是唐代最盛行的一种乐器，体现了瑰丽多姿、繁华多彩的盛唐气象。琵琶也在此时出现重大改革，唐人在吸收汉代琵琶特点的基础上，融入了曲项琵琶的特点，制作出新型的琵琶，这种琵琶的音箱呈半梨形，用薄桐木板蒙面，琴颈向后弯曲，音位在 4 弦 4 相基础上增设了 10 品，演奏姿势也由横抱改为竖弹，用手或义甲弹拨，也有仍用拨子弹奏的，但已经比较少见。琵琶的形制至此基本定型，直到清代末期，琵琶还是在 4 相 10 品至 13 品之间徘徊。古代除了 4 弦琵琶外，北朝还盛行 5 弦琵琶。唐代还有一种龙首琵琶，又称为"忽雷"。此外，傈僳族有傈僳琵琶，侗族有侗族琵琶（侗语称“必巴”），怒族琵琶称“达比亚”。

20世纪30年代，民族音乐家刘天华汲取西洋乐器的优点和作曲技法对琵琶进行了进一步的完善和改革，变4相13品为6相13品，拓展了琵琶的音域。20世纪50年代以后，琵琶改革的力度日益加大，先后研制出6相18品、24品、25品、28品琵琶，可弹奏12个半音，可转换18个调，进一步扩大了音域和音量，提高了琵琶的表现力。

在琵琶流传和发展的过程中，产生了许多著名的琵琶曲目，如《十面埋伏》、《阳春古曲》、《霸王卸甲》、《月儿高》等。不仅如此，古代历来都有描写琵琶演奏的优秀文学作品，最著名的是白居易的《琵琶行》。

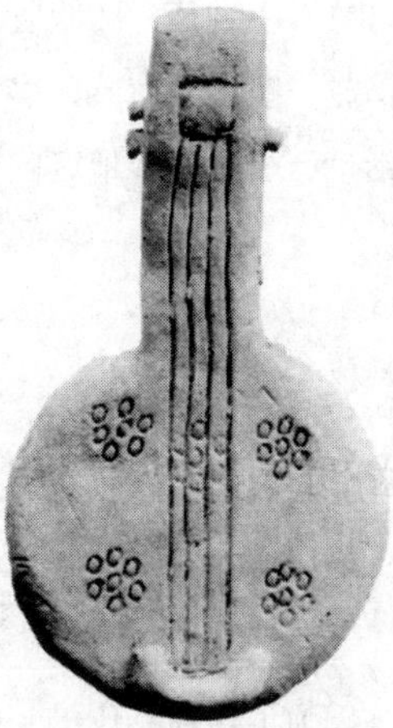

陶琵琶

羌笛

羌笛是笛子的一种。笛子是管乐器，指的是竹制直吹的洞箫。我们今天所说的笛子，是由古时候称为“横吹”的管乐器发展而来的。笛子被称为吹管乐之王，从古到今一直占据着重要地位，目前我国出土最早的乐器就是笛子的前身——骨笛，据考古学家考证，这种分别在浙江余姚河姆渡和河南舞阳新石器遗址出土的原始吹管乐器已有8000余年的历史。周代已经有一种竹制五孔竖笛，笛子开始加入乐器家族参加演奏。先秦时期，笛子已成为乐队不可缺少的乐器，可见笛子的历史很悠久。古时候制作笛子的原料，有竹、木、铁、玉石等。现在日本奈良正仓院中尚存有我国唐代黑色雕石横笛、象牙横笛、斑竹横笛和吴竹横笛各一支。后世应用比较广的笛子有曲笛和梆笛两种，曲笛也称昆笛，音色圆润；梆笛短于曲笛，比曲笛高四度音，音色高亢、清脆。我国历史悠久，地域广阔，汉族和少数民族中间自古以来广泛流行着名目众多的横笛，羌笛就是其中较为有名的一种。

羌笛流行于四川茂汶羌族自治县以及黑水县一带的羌族聚居地区，有着悠久的历史，汉代已经在甘肃、四川等地流行。汉代马融的《长笛赋》中写道：“近世双笛从羌起……故本四孔。”由此可以推知当时的四孔羌笛有双管与单管两种形制。从隋、唐一直到宋、元、明各代，时常有文人墨客的诗文写到羌笛。现在流行的羌笛，用两支同样长短的油竹绑在一起制作而成，管体通常削成方柱形，每支管的上端置有一竹簧片的吹管，竖吹。规格主要有17厘米和19厘米两种。羌笛音色高亢清越，略有悲凉感，多用于喜庆丰收和逢年过节时的庆典，也用在劳动之余的娱乐活动，少数民族地区的青年男子向姑娘求爱时，也时常用羌笛吹曲来表达爱意。

（卢月）

嵇康和《广陵散》

三国时期的魏国，统治阶级内部司马氏和曹氏之间的政治斗争日益尖锐，司马氏为了达到篡位的目的，一方面残杀异己，剪灭曹氏的羽翼；另一方面拉拢名士，扩张自己的势力。而嵇康在政治上倾向于曹氏，痛恨司马氏的专权，因此对于试图拉拢他的司马氏，嵇康采取不合作的态度，整日饮酒抚琴，作诗论文，还时常赤着胳膊在院子里打铁。这些言行引起司马氏的忌恨，最终给嵇康招来了杀身之祸，以“不孝”的罪名被司马氏处死。《广陵散》是嵇康临刑前弹奏的一支曲子。

《广陵散》是古琴曲，又名《广陵止息》，是汉、魏时期流行于广陵（今安徽寿县境内）的民间乐曲，既用于合奏，也用于独奏，曾用琴、筝、笙、筑等乐器演奏。现存最早的琴谱见于《神奇秘谱》，乐曲共45段，分为开指（1段）、小序（3段）、大序（5段）、正声（18段）、乱声（10段）、后序（8段）。此外还有《西麓堂琴统》等传谱。关于《广陵散》的来历，多数琴家按照聂政刺韩王的民间传说来解释。据《琴操》记载：聂政为战国时期韩国人，其父为韩王铸剑，因误期而被杀。聂政为报父仇，上泰山苦练琴艺。10年后漆身吞炭，改变音容，返回韩国，在离王宫不远处弹琴。其高超的琴艺使行人止步，牛马停蹄。韩王得知后召他进宫演奏，聂政趁其不备，从琴腹中抽出匕首刺死韩王。为了免于连累母亲，聂政毁容死去。后人为琴曲《广陵散》所加的分段标题，有的以故事相应的情节取名，如各种版本琴谱的分段小标题均有“取韩”、“投剑”等章目。乐曲所表现的情绪，与这个悲壮的传说也确实有不少相通之处。

嵇康弹奏的《广陵散》声调绝伦，传说是神鬼所授。《世说新语·雅量》篇说：“嵇中散临刑东市，神气不变，索琴弹之，奏《广陵散》。曲终，曰：‘袁孝尼尝请学此散，吾靳固不与，《广陵散》于今绝矣！’”嵇康认为他死后，能够演奏得如此神妙的《广陵散》从此再也听不到了。由于《广陵散》所表现的聂政刺韩王的悲壮故事，正适合表达嵇康对曹魏王权岌岌可危的痛心，对司马氏的专断独行和篡位之心的愤恨，以及这种情绪无处发泄的心理状态，因此，嵇康弹奏的《广陵散》应有一定的加工，实际上已经是属于另一种形态的创作了。

《广陵散》曾一度失传，20世纪50年代以后，在众多琴家的努力下才将它译奏出来。乐曲定弦十分独到，第二弦与第一弦同音，低音旋律可同时在这两条弦上奏出，达到强烈的音乐效果。乐曲以刚劲有力的泛音和带有叙事性的音调开始。正声是全曲的主体，标题“徇物第八”，是在低音区运用浑厚的按滑音，奏出时松时紧、顿挫跌宕的节奏，表现出一种压抑郁愤的情绪。这一内在积蓄的力量，到不可遏制时，便像苏醒的火山，迸发出炽烈的熔岩。“冲冠第九”、“长虹第十”，以古琴中最强烈的拨刺手法，在一、二弦同时奏出慷慨激昂的音调。“会光第十六”则是以泛音和散音高低音区的强烈对比、同音急促的反复以及逐步紧缩的节奏，来表现一种英雄气概。“投剑第十八”运用拂的手法，恰似破竹裂帛，给人以惊心动魄之感。《广陵散》以磅礴的气势、独特的风格、庞大的结构，受到历代琴家的推崇。

（卢月）

唐代管理音乐的机构

唐代管理音乐的机构称为教坊，又称为乐坊，是教习音乐歌舞的场所，专门培养歌舞艺伎，同时也负责杂技的组织和训练，是一个功能比较健全完备的官方机构。教坊最初是在唐初武德年间由唐高祖开设的，隶属太常寺。武则天在位期间(684～704)，教坊曾一度改名为云韶府，唐中宗初年（705）恢复旧称。唐玄宗爱好俗乐，将俗乐引入宫廷。开元二年（714），唐玄宗将教坊重新进行规划和设置，分为内教坊和外教坊。内教坊设置在蓬莱宫旁边的东内苑，外教坊有两处，设在东京洛阳；此外禁城外又设有左、右两处教坊。右为光宅坊，左为长乐坊，右善歌，左善舞。这些教坊都由宫廷委派内监担任教坊使，不再隶属于太常寺。此外，玄宗在长安西北禁苑内设梨园，这个由他亲自训练的音乐团体称为“皇帝梨园弟子”。内外教坊和梨园实际上取代了太常寺而成为当时真正的音乐中心。

唐代开元、天宝年间是唐朝最强盛的时期，教坊音乐得益于当时的政治经济环境，得到了长足的发展。开元、天宝年间的教坊曲共324曲，其中杂曲278曲，大曲46曲。教坊曲内容丰富，有用于歌唱的，也有说唱和歌舞。用于歌唱的歌词形式有齐言声诗和长短句两种，后来有79支曲子演变为唐五代的词调。教坊音乐是供宫廷宴饮时演奏的，到中、晚唐时期也在社交场所流行，推动了教坊音乐的传播。

（卢月）

工尺谱

工尺谱是我国传统的记谱方法，约产生于隋唐时期，因为用“工”、“尺”等字记录和书写唱名而得名。工尺谱与许多重要的民族乐器的指法和宫调系统联系密切，在民间的歌曲、曲艺、戏曲、器乐等艺术形式中都有广泛的应用。它的历史悠久，在敦煌千佛洞发现的后唐明宗长兴四年（933）写本“唐人大曲谱”，其所用的谱式是唐以来的燕乐半字谱，这是工尺谱最早的前身。后来宋代的俗字谱，如南宋姜夔《白石道人歌曲》所用的旁谱、张炎《词源》中的“管色应指字谱”、陈元靓《事林广记》中的“管色指法谱”等，已经开始一步步朝着工尺谱发展。到明清时期，工尺谱最终成型并在民间和艺术界通行。

工尺谱最初可能是由某种管乐器的指法符号演化而成的，由于它流传的时期、地区、乐种都有所不同，因而所用的音字、字体、宫音位置、唱名法（即首调或固定调）等也各有差异。一般说来，通行的工尺谱所用的谱字有 10 个，与北宋以来沈括的《梦溪笔谈》、陈旸的《乐书》以及《辽史·乐志》等书所记载的相同。如陈旸《乐书》“觱篥”条注说：“今教坊所用（觱篥），上七空（即前七孔）、后二孔，以五、凡、工、尺、上、一、四、六、勾、合字谱其声。”在这 10 个谱字中，“六”字为“合”字的高八度，“五”字为“四”字的高八度，所以上述 10 个谱字其实只是八声。此外，“四”（或者“五”）、“一”、“凡”、“工”等谱字，除了表示自身的乐音之外，还兼表示比它们高半音或低半音的乐音，表示高半音时，加“上”或“高”，表示低半音时则加“下”。例如，“下四”就表示比“四”低半音，“高四”则表示比“四”高半音。这样，这些乐音连同上面说到的八声，与十二律的各声一一对应：

黄钟——合

大吕——下四

太簇——高四

夹钟——下一

姑洗——高一

仲吕——上

蕤宾——勾

林钟——尺

夷则——下工

南吕——工

无射——下凡

应钟——高凡

黄钟清——六

大吕清——下五

太簇清——高五

夹钟清——紧五（“紧五”今作“乙”）

按后来通行的工尺谱字为上、尺、工、凡、六、五、乙，相当于现在简谱记法中的 do、re、mi、fa、sol、la、si，其高八度谱字最后一笔上挑，或加单人旁来表示，如“上”字的高八度为“仩”；高两个八度的谱字则最后一笔双挑，或加双人旁。其低八度谱字除了“六”写成“合”，“五”写成“四”，“乙”写成“一”外，其余各谱字均以最后一笔向下撇表示；低两个八度的谱字则最后一笔向下双撇。

工尺谱的传统书写方向是竖行由上向下，自右而左，也有仿照简谱的样式横行自左向右书写的。

（卢月）

五

书法 绘画

玺与皇权

玺，为印章最早的名称，不过因材质不同而写作“壐”，秦朝时作为皇帝专用，改为玉质，称“玺”，臣民的为铜质，称“印”，从而玺也就成为印章的一种。

最早出土的古玺为战国时代制作，印文有晋、齐、楚等国的古文，印体大小、方圆各有不同，也有一、二、三、四层的区分。秦统一六国以后，对名称也做了规定，皇帝自称“朕”，皇帝的“命”称为“制”，“令”称为“诏”，印信专门用玉做成，称为“玺”，臣民的只能称为“印”，而且不能用玉质。玉玺上面铭刻着“受命于天，既寿永昌”的字样，还确立了制作玺印的标准书体及形状、大小，在少府中设置了专门掌管印章制度的“符节令丞”，初步形成了统一的官印制度。正如卫宏《汉旧仪》中记载：“秦以前民皆佩绶，以金、银、铜、犀、象为方寸玺，各服所好。自秦以来，天子独称玺，又以玉，群臣莫敢用也。”从此之后，玺便作为皇权的象征，为历代帝王所重视。

根据《史记·秦始皇本纪》中记载，秦始皇在弥留之际“乃为玺书赐公子扶苏”，刘邦军迫咸阳之时，“子婴即系颈以组，白马素车，奉天子玺符，降轵道旁”，秦朝也就在此画上了句号。这块“始皇玺”后来被汉高祖得到后，即定为传国玺，新天子在继位之后，必须首先接受此玺印，皇位才能得到广大臣民们的承认。西汉末年，外戚王莽篡权，就把夺取这方玉玺作为最重要的一件大事。当时的皇帝只有两岁，传国玺由王莽的姑母汉孝太后代为保管。王莽在他的篡权计划基本完成之时，立刻派其弟王舜前往长乐宫，逼迫太后交出玉玺，太后大怒，将其“投于地”，传国玺被摔碎一角。王莽后来又命人用黄金将其补全。汉光武中兴后，传国玺便归了刘秀。

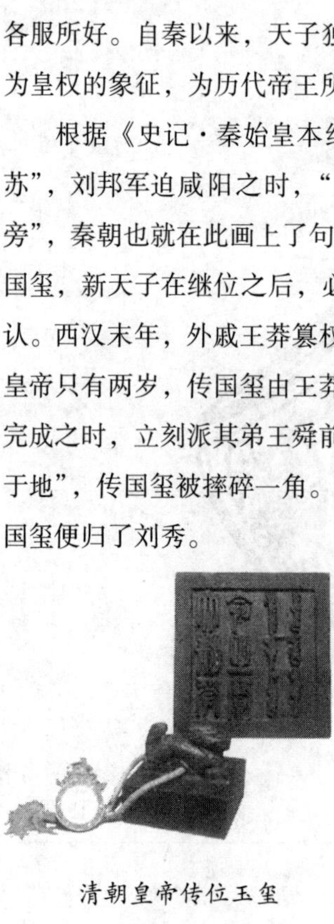
清朝皇帝传位玉玺

东汉末年，玉玺在袁绍入宫诛杀宦官，段王圭携帝出逃时失踪。汉献帝时，董卓作乱，长沙太守孙坚攻入洛阳，在城南甄宫中井内捞出一投井自尽的宫女尸体，其颈下系着一朱红色小匣，里面装的正是传国玺。从此之后，传国玺成为各路诸侯争夺的对象。三国归晋后，传国玺传给了晋。西晋末年，玉玺随各国的相互残杀不断易主，最终归东晋所有。

后来，传国玺经过了宋、齐、梁、陈、隋的更迭，落入唐。在唐朝武则天执政时认为“玺”字音同“死”，所以将其改称为“宝”，并世代相传。唐末，天下大乱，后唐末帝李从珂怀抱传国玺登上玄武楼自焚，流传了一千多年的传国玺从此便失踪了。后周太祖郭威在位时，遍寻传国玺而不得，只好篆刻了两方“皇帝神宝”等玺印以传给后世。之后的封建朝代中不断又出现传国玺，扑朔迷离，真假难辨。直到1924年11月，中国封建王朝的末代皇帝溥仪被逐出宫时，鹿钟麟等人仍在寻找传国玺。

玺，自秦朝之后已经变成皇权的象征，天子的标志，《玉篇》曰：“玺，天子诸侯印也。”可见玺对中国封建时期历代皇帝的重要意义。

（孙爱迪）

官印和私章

官印，即受朝廷、中央之命任官职、执行权力的印信。官印的种类有很多，包括皇帝的玉玺、各级朝官官印、各级机构品官官员的印章、军事机构军官的印章、地方行政官印、诸侯割据政权之印、少数民族政权印及农民起义政权印。私印也称为“私章”，使用范围最为广泛，有的私印中只刻有姓和名，有的则把籍贯等连同姓名一起刻在印章中。

秦统一六国之后，废除了六国异体文字，实行“书同文”的政策，制定了秦篆，统称为小篆。在秦官印中，采用的就是以小篆笔画为基础略呈方势的文字。除了天子的官印以玉为材质之外，一般的官吏所用的印是铜质，通常2~3厘米见方，正方形，印上有田字界格，印文则分布于格内，格式严整、规范。同时秦还有另外一种官印，称为“半通印”，它是以“日”字形为边框的，大小刚好是正方形官印的一半。秦官印章法上比较严谨，体现出古朴的风格，但印面上又方中带圆，给人以活泼灵动之感。汉代的印章是中国篆刻艺术的辉煌时期。汉官印可分为铸印和凿印两种，一般文官多用铸印，而武官则多用凿印，印文以白文为主，所采用的书体是由篆书向隶书过渡的文字——“缪篆”。汉官印端庄凝重又雄伟豪放，自然平正又奇崛峻峭，体现出浑厚古朴的风格特点，开创了中国印章艺术的繁荣时期。魏晋南北朝的官印大致沿袭汉

锦衣卫木印

官印，但制作多用凿印，印钮有鼻、龟、蛇等形状，印风潇洒随意，舒放瘦健。隋唐官印的尺寸一般在 5 ~ 6 厘米见方，且改用朱文，但仍以标准小篆为宗，并以弯曲盘绕的笔画充实较疏的空隙，书体也显得自由却又不失古朴之气，显示出“九叠篆”的早期形态。从宋元到明清时期的官印，一直采用九叠篆印文。宋代的官印很大，字形比较清晰，讲究线条的自然流畅和圆润之美。金官印的材质有金、玉、银、铜。皇帝的玺用金做成，而普通的官印则以铜为材质，笔画排列均匀有序而富有变化，章法整齐大方，风格典雅庄重。钮顶上一般会刻有“上”字。元代官印，除了采用汉文之外，还以八思巴文入印。

永兴郡印

私印在秦以前已经出现，印文有朱文，也有白文。秦的私印有长方形、正方形、椭圆形和圆形，制作中多用凿制，体积都很小，俗称“秦小印”。秦私印的印面也有界格，笔画都很秀美，字体也显得随意而又不失章法，布局和谐统一。汉私印，数量很多，形式也比较丰富，尺寸比汉官印略为小一点，文字和材质都基本一致。汉私印大大发展了印章的艺术形式，创造出了朱白相间印、回文印、四灵印、肖形印等多种印章，风采各异，令人眼花缭乱。魏晋时代的私印大多为 2 ~ 4 厘米见方，印文大部分为汉摹印篆。魏晋私印中也有由汉代的子母套印和两面印发展而来的三套印、五面甚至六面印。这些印章法严谨，疏密有致，风格古朴、雄伟，与汉印浑厚的特征相近。今天的私印印文多用朱文，形式也很丰富，依个人兴趣和爱好形成不同的风格特点。

（孙爱迪）

闲章

闲章称“闲印”、“闲文印”或“诗文词语印”。由秦、汉刻有吉祥文字的印章（吉语印）演变而来，是一种最具艺术特质的印章类别。一般用来刻印诗词和成语，俗语、名言、趣话等也可以入印，摆脱了印章的实用性，以追求艺术性为目的。印文有时是印主有感而发的心情寄语，或者偶得的人生感悟，从中可以隐约见出其思想情感、人格气质甚至处世态度。

最早的吉语印内容和书体都是出自钟鼎彝器的铭文。先秦、秦汉时期是闲章的前身——吉语印的黄金阶段。秦印中的吉语印占有一定的数量，内容多为吉祥话、规诫、誓约之类，形式也多种多样，除了常见的方形、长方形之外，还有三角形、心形、各种图形组合成的形体，等等。尺寸的悬殊也很大，大的吉语印直径有2~3厘米，而小的则仅有0.5~0.6厘米。印文除了表现白文，朱文的运用也很多。印面上少则一二字，多则数十字。到了汉代，吉语印得到了很大的发展，出现了图文并茂的形式，印面上图形与文字能融洽地组合在一起，协调而又统一，游离了普通印章实用性的特点，成为区别于其他印章种类的新样式，具有很高的艺术欣赏价值。

唐宋时期，吉语印经过数世纪的沉淀，已经近乎萎缩。这时，随着唐宋鉴藏印的发展，文人雅士们并不再满足于仅仅刻有姓名或者字号的印章，他们开始把印章也作为文房的玩物之一，所以文人的词语印——闲章也就应运而生了，闲章出现之后得到了广大文人的喜好，并广泛运用于书画当中。在宋代最早运用闲章的是南宋初的刘叔刚。

根据闲章在书画中的位置又可将其分为三类，引首章是用于作品右上方，多以自然形状为主，能与落款相呼应；腰章则运用于篇幅比较长的作品，以长条或者随形印为主，因作品在视觉上首尾有些脱节，腰章的运用可起到连接首尾的作用；而压角印则是一般运用于作品下方的角上，多为长方形或者正方形，以起到稳定画面，降低中心的作用。闲章的内容大多数为与作品内容相关的词句，或者是作者的座右铭、作画的时间等。

闲章的应用可使作品的构图更加完美，也能丰富画面的内容，从而也赋予闲章更多的哲理韵味、更加浓厚的文学色彩和艺术气息。

（孙爱迪）

镇纸和笔架

镇纸是文人写字、作画时用来压纸张，使之平稳不动的文具，也叫做“纸镇”、“文镇”、“书镇”或“镇尺”，是中国传统的文房用具之一；笔架，又称“笔格”、“笔搁”或“笔枕”，是古人书案上不可或缺的文具。

镇纸多为长方条状，因此也把它叫做“镇尺”，大多以铜、铁、玉、石、竹、木、瓷等材质制作而成。《文具雅编》中介绍说："铜者，有青绿虾蟆，偏身青绿；有蹲虎、蹲螭、眠龙；有坐卧哇哇；有镏金辟邪、卧马，皆上古物也。"玉制的有"玉兔、玉牛、玉马、玉鹿、玉羊、玉蟾蜍，其背斑点如洒墨，色同玳瑁，无黄晕，俨若虾蟆背状，肚下纯白，其制古雅肖生，用为镇纸，摩弄可爱"。陶制品有"哥窑蟠螭，有青东瓷狮、鼓，有定哇哇、狻猊"。张镃曾在《陆编修送月石砚屏》中说："三山放翁实赠我，镇纸恰称金犀牛。"此处的"镇纸"指的就是铜质镇纸。镇纸上一般都雕刻有诗词名句和各种图案，也有雕刻成动物或者人物形状的。

镇纸起源于古人对玉器和小型青铜器的欣赏和偏爱，经常把它们放置于案头并随手拿来压纸，日久天长，它也就逐渐发展成为一种文房工具。早期的镇纸大多以铜或者玉为材质，形状以牛、马、兔、鹿等为主。我国台湾台北"故宫博物院"收藏的汉代铜错金银虎形书镇，是早期较为优秀的镇纸作品，此虎形态十分可爱，四肢盘踞，嘴巴张开作呼吼状。明清之后，书画名家层出不穷，促进了文房工具的使用和发展。由于刻砚之风的兴盛以及对联的广泛使用，镇纸的形状依然以长条形为主，但更多的是成对的形式，上面刻有诗句、名言或者梅兰竹菊等，体现出主人的高雅情趣；材质上继续使用铜，也出现了玉质、石质、乌木、紫檀木等，其中以石质的居多。

传世的镇纸作品中，玉质的最多，南北朝时期的辟邪镇纸、宋代河图洛书玉镇纸、元代的牧马玉镇纸等都是精致的玉镇纸作品。清代田黄石所雕的异兽书镇、象牙雕狮形书镇则是石质、象牙质镇纸的精品。而民间的镇纸常以黄铜、竹木刻制，这类作品在清末时期和新中国建国前夕较为多见。

笔架是写字作画时用来架置毛笔的一种工具，以防弄污其他的物品。早在唐宋时期就已经有笔架了。据五代的传世作品《开元天宝遗事》中记载："学士苏颋有一锦文花石，镂为笔架，尝置于砚席间。每天欲雨，即此石津出如汗，逡巡而雨。颋以此常为雨候，固无差矣。"笔架制作的材料以玉石、陶瓷、象牙为主，形状式样也很多，有圆形、方形、长方形、山形、龙形、牌坊形、圆伞形、卧形等。

北京故宫博物院中，收藏有一桥形笔架，名为"白玉雕松柏人物笔架"，清代中期的作品。此笔架以新疆和阗玉制作而成，通体青白玉色，桥面横向阴刻木纹，桥面下竖向阴刻木纹。桥身下有两排木桩为支撑，旁边的小船上乘坐着两个人，桥的侧面是茂密的松树、花草树木，桥上还有挑担的、骑驴的行人。树的空间可以用来架置毛笔。整个笔架表现的是南方小桥流水的水乡生活，构思巧妙，雕刻也很精细。

上乘的笔架多以孔雀石、鸡血石、寿山石等制作而成，价格都比较昂贵。

（孙爱迪）

什么是拓片

拓片在我国有着悠久的历史，是一种将宣纸贴于画像石、碑刻等的表面，并用墨拓印以记录图纹和文字的方法，它是保存古代画像石、碑刻等重要文献资料的主要形式之一，黑白对比比较强烈，易于辨认出其中所包含的图像和文字。

我国传统的拓印基本方法是，先将要进行拓印的文字、图像尽可能刷清楚，然后把已经准备好的大小合适的宣纸盖在碑上，并将其用水略微打湿，最好用白芨水，因为它能使宣纸更好地贴在碑的表面。在将纸进行湿润的时候，如果是小型拓片可以用软质的毛笔或毛刷，大型拓片则可以用毛巾湿纸。然后在纸上再盖一层吸水性强的纸以起到保护纸面的作用，用毛刷轻轻敲打，使湿纸吸附在吸水纸的表面，这样，纸就会随碑上的文字图案的纹路出现起伏和凹凸印痕。继而将盖在上面的吸水纸拿掉，等湿纸略微晾干之后，用扑子（扎好的棉花）蘸适量的墨汁，在纸上均匀的轻轻扑打，扑子的大小可根据碑的大小而定，凸起处着墨，而凹下处则留白。至此，一个印有文字或图案的拓片就完成了。

拓印这种方法的起源历史上没有记载，许多相关学者认为拓印术开始于东汉熹平年间，但是各种说法并不一致，所以也就很难有定论。隋代时期，文字的拓印技术已经很发达了，这最起码说明在隋代以前拓印术已经开始使用了。唐代时期，拓印术更加精湛，不但在民间有拓印作坊，还成立了专门的拓印机构。这一时期运用较多的是擦拓。擦拓是用扑子蘸墨后，一一擦过刷在碑上的纸，字就会印在纸上。如果被拓印的碑上有破损或者不平整的地方，擦拓所产生的拓片就会产生遗漏或者模糊，这也是擦拓的缺点。鉴于擦拓的这种不足之处，北宋、南宋之间发明了扑拓。扑拓运用扑子的纵向运动，将凹凸不平的碑面、文字和纹路完全拓印下来。扑拓可分为浓墨拓、淡墨拓，还有一种极淡墨拓，因其用墨轻且浅，淡如蝉翼，所以又称“蝉翼拓”。

拓片的使用范围非常广泛，它除了可以记录有凹凸纹路的器物之外，甲骨文、铜器上的铭文、古时的钱币、碑刻、画像砖、画像石等都可以运用这种方法做记录。它是直接从原物上面拓印下来的，所以大小、形状都与原物相同。

拓片是记录中华历史成就的重要形式之一。现在流传于世上的、最古老的拓本是藏于法国巴黎图书馆的唐太宗李世民的《温泉铭》孤本。我国的国家图书馆现藏有拓片共23万多件，有历代甲骨、青铜器、石刻、画像石、画像砖等，数量十分庞大，内容也丰富多样。

（孙爱迪）

唐太宗和《兰亭序》

唐太宗（597～649），名李世民，唐代的皇帝，唐高祖（李渊）的次子。唐太宗除了是一位出色的军事家、政治家，同时还是一位优秀的书法家。

唐太宗酷爱书法，撰写过有关书法的理论著作《笔法论》、《笔意论》等，还有“晋祠铭”、“温泉铭”两碑，书法成就非常卓越，在书法史上也是一位毫不逊色于其他大家的书法家。唐太宗不但自己喜欢泼墨，他还有搜集书法作品的爱好。据记载，他曾经广泛搜集了各种流派的书法作品足有上千卷之多。他特别欣赏晋代王羲之的书法，而且对王羲之所作的有“天下第一行书”之称的名帖《兰亭序》倍加推崇。他说：“观点曳之工，裁成之妙，烟霏露结，状若断而还连；凤翥龙蟠，势若斜而反直。玩之不觉为倦，览之莫识其端。心摹手追，此人而已！”

自古被称为天下第一行书的《兰亭序》，本是王羲之酒后挥毫之作品，写出的字飘逸潇洒，婀娜多姿，不但在当时的书法界产生了很大的影响，对后世也有着非常重要的意义。而作为王羲之本人，在《兰亭序》写成之后，自己也十分喜爱，虽然曾几次想重书此序，但都不如原作，于是他也就更加珍爱最初的原作，把它作为珍宝传给他的子孙后代。

此序传到第七代孙智永和尚的时候，因为和尚没有后代，无奈，只好将《兰亭序》传给了他的弟子辩才。辩才对《兰亭序》的价值心知肚明，把它作为至宝，特意在永欣寺方丈屋内的房梁上凿了暗洞，将其密藏于里面。

唐太宗在位之时，曾命人四处打听《兰亭序》的下落，后来当他得知此序在辩才的手中，马上下令辩才入宫，给予他丰厚的赏赐，欲引诱辩才交出墨宝。哪知辩才早有准备，待唐太宗询问之时，他一口咬定《兰亭序》早已在兵荒马乱之时丧失，不知去向。无奈，唐太宗只好将辩才放回寺庙，可是他并没有善罢甘休，曾三召辩才进京，询问有关《兰亭序》的下落。后来，唐太宗又派监察御史萧翼微服来到永欣寺。萧翼能说会道，聪明绝顶。他来到寺中，很快与辩才成为朋友，而且两人相见恨晚，一同吟诗作画，下棋弹琴。一天，萧翼故意拿出所带王羲之的作品与辩才一起欣赏，辩才大笑说其不是精品，并把亡师临终之时如何把《兰亭序》传他的经过详细讲述了一遍，且拿出密藏的《兰亭序》真迹给萧翼看。此时，萧翼才亮出了自己的真实身份，辩才闻言，顿时昏倒于地。从此之后，已有80岁高龄的辩才抑郁成疾，不治身亡。

唐太宗得到《兰亭序》真迹之后，自然也是视若珍宝，爱不释手。不仅自己观赏、临摹，还请内廷供奉汤普澈、冯承素、诸葛贞等都临摹了数个版本，分发给王公大臣们。唐代的大书法家褚遂良和欧阳询也都曾临摹过《兰亭序》，可是他们都自成一派，并没有单纯拘泥于王羲之的笔法，后人称褚遂良的临本为“唐绢本”，称欧阳询的临本为“定武本”，而且两人的临本都刻成了石碑，留于皇宫之内。

在唐太宗弥留之际，还念念不忘《兰亭序》，他对高宗李治说：“吾所欲得《兰亭》，可与我将去。”李治遵从父命，将《兰亭序》装于玉匣之内，随唐太宗一同葬于昭陵。世上流传的临摹本，以现藏于中国故宫博物院的冯承素所临之“神龙本”（因上面有唐中宗神龙年号印迹，故名）最为逼真。

（孙爱迪）

宗白华论中国书法的节奏性

宗白华（1897～1986），原名宗之櫆，字伯华，江苏常熟虞山镇人，原籍浙江杭州。宗白华是中国著名的哲学家、美学家、诗人，在美学方面的成就尤为突出，是我国现代美学的先行者和开拓者之一，被人们誉为“融贯中西艺术理论的一代美学大师”。他曾经担任中华美学学会顾问和中国哲学学会理事，主要著作有《宗白华全集》、《美学散步》等，所翻译的著作有《判断力批判》、《海涅生活与艺术》等，诗集有《流云》和与郭沫若、田汉合著的通讯集《三叶集》。

宗白华的美学研究注重对中国艺术门类的创造和欣赏，他的有关著作和论文涉及中国诗歌、绘画、音乐，甚至园林建筑和自然文化遗产等各方面。对于具有中国特色的艺术门类——书法，宗白华也进行了深刻的研究并做了详尽的论述，其主要美学思想集中体现于他的论文《中国书法里的美学思想》，又在《中国书法艺术的性质》得到深化：“中国的书法，是节奏化了的自然，表达着深一层的生命形象的构思，成为反映生命的艺术。因此中国的书法，不像其他民族的文字，停留在作为符号的阶段，而是走上艺术美的方向，而成为表达民族美感的工具。”

在《中国书法里的美学思想》中，宗白华认为，书法要成为“反映生命的艺术”，就必须像一个有机的生命体一样，具有骨、肉、筋、血四个要素，不同的是，它需要“通过较抽象的点、线、笔画，使我们从情感和想象里体会到客体形象里的骨、筋、肉、血”。他还从中国的“字”分析了它之所以成为艺术品的原因：“中国人写的字，能够成为艺术品，有两个主要因素：一是由于中国字的起始是象形的，二是中国人用的笔。”中国的文字，最初是以图画的方式来表达思想的，有很多惟妙惟肖的人物、动物形象；第二个阶段，“图画佐文字时期”，“在一篇文字里往往夹杂着鸟兽等形象”。之后，随着文字的发展，时代的变迁，才演变成为纯粹文字的表现方式。

在《中国书法里的美学思想》中，宗白华还从美学的角度分别考察了中国书法艺术的用笔、结体和章法三个方面。用笔是“运用单纯的点画而成其变化，来表现丰富的内心感情和世界诸形象，像音乐运用少数的乐音，依据和声、节奏与旋律的规律，构成千万乐曲一样”。“中国画家在万千绘画的形象中见到这一笔画，而大书家却是运此一笔以构成万千的艺术形象。”这种“一笔”的笔画正是创造出中国特有的艺术形象的要素，“所以中国人这支笔，开始于一画，界破了虚空，留下了笔迹，既流出人心之美，也流出万象之美”。又说“中国人用笔写万象世界，从一笔入手，但一笔画不能摄万象，须要变动而成八法，才能尽笔画的‘势’，以反映物象里的‘势’”。“一笔而具八法”，这样才能在各种笔法间体现出中国文字的节奏感。“字的结构，又称布白，因字由点画连贯穿插而成，点画的空白处也是字的组成部分，虚实相生，才完成一个艺术品。”字需要有虚有实，笔画和空白有着同样的价值和审美意义，“无笔墨处也是妙境”。同时，宗白华还将唐代大书法家欧阳询遗留下来的真书字体结构法 36 条一一列举出来，有排叠、避就、顶戴、穿插、向背等，成为后人研究中国美学思想的范畴。字体结构 36 条中的“相管领”和“应接”也就是文字的章法问题：“‘相管领’好像是一个乐曲里的主题，贯穿着和团结着全曲于不散，同时表达出作者的基本乐思。‘应接’就是在各个变化里相互照应，相互联系。这是艺术布局章法的基本原则。”

宗白华认为，中国书法也能像音乐和诗歌一样，表达出人内心的喜怒哀乐，是

“节奏化了的自然”，是中国特有的艺术门类，具有丰富的美学思想和极高的艺术价值。

（孙爱迪）

宋徽宗，不爱江山爱花鸟

宋徽宗（1082～1135），名赵佶，北宋皇帝。宋徽宗治国无方，他在位期间广建庭院，设局搜刮奇花异石，劳民伤财。而且他还任用了蔡京、梁师成、李彦等六位奸臣，当时被人们称为“六贼”，致使政治腐败，民不聊生。宣和七年（1125）他传位给钦宗赵桓，自称“太上皇”，靖康元年（1126），金兵攻入汴梁，赵佶、赵桓以及赵氏亲属等3000多人，都被金人俘虏，后来赵佶客死异乡，亡于五国城（今黑龙江依兰）。

宋徽宗在政治上虽然是一个昏庸无能的皇帝，但是在中国的绘画史上，他却是一位杰出的画家。宋徽宗的艺术造诣很深，能书善画，无所不工。赵诒琛在《徽宗诗集》后记中曾说：“徽宗聪敏，实由天纵，特非帝王之才略。无论诗文词赋为艺苑英才所不及，即书画精妙，亦古今首屈一指。”他的书法师黄庭坚，对书法中的正书、行书、草书都很精通，而且他还独创了“瘦金体”，更是在宋代的书法家中独树一帜。“瘦金体”以瘦细、遒劲为特征，传世的瘦金体作品有《千字文》、《神霄玉清宫碑》、《牡丹诗》等。宋徽宗最擅长的是花鸟画，主要以宫廷里的奇花、异草、珍禽为题材，对人物、山水画也有一定的造诣，画风精工富丽，又具有清淡的笔墨情趣。据说他画鸟雀，常以生漆点睛，高出纸面，似乎能够活动，十分动人；所画的花卉，能够描写出不同季节不同时间下的特殊情态。他描绘过各种奇花异鸟，并将其编成册子，命名为《宣和睿览图》，每15幅一册，据说有千册之多。宋徽宗传世的作品有很多，比较著名的有《腊梅山禽图》、《杏花鹦鹉图》、《五色鹦鹉图》、《芙蓉锦鸡图》、《红蓼白鹅图》、《溪山秋色图》等，均用笔准确精练，形象生动。人物画有《听琴图》、《文会图》等，山水画以《雪山归棹图》为代表，描绘了宋代美丽的山水景象。宋徽宗还曾下令鉴别内府收藏的历代书画，将其分门别类，编著成《宣和书谱》、《宣和画谱》和《宣和博古图》等，私人收藏文物书画之风也因此兴盛起来。

宋徽宗对中国绘画史的贡献，不仅是因为他独创的“瘦金体”和花鸟画，更重要的是他创立了中国历史上规模最为完备的“画院”。宋徽宗即位之后，首先对宋初设立的画院制度进行了改革，把画院变成科举制度的一部分，称为“画学”。画院是宋徽宗传播他的美学思想的中心，他对画学的入学、考试、待遇等制度都做出了具体规定，并经常命人取出宫中收藏的名画供学生观赏、临摹，还亲自指导学生，用他自己的绘画观点影响别人。他要求学生要师法自然，把握对象的“情态形色”，符合物理事实。宋徽宗喜欢学生按照他的艺术趣味来进行创作，据说他曾要求画院的画工们在作画时必须先呈递画稿，得到他的同意之后才能“上真”，即对物象进行细致的描绘、刻画。这样做虽然会抹杀画家们的个性，但是也足以见出宋徽宗对作画的认真态度。在宋徽宗对书画艺术的重视下，北宋画院达到了鼎盛时期。

宋徽宗是一个亡国之君，但是他又对艺术的发展做出了巨大的贡献，提倡书画艺术的创作，建设画院，发展院体画，对古代艺术进行整理以便于更好地保存，等等，被人们称为“不爱江山爱丹青”的皇帝。

（孙爱迪）

年画：杨柳青

年画，顾名思义是过春节的时候张贴的画，一般以一年为更换期。旧时人们张贴门神、年画、对联等以祈祷新年吉祥，驱邪纳祥，增添节日的欢乐喜庆气氛。

年画是中国民间艺术的一个门类，广泛流行于民间。它历史源远流长，从最初只是被作为驱鬼避邪的符号，后来逐渐增加了吉祥如意、子孙满堂、多子多寿等新的题材，从而也就增加了为新年祈福的功能。年画有着显著的特点，其中的形象大都自然、质朴，表现手法也很简练，比较直观地表达出农民朴实的性格特征和美好愿望。画中运用纯度高的鲜艳色彩，装饰性和趣味性都很强。比较有名的年画有四川绵竹年画、江苏桃花坞、天津杨柳青、山东潍坊杨家埠的木版年画，它们被誉为中国“年画四大家”。

天津杨柳青木版年画是中国著名的传统年画之一，它因产地在天津市西南的杨柳青镇而得名，广泛流传于中国的北方。杨柳青木版年画创始于明朝崇祯年间，当时是以门神、灶王、天师为主要内容的单色木版画。明永乐十三年（1415），南运河开通，南方的宣纸、颜料等被运到这里，使杨柳青年画的材质更加丰富，制作者也因此有所增加。明万历年间又发明了套印，年画改用白纸，朱、绿、黄、黑等颜色进行套印，年画艺术也就初步形成了。清乾隆年间，出现了最早的画铺戴廉增、齐健隆两家，而且杨柳青周边的村庄也都从事年画的加工和手绘生产，使木版年画达到了鼎盛时期，杨柳青镇也因此而成为北方的生产年画的重镇。清道光年间，杨柳青年画逐渐开始走向衰落，但一直到民国时期，年画都还有人生产制作。

杨柳青木版年画不仅历史悠久，而且具有鲜明的地方特色。它继承了宋、元时期的绘画传统，又汲取了明代木刻版画、工艺美术等的艺术形式，采用木版套印和手工彩绘结合的方法，形成了活泼生动、吉祥喜庆的风格。与南方著名的苏州桃花坞年画相互辉映，被称为“南桃北柳”。杨柳青木版年画的题材广泛，有神话传说，历史故事、生活故事、世俗风情、戏曲小说、娃娃仕女、山水花鸟等，还有一些与人民生活密切相关的题材、带有新闻性质的题材等，使得这些年画不仅具有艺术欣赏性，还有历史借鉴价值。在技法上力求达到绘画的效果，刻画精细，着色也鲜艳亮丽。

杨柳青木版年画不但本身具有鲜明的特色，它的制作工艺也具有与众不同的特点。它的制作方法为“半印半画”，程序大致为：创稿、分版、刻板、套印、彩绘、装裱。前期的工序与其他木版年画的基本相同，都是先用木版雕刻出画面的线纹，之后用墨印在纸上，套过两三次单色版，最后所采用的工序是工艺要求最高的人工彩绘，将版画的刀法和绘画的笔触巧妙地融合在一起。

杨柳青年画的代表作品有康熙年间的《喜叫哥哥》、乾隆年间的《盗仙草》以及道光年间的《庄稼忙》等。广为流传的年画《连年有余》，画面上的娃娃童颜佛身，手拿莲花，怀抱鲤鱼，寓意鲜明，表达了人民对美好生活的向往，已经成为年画中的经典作品。近人周汝昌曾为杨柳青木版年画作诗一首，评述道：“杨柳青青似画中，家家绣女竞衣红。丹青百幅千般景，都在新年壁上逢。”

如今的杨柳青镇上，有画社、画坊等十几家，年产杨柳青精品木版年画 1 万多张，而且在运河岸边，天津市西青区有关部门还将建原安氏祠堂改建成杨柳青年画馆，收集历代珍藏的作品，向人们展示杨柳青年画的艺术成就。

（孙爱迪）

上海美专的人体课风波

20 世纪 20 年代在上海美专曾发生过中国的第一次模特风波。

1912 年 11 月，刘海粟在上海乍浦路创办了现代中国第一所美术学校——上海国画美术院，也就是后来的上海美专，而且他自任校长。1914 年 3 月，刘海粟为学校增设了人体课程，进行人体模特写生。可是当时中国都还在封建礼教的传统观念笼罩之下，他们认为人体写生是模特的羞耻和对他们的侮辱，甚至还有人迷信地认为画画会摄人的魂魄，使人元气大伤，所以国画美术院很难找到模特。

据说当时美术院所找到的第一个模特是个 15 岁的小孩子，绰号“和尚”，而真实姓名却无从考证，他也被称为中国教育史上的模特第一人。可是由于小孩子的骨骼还没有发育完全，画的时候根本画不出人体的骨骼和肌肉结构，所以学生不能只画小孩，还必须要找成人来做人体课的模特。无奈，学校只好出重金，多方招聘模特，前来的有 20 个男人，应征时这些人都信心十足，但一进画室，发现需要在众目睽睽之下赤身裸体地摆出各种姿势，用刘海粟当年的话说“无不咋舌而奔”。最后一个，为了避免这种情况的发生，刘海粟提前跟他讲好条件，如果他临阵脱逃的话就必须接受应有的惩罚，那个人满口答应了下来。但是当他被带入画室之后，他便开始喃喃自语：“我情愿受罚。”后来刘海粟对他可以说是“晓之以理，动之以情”，好说歹说他终于登上了教台。这是中国第一位成人模特。一直到 1920 年，中国才出现了第一位女人体模特，她是一名白俄妇女。从此之后，女模特才开始成为中国各大美术院校人体课和一些画家进行创作的描绘对象。

1917 年，上海美专举办成绩展览会，有几个陈列室中专门陈列着人体素描的学生习作，来参观的人对此都惊讶不已，据说当时有一位女子学校校长，见到此类陈列的作品之后，大骂：“刘海粟是艺术叛徒，是教育界的奸贼！公然陈列裸体画，太伤风化，非惩戒他不可。”同时，反对人体模特写生的声浪也越来越大，但是，刘海粟并没有因此而停掉学校的人体写生课程，他带领美专的教师和学生们一直在与中国的封建礼教进行着不断的斗争。

1926 年，人体课事件达到了顶点。5 月，《申报》登出了上海知事严令禁止美专人体写生的报道，号称“苏、浙、闽、赣、皖”五省联军总司令孙传芳也以书信形式出面干预此事，要刘海粟适合中国国情，婉言相劝他停止使用模特。可是刘海粟并没有畏惧孙传芳的权势，依然我行我素。6 月 10 日，刘海粟在《申报》再次发表公开信，毫不客气地据理力争，拒绝了孙传芳的要求。他的这种行为使孙传芳恼羞成怒，下令上海县公署查禁美专的人体模特，并暗中通缉刘海粟。但是刘海粟得到了鲁迅、蔡元培、胡适的大力支持，因为事件是在“新文化运动”的背景下发生的，在当时具有重要的反封建反独裁意义。最后，这场风波在法国领事的调解下才逐渐平息。而上海美专的人体写生课程，据刘海粟说，从来没有因为此次风波停止过一天。

这就是在中国艺术教育史上具有重要意义的上海美专人体课事件，中国的第一次模特风波。它将西方的裸体艺术引进到了中国，使中国的民众也开始了解裸体艺术的真正作用，为中国的美术发展做出了巨大的贡献。

（孙爱迪）

六

图书 博物

我国现存古籍知多少

所谓古籍，是指辛亥革命以前的人所撰写的著作，以及后人经过整理而成的各种本子。我国古籍种类繁多、源远流长、内容丰富，但由于各种原因，有很多古籍在流传中散失了。现存古籍的数量只能通过古籍书目来查考，但由于各种古籍书目分布在哪些地方，收藏在哪些部门，迄今尚无定论，并且这些古籍书目之间有所重复，又没有编成全国图书馆的联合书目，因此，很难确切地说出现存古籍的数量。据潘寅生在其《中国古籍整理工作述略》一文中提到“40 年前杨家骆先生曾据历代书目作过一次统计，认为自两汉至清代，已出版古籍达 181755 部、2369046 卷。但传存至今的还没有一个精确的统计。有人认为 8 万多种（李诗），有人认为 10 万种（曹之），甚至 15 万种（杨殿珣）等。”新中国成立后，在 40 多年的古籍整理工作过程中，为了弄清楚古籍存藏情况，政府有关部门及有关学术团体多次进行了不同程度、不等规模的文献调查（如全国文献资源普查和善本书的调查等），初步掌握了我国古籍的数量及分布情况。目前，一般认为现存古籍 8 万～10 万种，收藏单位主要是各类型图书馆和博物馆，其中省级以上公共图书馆总藏量占 60% 左右。收藏 100 万册以上者有北京图书馆、上海图书馆、南京图书馆、浙江图书馆、北京大学图书馆等；收藏 50 万～90 万册的约有十多个图书馆。地区分布以京津和江浙一带为最。因此，古籍书目的编辑出版亦多出自这些地区和有关单位。另外，还可利用清代永瑢、纪昀等编撰的《四库全书总目》（中华书局 1985 年影印本）来查检现存古籍。

（吴淑娟　洪秋兰）

学富五车

学富五车的典故，源自《庄子·天下》：“惠施多方，其书五车。”惠施是战国时哲学家，很有才学，是名家的代表人物。据说惠施是个博学的人，道术很多，他读的书简要用五辆车子拉。后来人们便以“五车”、“五车书”、“书五车”、“五车竹简”、“惠车”等来表示对饱学之士的称赞。王安石《赠外孙》有：“年小从他爱梨栗，长成须读五车书。”用“学五车”来表示读书多或学问大。宋辛弃疾《水调歌头·和赵景明知县韵》也有：“五车书，千石饮，百篇才。”《醒世恒言》卷三二则为：“兼之学富五车，才倾八斗，同辈之中，推为才子。”

“学富五车”的典故，也反映了在相当一个历史时期内所使用的传播手段。这么多的简册，运输、存放都很麻烦，人们常形容说：“汗马牛”、“充栋宇”。因而又形成了“汗牛充栋”的成语。

形容饱读诗书、学识丰富的还有“才高八斗”、“等身书”、“边韶腹笥”等。

“等身书”，是说宋代的贾黄中从小就聪明，刚满5岁时候，父亲对他教育极严格，每天早上要他站直，然后将书卷展开，量取与他身体一样长的篇幅，规定他一天念完。

“边韶腹笥”语出《后汉书·文苑列传》，是说边韶这个人很有学问，收了几百个学生，有一次边韶在白天和衣小睡，一个学生嘲讽他说：“边孝先（边韶的字），腹便便，懒读书，但欲眠。”边韶听到后回答：“我腹中盛放着五经笥（笥即书箱），我小睡是为了思考学问，在梦中与周公、孔子见面，你们嘲笑老师，有何根据？”学生闻后羞愧。后人便以“边韶腹，腹便便”、“五经笥”、“群书笥”、“腹笥”等词语来比喻饱读经书，学识渊博。

（吴淑娟　洪秋兰）

洛阳纸贵

这个成语出自《晋书·左思传》。左思，西晋文学家，字太冲。左思相貌丑陋，身材矮小，说话结巴，不善言谈，但喜爱闲居读书、写作，写文章辞藻华丽。据说左思用一年时间写了《齐都赋》，之后他又打算为三国时魏都邺城、蜀都成都、吴都南京作赋。适逢妹妹左芬入宫，全家迁往京都洛阳。左思去拜访著作郎张载，了解岷山和邛崃山（此二山分别在四川省北部和西部）的情况，为作《蜀都赋》做准备。接下来左思又收集了大量的历史、地理、物产、风俗人情的资料。至此之后，左思冥思苦想，用了10年时间进行构思，每想出一个好句子，就马上用笔写下来。赋成之后，并未引起当时人的重视。当时一位著名文学家陆机也曾起过写《三都赋》的念头，他听说名不见经传的左思写《三都赋》，就挖苦道：“不知天高地厚的小子，竟想超过班固、张衡，太自不量力了！”并给弟弟陆云写信说：

“京城里有位狂妄的家伙写《三都赋》，我看他写成的东西只配给我用来盖酒坛子！”左思自己认为所著《三都赋》可与班固的《两都赋》和张衡的《二京赋》相比，但又恐自己人微言轻，担心人们瞧不起他的《三都赋》。听说皇甫谧善于著述，有很高的声誉，左思就去拜访，把《三都赋》给他看。皇甫谧大加称赞，并为《三都赋》撰写序言。从此，左思及其《三都赋》风靡一时，备受赞誉。司空张华见到《三都赋》后，赞叹说：“左思真是班固、张衡一流的人才啊。《三都赋》令人读完之后余味无穷，时间越久，越觉得有新意。”甚至以前讥笑左思的陆机听说后，也细细阅读一番，他点头称是，连声说：“写得太好了，真想不到。”他断定若自己再写《三都赋》绝不会超过左思，便停笔不写了。于是，权贵人家争相传写，京都洛阳的纸价顿时昂贵起来。原来每刀千文的纸一下子涨到两千文、三千文，后来竟倾销一空；不少人只好到外地买纸，抄写这篇千古名赋。从此之后，人们用“洛阳纸贵”来比喻著作非常有价值，深受人们的喜爱，人人争相阅读、传抄，风行一时。洛阳纸贵又称纸贵洛阳、都中纸贵、长安纸贵、纸贵等。

（吴淑娟　洪秋兰）

中国图书装帧的演化

卷轴装

卷轴装是中国传统书册装帧形式，是用若干张纸粘连成长幅，用木杆作轴，也有用金、玉、象牙、瓷作轴的，从左到右卷成一束。通常高度为一尺，长度由几尺到几丈不等。一束称做一卷。唐以前即出现。当时书籍多为抄写，装成卷子。后来的书即沿称卷数。现如今，卷轴装多用于书画装帧，常见的有立轴和横卷两种。

经折装

经折装是中国传统书册装帧形式，初见于唐末。其装帧形式是将长卷一反一正地折叠起来，使之成为长方形的一叠，然后在这一叠长卷的前后各加一张硬纸保护。由于当时僧侣宣讲佛经时所持经卷均如此装帧，所以又称为梵夹装。经折装的装帧形式要比卷轴装的装帧形式便于阅读。

散叶

散叶是经折装后，取法印度贝叶经装置方法的过渡形式，其方法是以散叶上下夹以板片，再用绳子捆扎串结。

蝴蝶装

“蝴蝶装”简称“蝶装”，又称“粘页”，是早期的册页装。蝴蝶装出现在经折装之后，由经折装演化而来。人们在长期翻阅经折装书籍的过程中，经折装书籍的折缝处常常断裂，而断裂之后就出现了一版一页的情况，这给人以启示，逐渐出现了以书页成册的装订形式。而最先出现的册页书籍就是“蝴蝶装”。其形式为，将每张书页依照中缝对折起来，印有文字的一面朝里，再以中缝为准，将全书各页对齐，用糨糊黏附在另一包装纸上，最后裁齐成册。用“蝴蝶装”装订成册的书籍，翻阅起来如蝴蝶两翼翻飞、飘舞，故名之为“蝴蝶装”。在蝴蝶装中，包在书前后的硬纸叫做“书衣”，书衣正面左边贴着写有书名、册次的狭长纸条叫做“书签”，书册上端切齐处叫做“书头”，下端切齐处叫做“书根”，翻阅的一边（即左边）叫做“书口”，另一边叫做“书背”或“书脊”。

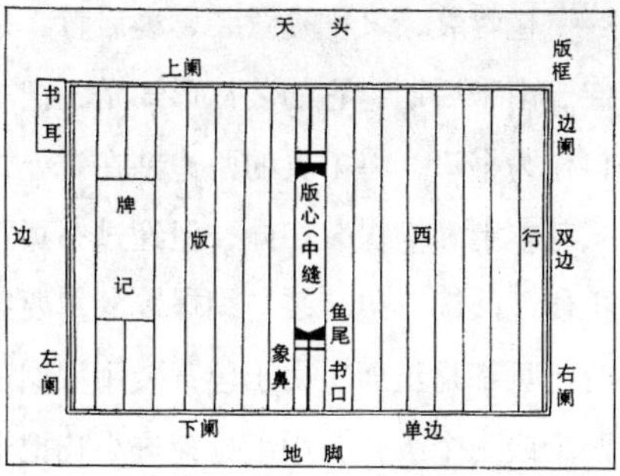

散叶上的名词术语

蝴蝶装大约出现在唐代后期，盛行于宋朝，元代沿用，到明代被淘汰。蝴蝶装吸收了旋风装单页的特点，又吸收了经折装中正折的方法。蝴蝶装的“编”仍为粘，书口与书口之间用糨糊粘连。这完全不同于卷轴装、旋风装、经折装中的粘接成长纸，是单页的粘连，更接近于线装书的完整形式。书籍的装订形式发展到蝴蝶装，标志着我国书籍的装订形式进入了“册页装”阶段。

宋代版印书籍，最盛蝴蝶装。明代张萱《疑耀》卷五说：“今秘阁中所藏宋版书，皆蝴蝶装，其糊经数百年不脱落。偶阅《王古心笔录》，有老僧永光相遇，古心问僧：‘前代《藏经》接缝如线，日久不脱落，何也？’光曰：‘古法用楮树汁、飞面、白芨末三物调和如糊，以之糊纸，永不脱落，坚如胶漆。’”

蝴蝶装，有优点，也有缺点。其优点有：一是整幅图画刊载于一版内，不像一般册页书将大幅面图分作两半，一面一半，不便阅览；二是蝴蝶装书籍存放插架时书口向下，四周向外，可起到防虫防尘等作用，不易损及文字。其缺点是阅读时，每翻阅一面则遇到两个空白面（无字面），有些不便。蝴蝶装因有此弊，为后来的“包背装”所取代。

现存古书，有不少是蝴蝶装。如北京图书馆藏有古代蝴蝶装书籍多达300余种。较早的有宋太平兴国年间的写本《王陵变》、辽代印装的《蒙求》、甘肃省武威出土的西夏文佛经等。

包背装

包背装，又称裹背装、裹后背，是在蝴蝶装基础上发展而来的装订形式，大约起于南宋后期。它的装订形式是：把书页背对背地正折起来，使文字面向外，把版口作为书口，将书页的两边粘在脊上，再用纸捻穿订，外加书衣绕背包裹。装订方式基本上和蝴蝶装相同，但经过书页正折，版心向外，使页页文字相连，比蝴蝶装更便于阅读。包背装与蝴蝶装的主要区别是对折书页时版心朝外，背面相对，翻阅时每页都是正面。由于包背装用糨糊逐页粘连，十分费事，于是逐渐改用在边上打两个或三个小孔，用纸捻穿进小孔把书订牢，再包上书衣，穿纸捻处称为“书脑”。包背装的封面有“软面”和“硬面”两种。在元代文献中还记载有装订糨糊的配方。如元《秘书监志》卷六，载有裱褙匠焦庆安的配方，内有打面糊物料为：黄蜡、明胶、白矾、白芨、藜蒌、皂角、茅香、藿香、半钱，白面五钱，硬柴半斤，木炭二两。这里包括了黏合剂，防腐剂和芳香剂三部分，证明当时的装订用料已十分考究。

包背装书

包背装既克服了蝴蝶装阅读不便的缺点，又保留了蝴蝶装书背粘连的优点，再加上用棉纸作捻穿入订孔装订，增加了书的牢固程度，因而这种装订方式成为元代最为流行的装订。据清代内阁收藏古籍书所见，元朝大德年间袖珍宋本《前汉书》及陈梦根手写本《徐仙翰藻》等书，均用包背装形式。明代内阁写本《御集》、《永乐大典》等书，都是用黄绫子作书皮料的包背装形式的书籍。明代中期此装法盛行，后由于书籍装订技术又进行了变革，因而逐渐减少。到了清朝重修后的《四库全书》却还是采用了包背装，这部书分经、史、子、集四类，封面分别为绿、红、蓝、灰四色，以区别内容和品级。由于包背装未能解决易散脱页的缺点，所以后来又发展为线装形式。

线装

线装，是用线将书页连同前后书皮装订在一起的装订形式。这种装订形式是由包背装转化而来的，其装订方法是：书页正折，文字向外，版心为书口，把包背装的整封面换为两张半页的软封面，分置书身前后，把它连同书身一起打孔穿线订。线装书一般要分卷订为多册。线装一般是在书上打四孔，称为“四针眼装”。较大的书，在上下两角各加打一眼，就成为“六针眼装”。讲究的线装，出于美观和护书考虑，有时用绫、绢之类包起上下两角，称“包角装”。对于订线有的也很讲究，有丝线，棉线，无论丝线还是棉线都用双线。但在潮湿地区容易致霉生虫。其特点是解决了蝴蝶装、包背装易于脱页的问题，同时便于修补重订。

线装在南宋已出现，但明嘉靖以后才流行起来，清代基本采用这种装订方式。线装书的兴起是我国古代书籍装订形式走向成熟的标志，它特别受到历代藏书家的喜爱。它与包背装的主要区别是：改纸捻穿孔订为线订；改整张包背纸为前后两个单张封皮；改包背为露背。

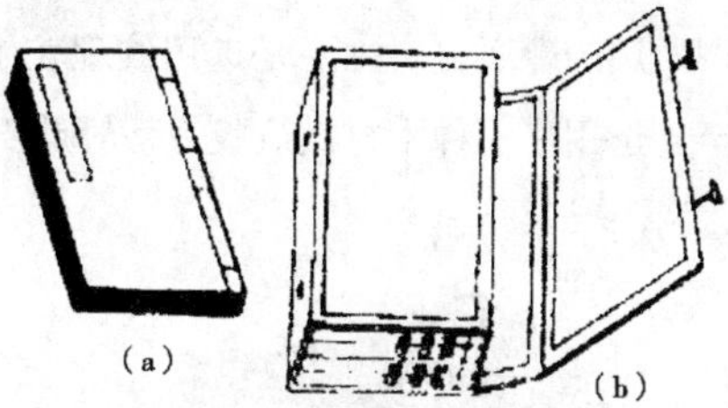

（a）　（b）

线装书

明清时喜欢给线装书做“书套”，或“函”，即用硬纸衬里，外面裱糊蓝布或锦，把书的四边包起，用两枚骨签插紧，只空出书根和书头，讲究的连书根、书头也包起，叫做“四合盒”。有的更是把包书根、书头的两块连接处挖成云纹镶嵌，叫做“云字套”。

线装装帧是中国传统装订技术史中最先进的一种，线装书的出现，是我国古代书籍装帧技术发展的最后阶段。线装书籍便于阅读，又不易散破。线装书的加工，根据书籍的品级及保存价值，在订和装的方式方法上多种多样，是传统装订技术史上最进步的、典型的、带有民族特色的一种书籍装帧形式。现在一些历史经典或有价值的书籍如仿古铅印本和影印古书仍采用这种装帧方法。清代中叶以后，我国逐渐采用了机械化的新式印刷术，随着印刷术的变化，产生了现代图书主要装帧形式——平装和精装。

（吴淑娟　洪秋兰）

雕版印刷

雕版印刷是中国古代“四大发明”之一。它是在版料上雕刻图文径行印刷的技术。具体来说，首先是请书法很好的人把要雕刻的文字、图像写在纸上，再把该纸反贴于版上，轻轻平按，使纸上内容移到木板上，接着在版上依字样或图样进行雕刻；其次，印刷时在版面上刷上油墨，然后在版面上覆盖纸张，用干净的刷子均匀地刷过，使印版上的图文清晰地转印到纸张上。雕版印刷在中国的发展，经历了由印章、墨拓石碑到雕版，再到活字版的几个阶段。

雕版印刷的“雕版”，有时叫做“镂版”、“刻版”、“刊版”、“墨版”、“椠版”、“梓版”等，有时也称为“付椠”、“付梓”或“梓行”、“刊行”等。雕版印刷所用的雕版材料主要是选用纹理较细的木材，如枣木、梨木、梓木、黄杨木等。至于选用哪一种木材做雕版，一般是要根据印刷品的精细程度，再选用硬度不同的木材。

印版刷墨图

雕版印刷术发明的年代尚未确知，学术界一般将其开始定于7世纪间。早期印刷活动主要在民间进行，多用于印刷佛像、经咒、发愿文以及历书等。唐初，玄奘曾用回锋纸印普贤像，施给僧尼信众。1966年在韩国发现雕版《大陀罗尼经》，刻印于704~751年之间，为目前所知的最早的雕版刻本。现收藏在英国伦敦博物馆的唐咸通九年（868）的《金刚经》（全称《金刚般若波罗蜜经》），是现存最早的标有年代的雕版印刷品。此件由7张纸粘成一卷，全长488厘米，每张纸高76.3厘米，阔30.5厘米，卷首刻印佛像，下面刻有全部经文。这卷印品雕刻精美，刀法纯熟，图文浑朴凝重，印刷的墨色也浓厚匀称，清晰鲜明，刊刻技术已达到较高水平。

雕版印刷的使用到了9世纪时已相当普遍。唐五代是我国雕版印刷的兴起时期，自后唐明宗长兴三年（932）起，到后周广顺三年（953），前后22年刻印了九经、《五经文字》《九经字样》各二部，计 130 册。宋代雕版印刷更加发达，技术臻于完善，尤以浙江的杭州、福建的建阳、四川的成都刻印质量为高。宋太祖开宝四年（971）张徒信在成都雕刊全部《大藏经》，费时 22 年，计 1076 部，5048 卷，雕版达 13 万块之多，是早期印刷史上最大的一部书。元、明、清三代从事刻书的不仅有各级官府，还有书院、书坊和私人。所刻书籍，遍及经、史、子、集四部。

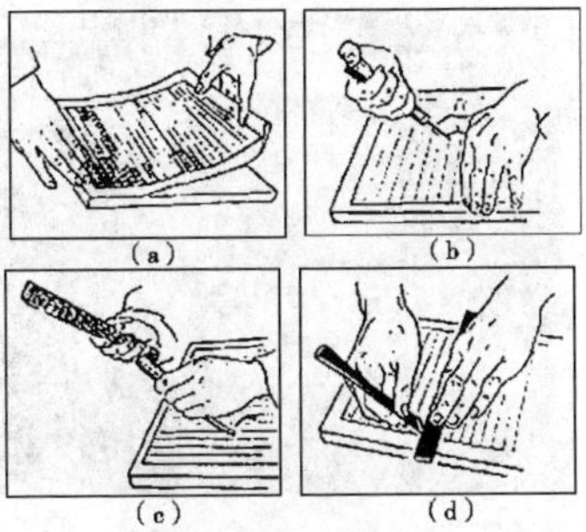

雕版制版图

（吴淑娟　洪秋兰）

活字印刷是朝鲜发明的吗

众所周知，活字印刷是我国古代的四大发明之一。由我国宋代的毕昇在雕版印刷普及的基础上发明的。但是有人却说活字印刷是朝鲜发明的，这是为什么呢?下面让我们从活字印刷的产生、传播过程来看看。据史料记载宋仁宗庆历年间，平民毕昇发明了活字印刷。在毕昇发明活字印刷术之前，只有摹印、拓印和雕版印刷，既笨重费力又耗料耗时，不仅存放不便，有错字又不易更正。毕昇发明的活字印刷方法既简单灵活，又方便轻巧。沈括在他的《梦溪笔谈》中记载了其方法。其制作程序为：先用胶泥做成一个个规格统一的单字，用火烧硬，使其成为胶泥活字，然后把它们分类放在木格里，一般常用字备用几个至几十个，以备排版之需。排版时，用一块带框的铁板作底托，上面敷一层用松脂、蜡和纸灰混合制成的药剂，然后把需要的胶泥活字一个个从备用的木格里拣出来，排进框内，排满就成为一版，再用火烤。等药剂稍熔化，用一块平板把字面压平，待药剂冷却凝固后，就成为版型。印刷时，只要在版型上刷上墨，敷上纸，加上一定压力，就行了。印完后，再用火把药剂烤化，轻轻一抖，胶泥活字便从铁板上脱落下来，下次又可再用。

历史上，中朝两国的文化交流甚为悠久。到公元前二三世纪时，两国的交往已相当密切。7 世纪时，新罗统一了朝鲜半岛，那时正值中国的唐朝。他们经常派学生到中国学习。这些学生回国时往往带走大批书籍，同时也学到不少先进的工艺技

泥活字版

术。印刷术当然也不例外。因此，毕昇的活字印刷术产生之后，首先传到了朝鲜，称为“陶活字”。据朝鲜的文献记载，“活版之法始于沈括”，也就是说朝鲜的活字印刷来自中国毕昇的发明。朝鲜半岛先后应用泥活字、木活字、铜活字、铅活字、铁活字，还有后来创制的瓢活字印书。其中最有成就的是铜活字。大量铸造金属活字，是朝鲜印刷史上最突出的成绩。它们铸字的方法，可能受中国铸铜币、铜印和制作锡活字的影响，因为朝鲜铜活字采取的是雕木字模、作细沙反模，然后浇注铜液等基本方法，与中国铜币铜印铸造法，几乎是一样的。朝鲜半岛不但很早铸铜活字，也是较早采用铅印的国家。此外，在1688年，朝鲜人还铸成铁活字，铸造铁活字在技术上是比较困难的。由此可见，中国的雕版印刷和活字印刷术传入朝鲜半岛后，朝鲜人民在学习、吸收的基础上又有所创新和发展，尤其是在金属活字的应用方面，取得了可喜的成绩。人们可以从现存最早的铜活字印本《直指》中看到朝鲜半岛于14世纪时铜活字印刷水平之一斑，为印刷术的推广应用做出了可贵的贡献。但创新、发展与发明是两回事。毕昇发明的活字印刷术，从活字制作，到拣字排版，到刷印、拆版和还字，有着一整套完整、科学的工艺方法。后来中国乃至朝鲜出现的泥、木、锡、铜、铅、铁等活字，除材质的不同外，工艺技术上与毕昇发明的活字印刷并无实质性不同。拿木活字来说，毕昇于制作泥活字之前已试用过木活字，只是因木字遇水膨胀，故改木而用泥。此后不久木活字又被采用，这有西夏文木活字印刷的佛经实物为证。西夏木活字印刷与毕昇泥活字印刷除材质之外，工艺技术上无多大区别。故“发明”一词是不宜滥用的。后来印刷术又传到日本、越南、菲律宾。15世纪，活字板传到欧洲。公元1456年，德国的戈登堡用活字印《戈登堡圣经》，这是欧洲第一部活字印刷品，比中国的活字印刷晚400年。活字印刷术经过德国而迅速传到其他的十多个国家，促使文艺复兴运动的到来。16世纪，活字印刷术传到非洲、美洲、俄国的莫斯科，19世纪传入大洋洲。从13~19世纪，毕昇发明的活字印刷术传遍

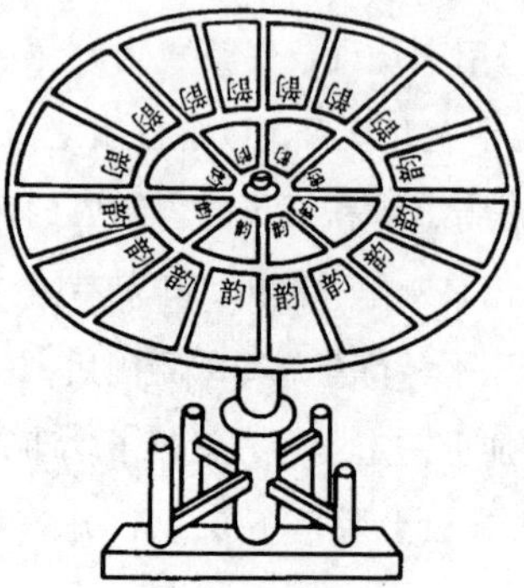

活字板韵轮图

全世界。从上述活字印刷的产生、传播过程来看，活字印刷术是中国发明的，而非朝鲜发明的。

（吴淑娟　洪秋兰）

1910 年中国第一部版权法《著作权律》

清宣统二年（1910）12 月 18 日，清政府颁布了《著作权律》，这是中国历史上的第一部版权法。这部法律虽然是封建政府制定的，但是却是以最具权威性的国际版权公约《伯尔尼公约》为蓝本，同时参照了各国的现行法律。这部版权法的制定是为了防止盗版翻印，保护作者和出版商的利益。盗版在我国出现于 19 世纪末，经过戊戌变法失败后沉寂数年。但到了 1902 年，随着中国思想界重新活跃，出版业再度繁荣，盗版问题也死灰复燃。1903 年 5 月，廉泉与著名翻译家严复分别上书，要求清政府保护作者和出版商的利益。这是中国知识分子要求版权的第一声呼吁。1904 年 4 月 6 日商部表态，同意“由本部酌定版权律”。1905 年初，商部拟出了版权法初稿，送交学务处审核。

1907 年，学务处又将版权法的修改稿移交民政部，如此数度转手，直到 1910 年才最终完成。10 月 2 日，民政部将修订完毕的版权法交给资政院议决。12 月，经过资政院议决通过、宣统皇帝批准，中国第一部版权法正式产生，定名为《著作权律》，共 5 章 55 条。分为通则、权利期限、呈报义务、权利限制和附则。主要内容有：

1. 凡称著作物而专有重制之利益者。包括他人使用其作品不得对作品加以割裂、改窜及变匿姓名或更换名目，著作权人享有出版等复制权、改编权、翻译权等。

2. 著作物有文艺、图画、贴本、照片、雕刻、模型皆是。

3. 著作权人须将著作物呈请民政部注册给照，才受法律保护。

4. 著作权归著作者终身有之，著作者身故，由其继承人继续 30 年；照片著作权，除专为著作附属者外，为专有 10 年。

5. 节录众人著作成书，供普通教科书参考之用，节录他人著作供己著作考证注释者，仿他人图画以为雕刻模型，或仿他人雕刻模型以为图画的，将不以假冒论，即不视为侵犯版权行为。

6. 凡假冒他人之著作，即侵犯版权行为，将予以法律处罚。

《著作权律》对以后北洋政府和民国政府的版权法具有重大影响。1915 年北洋政府颁布的《著作权法》，1928 年民国政府颁布的《著作权法》及其以后的几次对该法的修改，除了个别条文略有增删合并外，基本上依照了大清《著作权律》。

（吴淑娟　洪秋兰）

孔子读《易经》，韦编三绝

春秋时代的孔子，是儒家学派的创始人。他不仅是我国历史上一位重要的思想家，还是一位伟大的教育家、文献学家。他曾对古代的文化遗产进行了整理，晚年集中整理《易》、《诗》、《书》、《礼》、《乐》、《春秋》六种典籍，据《史记·滑稽列传》记载："孔子曰：六艺于治一也。《礼》以节人，《乐》以发和，《书》以道事，《诗》以达意，《易》以神化，《春秋》以义。"这些典籍是我们今天研究古代历史文化的重要文献。

据《史记·孔子世家》记载，孔子晚年喜欢研究《易经》，相传曾作《十翼》共 10 篇用以阐明《易经》义理。由于翻看《易经》的次数太多，以致把连接竹简的皮条都磨断了三次。"韦"就是熟牛皮条。古时以竹简书写，再以熟牛皮编起来称"韦编"。"三"则是虚指，谓多次。

后人以"韦编三绝"喻读书勤奋、刻苦治学。又作"韦编屡绝"、"三绝韦编"、"三编绝"、"易韦三绝"、"三绝编"等。

（吴淑娟　洪秋兰）

张之洞开的书单

张之洞（1837 ~ 1909）为清末著名教育家，字孝达，号香涛，河北南皮人，1863 年进士，任翰林院修编。1867 年任浙江乡试副考官，继而任湖北学政、四川学政，主管全省教育行政。后任翰林院司业，1880 年升翰林院侍讲学士，不久出任两广总督、湖广总督。《书目答问》是张之洞在同治十三年（1874）任四川学政时，为指引学生读书门径而编撰的，"诸生为学者来问应读何书，书以何本为善……因录此以告初学"。他认为："读书不知要领，劳而无功；知某书宜读而不得精校、精读本，事倍功半。”因此，初学的人应首先明了哪些书重要，哪些是比较好的版本。这样可得其精粹而读之，少走弯路，起事半功倍之效。《书目答问》全书共5卷，收录书籍2000余部，所收图书都经过精心选择，较注重收录清后期的学术著作和科技图书。在分类体系上独具特色，打破了经史子集的传统分法，四部之外，还有“丛书目”以及“别录目”、“国朝著述诸家姓名略总目”两种附录。即按经、史、子、集、丛五部，大类之下设小类，同类书按时代先后排列，每部书先列书名，次注著者，再注各种版本、卷数异同，并且对一些书籍加简单的按语。《书目答问》所标明的版本都是经过斟酌的，以不缺少误、习见常用的为主。书后附《别录目》和《国朝著述诸家姓名略总目》，后者将清代学者分隶于经学家、史学家等十余类中，从中可约略看出清代学者的治学专长及其所属流派。

《书目答问》初刻于光绪二年（1876），后曾多次翻刻重印，20世纪30年代范希曾作《书目答问补正》，补录图书1200种左右，其中部分为《书目答问》未收而《补正》加以补充的，部分则为《书目答问》成书后清人及近人研究和成就超过前人的；还补足或纠正了《书目答问》漏略或讹误的书名、卷数、作者姓氏、刻书年代近百处。《书目答问》1959年重印时，内容又有部分修订。

（吴淑娟　洪秋兰）

中国古代四大藏书楼

中国的藏书起源很早，大约可以上溯到周代。周朝设“史”这一官吏，专门掌管四方之志、三皇五帝之书。汉代设立国家藏书馆，其中有专门抄写书籍的人员，并定出标准本。汉朝的兰台、石室、麒麟阁都是藏书的地方。其后官私藏书籍有了更大的规模，藏书楼也越来越多。几千年来，藏书楼在保存文化遗产、开发文献、总结藏书事业等方面，发挥了积极的作用，做出了历史的贡献。现存古代四大藏书楼为天一阁、皕宋楼、嘉业堂、文渊阁。

天一阁

天一阁是明代私家藏书楼，誉为中国藏书“第一楼”，位于宁波城月湖之滨，由明嘉靖年间兵部右侍郎范钦创建，距今已有430多年的悠久历史，素负“南国书城”之盛誉，是亚洲现存历史最悠久、最古老的私人藏书楼。“天一阁”阁名取义于汉郑玄的《易经》注："天一生水，地六成之"之说，表"以水制水"之意。清康熙四年（1665），范钦的重孙范文光在天一阁前增筑假山园林，使天一阁更具江南园林特色。1982年天一阁被国务院公布为全国重点文物保护单位。

天一阁的布局，在主轴线上，前为天一池，中为天一阁，后为尊经阁和明州碑林。天一阁为木质结构的二层楼房，重檐歇山顶，前后有廊。楼上为通长的一间，以书橱间隔。楼下面阔、进深均为六间，喻"天一地六"之意。清乾隆皇帝曾命测绘天一阁书楼、书橱款式，兴建文津阁等南北七阁，以藏《四库全书》，天一阁因此闻名于世。

天一阁原有藏书7万余卷，藏书的一大特色主要为宋元以来刊本、稿本、钞本，而以明刻本为主，其中明代的地方志书、政书、诗文集等为多。后历经沧桑，藏书散失很多，至清嘉庆十三年（1808），天一阁藏书实存5.3万余卷，4094部。鸦片战争时，天一阁藏书被英国侵略者掠去《大明一统志》等数十种。咸丰年间又遭盗窃，至1940年，天一阁藏书仅存13038卷，1591部。加上清代范氏子孙添藏和范氏家著，总数不过24752卷，1854部，只及范钦当年所藏的三分之一。

新中国建立后，成立了专门管理机构，多方征集了许多原天一阁的藏书和其他重要善本图书，现天一阁藏书达30万卷，其中善本图书8万余卷。为加强对天一阁的保护，国家曾多次拨款维修。1979年建立了天一阁文物保护管理所，专门从事对天一阁藏书楼及其藏书的保护、管理和研究工作。

皕宋楼

皕宋楼是我国近代社会比较著名的藏书楼，由浙江陆心源创建。陆心源（1834～1894），字刚甫，一字潜园，号存斋，晚号潜园老人。陆心源喜好文化事业，爱购书藏书，共建藏书处三所，总藏书量达15万卷，号称当时全国四大藏书家之一。

皕宋楼藏书丰富完整，内容涵盖经、史、子、集。据《皕宋楼藏书志》著录其所藏古籍共有1111部，其中来自明清收藏家的有409部，占皕宋楼藏书的三分之一，其余未著录藏书来源者占多数。皕宋楼藏书为天一阁的两倍，其中宋、元刻本多达600条种。这些书分藏三个地方：一是皕宋楼，专藏宋元刊本、名人手钞手校秘本。所藏之书最引人注目的是近两百部的宋版书，所以取名"皕宋楼"，"皕"即两百的意思。一是守先阁，藏普通刻本，对外开放藏书。一是十万卷楼，藏明清秘本，名人手校、手钞本、稿本。陆心源本人其著作宏富，体裁多样，遍及目录、版本、校雠、题跋、方志等文，论其藏书与著作成就，是晚清藏书家中最出色的。

但后因其长子陆树藩经商失败，导致藏书全部外卖日本，至今藏于日本东京静嘉堂文库。

嘉业堂藏书楼

嘉业堂藏书楼是我国近代规模最大、藏书最丰富的私家藏书楼，位于南浔镇南西街万古桥西，与江南名园小莲庄毗邻。嘉业堂藏书楼因末代皇帝溥仪题赠“钦若嘉业”九龙金匾和赏赐“抗心希古”匾额而得名。建于1920～1924年，由号称“江浙巨富”的刘承干创建。刘承干（1882～1963），字贞一，号翰怡，南浔人，清光绪三十一年（1905）秀才，候补内务府卿御。

嘉业堂藏书楼是一座砖木结构、中西合璧的两层楼房，平面呈口字形，之间正方形天井，占地约二亩。楼上楼下，共有52间。藏书楼的整体，伴有中国经典的楼台亭阁轩，典型又精致的江南园林风格，藏书楼四面环水，以一衣带水替代围墙，使书楼建筑、花园景观与四周村野风光浑然一体。藏书布局合理，各具特点，既有利保管，也便于阅览。

嘉业藏书楼藏书有两大特点：一是不专重于宋元刊本，更着眼于明清两代；二是广收地方志1200多种，33380卷，其中可称“海内秘藏”的珍本，就有62种。全盛时期，藏有古籍57万余卷，18万余册。藏书中约有宋、元刊本150多种，明刊本200种，清刊本5000种，钞校本2000种，其他精本1000多种；此外，还有碑帖数千种。藏书楼现藏书以宋刊《史记》、《汉书》、《后汉书》和《三国志》四部史书最为珍贵、号称镇库之宝。还有眉山刊本《宋书》残帙，近人张元济印《百衲本二十四史》，曾采用补缺。至于宋开庆年间的110卷本《鹤山先生大全集》、宋淳熙戊戌本《窦氏联珠集》也是世上仅有的海内孤本、珍本。尤以收藏地方志最多最全面而著称于世。

1981年4月，嘉业堂藏书楼被列为浙江省重点文物保护单位。2001年7月16日，藏书楼被列入我国第五批全国重点文物保护单位。

文渊阁

文渊阁位于故宫东华门内文华殿后，原明代圣济殿旧址。清乾隆三十九年至四十一年（1774～1776）建成，是皇家收藏《四库全书》的图书馆。为藏巨典《四库全书》，清朝共建有七座楼阁储存，以文渊阁最为壮观，位列七阁之首。阁为三层楼房，依浙江宁波天一阁规制，外观若二重，阁前有池，引御河水，楼外有直房，阁内上下全部存放书籍，全阁有103架，共6144函，36275册。文渊阁设文渊阁领阁事总管全阁事务，又设文渊阁直阁事，具体负责阁内图书管理事务。文渊阁的《四库全书》于1948年年底被国民党政府运往台湾，现藏在台北“故宫博物院”。另外，故宫文渊阁还存放过康熙时编纂的《古今图书集成》和大量的古代文化典籍，至今仍有重要的使用价值。

（吴淑娟　洪秋兰）

商务印书馆

1897年，商务印书馆成立于上海，由夏瑞芳、鲍咸恩、鲍咸昌、高凤池等创办。初为合伙经营的小型印刷工场，1901年改为股份有限公司，资本增至5万元。后张元济入股，并主持编译工作，商务印书馆开始走向现代出版道路。1903年，建立印刷所、编译所和发行所，改为中日合办，资本各10万元，引进日本先进印刷技术。翌年编印《最新国文教科书》，数月间风行全国。此后，陆续编印修身、算术、史地、英语等教科书，兴办师范讲习班、附属小学、养正幼稚园及函授学院。1907年，在上海闸北宝山路建成印刷总厂和编译所新址。1909年，将编译所收藏古籍善本和参考书籍的图书馆定名为涵芬楼，后改名为东方图书馆，对外开放。1914年年初，清退日股，资本增至145万元，职工达750人，成为国内最大的集编辑、印刷、发行为一体的出版企业。1932年“一二八”淞沪抗战中，商务印书馆的总务处、编译所、印刷总厂和东方图书馆等被日军焚毁。随后，企业得到部分恢复。抗日战争前夕，在长沙建设印刷厂，往香港和西南地区疏散存书和机器。抗战爆发后，总管理处迁到长沙，后移至重庆，抗战胜利后迁回上海。目前，我国香港特别行政区和台湾地区、新加坡、吉隆坡都设有商务印书馆。

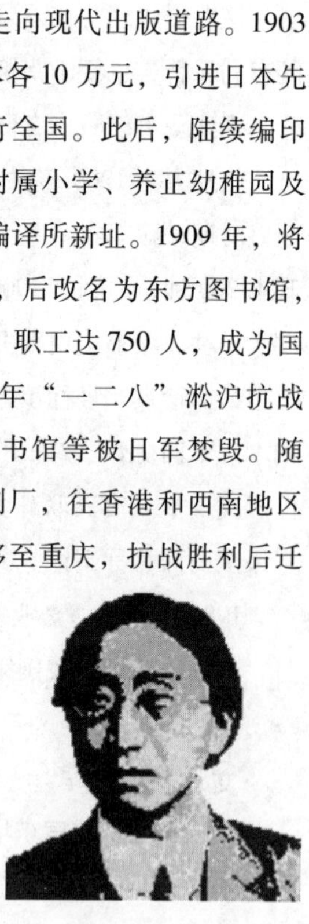
张元济像

在新中国成立前的50多年间，商务印书馆除了以编印新式中小学教科书为主要业务外，还出版各种中外文工具书、刊物和学术著作，陆续出版了《辞源》、《中国古今地名大辞典》、《中国人名大辞典》、《中国医学大辞典》等大型工具书，《东方杂志》、《小说月报》等重要刊物，整理影印了《四部丛刊》、《丛书集成初编》、《续古逸丛书》、《百衲本二十四史》等大型古籍，还出版了严复、林纾等人翻译的著名外国小说和学术著作。1954 年迁北京，之后商务印书馆不断地推陈出新。1978 年以来，商务印书馆出版了一批公认的文化学术精品。如《汉译世界学术名著丛书》、《世界名人传记丛书》、《外国历史小丛书》、《中国自然地理知识丛书》等。又修订出版了《辞源》、《现代汉语词典》、《新华字典》和《英华大词典》，确立了商务印书馆在出版语文工具书方面的权威地位。《塞尔维亚克罗地亚语汉语词典》、《波斯语汉语词典》等数十种非通用语辞书的出版则填补了出版行业的空白。《英语世界》出版后广受英语学习者的欢迎，两次荣获全国百种重点期刊奖。100 多年来，商务印书馆出书 3 万余种。目前，以翻译介绍外国哲学、社会科学的学术著作和编纂出版语文工具书为主要任务，兼及研究著作、教材、普及读物等。

商务印书馆还与英、美、日等国的著名出版机构开展合作，《牛津高阶英汉双解词典》、《蓝登书屋韦氏大学英汉词典》是合作的成功范例。1993 年，北京商务印书馆和中国香港、台湾地区、新加坡、马来西亚的商务印书馆组建了中国唯一的合资出版机构——商务印书馆国际有限公司。

近年来，商务印书馆积极拓展出书范围，成立了著作室，注重国内图书经典及原创性图书的出版，先后出版了《商务印书馆文库》、《国学基本经典丛书》和其他国内中青年学者的研究著作。辞书出版不断推陈出新，近年来先后出版了《新时代汉英大词典》、《应用汉语词典》、《古今汉语词典》等。商务印书馆还积极探索一条符合社会主义市场经济的、按现代企业制度运作的大型出版企业的道路。商务印书馆网站现已开通，发行部门也实现了自动化管理，还成立了商务印书馆图文制作中心。1999 年，商务印书馆成立了《今日东方》杂志社。1998 年底，商务印书馆荣获国际权威评估组织联合商务通信集团颁发的白金星质量奖，成为国内出版行业获此殊荣的第一家。

（吴淑娟　洪秋兰）

什么是“十通”

所谓“十通”是指十部汇考历代典章制度的通史体政书。“三通典”、“三通志”、“四文献通考”合称为“十通”。即《通典》、《续通典》、《清朝通典》、《通志》、《续通志》、《清朝通志》、《文献通考》、《续文献通考》、《清朝文献通考》、《清朝续文献通考》。具体情况如下：

《通典》、《通志》、《通考》这三通都是开创之作，是中国古代的史学名著。《通典》为杜佑撰，全书共200卷，所收资料，起于上古止于唐天宝之末；《续通典》150卷，清乾隆年间官修，记述时间自唐肃宗至明季；《清朝通典》100卷，清乾隆年间官修，记述时间自清初至乾隆年间。《通典》及其后续之作内容均分为食货、选举、职官、礼、乐、兵刑、州郡、边防等八门。

《通志》为郑樵所撰，200卷，全书内容分为“本纪”、“世家”、“年谱”、“列传”及“二十略”。“二十略”部分记述起自上古，止于唐代。其他部分的记述时间自三皇而至隋。《通志》是一部综合历代史料而成的通史。《续通志》200卷，清乾隆年间官修，所记《二十略》自五代至明季，纪传部分自唐初到元末。《清朝通志》126卷，记述时间自清初至乾隆。

《文献通考》384卷，马端临撰，以二十四考记述上古至宋宁宗的典制，是政书中的巨著。《续文献通考》250卷，清乾隆年间官修，记述时间自宋宁宗至明庄烈帝。《清朝文献通考》300卷，清乾隆年间官修，记述时间自清初至乾隆年间。《清朝续文献通考》400卷，为刘锦藻所撰，记述时间自清初至乾隆五十一年(1786)，所记内容在食货、选举、职官、礼、乐、兵刑、州郡、边防之外新增外交、邮传、实业、宪政四考等。

要查检“十通”的内容，可以按类查找资料，但由于卷帙浩繁，可结合使用《十通索引》。该索引分为“篇目主题索引”和“分类索引”两部分，“篇目主题索引”将十部政书中的所有篇目和这些篇目内涉及的名物制度、篇章节目作为条目。凡是能够独立成为一个名词的，都列为一个条目，按条目首字的四角号码编排，注明有关资料的出处。这些条目，实际上是“十通”的篇目主题词。例如，查考“古代谥法”制度方面的史料，可以用“谥法”为主题词。“十通”合订本是以“三通典”、“三通志”、“四通考”分别连续编码的，索引标注的页码须查对卷首所附“十通一览表”。“分类索引”又分为三编：(1) 通典部；(2) 通志部；(3) 通考部。每编分门别类地将原书中的简单目录化为详细目录，按原书门类篇目，将书中摘出的名物、条目分别排列，注明各条目所包括的朝代以及页数起讫等。实际上是将比较简单的门类进一步细分，使之更加具体。通过“分类目录”，我们可以全面了解“十通”的每一门类的详细子目。

“十通”目前通行的版本有1935～1937年，上海商务印书馆出版的《万有文库》二集“十通”合刊本。20 世纪 80 年代，浙江古籍出版社又影印出版。

（吴淑娟　洪秋兰）

我国古代公文的种类

上古公文

上古文书按其载体可分为结绳公文、陶片公文、甲骨公文、金文公文、石刻公文、简策公文、缣帛公文等 9 大类。

结绳公文：在文字出现以前，人们以结绳的办法记事。《周易·系辞下》记载：“上古结绳而治。”郑玄在《周易》注中说：“结绳为约，事大大结其绳，事小小结其绳。”直到近代一些经济落后的民族中，仍用结绳记事。

陶片公文：以陶片为载体的公文，产生于远古时代，大约在公元前 2300 年。人们把事情记录在陶片上，如当时龙山文化陶文。

甲骨公文：又称“殷墟书契”，“甲骨卜辞”。甲骨文书发现于河南安阳小屯村。殷商时期刻在龟甲兽骨上的公文，也是我国较古老的公务文书。它是商王室活动的记录。从出土的甲骨公文看，绝大部分是殷王室的公务文书。一篇完整的甲骨文主要内容有：（1）叙辞，也称“前辞”，记载占卜日期及卜官的名字；（2）命辞，记载问卜求告的事情；（3）占辞，记载裂纹显现的征兆；（4）验辞，记载日后应验的情况。

金文公文：殷周时代刻铸在铜器上的记载当时社会历史事实的铭文。内容大致有：（1）青铜器所有者姓名；（2）青铜器铸造的时间原因；（3）奴隶主贵族认为需要长期保存的文件。铭文的内容有册命、赏赐、志功、征伐、契约、诉讼等。

石刻公文：刻在石头表面的重要公文和关于重大事件、重要人物活动的记载。秦代曾盛行刻石记功。以河南安阳出土的商代石簋断耳上十二字为最早，其次要算战国时期秦国《石鼓文》，据鉴定为秦襄公八年（前 770）所做。

简策公文：殷商至汉写在竹简、木牍上的公文、私契等。晋人杜预的《春秋三传序》上说：“大事书于策，小事简牍而已。”《仪礼·聘礼》上说：“百名以上书于策，不及百名书于方。”所以说百字以上的长文件就用简策，百字以下的短文件写在板牍上。

缣帛文书：缣帛是一种丝织品，卷起来的公文叫做卷。始于春秋，到两汉时期出现了大量使用缣帛作载体的公文。如西北敦煌居延发现的20余通帛书就是例证。缣帛可以卷成一束，从此产生了卷式公文。

皇帝颁发的公文名称

春秋战国以前君王颁发的公文有训、诰、命、令、玺书。“训”指国君教导臣下的文辞，始见于《尚书·盘庚》：“予告汝训汝。”“诰”指教告众民，昭告诸侯，禁戒、受命之辞。如《尚书》有《汤诰》、《大诰》、《酒诰》。“命”指命官之辞，大曰命，小曰令。王言同称命，有的用以命官，如《尚书》中的《说命》；有的用以封爵，如《尚书》中的《微子之命》、《蔡仲之命》；有的用以饬职，如《尚书·毕命》；有的用以赏赐，如《尚书·文侯之命》。“令”小于“命”，始见于《尚书·冏命》：“发号施令”。上古只有帝王对臣下的言词称为令，秦代以后王太子诸侯王对下属也称为令。“玺书”是帝王诏敕的别名。古代长途递送的文书易于破损，所以书于竹简木牍，两片合一，缚以绳，在绳结上用泥封固，钤以玺，所以称为玺书。据《史记·秦始皇本纪》中记载，秦始皇在弥留之际“乃为玺书赐公子扶苏”。吴讷《文章辨体序说》中说，汉初有三玺，天子用玉玺以封，故曰玺书。后世即以为诏书之别名。唐时还间或有玺书的名称，五代以后绝不复见。

秦代皇帝颁发的公文有制、诏。制：古代王言为命，秦始皇改命为制。诏：昭、告的意思。秦始皇将古代的令改为诏，凡不属于“制度之命”的，都以诏下达，为人主专用的文书。大凡新君即位，都诏告四方，称为即位诏，皇帝去世有遗诏。

汉代皇帝颁发的公文有策书、敕。策书是汉朝命令中的一种。《汉书》载“汉初帝命有四，首曰策书”。注为：“策者，偏简也……以命诸侯王公；右三公以罪免，亦赐策。”它的意思是由君主自上而下颁布教令，以驱策臣下，当时只用木简写，所以称为策，又与册通。敕含有饬、戒的意思，使臣下自觉警饬，在政事上不敢怠惰。顾炎武《金石文字记》：“敕者，自上命下之辞。”汉朝新太守上任，皇帝都敕书或相戒约，也用于谕诰外藩及京外官员。

魏晋有赦文。赦，释为舍。史书上经常提到赦书的话，但流传下来的赦文最古的只有魏文帝《赦辽东吏民文》。凡赦大都由于其情节可怜悯，或者事实可疑，或者因为合于所谓三赦三宥八议之列，所以赦免。后世有大赦之法，为文昭告四方，赦文的体制就产生了。也有人称之为“德音”。但唐代戒励风俗的帝王诏书也称为德音，所以德音与赦文实为两回事。

唐宋以后凡有赦免，都要行文。

隋唐有敕书。按唐制，皇帝行文臣僚，凡慰谕公卿、诫约朝臣的都称敕书。

宋代有敕榜，是宋代君主诏令的又一体。用于戒饬、勉励百官，晓谕军民。

清代规定的诏令文书文种名称有谕、诏、诰、敕。谕是告之使晓谕，最早见于《左传》。按清制，皇帝特降的命令为谕，由于臣下奏请而批复的文书称为旨。诏、诰、敕与前同。

官员上书的名称

中国古代官员上书的名称多种多样，主要有奏疏、章、表、状、笺、谏书、上书、封事、折等。

“奏疏”是秦汉时臣僚给皇帝上书用的文种，称为奏疏，此后各代沿用，略有更改。明代用奏本和题本，题本用于公事，用印；奏本用于私事，不用印。清代沿袭明制，并新增奏折。奏疏又称奏议、奏书、奏对、奏启、奏状、奏札、奏策、上书、奏章等。明徐师曾《文体明辨》说：“奏疏者，群臣论谏之总名也。奏御之文，其名不一，故以奏疏括之也。七国以前，皆称上书。秦初，改书曰奏。至于疏、对、启、状、札五者，又皆以‘奏’字冠之，以别于臣下私相对答往来之称。”

“章”是用于谢恩的文书。到东汉时，间或用于论事进谏或庆贺。魏晋至隋唐一直沿用，到唐代以后才废除。

“表”与“章”性质相同，始于汉代，用于陈情。东汉以后，用于论谏、劝请、陈乞、待罪、进献、推荐、庆贺、慰安、辞（官）解（官）、陈谢（谢官、谢赐）、讼理、弹劾等事由，唐宋至清代，只用于陈谢、庆贺、进献。

“状”是陈述的意思，分条列举事实上言于皇帝，又称奏状。始创于汉代，一直沿用到宋代。唐代近臣上书言事用表，有时也用状。宋代用奏状。

“笺”，也作笺、笺表。东汉时，上书皇后、太子、诸王多用笺记。又称奏笺，用于郡将（如黄香奏笺于江夏）。魏晋以后只称笺，偶尔也有以上行下用笺的。明清两朝，只用于上书庆贺皇后、太子。

“谏书”是臣下向天子进谏的奏章。《汉书·王式传》有：“臣以三百五篇谏，是以亡谏书。”唐岑参《佐郡思旧游》诗有：“史笔众推直，谏书人莫窥。”

“上书”也称做“上言”、“上疏”、“上奏”、“奏书”。梁任昉《文章缘起》：

“上书，秦丞相李斯《上始皇书》。”汉代以后，渐不多见。

“封事”是汉代奏陈秘密事项，防止泄露，用黑色口袋，贴上双重封条呈进，称为封事。刘勰《文心雕龙·奏启》：“自汉置八仪，密奏阴阳，皂囊封板，故曰封事。晁错受书，还上便宜，后代便宜，多附封事，慎机密也。”唐代仍用于秘密的进谏，元明以后比较少见。

“折”是明清两代的上行公文。清吴曾祺《文体刍言》：“折，叠也。书所言于纸而叠之，取其便于上进也，故谓之折。”明清以后，才开始有折。上书皇帝的称奏折，上书上司的称手折。

在公文中有一些流传后世的名篇，如贾谊的《陈政事疏》、《论积贮疏》，晁错的《论贵粟疏》，司马相如的《上书谏猎》等；唐宋时代魏徵的《谏太宗十思疏》、《十渐不克终疏》，陆贽的《奉天请罢琼林大盈二库状》、《论两税之弊须有厘革》，范仲淹的《答手诏条陈十事》等，都是脍炙人口的佳作。

衙门之间来往公文

衙门之间来往公文是历代封建官府之间往来行文使用文书的统称，也有人只把这类文书称为公文，古人通称之为文移、文牒、文案、公牍。如移书，春秋时的官吏通书函往来，称为遗书，又称为贻书，后转作移书，魏晋以后称为移，唐用于诸司自相质问，名称不一，故总名“公移”以概括。清朝用于武营往来和州县相交涉公事。

封建社会形成的文种名称，有着明显的等级制度的特色，大体能表明文件责任者的身份、地位和行文目的、要求等。按不同的行文对象，可分为上行文、下行文、平行文三种。上行文用于对上级官员行文，有状、申、呈、详、验、禀等文种；下行文是用于对下级官员行文，有檄、符、帖、札、牌等文种；平行文是用于级别相当的官员之间的行文，有移、关、刺、咨、照会等。另有牒，主要用于不相统属的官府之间不论上下行的行文。

（吴淑娟　洪秋兰）

中国古代有无博物馆

中国古代没有博物馆，也没有博物馆这一概念。但我国却有着保存和保护文化遗物的悠久历史。从商代起，王室官府和贵族就已重视文物的收集和保存。商王室已有用于占卜的甲骨收藏，周王室则“多名器重宝”，设有专门收藏机构“守藏室”，并有“簿录”登记，并有专职官员藏室史负责管理。宗庙、府库也收藏文物宝器。汉代建立了“天禄”、“石渠”、“兰台”，这是皇家的三大图书文物馆。隋代聚集了魏晋以来的许多书法、古迹和名画，在东都洛阳观文殿后面修建二台；东为妙楷台，藏古迹；西为宝迹台，藏古画。历代王朝也很重视人物画像和历史绘画的保藏。汉宣帝建有麒麟阁、汉明帝建有云台、唐太宗建有凌烟阁，用来悬挂著名功臣的肖像。宋代也崇尚古物收藏，宋徽宗收藏的古器物达到6000多件，分别收藏在崇政殿、宣和殿。以后又建保和殿、稽古阁、博古阁、尚古阁，专门储藏古玉、印玺、各种鼎彝礼器、法书和图画。这时也出现了以官僚、士大夫为主的私人文物收藏。欧阳修、赵明诚等都是名重一时的收藏家。欧阳修收藏历代石刻拓本；李公麟收藏古代铜器，并对夏商以来的钟鼎尊彝，进行研究，考定世次，辨别款识。赵名诚和李清照共同致力于金石书画的搜集和研究。金、元、明时期，文物的收藏和研究的水平不及宋代。金章宗好藏古物，他收藏的字画都有“明昌御府中秘之珍”的印章。元代朱德润所著《古玉图》是著名作品。收藏者中，元代大长公主收藏颇丰，其中不少是宋朝内府珍物。明代的宣宗、神宗也都重视文物收藏，而私人收藏以严嵩、严世蕃父子为最著。项元汴精于鉴赏，有天籁阁，收藏法书、名画、金石、瓷器，其储藏之丰在私人收藏家中冠绝古今。清代更加注重文物收藏和研究。清高宗搜求历代珍品，包括各种古代铜器、卷轴书画、宝石玉器、拓本，不胜枚举，分藏于建福宫、乾清宫、养心殿、重华宫、宁寿宫、御书房以及圆明园、奉天行宫、热河行宫。清代不仅皇室收藏兴盛，民间收藏也很兴盛。出现了一大批卓有成就的文物收藏家、研究者和一大批学术价值很高的文物著述。如阮元、孙星衍、钱大昕、武亿、杨守敬等。从秦代直到清代，各朝宫室收藏的文物数量大、精品多，而且受到封建法律的保护，擅入皇家收藏文物的宫室、宗庙、园陵及武库者要受到严厉惩处。

历代文物的收藏和保护为我国博物馆的产生和发展奠定了物质基础。但是历代收藏专重文物，对于自然科学物品重视不够；并且文物长期以来仅为封建统治阶级专有，其储藏结构始终处于封闭的内向环境之中，不向社会开放，阻碍了公共博物馆的产生。

（吴淑娟　洪秋兰）

《康熙字典》

《康熙字典》是由清王朝召集张玉书、陈廷敬等众多学者集体编纂，依据明代梅膺祚《字汇》和张自烈《正字通》两书加以增订，成书于康熙四十九年(1710)。它是《说文》系字书的集大成之作。该书分12集，用子丑寅卯等12地支标名，每一集又分上、中、下三卷。收字以“不悖古法，亦复便于楷书”为原则，共收47035个字，按214个部首的顺序排列。正文之外，还有集中收录冷僻字的“补遗”和“备考”两卷。各字的注释罗列《唐韵》、《广韵》、《集韵》、《韵会》、《正韵》等诸多韵书的反切，并对同音切语加以归并，附以直音。释义则先注本音本义，后注异音异义，引申、通假。各义项的书证或依时代先后排序，或由经、史而诸子百家。注末还时有考辨，收有音无义或音义全无之字。字之古体列于字头之下，重文、别体、俗书、讹字等列于注后。《康熙字典》吸收了历代字书编纂的有益经验，又集中了传统字书编纂中规模最大的30人编写队伍，加上是御敕纂修，问世后影响巨大。其文字音义书证广为引用，其体例成为以后字典的蓝本。清代小学大家王引之曾赞其“体例精密，考证赅洽，诚字学之渊薮，艺苑之津梁也。其引据诸书，搜罗繁富，自经史诸子以及历代诗人、文士之所述，莫不旁搜博证，各有依据”（《康熙字典考证·奏》）。《四库全书总目》也称其“去取得中，权衡尽善”；“六书之渊海，七音之准绳”。《康熙字典》也有不少疏误，如书名、篇名之误，引文之误，引书错乱，删节失当，断句有误及字形讹错等。现代出版的《康熙字典》均附有王引之的《康熙字典考证》。在其中王引之指出原书在引用书证方面的错误2580多处。尽管如此，《康熙字典》仍代表了《说文》系字书的最高水平。现代版《康熙字典》将旧版《康熙字典》最难查的补遗和备考依现代文字规范并入正篇，极易查找。编者又补入大量今人常用的规范字，以便现代人使用方便，打破了仅供专家使用的局限。旧版《康熙字典》字头为切音读法，现代人早已不用或不会用了。现代版的《康熙字典》采用了现代人通用的汉语拼音注音，使读者准确无误地读准字音。

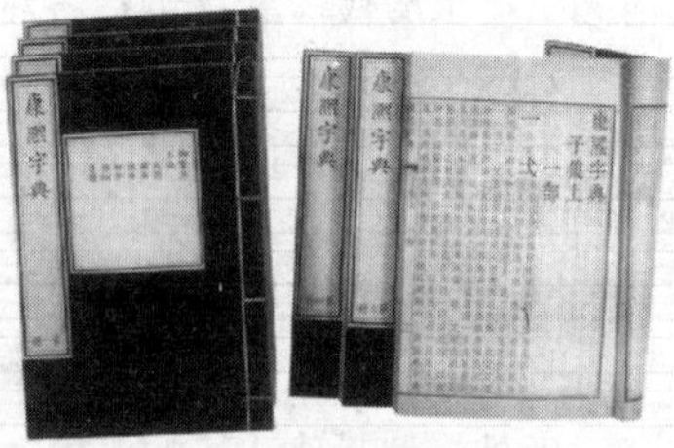

《康熙字典》书影

（吴淑娟　洪秋兰）

古代图书版本常识

钞本

钞本也称“写本”，凡是手写的都称钞本。一般唐以前称“写本”，唐以后称“钞本”。清乾隆以前的称旧钞本，清末民初称近钞本，民国以后的称新钞本。由于宋以后雕版盛行，现今流传下来的宋元钞本很少，但明代钞本还较多，清钞本更多。现存最早的钞本书是西晋元康六年（296 年）写的佛经残卷，因为当时尚无印刷术。

钞本有优劣之分，取决于所抄底本与抄者。其中抄写精美、字体工整的称为精钞本。钞本价值比较高，因为一是钞本一般比较完整；二是钞本常源出古本，错误较少；三是有些未刊刻仅存钞本的，或是原刊已佚，或是可补他本之不足的钞本，钞本价值就很高；四是钞本有的出于名人之手，书法等价值较高，如手写本中往往有特别罕传的书籍，尤其是著名藏书家等的钞本，一般用自家专门钞书格纸，版心或栏外印有堂号，书中常常有校，有钞书题记，钤有印记，这种所谓名家钞本大都属于稀见之物。因此，钞本图书一直为研究工作者所重视。

对钞本的鉴定，可遵循以下几个原则：了解并分清各个时代的书法和风气；了解并分清各个时代的纸墨和质量；熟悉各个时期的藏书名家、学者及其室名、别号和图书印章以及手迹字体。如从纸格的颜色看，人们往往称红格钞本、蓝格钞本、黑格钞本，或称朱丝栏、乌丝栏，大体上，明人多蓝格，清人多红格、黑格。

影钞本

明清时期，藏书家为保存稀见宋元版书原稿，雇请抄手，用优良纸墨，照原样影摹下来，版式、字体往往与原本相差无几，这样的写本被称做影写本，又叫做影钞本。主要有影宋钞本和影元钞本两种。《天禄琳琅书目》卷四《周易辑闻》：“明之琴川毛晋，藏书富有，所贮宋本最多。其有世所罕见而藏诸他氏不能购者，则选善手以佳纸墨影钞之，与刊本无异，名曰影宋钞。于是一时好事家皆争仿效，以资鉴赏，而宋椠之无存者，赖以传之不朽。”影宋钞本创自明末汲古阁主人毛晋，抄摹非常精工，后人称之为“毛抄”。清代藏书家也往往有借宋元刻影抄的。一些宋元原刻亡失已久，借自影元钞本，可以看到原刻面目，所以收藏者对之颇重视，其价值仅次于旧刻本。

刻本

原名“椠本”，又名“刊本”，是雕版印成的书本。中国雕版印刷术发明很早，在唐后期时已逐渐发展有雕版印刷本，分书商、私人和官府刻书，至宋代达到繁荣。刻本书的出现当推五代冯道刊刻“九经”为始。刻本在发展过程中，产生了各种不同的形式。

以时代区分：有宋、金、元、明、清刻本；

以刻书者区分：有官刻、私刻、坊刻本；

以刻版形式区分：有大字、小字、影刻、巾箱等；

以地域区分：有浙江、江苏、福建、江西、四川、安徽、山西、湖北等各地刻本；

以印色区分：有朱印本、蓝印本、朱墨或几色套印本等；

以版式区分：有9行本、10行18字本、白口本、墨口本、两节本等；

以纸张区分：有麻纸本、罗纹纸本、皮纸本、薄棉纸本、竹纸本、开化纸本、宣纸本、毛边纸本等；

以刻印先后区分：有原刻本、翻刻本、重刻本、仿刻本、初印本、后印本等；

以内容及价值区分：有通行本、足本、残本、增订本、删节本、繁本、简本、孤本、善本等。

从宋代至清代，刻本书一直是历代刊刻书籍的主要形式。清末现代印刷技术传入我国后，雕版印书即趋衰落，但刻本图书的流通，对传播和保存祖国文化发挥了很大的作用。

活字本

用胶泥、木、铜、铁、铅、锡、磁等制成方块单字，然后排版印刷的图书，称为活字本。据沈括《梦溪笔谈》记载，北宋中期，毕昇首先发明了泥活字，此后陆续出现多种材质的活字本古籍。元代首先用木活字印出《大德旌德县志》（已佚）；元代王祯又用木活字排印了《农书》，但均未见存本。现存最早的活字本是1972年发现的西夏文木活字排印本《大方广佛华严经》。明清时期活字本较多，明弘治五年（1492）华燧以铜活字排印了《锦绣万花谷》，弘治八年（1495）又排印了《容斋随笔》和《古今合璧事类备要》等书。清代又出现了磁活字版的《周易说略》，咸丰七年（1857）上海出现最早的铅活字本《六合丛谈》，开近现代铅字印刷之先河。清雍正年间，内府以铜活字排印了1万卷《古今图书集成》，乾隆间又以枣木活字排印了《武英殿聚珍版丛书》。此外，流传到我国的还有朝鲜活字本。

活字本在古籍中所占份额极小，据资料记载，流传至今的古籍总共有数万种，但其中有书目可稽考的活字本仅220种，明以前的活字本基本无实物存世。目前藏家所追逐的基本围绕着清武英殿木活字“聚珍版”和清铜活字版《古今图书集成》。武英殿“聚珍版”1773年起印刷，共用木活字25万多个，先后印了134种图书；《古今图书集成》共有1万卷，但只印了64套，这批铜活字就被销毁，用去铸了铜钱。因此，存世之书愈显珍贵。

百衲本

用各种不同版本的残卷零页配合或汇印而成一部完整的书本。“衲”本指经过多次补缀的僧衣，“百衲”形容补缀之多。百衲本书始出于清初的宋荦，他用两种宋本，三种元本，配置成一部《史记》80卷，称为百衲本《史记》。傅增湘用几种宋本拼配了一部《资治通鉴》，称为百衲本《资治通鉴》。近代还有商务印书馆于1930～1937年影印的《百衲本二十四史》，其选用当时最古的善本影印，最为著名。如《史记》用宋庆元黄善夫家塾本，《晋书》以几种宋刻本配齐，《汉书》用宋景祐刻本，南北朝七史均用宋眉山七史本，《隋书》和《南史》、《北史》用元大德刻本，《旧唐书》用宋绍兴刻本，《新唐书》用宋嘉祐刻本，《旧五代史》世无传本，用清人自《永乐大典》中辑出的本子，《新五代史》用宋庆元刻本，宋、辽、金三史均用元至正刻本，系初刻本，《元史》用明洪武刻本，《明史》用清乾隆武英殿原刻本。

百衲本的显著特点是，全书版刻风格尤其是版式和字体多有差异。

校本

根据不同本子和有关资料核对过的书本。取某书之一本子作底本，搜罗一种或几种不同本子及有关资料相核对，发现其讹误衍脱，即在底本上加以批注。如只传抄他人所校，则称为“过录校本”。研究版本除了鉴定其文物价值外，目的还在于辨别、获得善本。书籍传世或抄或刻总会有讹，如经校雠（校对）尤其经名家校雠，当然更具有文物价值与使用价值。传世宋元校本极少，明人校本不多，而多批点本。清人重考证，因此多校本。校勘名家有顾炎武、惠栋、钱大昕、戴震、黄丕烈、纪昀、段玉裁、王念孙、王引之、郝懿行、桂馥、王筠、阮元等，不胜枚举。鉴别名家手校本，首先得看笔记，继而是印记、纸张与其他因素。清代著名的校本，有何焯七校《五臣注文选》及宋本《文心雕龙》，惠栋校《淮南子》，钱大昕校《安南志略》，吴骞七校《笠泽丛书》。此外如黄丕烈、孙星衍等的手校本，也为艺林之宝。

善本

凡具有文献价值或文物价值的古籍，包括手稿、旧拓碑帖等，均称为“善本”。清代张之洞曾提出善本的标准为：“善本非纸白版新之谓，谓其为前辈通人用古刻数本，精校细勘付刊，不讹不缺之本也……善本之义有三：一足本（无缺卷，未删削），二精本（精校精注），三旧本（旧刻，旧抄）。”（《𬨎轩语》）如宋、元、明时所刊刻、抄写的书籍。而在20世纪80年代初，有关部门在整理《中国古籍善本书目》时，就听取了许多专家的意见，将善本书的标准定为“三性九条”。

所谓“三性”：一是因其书年代久远而具有的“历史文物性”；二是因其书内容有重要参考价值而具有的“学术资料性”；三是因其书雕版印制考究、插图等精美而具有的“艺术代表性”。善本范围可分为刊本、钞本、印本三种，但也包括清代早期精写刻本，传世稀世本，名人、学者的题跋、批注本等。以此“三性”为原则，延伸出下列具体可操作的“九条”：

第一，元代或元代以前刻印或抄写的书籍；

第二，明代刻印或抄写的书籍（版本模糊、流传较多的除外）；

第三，清代乾隆及乾隆以前流传较少的刻本、钞本；

第四，太平天国及历代农民革命政权所刻印的书籍；

第五，辛亥革命前在学术研究上有独到见解或有学派特点或集众说较有系统的稿本，以及流传很少的刻本、钞本；

第六，辛亥革命前反映某一时期、某一领域或某一事件资料方面的稿本及较少见的刻本、钞本；

第七，辛亥革命前有名人、学者批校、题跋或抄录前人批校而有参考价值的刻本、钞本；

第八，在印刷上能反映我国印刷技术发展、代表一定时期印刷水平的各种活字本、套印本，或有较精版画的刻本；

第九，明代印谱、清代集古印谱、名家篆刻的钤印本，有特色或有亲笔题记的。

凡是符合上述九条细则之一的就可称为善本书。

孤本

独一无二的罕见本称为“孤本”，未刻印的手稿或碑帖的旧拓本，世上仅存一本的，也称做“孤本”。

珍本

流行较少但文物价值较高的古籍刻本称做“珍本”。通常只侧重于珍本的文物价值。

残本

卷帙有佚、文字不全的古书称做“残本”。如一部书缺整卷、整册的，就可称做“残书”或“残本”，如果仅是缺书末若干页的，称做“不到尾”。

伪本

旧时一些书商为谋利而假造的善本书，大致可分为以下几种情况：删去原书牌记和序跋等，并加以挖改描补的；冒充古本、珍本的；将一卷分为多卷，以残充全的；加盖伪章，冒充名家收藏或校勘的等。

宋本

宋本即宋代刻印的书。宋代雕版印刷大盛，杭州、建阳、眉山等几个经济发达的城市都成了刻书中心，并呈现官、私、坊刻并举的局面。因年代较远但刻印精良，为藏书家所珍重。有建本、浙本、蜀本之分。政府各部门所刻书为官刻本，依其官署名称分为茶盐司本、转运司本、安抚司本、提刑司本。地方政府用公库钱刻印的书称“公使库本”。私人校刻的书称家刻本，著名的有赵、韩、陈、岳、廖、余、汪七家。书商所刻书为坊刻本。宋本刻印本的特点是，北宋质朴，南宋挺秀，以欧、颜、柳体为多，墨质精良。白口居多，至南宋中后期出现细黑口，纸多用白、黄麻纸，装帧主要是蝴蝶装。宋本多校勘精审、雕印精美，往往为后世刻本所依据，为学者所重视。另外，宋本避讳较严。

坊本

坊本是历代书坊、书肆、书铺、书棚刻印的图书。坊刻本以营利为目的，刻印较差，往往校勘不精。坊刻本中著名的有浙本、婺州本、台州本、闽本、建本、蜀本等各种版本。宋代坊肆刻书，如临安陈氏、尹氏书籍铺等，都是历史既久、刻书又多、名气很大的书坊，所刻图书与官刻本、家塾本不相上下。元代书坊刻书，比宋代更兴盛，书坊集中之地，仍然是宋代以来的浙、蜀、闽以及金代山西平水（即临汾）。著名的书坊有建安余氏勤有堂、虞氏务本书堂、郑天泽宗文书堂等。元代坊刻没有经史大部及诸子善本，而以应科举的帖括经义及医书为多。明中叶后，随着资本主义的萌芽，适应社会需要，书坊大量编印出版了戏曲、小说、医药、日用百科之书，书业比较繁荣。明代晚期书坊所刻的书有一种坏作风，就是逞臆妄改。清代书坊，多集中在北京、南京、苏州、扬州。清代坊刻图书，规模之大，历史之久，足以继汲古阁之后，下迄民国初年的著名书坊，以苏州洞庭席氏扫叶山房为最。

汲古阁本

明末江苏常熟人毛晋所刻书，亦称毛刻本。版心多印“汲古阁”字样，纸张为江西特制毛边纸。毛晋重古本，善校雠，刻书种类繁多，从明代万历末年到清代顺治初年，40余年之间，共校刻书600多种，包括《十三经》、《十七史》、《津逮秘书》、《汉魏六朝百三名家集》、《文选李善注》、《宋六十名家词》、《六十曲种》、唐宋人别集、百家九流、佛经道藏、词曲小说等。

汲古阁刻书，不仅数量多，而且刻印精良。一是毛晋所刻之书多为宋元善本翻刻；二是毛晋曾以高薪聘请名士校勘书稿和书写版样；三是所刻印之书，纸墨精良，装潢考究。所以汲古阁本是历代私家刻书中影响最大的一种刻本，当时即有“毛氏之书走天下”之誉。后之学人，很多受惠于“毛刻本”。直到今天，除各图书馆外，流传于个人手中的“毛刻本”还有不少。

（吴淑娟　洪秋兰　张晓芒）

“邸报”和中国古代的报纸

“邸报”也称“邸钞”、“阁钞”、“朝报”、“杂报”、“条报”、“除目”、“状”、“状报”、“报状”或“京报”。邸报是中国古代报纸的通称。中国古代的报纸起始于唐朝，唐玄宗开元年间出现的《开元杂报》被认为是世界上最早的报纸之一，在唐末孙可之的《经纬集》中对《开元杂报》有详细的记载。邸报在唐代有“报状”、“进奏院状报”等称谓，由藩镇驻京进奏院各自传抄。宋代因为邸报由“邸使”负责传发，所以开始称为“邸报”。北宋末年开始有小报，南宋更为流行。小报的内容以邸报尚未发表或不准发表的材料为主。宋朝和后来的元朝当局都曾对小报的出版发行进行过查禁。元明清各代，也都出现过这类的小报。宋人称小报为“新闻”，这是“新闻”一词的最早的来源。在元朝是由同政院发布“官报”。明朝、清朝都称邸报为“京报”。明朝的邸报，由通政司和各省派驻首都的提塘官负责传发，内容与宋朝的邸报差不多，但受到封建中央政府的严格限制。清朝由内阁的六科和各省的提塘官负责封建官报的编发事宜。

邸报的内容主要是皇帝的诏书命令，皇帝的起居言行，封建政府的法令、公报，皇室的动态，关于封建政府官员的升黜、任免、赏罚、褒奖、贬斥等方面的消息，以及各级臣僚的章奏疏表及皇帝批语，没有一般新闻和言论。邸报只在封建统治机构内部发行。一般的百姓是看不到邸报的。

不管邸报或小报，都是为封建王朝服务的，对劳动人民的活动或不利于统治阶级的消息皆不在反映之列。由于邸报受封建自然经济的束缚和封建专制政府的禁锢，它的发展异常缓慢。

（吴淑娟　洪秋兰）

七

宗教　神话

绝地天通

在《国语》中，记载了这样的一个故事。楚昭王向观射父问道："《周书》中所谓的重、黎使天地不通，这是怎么回事？如无此事，人就能登天吗？"观射父答道："《周书》所论的并非是这个意思。古代贵族与平民、奴隶是分明的，祭祀神明，出任官吏等特权为贵族所垄断。头脑精明，信仰神明，而且言论行为又能做到恭敬、中正的人，如果具有对天地远近神明无所不晓的智慧和才学，且知道尊卑，目能视其形，耳能闻其声，具备了这些条件的人，神明就会降临附体。神明附体的人，男的称为觋，女的称为巫。通过这些附体的觋和巫来定神明秩序及对之的祭祀，并通过他们来对英明的帝王给予赏赐，即是百姓五谷丰登，人民安居，而政治稳定。可是到了少昊王朝衰落，九黎起兵反叛，天下大乱，政典毁坏，平民、贵族参混杂处，地位身份紊乱，人人擅自举行祭祀，家家自行充巫为史，迎接鬼神，而这些祭祀糜淫使人民匮乏，远古所制定的礼法、制度、各种规则，都丧失殆尽，贵族因家破人亡而轻礼法祭祀，人民五谷不丰，天降灾异，阴阳颠倒。颛顼平定天下，重新统一后，便命令南正重主掌天事，并兼管对贵族和官僚的管理，命令火正黎主掌地事，并统管民政，使一切回复旧事，不准僭越，这便是所谓的重、黎使天地不通，也就是绝地天通。"

（杨勇）

伏羲是条蛇

传说中伏羲形象

在太古时代，雷泽生雷神，雷泽就是古代的太湖。雷神是人头龙身，只要他一鼓动腹部，就会产生天雷，他的家住在太古时代的吴西地方，而吴西就是现在的江苏淮水、泗水以南地区到浙江省湖州、嘉兴一带。后来雷神在太湖的旁边留下了巨大的足迹，华胥到太湖游玩时踩到了雷神的巨型足迹，从而感应受孕，不久华胥便生下了伏羲，伏羲落地时便显现出了与众不同的样子。他长了一个人面蛇身。于是在伏羲长大后，他因为超人的能力和智慧，而具备圣德成为一代明君。

（杨勇）

凤毛麟角

凤毛指的是文采秀丽如同凤凰的羽毛，麟角指的则是极其珍贵稀有。凤毛麟角一词在魏晋时代就已经得到充分运用，是非常流行的谚语，比如当时有一句谚语就这么说："学者如牛毛，成者如麟角。"它后来表示珍贵罕见的事物屈指可数，现在也指难得一见的人才或事物。

（杨勇）

东王公

东王公，又称为木公，东华帝君，与西王母一样同为道教尊神。究其起源大概为中国原始宗教对太阳神崇拜，国内多数学者认为，东王公是由太昊、伏羲演化而来的。《列仙传拾遗》说："木公，亦云东王父，亦云东王公，盖青阳之元气，百物之先也。"而在中国古代木公也就是伏羲。皇甫谧《帝王世纪》中有这样一段话："大昊帝庖牺氏……继天而生，首德于木，为百王先。帝出于震，未有所因，故位在东方。"

在据传为东方朔作的《神异经·东荒经》中对东王公有这样的描述："东荒山中有大石室，东王公居焉，长一丈，头发皓白，人形鸟面而虎尾。"

东王公的爱好很奇特，就是整天和一美貌仙女玩投壶的游戏，每一轮投 1200 下。有投不中的，天上就会发出嘘声，由于扔偏了而接不着，天上就会发出笑声，并化成阵阵的闪电。鉴于东王公的这些历史，所以道教的《真灵位业图》和《枕中书》都把东王公定为扶桑大帝，显示了东王公与太阳神千丝万缕的联系。葛洪的《枕中书》说："元始君经一劫乃一施太元母，生天皇十三头三万六千岁，书为扶桑大帝东王公，号曰元阳父扶桑大帝，住在碧海之中。"

这里东王公已成为元始天尊的太子了。《真灵位业图》把东王公列入上清左位，号曰太微东霞扶桑丹林太帝上道君，足见其地位之显赫。

道教后来进一步把东王公和西王母联系起来，而且为了增强东王公作为与西王母共同化育万物的功能，编造了许多传说，以《三教搜神大全》的最为全面。其书卷一中说：东华帝君，是由湛然无为的道气凝聚而成的。为了化生万物，先是东华至真之气，在海中化生为木公，治理东方阳和之气，自号王公……并与西王母共理阴阳二气而化生万物，划天分地。凡是天上人间三界十方，男子登仙得道者，都由东王公管理。

东王公住在东海方诸山上，山上还配备有助手 35 名，帮助东王公共同记录人间的祸福。山上有东华台，帝君常在丁卯日里观察天下四方学仙人的情况，并按他们的实际成绩给他们评定职称级别。神仙的级别共分为九品。依次为：九天真皇、三天真皇、太上真人、飞天真人、灵仙、真人、灵人、飞仙、仙人。每位成仙的人按照这种级别，在飞升上天时先去东王公处报到，然后再拜见金母，诸种手续办齐才能飞升九天，入三清境界谒见元始天尊。汉代初年有几个小孩在路中游戏，其中有一个小孩唱着童谣："着青裙，入天门，揖金母，拜木公。"当时没人知道是什么意思，只有张良张子房知道这些孩童全是东王公属下的童子。东王公考察神仙功力操行品德的地方叫做紫府，紫府是仙府三岛洲中的一洲。在那里根据神仙的仙绩考虑把地仙升入神仙，神仙升入天仙，以及诸种待遇问题。

（潘宇）

神仙和长生不老

中国思想中有贵生的传统，主张无为而治的老庄哲学固然包含了许多养生观点，并被当时的神仙家和后世的道士们视为同道。即便是对生死问题存而不论的儒家，其对生命的肯定也是明显的。儒家以忠孝为本，忠臣出于孝子之门。孟子所说舍生取义当然是儒家的根本原则，但身体发肤受之于父母，自当珍惜，自杀或对于生命的轻率态度自然是最不孝之举。中国俗话中就有"好死不如赖活"，"死王乐为生鼠"等说法。

中国思想中的贵生传统发展到极致就是以追求长生不老为首务的神仙信仰。神仙信仰认为生命乃是最宝贵的。早期的道教经典《太平经》就有求长生思想，并认为人的寿命长短，都可以通过有效的修炼而控制，因此说"我命在我，不属天地"（《西升经》）。

明《三才图会》中的道衣

神仙道教的珍惜生命的思想以葛洪之阐发最为突出。葛洪认为人生在世，乐生而畏死，乃是人之常情。况且世间没有什么东西的重要性能与生命相比。“古人有言曰，生之于我，利亦大焉。论其贵贱，虽爵为帝王，不足以此法比也；论其轻重，虽富有天下，不足以此术易也。”因此，中国民间谚语说：做了皇帝想成仙。葛洪还给每个人算了一笔账。他说就算一个人活到100岁，也才三万多天。幼小的时候则对生命之重要性毫无所知，到了老迈之年，则已经无法享受欢乐，这样就除去了几十年。而平时再有个病痛，又消耗许多时日。这样快乐平安的日子也就五十年。况且活到100岁的人，一万人里面也没几个。要这么一算，人生何其短，人又有什么心情去嘲笑那些夏虫朝菌呢？他借用魏晋时期的流行语说，人生在世，过一天少一天，犹如被牵到屠宰场的牛羊，每往前走一步，就离死越近。这倒颇有海德格尔“向死而生”的意境。因此，葛洪说摆在每个人面前的路只有两条，一是做有生有死的人，二是成为超越生死的神仙。

《抱朴子·论仙》说：“仙人以药物养身，以术数延命。”但神仙信仰受道家观念的影响，认为“嗜欲深者，其天机浅”（《庄子·大宗师》）。因此认为虽然很多人学仙，但只有很少的人才能真正成仙，主要是他们不能摆脱眼下的荣华富贵、金钱美色的诱惑，致使不能保持清静本体。由此看来神仙道教的享乐主义是在成仙之后，成仙的过程还是需要克制的。

老庄主张外身而身存，应培养一种超然物外的人生态度，不受欲念干扰而顺应自然之大道流行，因此有不争、无为、守雌而遗形坐忘，从而达到与天地为一的审美境界。因此珍重生命之关键并不为活命而无所关爱，而在于养成独立的人生态度。不是从各类名目繁多的保健药中寻求长寿之门，而是在潇洒的搏击中充实人生的内涵，以一种超越的态度使生死忘于心。

（潘宇）

洞天福地

道书中惯常把洞天福地分为十大洞天、三十六小洞天、七十二福地。其实都是我们国家的一些风景优美的名山，为了便于现代人寻觅仙踪，我们还标明了每一处仙境的地理位置所在（极少数还不能断定的除外）。

十大洞天

道书称十大洞天处于大地名山之间，由上天遣群仙统治。

第一：王屋山洞。号小有清虚天，在今山西阳城。

第二：委羽山洞。号大有空明天，在今浙江黄岩。

第三：西城山洞。号太玄总真天，在今重庆。

第四：西玄山洞。号三玄极真天，地址不详。

第五：青城山洞。号宝仙九室天，在今四川灌县。

第六：赤城山洞。号上清玉平天，在今浙江天台。

第七：罗浮山洞。号朱明辉真天，在今广东增城。

第八：句曲山洞。号金坛华阳天，在今江苏句容。

第九：林屋山洞。号龙神幽虚天，在今江苏吴县。

第十：括苍山洞。号成德阴玄天，在今浙江仙居。

三十六小洞天

道书称三十六小洞天，在诸名山之中，也是上仙统治之处。

第一：霍桐山洞。名霍林洞天，在今福建宁德。

第二：东岳太山洞。名蓬玄洞天，在今山东泰安。

第三：南岳衡山洞。名朱陵洞天，在今湖南衡山。

第四：西岳华山洞。名总仙洞天，在今陕西华阴。

第五：北岳常山洞。名总玄洞天，在今河北曲阳。

第六：中岳嵩山洞。名司马洞天，在今河南登封。

第七：峨眉山洞。名虚陵洞天，在今四川峨眉。

第八：庐山洞。名洞灵真天，在今江西九江。

第九：四明山洞。名丹山赤水天，在今浙江上虞。

第十：会稽山洞。名极玄大元天，在今浙江绍兴。

第十一：太白山洞。名玄德洞天，在今陕西周至、眉县、太白等县。

第十二：西山洞。名天柱宝极玄天，在今江西新建。

第十三：小沩山洞。名好生玄上天，在今湖南醴陵。

第十四：潜山洞。名天柱司玄天，在今安徽潜山。

第十五：鬼谷山洞。名贵玄司真天，在今江西贵溪。

第十六：武夷山洞。名升真化玄天，在今福建崇安。

第十七：玉笥山洞。名太玄法东天，在今江西永新。

第十八：华盖山洞。名容成大玉天，在今浙江永嘉。

第十九：盖竹山洞。名长耀宝光天，在今浙江黄岩。

第二十：都峤山洞。名宝玄洞天，在今广西容县。

第二十一：白石山洞。名秀乐长真天，在今广西郁林。

第二十二：勾漏山洞。名玉阙宝圭天，在今广西北流。

第二十三：九疑山洞。名朝真太虚天，在今湖南宁远。

第二十四：洞阳山洞。名洞阳隐观天，在今湖南浏阳。

第二十五：幕阜山洞。名玄真太元天，在今江西修水。

第二十六：大酉山洞。名大酉华妙天，在今湖南沅陵。

第二十七：金庭山洞。名金庭崇妙天，在今浙江嵊县。

第二十八：麻姑山洞。名丹霞天，在今浙江杭州。

第二十九：仙都山洞。名仙都祈仙天，在今浙江缙石。

第三十：青田山洞。名青田大鹤天，在今浙江青田。

第三十一：钟山洞。名朱日太生天，在今江苏南京。

第三十二：良常山洞。名良常放命洞天，在今江苏句容。

第三十三：紫盖山洞。名紫玄洞照天，在今湖北当阳。

第三十四：天目山洞。名天盖涤玄天，在今浙江监安。

第三十五：桃源山洞。名白马玄光天，在今湖南桃源。

第三十六：金华山洞。名金华洞元天，在今浙江金华。

七十二福地

道书称：七十二福地，在大地名山之间，由上帝命真人治理。这些神地大多为众仙得道之所。

第一：地肺山。在今江苏句容。

第二：盖竹山。在今浙江衢州。

第三：仙磕山。在今浙江永嘉。

第四：东仙源。在今浙江黄岩。

第五：西仙源。在今浙江黄岩县峤岭。

第六：南田山。在今浙江青田。

第七：玉溜山。在东海近蓬莱岛上。

第八：清屿山。在东海之西，与扶柔仙境相接。

第九：郁木洞。在今江西峡江。

第十：丹霞洞。在今江西南城。

第十一：君山。在今湖南洞庭湖中。

第十二：大若岸。在今浙江永嘉。

第十三：焦源。在今福建建阳。

第十四：灵虚。在今浙江天台。

第十五：沃洲。在今浙江新昌。

第十六：天姥岑。在今浙江新昌。

第十七：若耶溪。在今浙江绍兴。

第十八：金庭山（紫微山）。在今安徽巢县。

第十九：清远山。在今广东广州。

第二十：安山。在今广东广西北。

第二十一：马岭山。在今湖南郴县。

第二十二：鹅羊山。在今湖南长沙。

第二十三：洞真墟。在今湖南长沙。

第二十四：青玉坛。在今湖南衡山。

第二十五：光天坛。在今湖南衡山。

第二十六：洞灵源。在今湖南衡山。

第二十七：洞宫山。在今福建政和。

第二十八：陶山。在今浙江瑞安。

第二十九：皇井。在今浙江平阳。

第三十：烂柯山。在今浙江衢州。

第三十一：勒溪。在今福建建阳。

第三十二：龙虎山。在今江西贵溪。

第三十三：灵山。在今江西上饶。

第三十四：泉源。在今广东增城。

第三十五：金精山。在今江西宁都。

第三十六：阁皂山。在今江西青江。

第三十七：始丰山。在今江西丰城。

第三十八：逍遥山。在今江西南昌。

第三十九：东白源。在今江西奉新。

第四十：钵池山。在今江苏淮安。

第四十一：论山。在今江苏丹阳。

第四十二：毛公坛。在今江苏吴县。

第四十三：鸡笼山。在今安徽和县。

第四十四：桐柏山。在今河南桐柏。

第四十五：平都山。在今四川丰都。

第四十六：绿罗山。在今湖南桃源。

第四十七：虎溪山。在今江西彭泽。

第四十八：彰龙山。在今湖南澧县。

第四十九：抱福山。在今广东连山。

第五十：大面山。在今四川灌县。

第五十一：元晨山。在今江西都昌。

第五十二：马蹄山。在今江西鄱阳。

第五十三：德山。在今湖南常德。

第五十四：高溪蓝水山。在今陕西蓝田。

第五十五：蓝水。在今陕西蓝田。

第五十六：玉峰。在今陕西西安。

第五十七：天柱山。在今浙江余杭。

第五十八：商谷山。在今陕西商县。

第五十九：张公洞。在今江苏宜兴。

第六十：马悔山。在今浙江天台。

第六十一：长在山。在今江苏宜兴。

第六十二：中条山。在今江西虞乡。

第六十三：茭湖鱼澄洞。在今浙江余姚。

第六十四：绵竹山。在今四川绵竹。

第六十五：泸水。在西梁州。

第六十六：甘山。泛指今贵州。

第六十七：王晃山。在今四川广汉。

第六十八：金城山。在今湖南新宁。

第六十九：云山。在今湖南武冈。

第七十：北邙山。在今河南洛阳。

第七十一：卢山。在今福建连江。

第七十二：东海山。在今江苏东海。

（干春松）

八仙过海，各显神通

在众多的神仙真人中，在民间风头最劲、影响最大的当非八仙莫属，有关八仙的传说也一直为人所津津乐道，尤其是明代吴元泰的《八仙出处东游记》所述的八仙过海的故事更是脍炙人口。至今许多小说、戏曲乃至电视剧还以八仙故事为题材，足见其影响之深远。

现在我们通常所说的八仙指的是：李铁拐、钟离权、张果老、吕洞宾、何仙姑、蓝采和、韩湘子、曹国舅八人，这是从明《东游记》后才基本定型的。因此，明代以后所画的八仙图主要是以这八人为蓝本。

可能因为“八”在中国民间是个吉祥数字的缘故吧，八仙的说法很早就出现了。淮南王刘安的八位门客，也即《淮南子》的八位作者苏飞、李尚、左吴、田由、雷被、毛被、伍被、晋昌，世称八公。魏晋以来，《神仙传》等因刘安好神仙方术，就把这八公附会为八仙。这可能是八仙名称的最早由来，晋代时还有“蜀中八仙”的说法，指容成公、李耳、张道陵、董仲舒、李八百等八位在四川成仙的神仙。唐代时还把李白、贺知章等八人称为“酒中八仙”。因为他们都好饮酒赋诗，杜甫曾有《饮中八仙歌》咏其事。

目前所确定的八仙阵容中，何仙姑和张果老是较晚才列入正选的。最后这种搭配反映了人人都可修炼成仙的思想，因而深为民间所接受。正如《集说诠真》中说：八仙“老则张，少则蓝、韩，将则钟，书生则吕，贵则曹，病则李，妇女则何”。各阶层都可在仙界寻找到自己的影子。

（潘宇）

张天师和龙虎山

张天师就是东汉时代五斗米或天师道的创始人张陵。他在西南巴蜀汉中（今四川及陕西南部）地区创建民间道教组织。《三国志》等史书中记载，说他在汉顺帝时，客居于蜀郡，学道鹤鸣山中，造符书，惑百姓，接受其道之人出五斗米作为学费，故称为“米贼”。张陵死后，其子张衡传其业，张衡死，张鲁又传祖业，而道教上记载，张陵，字辅汉，早年为太学书生，博通儒经，后因感儒经无益于年命，就改学长生之术。他听说蜀民纯厚，易于教化，蜀地名山甚多，于是入蜀鹤鸣山，著道书二十四篇。龙虎山位于江西省鹰潭市 20 公里的贵溪县境内，是第一代天师张道陵最初修道炼丹的地方，为道教正一派的祖庭。山之得名，一说两峰对峙，状若龙虎；一说张道陵在此炼九天神丹，丹成而龙虎现。龙虎山景色秀丽，风光奇特，素有“形似武夷，神似桂林”之称，为道教洞天福地中的第三十二福地。据道书记载，张陵第四代孙张盛在三国或西晋时已赴龙虎山定居，以后天师后裔世居龙虎山。龙虎山较早的道教庙宇是唐会昌（841～846）中所建的真仙观。至宋代，张道陵后嗣渐受朝廷重视，龙虎山道教随之兴盛。宋代龙虎山拥有大批道教宫观，著名的有上清宫、正一观等。至元代，张道陵后嗣被封为正一教主，主领三山（龙虎山、茅山、阁皂山）符箓。明代前中期，龙虎山道教续有发展。第四十三代天师张宇初除熟谙家传符箓教外，亦精通内丹术，且较熟悉儒家经籍，为当时的著名高道。明中叶以后，特别是清代朝廷对张道陵后嗣的待遇多加贬抑，龙虎山道教渐趋衰落。

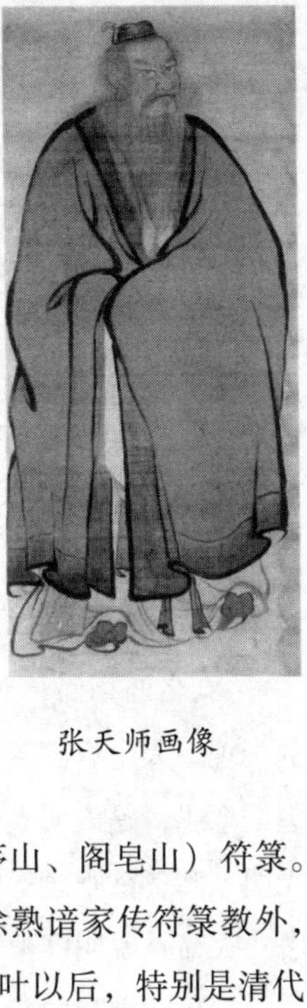

张天师画像

（杨勇）

佛祖西来

初祖达摩自西天来中土传禅法，究竟意思如何？其根本意思即是究佛祖之心印也。《五灯会元》（赵州章）曰：“僧问：如何是祖师西来意？州云：庭前柏树子。碧岩十七则曰僧问香林：如何是祖师西来意？林云：坐久成劳。”同二十则曰：“龙牙问翠微：如何是祖师西来意？微云：与我过禅版来。牙过禅版与翠微。微接得便打牙云。打即任打。要且无祖师西来意。”

（干春松）

舍利子

也译为灵骨，或坚固子，是由修戒定慧之功德结晶而成的。最初是佛涅槃后，其身火化留下的晶莹透彻的晶体，以印证佛的功德无量和佛法的真实无碍，以及佛的证悟无虚。后来凡有大德高僧成就功德的身后都有舍利子为证道之物，以警醒世人。

（杨勇）

四圣谛

又名四真谛，或四谛法，即苦谛、集谛、灭谛、道谛。苦谛是说明人生多苦的真理，人生有三苦，八苦，无量诸苦，苦是现实宇宙人生的真相；集谛的集是集起的意思，是说明人生的痛苦是怎样来的真理，人生的痛苦是由于凡夫自身的愚痴无明，和贪欲嗔恚等烦恼的掀动，而去造作种种的不善业，结果才会招致种种的痛苦；灭谛是说明涅槃境界才是多苦的人生最理想最究竟的归宿的真理，因涅槃是常住、安乐、寂静的境界；道谛是说明人要修道才能证得涅槃的真理，道有多种，主要是指修习八正道。此四圣谛概括了世间、出世间的两重因果，集是因，苦是果，是迷界的因果，故而称为世间的因果；而道是因，灭是果，是悟界的因果，所以也称为出世间的因果。

（杨勇）

三法印

就是诸行无常印、诸法无我印、涅槃寂静印。诸行无常是说一切世间法无时不在生住异灭中，过去有的，现在起了变异，现在有的，将来终归幻灭；诸法无我是说在一切有为无为的诸法中，无有我的实体；涅槃寂静是说涅槃的境界，灭除一切生死的痛苦，无为安乐，故涅槃是寂静的。凡符合此三原则的，便是佛正法，有如世间印信，用为证明，故名法印。一切小乘经，以三法印印其经佛说，大乘经则以一实相印印证其为大乘的义教。诸行无常印，行有迁流之意，指有为法。言一切之有为法，念念生灭而无常。诸法无我印，行的意思在有为法的范围内使用，而法则通于无为法。言一切有为无为诸法中无有我的实体。涅槃寂静印，言涅槃之法。灭一切生死之苦而为无为寂静。《智度论》二十二曰："佛法印有三种：一者一切有为法念念生灭皆无常，二者一切法无我，三者寂灭涅槃。（中略）摩诃衍中说诸法不生不灭，一相所谓无相。"玄义八曰："释论云：诸小乘经，若有无常无我涅槃三印，即是佛说，修之得道，无三法印即魔说。大乘经但有一法印，谓诸法实相，名了义经，能得大道。若无实相印，即是魔说。"

（杨勇）

三宝

佛宝、法宝、僧宝。一切之佛，即佛宝；佛所说之法，即法宝；奉行佛所说之法的人，即僧宝。佛者觉知之义，法者法轨之义，僧者和合之义。

（杨勇）

十二因缘

又名十二有支，或十二缘起，是说明有情生死流转的过程。十二因缘是无明

（贪嗔痴等烦恼为生死的根本）、行（造作诸业）、识（业识投胎）、名色（但有胎形六根未具）、六入（胎儿长成眼等六根的人形）、触（出胎与外境接触）、受（与外境接触生起苦乐的感受）、爱（对境生爱欲）、取（追求造作）、有（成业因能招感未来果报）、生（再受未来五蕴身）、老死（未来之身又渐老而死）。以上十二支，包括三世起惑、造业、受生等一切因果，周而复始，至于无穷。其中无明与行是两种惑业，属过去世之因，识、名色、六入、触、受五者属缘于过去惑业之因而受报现在果，以上叫过现一重因果。又爱、取两者为现在之惑，有则为现在的业报，缘于这个惑业现在的原因而感未来生与老死之果，这叫现未一重之因果。以上就是十二因缘中构成的三世两重因果的说法了。

（杨勇）

顿悟成佛

顿悟就是顿时领悟，当下领悟。这是取得禅悟的一种方式。中国禅宗最重要的一个门派南宗认为：见性即可成佛，无须长期修行，醒悟是个人的体验，无须外在的言词说教；同时认为人的根器悟性不一，上等根器者可获顿悟，渐修法门乃为中下根器者所设。顿悟成佛的学说在禅学鼎盛期（晚唐、五代、北宋）成为禅学主流，对当时及后世的中国思想文化产生了深刻的影响。

（杨勇）

放下屠刀，立地成佛

“立地”是唐宋时的口语，犹言立刻，当下。这是一个佛教用语，谓停止作恶，立成正果。后成为一句劝人改恶从善的俗谚。如清朝纪昀《阅微草堂笔记》：“夫佛法广大，容人忏悔，一切恶业，应念皆消。放下屠刀，立地成佛。汝不闻之乎？”原来，在宋代的禅宗“灯录”中，已经广泛引用这句俗谚了。最初，《景德传灯录》卷二五谓“抛下操刀，便证阿罗汉果”。到了《续传灯录》

佛光山·大佛像

和《五灯会元》中，改成了“飏下屠刀，立地成佛”。意义升格了。其实，“放下屠刀，立地成佛”的源头可以追溯到北凉译出的《涅槃经·梵行品》：“波罗奈国有屠儿名曰广额，于日日中杀无量羊。见舍利弗，即受八戒，经一日一夜。以是因缘，命终得为北方天王毗沙门之子。”“八戒”中的第一戒为“不杀生”。佛教认为杀生属于应受地狱报应的最大恶业之一。放下屠刀就是不杀生，亦泛指不造一切恶业。不造一切恶业，就能得到种种福报，进而摆脱轮回，直至成佛。禅宗好谈立地成佛，同慧能所传顿悟之法有关。

（杨勇）

佛教的戒律

五戒十善戒乃至二百五十戒等，防止佛徒邪非的法律。梵语尸罗，译为戒，防非止恶的意思。梵语优婆罗叉，译曰律（净影），梵语毗尼，译曰律（南山），法律之义。汉灵帝建宁三年（170），安世高第一次翻译出了佛经中关于戒律的二卷内容。于是便有了比丘的诸种禁律。魏朝时天竺三藏昙摩迦罗到许洛，在嘉平中与昙谛译《四分羯磨》及《僧祇戒心图》。这是中国戒律之始。以后就形成了中国的律宗，到唐朝义净大量翻译律宗经典后，律宗在中国得以流行。

（杨勇）

观音的原形是男的

观世音像

南北朝以前，观世音菩萨的造像都是男性打扮，唇上还蓄有小胡子。据《华严经》记载善财童子往普陀山参拜观音，见到岩谷林中金刚石上，有勇猛丈夫观自在，与诸位菩萨围绕讲法。因他常常化现三十二相下世救人，释迦牟尼佛当着众佛、菩萨称赞他神通广大，让他化现女身下世寻声救苦，开发善根。弥勒菩萨不服气，遂与观音斗法，在规定的时间内观音从勇猛丈夫变成了一位窈窕美丽的女子，她曾化身为提篮观音为众生教诵《普门品》、《金刚般若波罗蜜经》和《法华经》。所以唐宋以后，寺院和居家就供奉女子之身的观音。但是据传说，观音变化为女子身时，也有一个小小的缺憾，就是他忘了把脚变成小脚，故而女身观音都是以大脚出现的。

（杨勇）

弥勒佛

即菩萨名，华译为慈氏，现住在兜率天内院，是一生补处菩萨，将来当于住劫中的第十小劫，人寿减至八万岁时，下生此界，继释迦牟尼佛之后，为贤劫之第五尊佛。

（杨勇）

“南无阿弥陀佛”的含义

也译为归命无量光觉，无量寿觉。归命于无量寿觉及无量光觉。净土门称之为六字名号。归命，即众生一心仰赖阿弥陀佛，众生的信心。无量寿觉或无量光觉，是佛助一切众生行体成就。众生之信心与阿弥陀佛助众生之行体都具足于此六字内。此谓机法一体之南无阿弥陀佛。真言之口传以此名号为陀罗尼，为金刚界五佛。善导大师在《观经疏》一曰：“言南无者即是归命，言阿弥陀佛者即是其行，以斯义故，必得往生。”《观无量寿经》曰：“具足十念，称南无阿弥陀佛。”

（杨勇）

佛教在中国的三个分支

分别有汉语系、藏语系和巴利语系（或南传上座部）三大系统。它们在发展过程中各自形成一些学派和宗派。汉语系佛教主要有天台宗、三论宗、法相宗、律宗、净土宗、禅宗、华严宗、密宗等；藏语系佛教主要有宁玛派、噶当派、噶举派、萨迦派、格鲁派。此外还有希解、觉宇、觉囊、夏鲁等几个小派。其中格鲁派的规模最大。巴利语系佛教主要有润（又分摆罢、摆孙两个支派）、摆庄、多列（又分达拱旦、苏特曼、瑞竟、缅坐四个支派）、左抵四派。

（杨勇）

鸠摩罗什和佛经翻译

鸠摩罗什（华言童寿），龟兹人。他的先代本出婆罗门族，在印度世袭高位。他的父亲鸠摩罗炎，弃相位出家，东渡葱岭，远投龟兹，被龟兹王迎为国师，后被逼和王妹耆婆结婚，生鸠摩罗什和弗沙提婆兄弟二人。罗什于7岁随他的母亲一同出家，即开始从佛图舌弥诵习阿毗昙，能通大义，这使得年轻的罗什声誉益著。后又从三藏佛陀耶舍学《四韦陀》和五明诸论，乃至阴阳历数，从须利耶苏摩，学《阿耨达经》，大乘义要，受诵《中》、《百》及《十二门》等中观学。20岁时他在龟兹王宫受戒，从罽宾律师卑摩罗叉习《十诵律》。不久，他的母亲再往印度，临行特勉励他到中国弘传方等深教，他毅然引为己任，表示当忍受诸苦来弘法。他留住龟兹约二十多年，广习大乘经论。

苻坚建元十五年（379），中土僧人称述龟兹佛教盛况，鸠摩罗什，才智过人，明大乘学。高僧释道安听到罗什在西域有这样高的声誉，就一再劝苻坚迎他来华。建元十八年（382），苻坚遣吕光等出兵西域，他嘱吕光在攻下龟兹时，从速送罗什入关。二十年（384），吕光攻陷了龟兹，得了罗什，但因吕光原不奉佛，莫测罗什智量，又见他未达高年，便以常人对待，并强迫他和龟兹王女结了婚来戏弄他。次年（385），苻坚被杀，吕光自立为主；罗什相随至凉州，遂被留在那里。后来姚苌继苻坚称帝于长安，慕罗什高名，也曾虚心邀请，而吕光父子扣留他17年。到了姚兴嗣位，于弘始三年（401）出兵西攻凉州，凉主吕隆兵败投降，罗什才被迎入关，这时他已经58岁了。姚兴对罗什十分敬重，待以国师之礼。宗室显贵都信奉佛法，尽力维护。而长安当地名僧群集，于是弘始四年（402），罗什应姚兴之请，住逍遥园西明阁，开始译经。他先译出《阿弥陀》等经，接着就着手创译《大智度论》和《百论》。次年，姚兴以旧译诸经文多乖失经旨，劝请重译《大品般若》，并选宿旧义学沙门慧恭、僧迁、僧睿等五百余人参加译场，详译著文。六年（404），他校订了《大品》译文，兼在中寺为罽宾律师弗若多罗度语，译出《十诵律》的大半，并重治《百论》译文。以后继出《佛藏》、《菩萨藏》等经。从弘始八年（406）起，他迁往大寺，续出《法华》、《维摩》、《华手》及《小品般若》等经，《中》、《十二门》等论，最后又应请译出《成实论》。他在译经之暇，还常在逍遥园澄玄堂及草堂寺讲说众经。

从罗什的译籍上，可以看出他所弘扬的，主要是根据般若经类而建立的龙树一系的大乘学说。罗什于入长安的次年（402），便极其郑重地集五百余人来译《大智度论》。不久，又兼译《大品般若》，即以释论校正经文，又从经本楷定论义。跟着，罗什在这一成就的基础上，译了龙树所撰宗经论的代表作《中论》。更配合译出入中观论门的《十二门论》和提婆破外执的《百论》而为助扬。他又重译《维摩》、《法华》两经。此外，他于戒律出《十诵律》及《比丘戒本》，于禅学出《首楞严三昧经》及《禅经》等。于小乘论译出比较接近般若的《成实论》，更于比喻文学译出马鸣《大庄严论经》；最后，他还译出马鸣、龙树、提婆诸传，以助学人理解这些大师的生平，提供了有关印度佛教史的重要资料。据《出三藏记集》所载传文，说罗什殁后，有外国沙门来言，罗什多所谙诵，在中土译出的还不及十分之一。由此可见罗什的博学，在传译上是适应当时需要而经过一番选择的。

罗什门人号称三千。当时义学沙门云集长安，多趋于他的门下。又罗什译经，常随即敷讲，参加译场的诸助手便成了听受义理的弟子。其中最著名的为僧肇、僧睿、道融、昙影等，后世有四杰、八俊、十哲之称。而他也因为翻译经书的质量和数量都超过于前，所以他被后人称为中国古代四大译经家之一。

（杨勇）

老子化胡

中国佛道之争的一次历史事件，简称化胡之争。佛教传入中国之初，一度被视为黄老神仙术的一种；佛教也自附于黄帝、老子，以图与中国传统信仰相结合，得以传播。东汉后期，社会上出现了“老子入夷狄为浮屠”，化胡成佛之说，以宣传佛道同源论或老子转生论。汉末三国时，化胡说广泛流行。但其时佛教在中国已有一定影响，因而在佛教理论著作《牟子理惑论》中开始出现了反对化胡说，甚至认为道不如佛。

两晋南北朝时期，佛、道二教都有较大发展。为了取得各自的社会优势，双方在化胡问题上展开了激烈的论争。晋惠帝时，天师道祭酒王浮在与僧人帛远争论的过程中，为抬高道教，贬抑佛教，根据东汉以来种种老子化胡传说，造《老子化胡经》，谓老子西出阳关，经西域至天竺，化身为佛，教化胡人，因此产生佛教。南北朝之世，道教徒均据此与佛教互争短长。南朝宋泰始三年（467）道士顾欢作《夷夏论》，认为佛教是夷狄之教传入中夏，此说影响极大。为此，僧绍作《正二教论》、谢镇作《与顾道士析夷夏论》、朱昭作《难顾道士夷夏论》、慧通作《驳顾道士夷夏论》等，展开了所谓“夷夏之争”。影响所及，上至朝臣奏疏，下至世俗论著，皆时有论争。北魏孝明帝时，昙无最还曾与道士姜斌在殿庭中辩论《老子化胡经》真伪，最后姜斌被崇信佛法的孝明帝发配马邑。

隋唐时，化胡之争仍在进行。隋开皇三年（583），沙门彦琮撰《辩教论》1卷，共25条，斥老子化胡说，唐显庆五年（660），沙门静泰、道士李荣等奉诏集洛宫，辩论《老子化胡经》真伪。武则天天册万岁二年（696），福光寺沙门慧澄，请依前朝毁《老子化胡经》，敕秋官侍郎刘如睿等八学士议决，但皆言汉、隋诸书有化胡之说，不当除削，禁毁未成。唐神龙元年（705），诏僧道集内殿定《老子化胡经》真伪，沙门明法抗争，九月，下诏禁毁，违者科罪。洛京大恒观主恒道彦等上表争辩，敕曰：“道、德二篇，空、有二谛，莫不敷畅玄门，阐扬妙理，何假化胡之为，方盛老君之宗？”不许所请。但其后仍有流传。

元代佛道争论迭起，化胡之说成为争论重点。宪宗、世祖两朝，僧道多次辩论《老子化胡经》真伪，世祖至元十八年（1281年），诏令除《道德经》外，其余道书尽行烧毁，《老子化胡经》首在焚毁之列。佛道老子化胡之争告一段落。

（杨勇）

禅是一枝花吗

传说大梵天王问佛决疑经说，梵王至灵山，以金色波罗花献佛，请佛说法，世尊拈花示众，并不说法，一时百万人天，皆不解其意，独迦叶尊者，破颜微笑，所以当时佛就说：“吾有正法眼藏，涅槃妙心，实相无相，微妙法门，不立文字，教外别传。付嘱摩诃迦叶。”从此佛因传以涅槃妙心，而成为禅宗的起源。其中拈花一笑也就成为禅宗的标志。而以花代表“不立文字，教外别传”和“直指人心，见性成佛”的禅理的显证。

（杨勇）

公案和机锋

机锋是一种比喻。“机”是指古代弓弩上的机牙，“锋”是弓箭的头。“机锋”是用来比喻禅师们对学徒的一种独特的教导佛法的方式，他们往往通过极为震撼的或锋锐的方式让其学者能在极短的时间内准确理解真意。这一方式也是对学徒们语言和才智的应变能力高度的要求。从表面上看，机锋体现了禅师们对语言的高超驾驭能力；从思维上看，则展现了一副灵活机智、生动活泼而又高深奥妙的理论传授和交流。总的来说，机锋是对“不立文字”、“直指心性”之禅宗宗旨的具体运用，是禅语的典型形式之一。从具体形式来看，机锋不仅表现在语言上，还表现在行为上，如不说一字，或棒打，或喝叫，或画图等。

公案本来是指官府司法断案的典型案例。禅宗将这个词借用来表示祖师大德言论行为案例，作为断定宗门内孰对孰错、谁是谁非的标准。我们可以这样说，整个禅宗的思想传播没有禅门公案是不行的。因为这类公案不但记载了高僧大德们的丰业伟绩和独特的言行思想，而且正是通过此类记录，才使不能用语言直接说明的禅义得以用语言文字说出。不过，公案与机锋一样，形式非常多变，有灯录（所谓灯录就是将六祖慧能思想传播下去的语言形式和历史记录。六祖的思想就如“一灯然百千灯，冥者皆明，明明无尽”。因此传灯就表示禅法，而灯录即是禅法传播的历史），有语录（这是著名的禅师升堂时说法的记录），以及拈古、颂古（自宋代以来，禅师们一扫唐代禅师离文去字之风气，而转以解释禅宗文献之机锋，和各种珠联妙语，所以“古”指前代大师的公案，拈古就是以散文回句解说，颂古则是以韵文诗句解说）等。

（杨勇）

呵祖骂佛

唐朝时朗州德山院的宣鉴禅师，一日上堂说：“我这里，佛也没有，法也没有，达摩是个大胡子，十地菩萨是担粪的汉子，等妙二觉是破戒的凡夫，菩提涅槃是系驴的枷锁，十二分教是点鬼簿账，擦屁股的手纸，佛是老糊屎橛。”后来又有一僧问韶州云门山文偃禅师：“佛是什么?”文偃答道：“干屎橛”。他又一次曾说过：“释迦初生时，一手指天，一手指地，四周各走了七步，眼睛向四方看了看，便说：天上天下，唯我独尊。当时我若见到，一棒打杀与狗子吃，以图天下太平。”这都是提醒世人：凡有相者，皆是虚妄，纵是经典佛像，或圣或贤，既落形迹，皆属生灭，并不是正常如实之道。

（杨勇）

敦煌壁画中的佛经故事

敦煌壁画，是中国美术史上的一座里程碑。它用色彩绚丽、境界高远的笔法和思想表现佛经中的各种故事。其题材主要是佛经经变故事、净土变相、本生故事以及佛菩萨像等。

所谓经变，就是指把佛经变成形象化的图画。由于当时最流行的是佛教净土信仰，因此净土变相在壁画中也表现得最多，约占228壁。其他如乐师净土变相、报恩经变相等，也往往采取净土变相作为主要的部分。在净土变相中，以富丽的物质现象，描绘观想的境界，如彩绘七宝楼台、香花伎乐、莲池树鸟等，将西方极乐世界装饰得非常美丽。这与出世苦行禁欲的态度，有很大的差异。其中所绘的佛、菩萨、诸天、力士等，都是健美的化身。有些佛画还点缀许多人间社会生活小景，乐观、明朗，富有情趣。

本生故事则是释迦牟尼佛的前生故事。比较著名的是尸毗王的本生故事，它讲述了释迦牟尼前世当尸毗王时的善举。尸毗王为了帮助快要被老鹰吃掉的鸽子，提出情愿献出和鸽子等量的自己的肉给老鹰吃。尸毗王于是蹲在一个割肉的男子那里，割了半天，也抵不上鸽子的重量，尸毗王只好将自己整个身子挂在了秤钩上，这样，才等于鸽子的重量。另一则感人的本生故事，是讲萨埵那太子。曾经有三个王子骑着马打猎，途中看见一只饥饿的母虎紧紧地盯着刚刚出生的七只幼子，看样子，如果母虎再不吃东西，七个幼子恐怕就要被它吃掉。萨埵那太子非常可怜幼虎，决心牺牲自己救活小虎。于是他让哥哥先走，自己脱下衣服，躺在母虎面前，让母虎吃。过了一会儿，哥哥们不见弟弟回来，就回去寻找，他们看见了弟弟的衣服和骸骨，便晕过去了。国王和王妃听到这个消息，痛不欲生。他们在太子舍身处建立了一座七宝舍利塔，把骸骨放在塔中，以纪念萨埵那太子。

所以敦煌壁画作为人类的辉煌成就，一方面可以看做是艺术的瑰宝，但另一方面他也是画师们通过这些感人至深的故事，来表现佛的伟大和慈悲，并以这些故事来教化众生。

（杨勇）

庙里佛像的摆法

中国的寺院一般是分为如下的几部分：先是山门，次是天王殿也称前殿，接着是正殿或大雄宝殿，最后是法堂，此外在前殿和正殿的中间，以进山门的方向为准，则左手边是西配殿或祖师殿，右手边是东配殿或伽蓝殿。山门殿内塑两大金刚力士像。到了天王殿朝山门的是大肚弥勒佛，弥勒佛背面的是韦陀菩萨，左右两边是四大金刚，他们是东方持国天王、西方广目天王、南方增长大王和北方多闻天王。正殿中一般供养着三尊佛。他们的情况很复杂，有的是供养三身佛，中间供毗卢遮那佛或法身佛，左供卢舍那佛或报身佛，右供释迦牟尼佛或应身佛。有的则是供横三世佛，这里的“世”是三个空间，因其同时存在，故名此，正中的是娑婆世界的释迦牟尼佛，有文殊和普贤菩萨胁侍；左为东方净琉璃世界的药师佛，胁侍有日光和月光菩萨；右为西方极乐世界的阿弥陀佛，胁侍为观世音和大势至菩萨。还有供养竖三世佛，这里的“世”是指因果轮回的个体一生中存在的时间。三世为过去世、现在世和未来世，从时间来看是相连续的，故称竖三世。正中为现在佛释迦牟尼佛，左边为过去佛燃灯佛，右边为未来佛弥勒佛。一般主尊两侧都有“胁侍”，即左右近侍。释迦牟尼佛的近侍，一种配置是老“伽叶”、少“阿难”两大弟子。另一种是两位菩萨。殿内东西两侧，近世多塑十八罗汉像。佛坛背后常塑一堂“海岛观音”，或仅供一菩萨像。

《李卓吾批评西游记》中的佛堂，明崇祯（1628～1644）刊本

（杨勇）

八

文物　考古

中国的原始岩画

原始岩画是远古时代凿刻或绘制在山崖岩壁上的图画。最早著录岩画的文献是5世纪北魏地理学家郦道元的《水经注》。其后在一些历史文献和地方志中，也有零星的记载。1915年，黄仲琴对福建省华安县汰溪岩画进行了调查；1928年，瑞典人贝克曼对新疆库鲁克山岩画做过考察；1949年以后，岩画有了大量的发现。20世纪50年代，考古工作者对广西花山崖壁画进行了大规模调查；60年代以来，云南沧源崖画和内蒙古阴山岩画均有大量发现和研究；80年代在新疆、宁夏等地也发现一些岩画。

岩画的分布区域极广，目前，我国已有12个省（自治区）的40个以上的县（旗）发现了岩画。从其地域分布，可划分为北方地区岩画和南方地区岩画。北方地区岩画分布在黑龙江、内蒙古、宁夏、青海、甘肃和新疆等省（自治区）。其中，内蒙古阴山山脉、贺兰山北部、乌兰察布高原等地的岩画，多表现狩猎、游牧、战争、舞蹈等活动，描绘有穹庐、毡帐、车轮、车辆等器物，还有天神地母、祖先、日月星辰、原始数码以及手印、足印、动物蹄印等图像，比较全面地反映了古代北方各狩猎游牧民族的经济生活、宗教信仰、意识形态、审美观念等方面的情况。作品数量多达数万幅，是北方草原上规模宏大的岩画群。作品延续时间很长，据目前的研究推断，以新石器时代晚期至青铜时代的岩画最多，是内蒙古岩画的鼎盛时期。宁夏贺兰山岩画，分布在北自石嘴山市，南至青铜峡地区许多山口及纵深地带的岩石上，以类人面形的图像最为突出。在贺兰口的岩画，形象古怪，面目各异，是原始宗教崇拜的神灵图像，同时也反映出当时人们的装饰和黥面或使用面具的习俗。新疆岩画几乎遍及全疆，主要分布在天山、阿尔泰山、阿尔金山、昆仑山和库鲁克山等的高山牧场、中低山区以及牧民们转道的牧场上，部分河谷地带也有发现。这些岩画大都凿刻在黑砂岩、花岗岩和板岩的岩面上，也有少数彩绘岩画见于洞穴中。南方地区岩画在福建、广西、云南、四川、贵州和江苏等省（自治区）均有发现，其中规模最大的是云南沧源和广西左江两地的岩画。云南沧源岩画在阿佤山区，靠近中缅边境，已发现10个地点，共有图形1000多个。岩画内容丰富，能表现出当时人们各种生产生活的活动场面。如描写狩猎的，有的猎人身旁有狗相随，说明当时狗已被驯养；舞蹈有手拉手的圆圈舞，也有手持牛角的围猎舞和手持盾牌的战争舞。战争的画面在人群之中有持弩而射的，又有倒地而死的。岩画年代，经放射性碳元素断代测定为距今约3000年，同时在岩画分布区内发现新石器时代遗址多处，这些事实大体上可以证明岩画应当为新石器时代的遗物。广西左江流域已发现80余处岩画点，其中宁明县花山崖壁画，画面宽约221米，高约40米，尚可辨认的图像有1819个，为目前国内已知的规模最大的岩画。画面绝大多数是人物，而且基本上是一种姿势，双手向上伸张，双脚向下叉开，似作舞蹈。岩画大都发现在江水拐弯的悬崖峭壁上，从这个位置看，最大的功能应当是镇水，因为水患是左江沿岸最大的自然灾害，所以古人要作画镇水。

中国岩画的艺术风格，和国外的岩画既有许多共同之处又有不同特点。在制作手法上大体上可分为刻、绘两种。北方岩画大都是刻制的，其手法有三种：一是磨刻，线条无明显的凹陷，画面平整光洁；二是敲凿，用坚硬器物在岩石上敲击出许多点窝；三是线刻，似用金属凿头勾勒出形象轮廓，然后掏深线条。作品风格具有粗犷、简洁、明快的特点。南方岩画的制作大都以红色涂绘，色彩稳定，经久不变。有用手指蘸着颜料绘制的，某些较大的图形也可能是使用羽毛或其他工具涂刷的。表现手法古拙独特，画人物大都不表现五官，只通过四肢位置以表现动作、体态和感情；画动物则仅重点刻画出角、尾、耳等特征部位，只能辨认出是何种动物。

中国原始岩画在构思上天真纯朴，反映出人类童年时代某种幼稚的想象和美好的愿望。在造型上采用平面的造型方法，许多岩画往往是一些相互不关联的个别图像，即使是组成一幅画面的，也经常是一个个图形的重叠，而没有近大远小的透视关系，所追求的是物体的正面显示。岩画在塑造平面图形时，很善于抓住物象的基本形态，物体的结构简化到不能再简的程度。这种原始形态的艺术特征，把对于生活敏锐的观察力和艺术上的粗犷手法浑然一体地结合在一起，使得许多岩画至今仍有其生命力。

（高江涛）

碳14和文物时间的判定

利用碳14放射性原理测定文物年代的方法，被称为碳14断代法。

自然界存在三种碳的同位素，它们的重量比例是12：13：14，分别用碳－12

（C12）；碳－13（C13）；碳－14（C14）表示。前二者是稳定同位素，只有碳－14有放射性，也叫做放射性 C14。C14 放射 β 粒子后蜕变为 N14，半衰期为 5730±40 年。在大气高空层中，宇宙射线中子和大气氮核作用生成 C14。发现这一自然现象并用实验加以证实的是 C14 法创始人利比（W. F. Libby）。他从宇宙射线和人工核反应的研究中得到启发，认为自然界存在生成 C14 的条件，有可能检测出来。经过仔细考查计算，并在实验中解决了低能量低本底测量上的技术问题，测出了自然 C14。由此建立了 C14 测定年代的方法。

新石器时代陶器

新生 C14 原子在大气环境中不能游离存在很久，一般都与氧结合生成 C14O2 分子，C14O2 和原来存在于大气中的 CO_2 化学性能是相同的，因此必然与原有 CO_2 混合参加自然界碳的交换循环运动。植物通过光合作用将 CO_2 结合成植物组织，动物依靠植物为生，这就使生物界都混入了 C14。动物通过排泄、死亡，植物通过腐烂、沉积，进入表层土壤而使 C14 进入土壤，大气与广大海面接触，CO_2 又与海水中溶解的碳酸盐和 CO_2 进行交换，因此海水、海生物及海底沉积物中都含有 C14。所以，凡是和大气中的 CO_2 进行过直接或间接交换的含碳物质都包含 C14。利用这种到处都存在 C14 的自然现象就可以用来断代。例如，陆地生物、海洋生物在生命过程中由于同大气经常交换，衰变掉的 C14 经常能得到补充，但一旦停止了交换（如死亡、沉积），其 C14 就再得不到补充，C14 水平因衰变而降低，每 5730 年降为原有水平的一半值。因此测量标本现存的 C14 放射性水平和它原始放射性水平相比较，就可以算出死亡或停止交换的年代。由于这一方法所依据的是原子核的变化，这种变化不受周围环境的物理、化学条件的影响，而 C14 半衰期（5730 年）正适用于对几千年到几万年的标本进行断代。另外，一些含碳的物质，如木、草、骨、贝壳等动植物遗骸在古代遗址中普遍存在。

C14 测定年代方法在技术上不同于一般放射性同位素测量，它的特点是放射性强度弱，能量低，每克碳的放射性强度仅几微微居里，即每分钟有十多个原子衰变，标本的年代越久远，放射性还会迅速降低，如 2 万年以上的标本，其计数率就会降到每分钟一次以下。

因此，C14 法自 1950 年建立起，就成为有力的断代手段而广泛应用于史前考古学和第四纪晚地质学。通过 C14 断定的文物的年代是绝对年代，也就是具体的距今多少年。但由于文物本身和 C14 测量技术的原因，其断定的年代还是有很大的误差。

（高江涛）

发现甲骨文过程中的趣闻

在甲骨文的发现过程中有一些趣闻。

据 1903 年出版的刘鹗《铁云藏龟》中罗振玉的序讲，甲骨文是被王懿荣发现的。1899 年，在北京做官的王懿荣因患疟疾，到北京菜市口一家名叫达仁堂的老中药店抓药。回家后，王懿荣发现其中一味叫做“龙骨”的药上刻有整齐而有规律的简单线条。精通金石学的王懿荣凭直觉感到这很可能是古文字，于是便派人将达仁堂的“龙骨”统统购买回来。不久，潍县的古董商范寿轩又携带十数片甲骨进京拜见王懿荣，也被他悉数收购。之后，陆续又有古董商赵执斋携带甲骨数百片来京，又被王懿荣照单纳入。然而，有学者对这个说法提出疑问。一是菜市口在那个时期不曾有过达仁堂中药铺；二是中药铺的“龙骨”向来是捣碎出售，何来整块“龙骨”？三是当时中药铺只收购没字的光板“龙骨”，带字的压根儿不要，所以当时中间商搜集到有字的甲骨时，只好自认晦气，要将字迹刮干净才能卖给药店。

于是，就有了如何发现甲骨文的第二种说法，即王襄、孟定生发现甲骨说。据王襄 1935 年在《河北博物院半月刊》上发表的《簠室题跋》中记载，安阳殷墟小屯村农民收种植的花生时，在土中发现了带字的甲骨。这些甲骨文不但当地人不认识，就连经常来小屯村收购文物的古董商也不予收购。直到清光绪二十四年（1898），潍县古董商范寿轩在天津出售古代文物时，拿着甲骨文向孟广慧和王襄请教，孟广慧判定可能是古代的简策，便促其前往收购。1899 年秋，范寿轩从小屯村买了一批甲骨带到天津以一字一两白银的价格约请王襄和孟广慧前去挑选，但是两人均不富裕，所以只好尽力收购了其中一部分。字多的甲骨，很珍贵，范寿轩就带到北京王懿荣那里，王懿荣以一字二两白银的高价悉数购买收藏。

这两种说法至今一直争论不休，更多的是赞成“王懿荣说”。

（高江涛）

张大千和敦煌

张大千（1899～1983）是中国现代著名国画家、美术教育家、美术理论家、书法家、文学家、收藏家。他以其深厚的文化素养以及充满传奇色彩的人生经历成为海内外知名的文化名人。

唐·敦煌壁画《露台图》

由于敦煌是中国传统文化与印度佛教文化结合的艺术宝藏，而驰名中外的敦煌壁画正是这一宝藏中的精华，因此，张大千就去敦煌探寻中国文化之源。1941 年 3 月，他到了敦煌，开始了两年半的佛画潜修工作。他不仅考察了莫高窟的壁画佛像，还对莫高窟进行了编号，成为为莫高窟编号的第一人，为保存敦煌文化遗产做出了积极的贡献。1943 年临摹工作结束，张大千完成壁画摹作共 276 幅。其间，张大千还完成了学术论文《关于敦煌壁画》。1943 年 8 月，“张大千临摹敦煌壁画展”在兰州举行。1944 年重庆也举办了“张大千敦煌壁画摹本展览”，轰动一时，并印行了《大风堂临摹敦煌壁画》画册。

张大千的敦煌壁画摹本画展，带给世人一次次的惊叹。许多人通过张大千的画作认识了敦煌的壁画，并为这沙漠中宁静却跃动的美而感叹。陈寅恪在评价张大千的敦煌行时说：“敦煌学，今日文化学术研究之主流也。大千先生临摹北朝、唐、五代之壁画，介绍于世人，使得窥见此国宝之一斑，其成绩固已超出以前研究之范围。何况其天才特具，虽是临摹之本，兼有创造之功，实能在吾民族艺术上，另辟一新境界。其为敦煌学领域中不朽之盛事，更无论矣。”

（高江涛）

敦煌文物流失记

甘肃敦煌石窟位于甘肃省敦煌市东南25公里的鸣沙山，包括莫高窟、西千佛洞和榆林窟。其中位于甘肃省敦煌市东南25公里处的莫高窟，俗称千佛洞，是敦煌石窟的代表。现存洞窟492个，壁画45000平方米，彩塑2400余身，飞天4000余身，唐宋木结构建筑5座，莲花柱石和铺地花砖数千块，是一处由建筑、绘画、雕塑组成的博大精深的综合艺术殿堂，是世界上现存规模最宏大、保存最完好的佛教艺术宝库，被誉为“东方艺术明珠”。

敦煌石窟中还有一处闻名遐迩的“藏经洞”，是由道士王圆箓在1900年发现的。

王道士（1849～1931），湖北麻城人，俗姓王，本名圆箓，一作元录，又作圆禄。清光绪初期入肃州巡防营为兵勇。后受戒为道士，道号法真。王道士曾远游新疆，大约在1897年到敦煌莫高窟，在第16窟东侧建太清宫道观，即今“下寺”。他雇用敦煌贫士杨果为文案，在朝山进香者稀少的冬春时节抄写道经，以供发售；在朝山进香者络绎而至的夏秋时节，则命杨果在今第16窟甬道内设案，接待香客，代写醮章，兼收布施。1900年初夏，杨果在甬道对着北壁磕烟锅头，察觉有空洞回音，于是怀疑有密室，就告诉了王道士。两人就在当年5月25日半夜一起破壁探查，果然发现了装满写卷、印本、画幡、铜佛等的藏经洞，洞内藏有4～10世纪的写经、文书和文物五六万件。王道士就取出部分写卷、佛画分赠肃州兵备廷栋及本县官员乡绅，藏经洞的文物就此开始流失。

1907年，为英国服务的匈牙利人斯坦因到莫高窟，以4块马蹄银（共重200两）从王道士手中骗买写卷印本古籍24箱，佛画、织绣品等5箱。1914年，他再次来到莫高窟骗买藏经洞文物。两次共掠走遗书、文物计1万多件。1908年，法国人伯希和也接踵而来，以白银500两骗买藏经洞中拣选文书中的精品，掠走6000余件，并拍摄莫高窟照片376张。1911年，日本人桔瑞超和吉川小一郎带领探险队来到莫高窟，盗走约500件经卷和两尊唐代彩塑。1914～1915年，俄国人奥登堡又从敦煌窃走一批经卷写本，并进行洞窟测绘，还盗走了第263窟的壁画，共计2000件以上的文物。1924年，美国人华尔纳用特制的化学胶液，粘揭盗走莫高窟壁画26方和几尊最优美的唐代塑像。其间，虽1909年清廷学部获悉敦煌石室文物流散消息后，立刻电令甘肃藩司将剩余经卷运到北京保管，但王道士又私藏许多文物。许多珍贵的敦煌文物就这样经王道士手中流失到了国外。

藏经洞的发现，引起国内外学者极大的注意，形成了著名的敦煌学。其劫后残余的8600多卷敦煌文书，也几经周折运送到北京。但上述的盗窃和破坏，使敦煌文物受到很大损失。殊为可惜、可恨。

中国从20世纪40年代起成立了莫高窟的学术研究和保护机构；60年代开始对石窟进行全面的加固；自80年代，莫高窟进入了现代科学保护时期。1987年12月，甘肃敦煌莫高窟被列入《世界遗产名录》。

（高江涛）

三峡工程和文物抢救

三峡工程是全球最大的水利和水电枢纽工程，具有巨大的防洪、发电、航运、养殖、供水等综合效益。1992年，第七届全国人民代表大会第五次会议表决通过了《关于兴建长江三峡工程的决议》，正式批准将该项工程列入国民经济和社会发展10年规划，1994年正式动工兴建，2003年开始蓄水发电，2009年全部完工。

三峡库区丰富文物的保护和抢救工作也是三峡工程的重要组成部分。为了保存库区珍贵文物，在库区规划中做了搬迁保护的详细计划和具体措施。按计划，1995～2000年，三峡库区考古将完成约70%的工作量，重点完成135米水位线下的文物保护工作；2001～2005年，完成三峡淹没区文物保护工作。国务院三峡工程建设委员会审查批准三峡工程库区文物保护项目有1087个（重庆库区752个，湖北库区335个），其中地下发掘项目723个（重庆库区506个，湖北库区217个），地面文物保护项目364个（重庆库区246个，湖北库区118个）。

巫峡

涉及135米水位线下的文物保护项目有723个（重庆库区435个，湖北库区288个），其中，地下发掘项目468个（重庆库区276个，湖北库区192个），发掘面积60.779万平方米（重庆库区47.899万平方米，湖北库区12.88万平方米）。地面文物保护项目有255个（重庆库区159个，湖北库区96个），搬迁保护项目32个（重庆库区31个，湖北库区1个），留取资料项目124个（重庆库区63个，湖北库区61个）。位于库区淹没线以下的文物古迹，包括新石器时代文化遗址，夏、商、周、战国、西汉、晋、南北朝、唐、宋时代的古墓遗址，三峡与大宁河中的部分古栈道，涪陵白鹤梁枯水题刻，云阳龙脊古枯水题刻，云阳张飞庙，忠县甘井沟无铭阙等，共1208处。蓄水后库区文物遗址都有变化，但部分遗址环境变化显著，如白帝城、石宝寨将成为水上景观，旅游交通条件会有改观。位于坝下的黄陵庙、三游洞等，均不受水库淹没影响。

总之，由于我国政府的高度重视和社会上的积极支持，国家统一领导、统一规划，两省区分别实施，国家文物局按照国家的要求实行检查、监督、指导，调集全国力量，在三峡工程的建设中，丰富的文物得到了较高程度的保护和及时的抢救。

（高江涛）

流失的国宝

中国有着悠久的历史和文化，因而有着丰富的文物国宝，但历史上由于种种原因而流失到国外。自清朝末年，尤其是鸦片战争以来，由于帝国主义列强的不断入侵和清廷的日益腐败，中国逐渐沦为半封建半殖民地社会，国力衰微，大量珍贵文物被外国侵略者野蛮掠夺而流失海外。以清代圆明园文物和敦煌文物为代表，据统计，国内外收藏的敦煌文物5万余件，这些称得上是百科全书式的文献，囊括了世界罕见的佛教典籍；文献中保存的官私文书，使敦煌地区晚唐、五代、宋初悄然湮没了近200年的历史，再度为世人所知；文献中的经、史、子、集四部书中，有不少是宋代以后佚失无存的孤本；而文献中的古藏文、于阗文、粟特文、龟兹文等不仅是研究古代少数民族历史的珍贵史料，而且一些已不存在的民族语言，也因敦煌文献的发现为世人所珍视。但这些国宝大部分流失国外。

盗掘走私是我国文物流失海外的另一条晦暗途径。盗卖文物，古已有之。内忧外患的近代中国，此风更甚。新中国成立后，党和政府重视并加强对文物工作的领导与管理，有效地实施了对文物的保护以及科学发掘和研究。尽管在“文化大革命”期间，文物毁损现象曾有所发生，但是文物走私现象尚不严重。20 世纪 80 年代以来，随着中国文物价格在海外市场的大幅度飙升，为巨额暴利驱动的一些犯罪分子不惜以身试法，盗掘走私文物达到疯狂的程度。我国文物流失海外的现象又趋于严重。仅就目前粗略统计，世界上 40 余个国家的 200 多座著名博物馆收藏的中国文物见于著录的已逾百万件，其中相当部分为近 20 年来自我国内地流失而得。面对触目惊心的现实，我国警方和海关加大打击力度，使盗掘走私犯罪活动受到一定程度的遏制。据统计，1984～1986 年间，我国警方在广东、福建、上海等 7 个省市，缴获走私文物 5.5 万件；1991～1994 年间，各海关查获的走私文物达 4.6 万多件；1997 年仅海关旅检即查获文物走私案 600 多起，缉获文物 1.12 万余件；1997 年 5 月，天津海关一次查缉集装箱走私文物 5000 余件，其中国家禁止出境文物达 4000 件。

据海关提供的资料，近十多年，仅深圳海关就查扣走私文物近 3 万起。2000 年虽经全国开展打击走私犯罪活动，全国海关仍然查出文物走私案件 240 多起，收缴国家限制出口文物 8780 余件，而这仅仅是在海关对于出境货物 5% 的抽查中发现的。

近年来，网络成为文物走私的一个“隐形通道”。据国家文物局统计，2010 年国内通过网络交易的文物艺术品超过 100 万件套，交易金额达十多亿元。

面对“网络走私”的严峻形势，相关人士纷纷呼吁，应尽快完善相关法律法规，弥补文物艺术品网络交易的“监管真空”。

（高江涛）

国宝回归

改革开放以来，中国的综合实力与日俱增，许多流失海外的珍贵文物以不同方式和途径陆续回归。为了维护中国的主权和中华民族的尊严，促进流失海外珍贵文物的回归，我国政府于 1989 年加入了《关于禁止和防止非法进出口文化财产和非法转让其所有权的方法的公约》，1997 年加入了《国际统一私法协会关于被盗或者非法出口文物的公约》。中国政府郑重声明，我国保留对历史上被掠夺及走私出境文物追索的权利。

我国政府通过法律和道义等多种渠道追索被掠夺及走私流失海外的文物，取得很大成功。1988 年 11 月，中国有关方面发现纽约苏富比拍卖行公开拍卖的东周青铜敦系湖北秭归县屈原纪念馆当年 6 月所失，遂以完备的证明资料向美方索回。1998 年 5 月，依据法律，辅以外交手段与国际走私团伙斗争取得重大胜利，从英国一次追索回 3000 多件（套）文物。1998 年 6 月末，又通过国际刑警组织从美国追回河南巩义宋永泰陵前的头像。2000 年 9 月 20 日，珍藏在中国历史博物馆的 60 余件（组）海外流失文物精品开始展出。但是，追索被掠夺和盗掘走私海外文物的工作并非一帆风顺，2000 年 4 月，香港苏富比拍卖行和佳士德拍卖行宣布即将在香港公开拍卖 1860 年被英法联军掠夺出境的圆明园文物。2000 年 4 月 20 日，中国国家文物局正式致函香港苏富比拍卖行和香港佳士德拍卖行，要求它们停止此举。然而两家拍卖行置国家文物局的严正立场和海内外舆论界的反对之声于不顾，坚持如期拍卖。保利集团和北京市文物公司等企业遂参与竞拍，并最终购回四件圆明园遗物。

为促进流失海外的我国文物回归祖国，有关人士认为，目前最急迫的任务是对流失海外的文物进行系统的调查和研究，大体弄清流失海外文物的概况。判明文物流失海外的性质，即文物是历史上一般交易出境，还是被掠夺或盗掘走私出境，也属调查研究的一项重要的内容。通过详尽的总结和记录，真实再现文物流失的过程，以此唤起历史的回忆，昭示国际，教育世人，进而确定文物回归的途径和方式。促使非法出境的文物，尤其是被帝国主义列强掠夺的文物无偿返回祖国，是中国政府面临的艰巨任务，也是中国人民的殷切企盼。

（高江涛）

文物和盗墓

文物，旧为礼乐、典章制度的统称。《左传·桓公二年》记载：“夫德，俭而有度，登降有数。文物以纪之，声明以发之；以临照百官，百官于是乎戒惧而不敢易纪律。”在《现代汉语词典》中，称文物是“历史遗留下来的在文化发展史上有价值的东西，如建筑、碑刻、工具、武器、生活器皿和各种艺术品等”。《辞海》中对文物的解释是：“遗存在社会上或埋藏在地下的历史文化遗物，一般包括：(1) 与重大历史事件、革命运动和重要人物有关的、具有纪念意义和历史价值的建筑物、遗址、纪念物等；(2) 具有历史、艺术、科学价值的古文化遗址、古墓群、古建筑、石窟寺、石刻等；(3) 各时代有价值的艺术品、工艺美术品；(4) 革命文献资料以及具有历史、艺术和科学价值的古旧图书资料；(5) 反映各时代社会制度、社会生产、社会生活的代表性实物。”1982 年 11 月 19 日，第五届全国人民代表大会常务委员会第 25 次会议通过的《中华人民共和国文物保护法》第二条，对保护文物的范围作了明确规定。国家保护文物的范围，也就是文物所包括的内容。据此，文物是人类社会活动中遗留下来的具有历史、艺术、科学价值的遗物和遗迹。也可以说，它是历史上物质文化和精神文化的遗存，具有历史、艺术、科学价值，是重要的文化遗产。

我国有着悠久的历史和文化，加之有着厚葬的习俗，因而有着丰富的地下文物。盗墓即指非法挖掘坟墓，盗取殉葬之物，是文物遭受破坏和流失的一种主要途径。墓葬中文物一般保存较好且多精美，却不易得到保护，故成为盗取文物的主要对象。盗墓现象古代已有，最早可以追溯到新石器时代，自春秋时期始，由于厚葬风气的兴起，盗墓现象日渐盛行，历经秦、汉、唐、宋、元、明、清等朝代，经久不息。近现代时期，盗墓活动更加严重，著名的如孙殿英盗窃清东陵。新中国成立后，颁布了《中华人民共和国文物保护法》，加大了对盗墓活动的打击力度，盗墓现象得到了一定程度的遏制，但情况仍很严重。

目前的盗墓者一般从三个途径确定墓葬的地点。一是查看地面的封土形状以判断墓葬的级别年代等粗略信息；二是从地方文献、民间传说中寻觅古墓的踪迹；三是对比较确实可信的用洛阳铲等工具凿土取样，看是否为墓的填土——五花土，同时据取出的土层中找到的陶片、铜、金等金属碎片，判断墓葬的确切位置、墓葬的规模、棺室的位置，然后将盗洞直接打到墓室中去。确定墓葬地点之后，寻机挖掘，甚至采用炸药爆破。总之，盗墓是我国文物流失的重要途径之一，打击盗墓活动是全社会的责任，任重而道远。

（高江涛）

孙殿英和清东陵之劫

孙殿英（1899 ~ 1947），名魁元，河南永城县马牧乡孙庄人。出身贫寒，但自幼顽劣成性，不务正业。后因盗窃清东陵而被称为东陵大盗。

清东陵位于燕山山脉的南麓，距北京 125 公里，始建于清顺治十八年（1661），占地面积2500平方公里，是中国现存规模庞大、建筑完美的帝王陵墓群之一。清东陵从清康熙二年（1663）葬入顺治皇帝，到1935年葬入同治皇帝的最后一位皇贵妃，历时272年，共埋葬有5位皇帝、15位皇后、136位妃嫔、3位阿哥、2位公主，共计161人。1928年5月，奉军和直鲁联军阻止不住蒋介石联合冯玉祥、阎锡山等军的北进，全线败退。孙殿英率部退至蓟县和遵化一带，被蒋介石收编，委为第六军团第十二军军长。当时，孙殿英的部队驻地临近清帝皇陵，他便以军事演习为名，在陵区周围15公里内派出警戒，严密封锁，命令亲信炸开乾隆皇帝的裕陵和慈禧太后的定东陵的地宫，劈棺椁、抛尸骨，将价值连城的珍宝洗劫一空，得夜明珠、翡翠西瓜、翡翠白菜、万年灯等珍贵殉葬品计5大箱，史称“东陵盗墓”。消息传出，舆论大哗，要求惩办。孙殿英见势态严重，便精选夜明珠、九龙剑、朱红朝珠等稀有珍品贿送权要，请他们代为周旋求情。于是，轰动全国的东陵盗宝案便不了了之。

1943年4月中旬，日本侵略军20万人分进合击扫荡太行山区，孙殿英在林县被围，23日晚投降日军。孙殿英投敌后，任伪新编第五军军长，移驻新乡。1945年8月15日，日本帝国主义无条件投降，蒋介石却任命孙殿英为新编第四路军总指挥，仍驻豫北。1947年5月1日，中国人民解放军围攻陷汤阴县城，孙殿英被擒，不久病死在河北武安。

（高江涛）

甲骨文研究的“四堂”是谁

甲骨文研究的“四堂”是指研究甲骨文声名卓著的罗振玉、王国维、董作宾、郭沫若四人。因为四人字或号中都有一个“堂”字，后人为了纪念他们在甲骨文研究上的成就和贡献，遂将他们并称为“四堂”。

罗振玉：号“雪堂”。

王国维（1877～1927），号“观堂”。王国维是第一个利用甲骨文证实《史记·殷本纪》所载商王世系的可靠程度，并根据卜辞加以纠正的人，著有《戬寿堂所藏殷虚文字考释》、《殷卜辞中所见先公先王考》、《续考》和《殷周制度论》等。王国维还是从称谓判断卜辞年代和进行甲骨缀合的第一人。

董作宾（1895～1963），字“彦堂”。在1928～1934年，董作宾曾8次主持殷墟的发掘。并最先提出甲骨文十项断代标准，从而使甲骨文的研究走上了一个新的阶段。董作宾还根据甲骨文资料，探讨殷代年历之学，著有《殷历谱》。他还将殷墟科学发掘所得甲骨文辑为《殷墟文字甲编》和《殷墟文字乙编》出版。

郭沫若（1892～1978），字“鼎堂”。郭沫若从1928年开始研究甲骨文，次年夏写成《甲骨文字研究》和《中国古代社会研究》，对商代的生产关系、生产方式、意识形态、生产状况和社会组织进行了理论性的概括。1933年郭沫若编辑出版了《卜辞通纂》、《殷契粹编》，所做考释多创获，由浅入深地介绍了甲骨文字的全面情况，迅速受到国内外学术界的极大重视。

（高江涛）

20世纪中国考古的100大发现

20世纪是中国考古学产生、发展并走向繁荣的时代。为了回顾中国考古学的百年历程，总结并展示20世纪中国考古学的辉煌成就，推进21世纪中国考古学的进一步发展，新世纪伊始，中国社会科学院考古研究所主办的《考古》杂志于2001年1～3月，组织举办了“中国20世纪100项考古大发现”评选活动，评选出了100项20世纪中国考古重大发现。这100项考古大发现集中反映了中国百年考古的概况，是20世纪中国考古学的缩影。其时代从旧石器时代的北京人、元谋人、蓝田人的发现到北京明代定陵的发掘。其中，旧石器时代遗址及古代人类的发现占7项，新石器时代有30项，夏商周时期23项，秦汉时期24项，隋唐至元明16项，以新石器时代为最多。这100项重大考古发现涵盖全国25个省、市、自治区和香港特别行政区及台湾地区，其中河南省、陕西省所占比例最大，均超过10项。

所评选出的100项20世纪重大考古发现已编辑成《二十世纪中国百项考古大发现》一书，于2002年由中国社会科学出版社出版。本书主要分四部分：第一部分是考古研究所所长刘庆柱写的序言《20世纪中国考古发现的科学意义》，全面论述了20世纪中国考古发现的科学意义；第二部分是《考古》杂志社社长白云翔的《20世纪中国考古发现述评》，对20世纪中国的重大考古发现作了全面的述评；第三部分是100项重要考古发现的介绍和评述，每篇3000字，10幅左右的精美图片，全面介绍了各项发现的发现经过、发现的内容以及发现的意义，文末附有主要参考文献；第四部分是附录，内容包括《20世纪中国考古发现大事记》《“中国20世纪100项考古大发现”评选活动纪要》和《20世纪中国考古辉煌成就的总结与展示》（英文）等。全书选用精美而又有学术价值的图片约1500幅，具有科学性、知识性、可读性和信息量大的特点。具体的100项考古大发现详情可参见《二十世纪中国百项考古大发现》。

（高江涛）

中华第一鼎

“中华第一鼎”因是中国目前最高、最重的鼎而得名。鼎高9.9米，直径4.6米，重100吨，由汉白玉雕刻而成，也是世界上最大的鼎。该鼎由民营企业家梁晓华出资建造，又称云鼎，于2002年11月7日在北京密云县建成揭幕。云鼎的建成表达了密云人民和全国人民祝福祖国繁荣昌盛的美好心愿。

（高江涛）

商父乙鼎，图出《泊如斋重修宣和博古图录》

青花瓷起源于唐代吗

从商代开始，中国已经出现了原始瓷器，成熟的瓷器则在距今1900多年前的东汉已经流行。从公元1世纪到14世纪，中国的瓷器有众多的品种，但始终以青瓷为主流，一直到14世纪30年代，出现了景德镇的元代典型青花瓷后，青瓷的主流地位就很快地让位给青花瓷。

但对“青花”是在唐朝还是宋朝出现的，学术界一直有争论，据近年来的新资料看，有专家认为青花瓷应起源于唐代。

青花瓷器是用钴料为呈色剂，在釉下进行彩绘，然后以1300度左右的高温在还原焰的气氛中烧成的透明釉白地蓝花瓷器。从釉下彩工艺和钴料彩绘这两个要素看，唐代已经出现了青花瓷。宋代和元初都有釉下钴料彩绘的青花瓷，但它们都不是那种足以取代青花瓷统治地位的元代景德镇透明釉的青花瓷。另外，唐代青花也

青花牡丹唐草纹

有考古实物出土。自从1975年在扬州唐城遗址发现一片白釉蓝彩瓷枕残片后，古瓷研究者相继发现一些唐代类似“青花”的器物：香港大学冯平山博物馆藏的唐代白釉点蓝彩三足罐；美国波士顿泛美艺术馆藏的青花花卉纹碗；丹麦哥本哈根装饰艺术博物馆藏的青花鱼纹罐；1983年至今在扬州一些工地陆续发现的有蓝彩纹饰的唐代巩县窑白釉碗、盘及执壶等残片残件，印度尼西亚海域沉船上类似的蓝彩瓷器，等等。20世纪80年代初期，考古专家专门对在扬州出的唐代青花进行分析，推断扬州城出土的青花很可能是巩义黄冶窑烧制的，因为当时扬州是中国的一个对外开放口，很多文物经此地对外出口。2002年在巩义黄冶窑发现唐代青花，证实了唐代青花就是巩义烧制的，巩义黄冶窑便是唐代青花瓷产地。另外，这次发掘出的青花瓷器片标本更为青花瓷起源于唐代提供了重要的实物依据。事实上，唐代青花瓷是为了满足中东伊斯兰地区的输出需要生产的，两宋时期由于出口的中断，一度出现的青花瓷衰落。元代则恢复了这种加工定货的需求，景德镇青花瓷开始闻名于世界。

（千春松）

九

建筑　园林

有巢氏的传说

有巢氏又称“大巢氏”，是传说中发明巢居的人。这种传说在先秦古籍已有记载。

相传，远古时代，人类居住在野外。在这种生存环境中，人不能抵抗猛兽的袭击，非常危险。于是有巢氏发明了巢居，教民构木为巢，以防野兽侵袭。《太平御览》卷七八引项峻《始学篇》说：“上古皆穴处，有圣人教之巢居，号大巢氏。”《庄子·盗跖》也有：“古者禽兽多而人民少，于是民皆巢居以避之。昼拾橡栗，暮栖木上，故命曰有巢氏之民。”《韩非子·五蠹》、晋代张华《博物志·杂说上》中也有此说。

关于有巢氏神话的诠释，尚秉和在其《历代社会风俗事物考》中认为，架木巢居，可以免于穴居之苦。有巢氏之巢，不必在树上；垒土石，上架以木，简陋有类于巢，实近似于房屋。西安半坡遗址中显示的正是这种形制的“有巢”遗迹。

传说毕竟是传说，并不能确定有巢氏确有其人，更可能是集体智慧的结晶。但是这一传说反映了我国原始时代由穴居而进入巢居的情况。

（张雨）

木匠之祖鲁班

鲁班，原名公输般，春秋时期鲁国人。因为他是鲁国人，而“般”又与“班”同音，故习惯称之为鲁班。

鲁班出身于一个世代工匠的家族——公输族。据明代《鲁班经》记载，他生于鲁定公三年（周敬王十三年），即公元前507年，至少到周贞定王二十五年，即公元前444年，仍在从事营造活动。传说鲁班家境贫困，自幼便参加营造工程劳动。12岁时遵父命外出求师，投拜在一位隐居终南山的木工老祖门下，博学木工工艺。由于他勤学苦钻，遂得其师全部技艺。上海在清同治九年（1870）勒刻的《石作同业先后重修公输子庙乐输碑》中对鲁班的身世有更为详细的记述。碑文称：“祖师讳班姓公输，字依智，鲁之贤胜路东平村人也。父讳贤，母吴氏，师生于鲁定公叁年甲五月初七日午时”，“其淑配云氏，又天授一段神巧，较之于师，殆有佳处，今之规矩绳墨，即其遗制也”。

据史料记载和民间传说，鲁班有许多发明创造。

一是云梯。这是古代攻城器械。据《墨子·公输》记载：“公输盘为楚造云梯之械，成，将以攻宋。”《战国策·公输般为楚设机》则描述墨子往见公输般时说：“闻公为云梯。”据《史记索隐》说：“梯者，构木瞰高也。云者，言其升高入云，故曰云梯。”唐人杜佑撰的《通典·兵十三·攻城战具附》中将云梯构造叙述得更为详细：“以大木为床，下置六轮，上立双牙，牙有检，梯节长丈二尺，有四桄，桄相去有三尺，势微曲，递互相检，飞于云间，以窥城中。”又说：“有上城梯，首冠双辘轳，枕城而上，谓之飞云梯。”据此推测，云梯已装配“梯节”和多轮平板车的雏形，上部构造估计与现在消防所用攀登云梯相仿。

二是钩强。这是古代水战用的器械。据《墨子·鲁问》记载：“公输子自鲁南游楚焉，始为舟战之器，作为钩强之备，退者钩之，进者强之。”可见“钩强”在水战中有防御和进攻两用的特点。其构造据《通典·兵五·守拒法附》中说：“钩竿如枪，两旁有曲刃，可以钩物。”这种兵器类似江南一带水运竹排时所用的工具。

三是木鹊。这是一种以竹木为材的飞行器械。据《墨子·鲁问》记载：“公输子削竹木以为鹊，成而飞之，三日不下。”估计类似现代的“竹蜻蜓”或“飞机模型”。至于“飞之三日不下”似为夸张之词，因此曾被墨子所不屑：“所为巧，利于人，谓之巧；不利于人，谓之拙。”

四是鲁班尺、墨斗。据《孟子·离娄》记载：“公输子之巧，不以规矩不能成方圆。”足见当时已有“规”与“矩”。现在沿用的曲尺、可能是鲁班在“矩”的基础上改进而来的，现代木工称它为“鲁班尺”。按《续文献通考·空考·度量衡》说：鲁班尺“即今木匠所用曲尺，盖自鲁班传至于唐……由唐至今用之”。曲尺构造简单，功能多，所以至今仍在应用。相传鲁班还创造了弹线的墨斗。

明代黄一正编《事物绀珠》还谈到鲁班发明了刨。但据考古资料，春秋末期还未有刨，可能为附会。

五是造季家墓。据《礼记·檀弓下》记载，鲁国大夫“季康子之母死，公输若方小。敛，般请以机封，将从之”。季家墓应属较复杂的墓葬工程，“敛”应系“下于棺椁”的技巧。东汉经学家郑玄和唐代经学家孔颖达都曾对“机封”有过注疏，认为这是鲁班所采用的“敛棺”方法，就是采用类似木把杆加木葫芦（滑轮）的吊装机具。

六是铺首。这是衔门环的底座，多为铜制，作虎、螭、龟、蛇等形。按《营造法式》卷二“门”引《风俗通义》记载，为鲁班发明，并详细记述其形制。

此外，传说鲁班在雕刻方面也有很深的造诣，如《刘子新论·知人篇》形容他刻的凤凰：“翠冠云耸，朱距电摇，锦身霞散，绮翮焱发。”《述异记》说他还制作过石刻地图。东汉王充在《论衡·儒增篇》中还描写了他制造木车马和木人的故事等。鲁班不愧是中国古代伟大的发明家之一。

鲁班的传说在唐代已大量出现并流行全国。鲁班由最初的一个巧木匠而成为一个超级建筑工程师，他的活动范围已由木工行当扩展到整个建筑业，并增加了许多夸张和神异的内容。唐宋以来行会制度十分普遍，每一行都有自己的祖师即行业神，木、石、泥瓦行就奉鲁班为自己的祖师。鲁班虽被奉为神，但他与那些不食人间烟火的神佛完全不同。他是中国能工巧匠的卓越代表，是劳动人民聪明才智的化身。在鲁班传说中，他是一个面貌和善、四处奔波、为同行排忧解难的忠厚长者。直到今天，人们还把一些最出色的能工巧匠称作“活鲁班”、“小鲁班”和“青年鲁班”，这是人民给予此神的殊荣。而对于那些在行家里手面前卖弄本领的人，人们则往往用“班门弄斧”来讥讽。

（张雨）

梁柱式建筑是中国建筑结构的主流

一个民族的建筑风格，主要由其建筑结构决定。内部的结构决定了它的外部形式。

我国的古代建筑结构，自穴居和巢居发展为地面上的房屋建筑以来，逐渐创造了木构梁柱式的结构体系。因为中国的黄河中下游，冬季寒冷，雨量集中在夏季，并时有暴雨，建筑遮风避雨防寒的功能比古希腊重要。石料虽有，但黄土地带的土（随后还有以土为原料的砖瓦）更易获得，因此，建筑材料沿袭了早期的半地穴式房屋而主要为土（砖瓦）与木材。由于土的承重能力差，建筑结构主要采取了梁柱式的木构形式，土墙只起屏障和隔断作用。所以虽然也同时并行着以砖石材料建造的叠涩和拱券式结构，但是在长期实践的过程中，梁柱式结构以各方面的优越性，成为中国古代建筑结构的主流，并由此而形成了它的独特艺术风格。

梁柱式结构，以木材为主，由立柱、横梁及顺檩等主要构件组成。各构件之间的结点用榫卯相结合，构成了富有弹性的框架。这种榫卯结合的形式，在浙江余姚河姆渡原始社会建筑遗址中已有发现，表明它在距今7000多年前就已经形成了。在后来的长期发展过程中，又创造了“斗拱”这种独特的结构形式，成为中国古建筑结构的一种重要特征。斗拱由形状像量谷物用的斗和升子的构件以及好像弯弓一样的拱形构件所组成，所以称为斗拱。斗拱的位置在柱子与梁和其他构件的交结处，它的作用不仅有加大加长结点的接触面、增强抗剪能力的作用，而且还有装饰作用。凡是古代重要的建筑如宫殿、坛庙、寺观以及“大式”的楼台亭阁等都使用了斗拱。由于主要建筑都使用斗拱的缘故，至少在宋代以前就已经形成了以斗拱的“材”、尺度作为“模数”，分等级大小来决定建筑物全部构件尺度的制度。在宋代《营造法式》中，对此已有了明确的规定。清朝的工部《工程做法则例》中也同样以“斗口”的等级尺度来决定建筑物的所有构件尺度和比例。每个时代的斗拱大小和比例都有它们的时代风格，因此斗拱的形制还是鉴别古建筑年代的重要依据。一般的情况，斗拱在建筑物上，由粗壮发展为纤细，由功能性发展为装饰性。

“墙倒屋不塌”这一句中国民间的俗语，充分表达了梁柱式结构体系的特点。由于这种结构主要以柱梁承重，墙壁只作间隔之用，并不承受上部屋顶的重量，因此墙壁的位置可以按所需室内空间的大小而安设，并可以随时按需要而改动。正因为墙壁不承重，墙壁上的门窗也可以按需要而开设，可大可小，可高可低，甚至可以开成空窗、敞厅或凉亭。

由于木材建造的梁柱式结构是一个富有弹性的框架，这就使它还具有一个突出的优点即抗震性能强。它可以把巨大的震动能量分散到弹性很强的结点上。这对于多地震的中国来说，是极为有利的。因此，有许多建于地震区的木构建筑，上千年来至今仍然保存完好。如高达67米多的山西应县辽代木塔，为现存世界上最高的木塔；天津蓟县辽代独乐寺观音阁高达23米，这两处木结构已经近千年或超过了1000年。后者曾经历了在附近发生的八级以上的大地震，1976年又受到唐山大地震的冲击，还安然无恙，充分显示了这一结构体系的抗震性能的优越性。

（张雨）

瓦当

“瓦当”是我国古建筑宫殿、寺庙瓦垄前端独有的装饰品，是屋檐头那块筒瓦的底，圆形的是覆瓦，半圆形的是仰瓦。早期的瓦当，有花纹，无字；秦汉瓦当，有的有字，有的仅有花纹。一般有字的瓦当比较珍贵。有字的瓦当通常是4个字的吉祥语，也有8字、12字的，较少见。4个字的瓦当，每一个字所占位置恰是圆形的1/4，所以一边圆，两边方。每一字要适应这样的空间，于是用一种缭绕曲折的篆字来书写。这种篆称为“缪篆”。

提到瓦当，人们就会想到“秦砖汉瓦”，其实汉代以前就有瓦当了。近代考古学发现并且证明，瓦当始制于西周中晚期。最早的瓦当发现在陕西扶风、岐山县内的周原遗址。这里东距西安100公里，是周的国都。不过，人们常说的瓦当，一般还是指秦汉时期的瓦当，它们最具有代表意义。

秦汉瓦当造型、花纹、文字古朴典雅富于变化，既是建材又是艺术品。秦代以“纹饰”瓦当较多，汉代“文字”瓦当盛行。古钱文字和瓦当文字在某种情况下艺术处理相融互通，约在12厘米左右的瓦头上，安排文字衬以花边，布局完美的瓦当和方孔圆钱气息相通，造型近似，瓦当艺术可能影响方孔圆钱的设计制造以及治印风范。

汉代瓦当纹饰是中国瓦当艺术的巅峰，当面上的动物和文字有精妙独到之处：双鹤翔云、猛虎吞燕、玉兔蟾蜍、鸿雁高飞等，以及青龙、白虎、朱雀、玄武——四神瓦当和“长乐未央”、“千秋万岁”、“延年益寿”、“长宜子孙”等篆书文字瓦当，更为收藏家们世代所重。隋唐时期的瓦当由于受佛教东传的影响，以“莲花纹”为主，兼有佛像、龙形、兽面、忍冬纹等少量应用，文字瓦当则较少。这是当时思想意识与艺术表现在佛教文化左右下形成的整齐划一格局化的结果。

至宋、元、明、清时期，瓦当纹饰也有一定的发展和变化，但相比较汉代瓦当，已经是“不足为道”了。

（张雨）

江南园林的建筑特色

江南园林属于私家园林，大都是封建文人、士大夫及地主经营的。一般以苏州园林为代表，大多面积较小，以精取胜。其风格潇洒活泼，玲珑素雅，曲折幽深，明媚秀丽，富有江南水乡的特点，且讲究山林野趣和朴实的自然美。它善于把有限的空间巧妙地组合成千变万化的园林景色，充分体现了我国造园的民族风格，并广泛吸取了中国山水画的理论，如拙政园、网师园等。

与皇家园林的庄严豪华以及威严不同，江南地区的私家园林，多建在城市，并与住宅相连。占地甚少，小者一二亩，大者数十亩，但是也更讲究细部的处理和建筑的玲珑精致。

玲珑精巧的苏州园林花式漏窗

在园景的处理上，江南园林善于在有限的空间内寻求较大的变化，巧妙地组成千变万化的景区和游览路线。常用粉墙、花窗或长廊来分割园景空间，但又隔而不断，掩映有趣。通过画框似的一个个漏窗，形成不同的画面，变幻无穷，堂奥纵深，激发游人探幽的兴致。有虚有实，步移景换，主次分明，景多意深，情趣无穷。

巧用借景的手法是江南园林的另一特点，它可以使盈尺之地，俨然大地。借景的办法，通常是通过漏窗使园内外或远或近的景观有机地结合起来，给有限的空间以无限延伸。有时也用园内有园，大园包小园，造成空间多变，层次丰富，这种园中之园，又常在曲径通幽处，在你感到“山重水复疑无路”时却又“柳暗花明又一村”，产生“迂回不尽致，云水相忘之乐”。有时还远借他物、他景，为我所有，丰富园景。

江南私家园林建筑的室内普遍陈设有各种字画、工艺品和精致的家具。这些工艺品和家具与建筑功能相协调，经过精心布置，形成了我国园林建筑特有的室内陈设艺术，这种陈设又极大地突出了园林建筑的欣赏性。

另外，园林中丰富的楹联、诗词、题咏与园林相结合，利用文学的手段深化人们对园林景色的理解，启发人们的想象力，使园林更富有诗情画意。这种善于用文学上形象思维的艺术魅力来美化园景的手法，使厅、堂、亭、榭上的楹联常常成为赏景的说明书。

明清时期，有很多文人画家参与到园林的设计与造园实践中来，明朝有著名的张南阳、周秉成、计成等，清代有张链、张然、叶眺等。他们既擅长绘画，又是造园家。他们的实践和理论，大大地促进了江南园林艺术的发展。

（张雨）

陈从周论中国园林艺术

陈从周是我国著名的古建筑、古园林学专家。他生前在同济大学建筑系任教近50年，毕生致力于保护和弘扬中国古建筑尤其是园林建筑文化。

在园林的建筑艺术上，陈从周论述很多，并且饶有风趣。他在谈到大园林和小园林的区别时认为，“大园宜动观，如浏览水墨长卷；小园宜静观，如把玩扇面册页”；他说园林由艳丽而素雅，如女孩子“小时候喜欢红皮鞋，大了喜欢白皮鞋”；他讲造型收头处理的重要性，如旧时相亲“男看皮鞋，女看头发”；他称赞朴素的空间效果是“贫家勤扫地，贫女巧梳头”；他论述“少就是多”的建筑审美原则时，讲了一个三妻四妾的富绅无人送终的故事作反例；对于保护古建筑和建筑创作的关系，则概括为“土要土到底，洋要洋到家”。陈从周在批评工程多了而美学质量下降的现象时，打比方说，“森林里出不了好家具，因为木头不稀奇”。这些论述点点滴滴，却又字字珠玑。

陈从周把中国园林艺术的最大特征概括为“文人园”，表现特征就是诗情画意，所追求的是避去烦嚣，寄情山水。要在城市里再造山林，来达到明代造园家“虽由人作，宛自天开”的境界。“文学艺术往往是由简到繁，再由繁到简，造园也是如此。苏东坡‘贫家净扫地，贫女巧梳头’说的就是净即简，巧须悟……造园不在花钱多，而要花思想多。”

说到园林的功用，陈从周认为是：造园须曲，交友贵直，园能寓德，子孙多贤，故造园即为修身养性，用园林的意境感染后代读书、吟咏、书画、拍曲，从而培养正直品高的人。他担忧现代的园林工程师不研究透中国园林艺术，城市、园林建筑共性日益增多，真正的中国园林艺术得不到发展。

对于中国园林的意境，陈从周也有过精粹的论述：“造园加缀文，千变万化，不究全文气势立意，而仅务辞汇叠砌者，能有佳构乎？文贵乎气，气有阳刚阴柔之分、行文如是，造园又何独不然？割裂分散，不成文理，藉一亭一榭以斗胜，正今日所乐道之园林小品也。盖不通乎我国文化特征，难以言造园之气息也。”陈从周所说的“气”即传统美学思想中的“意境”。

（张雨）

王家大院

王家大院是山西最大的一座保存完好的建筑群，被称为“三晋第一宅”。它位于灵石县静升镇北端黄土丘上，包括东大院、西大院和孝义祠，总面积34650平方米。

东大院俗称高家崖，建于清嘉庆初年，是一个不规则形的城堡式串联住宅群。城堡因地布局，顺势而建。鸟瞰东大院，是由三个大小不同的矩形院落组成：中部是两座主院和北围院；东北部是俗称“柏树院”的小偏院；西南部是大偏院。城堡的四面各开一个堡门。东堡门位于主院前大通道的东端，西堡门开在大偏院的西南角，南堡门开在主院前大通道的中间，北堡门开在小偏院的东北角。南堡门外是一条长 50 米、宽 3 米的石板坡路，直通村中的五里后街。主院前的大通道长 127 米，宽 11 米，全部用青石铺成。大通道的南面是高高的砖砌花墙，墙内建有 60 多米长的风雨长廊。

东大院主体建筑是两座三进四合院，院门前都有高大的照壁、上马石、旗杆石、石狮、石台阶等。从布局看，每座主院都有宽敞的正院、偏院、套院、穿心院、跨院等；按用途分，有堂屋、客厅、厢房、绣楼、过厅、书院、厨房之别。院内因地而异，修有甬道、幽径、低栏、高墙等。院中有院，门内有门，窑顶建窑，房上座房。主院西南角的大偏院是由两座花园式庭院组成的，可供主人小憩。主院正北的后院是由一排 13 孔窑洞组成而又分隔为四个小院的护堡院。整个东大院建筑规模宏大，结构严谨。

出东大院的西堡门，走过一条马蹄形的沟涧小道，就是西大院。雄伟的堡门为两进两层，一方刻有“恒祯堡”的青石牌匾镶嵌在堡门正中央。因堡门为红色，所以人们都叫西大院为“红门堡”。

西大院是一处十分规则的城堡式封闭型住宅群，面向与背靠同东大院完全相同。俯视西大院，其平面呈十分规则的矩形，东西宽 105 米，南北长 180 米。仅有的一个堡门开在南堡墙稍偏东的位置，正对着城堡的主街。

堡墙外高 8 米，内高 4 米，厚 2 米多，用青砖砌筑。堡墙上有垛口。堡门外正对堡门的地方，有一座砖雕照壁。堡门左右及堡墙东北、西北角各有一条踏道可上堡墙。堡内南北向有一条用大块河卵石铺成的主街，人称“龙鳞街”，街长 133 米，宽 3.6 米。主街将西大院划为东、西两大区，东西方向有三条横巷。横巷把西大院分为南北四排。从下往上数，各排院落依次叫底甲、二甲、三甲、顶甲。一条纵街和三条横巷相交，正好组成一个很大的“王”字。堡墙东北角和西北角各有更楼一座。堡内东南角、西北角各有水井一口。堡内共有院落 27 座，除顶甲为 6 座外，其余三甲均为 7 座。各院的布局大同小异，多数为一正两厢二进院，正面以窑洞加穿廊为主，顶层有建窑洞或建阁房的。大部分院落以南北中心线为对称轴，东西基本对称。也有一部分院落为偏正套院，院门偏在东南方向，院门内是一条较长的通道，通道西侧南端是通往前院的门，北端是通往后院的门。

王家大院的建筑技术、装饰技艺、雕刻技巧鬼斧神工，超凡脱俗，别具一格。院内外、屋上下、房表里，随处可见精雕细刻的建筑艺术品。这些艺术品从屋檐、斗拱、照壁、吻兽到础石、神龛、石鼓、门窗，造型逼真，构思奇特，精雕细刻，匠心独具，既具有北方建筑的雄伟气势，又具有南国建筑的秀雅风格。这里的建筑群将木雕、砖雕、石雕陈于一院，绘画、书法、诗文熔为一炉，人物、禽兽、花木汇成一体，姿态纷呈，各具特色，称得上北方民居建筑艺苑中的一颗璀璨明珠。

（张雨）

为什么说建筑是"凝固的音乐"

"建筑是凝固的音乐，音乐是流动的建筑。"建筑艺术有着不容忽视的艺术表现力。建筑，看似生、硬、冷，实则鲜、活、美，这是大自然赋予建筑的灵性。每一个有特色的建筑单体，每一处有个性的建筑组群，都蕴涵着规划者、设计者、建设者的智慧，体现着超乎物质属性的精神价值和艺术魅力。

每种艺术都有自己独特的艺术语言，欣赏建筑艺术就是要了解建筑艺术特有的艺术语言。而建筑的艺术语言包括：面、体形、体量、立面（空间）、群体、环境艺术手法等。

颐和园石桥

面的处理要注意运用形式美法则，古今中外均如此。均衡、对称、比例、对位、节奏、韵律、比例尺等，虚实、明暗、色彩、材料质感。综合运用它们，结合建筑物的具体条件和性质，就可以得到既有丰富变化，又高度和谐完美的造型。

体形处理更加丰富多彩，很多建筑体形组合丰富、多样，组成了多种多样体形，这也需要遵循形式美法则。

建筑体量的巨大是与其他造型艺术的显著区别。有些建筑的面、体形处理都很简单，主要靠体量的处理，巨大显示艺术性格。人在它的面前，觉得它是永恒的，而人却十分渺小，给人以强烈的艺术感染。

园林建筑中的小别墅、小住宅要注重较小体量，体现亲切感。

建筑与绘画、雕塑同属造型艺术，但绘画、雕塑无中空空间，建筑有中空空间，四面墙壁、地面、天花板围成空间，或许多建筑组成庭院、广场，空间是建筑独有的艺术语言，空间有巨大的情绪感染力。

建筑群常常不是单独出现的，而是由很多单栋、单幢建筑或它们共同围成的广场组合成群。即便是单幢建筑，也是由许多不同性格的房间组成的。一系列不同的建筑和不同的、空间的、顺序的出现，引起了像交响乐有序曲、高潮、尾声的顺序出现，使人的情绪发生一系列的变化，获得总体的享受，这种群体的艺术感染力，比起某一个单独的建筑单体来得更加强烈、更加深刻。

建筑艺术是环境艺术的主体，与环境、雕塑、环境绘画、建筑小品、工艺美术甚至文学如匾额、对联以及家具、地毯、灯具组合在一起。还有自然环境的山、水、树、石头，它们的形体、光、色，甚至气味，还有人文环境的历史、乡土、民俗的高度有机组合，由建筑艺术统率，并且协调它们，将会产生更为巨大的艺术表现力量。

因此，建筑和音乐同样讲究形式美，但又有自己独特且不可取代的表现方式。建筑将功能和美有机地统一在一起，将人类的想象力和创造性赋予建筑的内容和形式，从而创造出富于韵律、节奏起伏的绚丽多姿、风格各异的艺术形象。

怎样才能欣赏到这“凝固的音乐”之美呢？首先，应学习掌握欣赏建筑艺术的角度和方法。观赏的角度不同，运用的方法不同，同样的建筑给人的艺术感觉是不同的，有时甚至大相径庭。因此，可以从以下几个方面来掌握：点，即建筑单体；线，即轮廓线；面，即围合空间；体，即体形与体量；群，即建筑群体；轴，即两条轴线；围，即环境。这些也就是建筑艺术的语言。掌握了这样的语言才能更好地欣赏建筑之美。其次，应建立起欣赏建筑艺术的基本理念。解读建筑艺术，不能脱离历史和环境。其核心就是要从了解历史、拥抱时代、崇尚生活、热爱城市的愿望出发，了解和把握城市定位、历史文化背景以及建筑的功能、用途等。建筑艺术风格的形成和发展不只是物质因素的作用，同时可能更是精神文化因素促成的结果。欣赏建筑艺术时，我们要时刻把产生它们的时代的、民族的、地域的文化土壤联系起来，这样就会产生更深刻的“音乐”感受。

（张雨）

中国传统建筑特点

中国传统建筑艺术是中华传统文化中的一部分，在长期的历史发展过程中，尤其在儒家思想影响下，中国古代建筑逐步形成了自己的体系和特点，作为世界三大建筑体系之一，它与西方建筑艺术和伊斯兰建筑艺术并列，自豪地立足于世界建筑文化之林。

中国最早的史前建筑，诞生于距今约1万年的旧、新石器时代之交，即原始农业开始出现，人们的定居要求开始增强的时候。而最早显现出初步的关于美的也即广义艺术要求的建筑，则出现于公元前4000年新石器时代中期。从一种结构体系而言，中国传统建筑终结于20世纪初。

中国传统建筑以汉族建筑为主流，主要包括城市、宫殿、坛庙、陵墓、寺观、佛塔、石窟、园林、衙署、民间公共建筑、景观楼阁、王府、民居、长城、桥梁大致15种类型，以及牌坊、碑碣、华表等建筑小品。它们除了有基本共同的发展历程以外，又有时代、地域和类型风格的不同。

在以儒家思想为正统的封建社会，等级制度无所不在，建筑物的营造也不例外。严格的建筑等级制度本质是主张君权至上的儒家等级思想的具体化，根据人们的身份等级制定建筑标准，任何人不得逾越，体现出鲜明的中国文化特色。基于中国长期的宗法社会土壤，中国建筑以宫殿和都城规划的成就最高，突出了皇权至上的思想和严密的等级观念，体现了古代中国的政治伦理观，而与欧洲、伊斯兰或古印度以神庙、教堂和清真寺等为主的宗教建筑成就有着明显的不同。

儒家思想对于我国古建筑的另一个重要影响是讲究建筑的和谐美。儒家认为和谐是一种最高的伦理准则和美学境界。古代传统的“前堂后寝”、方正对称的布局就体现了这种美学主张。中国建筑特别重视群体组合，群体组合常取中轴对称的严谨构图方式；但有些类型如园林、某些山林寺观和某些民居则采用了自由式组合。不管哪种构图方式，都十分重视对中和、平易、含蓄而深沉的美学性格的追求，体现了中国人的民族审美习惯，这与欧洲等其他建筑体系突出建筑个体的放射外向性格、体形体量的强烈对比等也有明显的差别。

中国传统文化中天人合一思想也对建筑风格影响深远。中国传统的建筑活动在儒家“天人合一”理念的影响下，特别强调选址，注意将建筑组织到自然环境中，提高整个自然环境的美学质量。许多著名建筑群的选址基本是对自然环境的选择，于是，形成了名山必有古刹的中国古建筑的分布特点。勘察地形、看风水是建筑动土之前的大事。因此，上至宫殿皇陵，下如茅屋瓦舍无不小心翼翼、认真对待。热爱自然、尊重自然、建筑镶嵌在自然中，仿佛是大自然的一个有机组成，而与其他建筑体系更强调人工与自然的对比不同。

古塔

儒家讲究孝道和厚葬，重视丧葬制度，因此，我国古代祠庙和陵墓建筑相当发达。中国的宗法伦理观念，也影响至几乎所有建筑类型，如祭祀自然神和先贤圣哲的准宗教建筑坛庙，以及在特别强调血缘宗亲关系、特别重视“慎终追远”、“视死如生”等观念的文化背景下发展的帝王陵墓等，它们几乎是中国特有的建筑类型，以规模之隆重，气氛之肃穆而令人瞩目。

儒家思想对民居空间设计影响深远。从目前存留的种类繁多的民间公共建筑如宗祠、先贤祠、神祠、会馆、书院和景观楼阁等来看，无不深深浸染着传统文化精神。其中民居不但种类繁多，形式十分多样，而且更直接、更真切地面对普通人生，其所体现的群体文化心态也率真而质朴。中国古代民居以庭院建筑为主，布局一般也是将重要建筑置于中轴线上，两侧均衡对称安置次要建筑，若干庭院组成建筑群。在这类民居中，也体现了严格的等级，如尊长居中等。民居中尊卑有序、长幼男女有别，各色人等的起居、活动空间有明显区分的做法，是儒家的宗法礼教等级观念在居住文化方面的反映，此类建筑以北京四合院为代表。

儒家对建筑思想的影响不仅仅表现在城市和建筑群大的平面布局方面，它的触角波及单体建筑的每一个细小方面。不仅重要建筑受礼制的约束，甚至普通民居的开间多少、屋顶的形制、高矮、进深、门的大小、漆画及装饰物的颜色、类别、数量等细节，历朝都有严格的等级规定，任何人都必须遵守。

总之，中国传统建筑的总体特点是：古建筑以木材、砖瓦为主要建筑材料，以木构架结构为主要的结构方式，平面布局具有一种简明的组织规律，规划严整，造型优美，装饰丰富多彩，特别注意跟周围自然环境的协调等。从这样的建筑特点中可以透视中华文化的精神：以宫殿和都城规划的成就最高，突出皇权至上思想和严密的等级观念；注重与自然的高度协同，尊重自然，讲求天人合一；重视对中和、平易、含蓄而深沉的美的追求。中国古代建筑艺术是中国人的伦理观、审美观、价值观和自然观的深刻体现。

（张雨）

梁思成对中国建筑的研究

梁思成（1901～1972），是我国也是世界著名的建筑学家，是近代著名学者梁启超之长子。1901年4月出生于日本东京，在东京的华侨学校上学。他在父亲的教育督促下，自小打下了良好的中国文化基础。1912年，梁启超携全家回到了北京。梁思成考入了“清华学堂”，毕业后赴美国留学，攻读建筑学，获硕士学位。后到哈佛大学攻读博士学位时，因梁启超病重而中断。梁思成回国不久应张学良邀请到东北大学建筑系任教。1931年回到北京，加入中国营造学社。从此，他与中国古代建筑研究结下不解之缘。

1928年，他与林徽因婚后到欧洲意大利、法国、西班牙游历考察。看到那些建筑文物都得到妥善保护而且还有专门机构进行系统的研究，梁思成夫妇下定决心投入中国古代建筑的研究，由中国人自己写出中国的建筑史。

自20世纪30年代起，梁思成就对我国古代建筑进行了系统的调查研究，他生前写了许多有关中国古代建筑的专著和论文，具有很高的学术价值。

他到故宫作实地考察，把《营造法式》、清代的《营造则例》中的图文与故宫建筑实际进行对照，从总体到局部，从结构到装饰进行考察，还请教了当时尚健在的老工匠，并搜集散落在民间的资料。全面研究中国古代建筑，需要更广泛地搜集资料，梁思成等人克服了在资金、交通、生活、工作等方面的困难，历时5年，跑了100多个县，考察了包括应县木塔、定州大佛、赵州石桥在内的几百座古代建筑。依靠简陋的工具、采用古老的办法测绘了大量的第一手资料。

1934年，通过实地调查与测绘，梁思成完成了《清式营造则例》。这是他的第一部著作。他对中国清代的建筑样式、结构、装饰作了科学的分析并用现代建筑的图表示出来，使后人对古代建筑有了科学的认识。

日本学者曾说中国以前不存在唐代木结构建筑，要看唐代木结构建筑只有到日本奈良。梁思成不以为然。一次他在敦煌的壁画中看到五台山大佛光寺的形象，后在北京清凉山寺找到大佛光寺的记载。1937 年 6 月，梁思成、林徽因夫妇二人带了助手到五台山探寻大佛寺，据判断这座建筑绝不晚于宋代。他们又从大殿的整体到局部，从梁架到门窗进行了仔细的测量，后又发现经幢上面还刻了名字，推算经幢建于公元 857 年。根据一般规律是先有庙后有经幢，大殿建造年代应还早于公元 857 年的唐宣宗时期。林徽因又在庙中找到了供养人，在大梁上也找到了有关建造年代的记载。这是我国自己发现的第一座唐代建筑。

抗日战争爆发后，梁思成带着家人取道天津、长沙于 1938 年 1 月抵达昆明，在昆明，他们建立中国营造学社并在西南地区对中国古建筑进行调查。在此之前，他们的研究经费主要靠外国的基金会赞助，抗战后，资金受到了很大影响，梁思成、林徽因夫妇在贫病交加的困境下坚持调查工作，并整理、刊出了学术论文。

1940 年，梁思成与林徽因及助手开始编写《中国古代建筑史》，然而，他们从重庆的国民党政府那里只能要到很少的经费，工作进行得异常艰难。1945 年，《中国古代建筑史》终于在西南后方的一个农村诞生了。这部著作总结了中国古代建筑的发展历史、规律、特点，与西方建筑进行比较，从政治、经济、文化等方面进行了科学的分析，其学术水平达到了前人所没有达到的高度。

1946 年 10 月，梁思成受邀到耶鲁大学讲学。其间又完成《中国雕塑史》，把中华文化的瑰宝展示在国际学术界面前。

梁思成的调查研究、分析、总结，使过去处于混沌状态的中国古代建筑，剥去了身上的尘埃，露出了它原有的风采。

梁思成从 20 世纪 40 年代到 60 年代大量的调查研究、分析总结具有非同寻常的意义：

首先，这些调查研究对中国的古代建筑进行了科学的分析和整理，并总结了其内在规律。通过对紫禁城故宫这个占地 72 万平方米、建筑面积 10 万平方米、大小建筑物近千座的庞大建筑群的研究，使其以科学的面貌展现在世界面前。

其次，这些调查研究从中国古建筑的发展中总结出一般规律——总体与局部的关系、整个建筑与各体建筑之间的关系、各体建筑之间的关系，建筑群体的组合以及园林建筑的多样化，等等。

梁思成对中国古代建筑的调查研究本身就是对文物的保护。

梁思成不仅是中国建筑史学科的奠基人，还是文物建筑保护学科的倡导者。梁思成早在 20 世纪 40 年代的战争时期，就曾为保护文物建筑而奔走、呼号。梁思成提出的许多保护文物建筑的观点是科学而全面的，与《威尼斯宪章》的精神不谋而合。梁思成在文物建筑保护工作中的另一功绩在于冲破传统保护观念，提出了新的保护原则。1935 年，他在《曲阜孔庙建筑及其修葺计划》一文中第一个提出：重修文物建筑不同于古代匠师们将已破敝的庙庭恢复为富丽堂皇、工料坚实的殿宇，从而使之面目焕然一新的做法，而应“负保存或恢复原状的责任”。1964 年他又写了《闲话文物建筑的重修与维护》一文，更加明确地指出：在重修具有历史艺术价值的文物建筑中，一般应以“整旧如旧”作为我们的原则。对于“风独残年”危在旦夕的古建筑，应采取“输血打针”的办法使其恢复健康，“老当益壮”，而不是“涂脂抹粉”，使其“返老还童”。他还指出文物建筑应具有“与它的高龄相适应的‘面貌’，表现它特有的‘品格’与‘个性’”。他的这些观点，成为 20 世纪 60 年代以后我国文物保护工作共同遵守的指导性原则。

（张雨）

窑洞

窑洞是中国北方黄土高原上特有的民居形式，中华民族的祖先就是在窑洞中生存、繁衍和壮大起来的。窑洞分土窑洞、石窑洞、砖窑洞、土基子窑洞、柳椽柳巴子窑洞和接口窑洞多种。

土窑洞是利用黄土的特性，挖洞造室而成，一般深 7～8 米，高 3 米多，宽 3 米左右，最深的可达 20 米。窗户有两种，一种是 1 平方米左右的小方窗；另一种是约 3～4 平方米的圆窗。土窑洞的特点是冬暖夏凉。

石窑洞是用石头作建筑材料，修筑深 7～9 米，宽、高皆为 3 米左右的石拱洞。

砖窑洞的式样、建筑方法和石窑洞一样，外表美观。一院窑洞一般修 3 孔或 5 孔，中窑为正窑，有的分前后窑，有的一进三开。窑洞一般修在山腰或山脚下的向阳之处，窑洞上面的脑畔多栽树木和花草。

在城市里一般以石窑洞和砖窑洞居多，而农村则多是土窑洞或石料接口窑洞。

陕北窑洞以靠山窑为最典型。它们是在天然土壁内开凿横洞，往往数洞相连，或上下数层，有的在洞内加砌砖券或石券，以防止泥土崩溃，或在洞外砌砖墙，以保护崖面。规模较大的在崖外建房屋，组成院落，成为靠崖窑院。当地居民们修建新窑洞有不少讲究。首先是要找人看风水，择地形。选择挖窑洞地方的土质十分重要，必须是黏土。窑洞要向阳，背靠山，面朝开阔地带。

窑洞造好后，虽然每个孔窑都各开门户，但各孔窑之间却有隧道式小门互通，使之成为一个整体，联系着这个家族的所有成员。在窑洞内，窑壁的黄土面被刮切得十分平整光滑，穹顶呈半圆形。这使本来就比较宽敞的窑洞更显得高大。另外，从中间一孔窑的里壁向内开有隧道式的小门，通向一个完全黑暗的小窑洞，用做储藏粮食等物品的库房。窑壁上还开挖了一些方形的可以摆放物品的凹洞。

一般窑洞都有两个灶台，只有热天才在室外烧火做饭。窑洞纵深靠墙处有一个大炕，叫做掌炕。而有的窑洞内在靠窗的地方称为前炕。无论掌炕还是前炕，在炕的一头都连着一个三孔灶台，平时便在这里烧火做饭。由于灶火的烟道通过炕底，所以冬天炕上十分暖和。灶台上方的墙上有个凹进去的洞，里面放着油盐酱醋等物。炕周围的三面墙上约1米宽的地方，贴着一些绘有图案的纸和由各种烟盒纸拼贴的画，俗称炕围子。炕围子是一种实用性的装饰，可以避免炕上的被褥与粗糙的墙壁直接接触摩擦，还可以保持清洁。为了美化居室，不少人家在炕围子上作画。这就是在陕北具有悠久历史的民间艺术“炕围画”。

窑洞的窗户是整个窑洞中最讲究、最美观的部分。拱形的洞口由木格拼成各种美丽的图案。窗户分天窗、斜窗、炕窗、门窗四大部分。黄土高原沟壑纵横，色彩单调，为了美化生活，窑洞的主人们以剪纸装饰窑洞。它们根据窗户的格局，把窗花布置得美观而又得体。窑洞的窗户是窑洞内光线的主要来源，窗花贴在窗外，从外看颜色鲜艳，内观则明快舒坦，从而产生一种独特的光、色、调相融合的形式美。

（张雨）

少数民族的建筑

土家楼

土家族生息在湘、鄂、川、黔四省交会的武陵山区，分布地域达30县，总面积超过海南省。

土家民居是西南与中原建筑相当成熟的结合。武陵山区从云贵高原以半岛形伸向中原腹地，是西南文化与中原文化必然相遇的结合点。在民居建筑上表现出这种结合的完善性，有堪称详备的法式和易于识别的面貌。土家民居建筑表现为婀娜多姿的形体美。由于井院围合，高低错落，土家民居表现出一种空间美。建在山坡上的村落，房屋不仅前后纵深配置，而且处于不同标高，因此，经常出现层次之美、轮廓之美。村落大都以祠堂庙宇为中心，有其形成的秩序，表现为群体的和谐。市镇邻里，大都以水井为中心，形成既美丽又富于人情味的场所。

土家民居建筑的特征是井院式木栏吊脚楼。吊脚楼作为古老的建筑形式，旧称“干栏”、“阁栏”、“麻栏”等，自古流行于百越族群地域。吊脚楼的形象，在甲骨文中就曾出现。吊脚楼与筵席（日本称“叠敷”）制度配套，在百越民族入主中原之后，是中原的正规居住形态。随着百越民族的播迁，干栏和席居也流传到东南亚、日本、朝鲜。由于氐羌族群相继南侵，到历史上的“五胡乱华”之际，干栏和席居逐渐退出中原。隋唐以后开发东南，干栏和席居也就退回到最早的发轫地——中国大西南。

吊脚楼以吊脚的高低来适应地形变化，不须破坏地貌就可以最大限度地减少土方开掘。同时，隔绝潮湿，促进通风，又保证居室的私密性。

吊脚楼充分利用了在古代取之不尽的木料，将其加工成材，迅速拼装。西南各族建吊脚楼，常由邻里帮忙，日出开工，日暮完成；土家吊脚楼工艺比较复杂，但通常工期也不超过十天半月。

土家族居于古西南少数民族与中原接触的前沿，因此土家吊脚楼饱含着文化交融的信息，是巴楚两大文化直接交融的结晶。楚建筑曾深刻影响汉以后中国宫室传统和生活方式，土家吊脚楼是楚建筑的活化石，具有文化研究的价值。

湘西吊脚楼

湘西一带山多水多，世代聚居在这块土地上的土家族、侗族等少数民族的一切活动也就与这山山水水分不开。吊脚楼，就是几乎屹立于山水之上的一种独特的建筑。这种楼房虽然只有二三层高，但它“吊”在水面和山腰，好像空中楼阁，建造并不容易。

吊脚楼之“脚”，其实是几根支撑楼房的粗大木桩。建在水边的吊脚楼，伸出两只长长的前“脚”，深深地插在江水里，与搭在河岸上的另一边墙基共同支撑起一栋栋楼房；建在山腰上的吊脚楼，其前两只“脚”则稳稳地顶在低处，与另一边的墙基共同把楼房支撑平衡。也有一些建在平地上的吊脚楼，是由几根长短一样的木桩把楼房从地面上支撑起来的。据湖南地方志记载，吊脚楼的这种构造最早是为了防避毒蛇猛兽的侵扰。

湘西有名的吊脚楼群有沱江吊脚楼群。它分布在凤凰古城东南的回龙阁一带，前临古官道，后悬于沱江之上，是凤凰古城具有浓郁苗族建筑特色的古建筑群之一。

该吊脚楼群全长240米，属清朝和民国初期的建筑，如今还居住着十几户人家。吊脚楼群的吊脚楼均分上下两层，属五柱六挂或五柱八挂的穿斗式木结构，具有鲜明的随地而建的特点，上层宽大，下层占地很不规则。上层制作工艺复杂，做工精细考究，屋顶歇山起翘，有雕花栏杆及门窗；下层不作正式房间，但吊下部分均经雕刻，有金瓜或各类兽头、花卉图样。上下穿枋承挑悬出的走廊或房间，使之垂悬于河道之上，形成一道独特的风景。这种建筑通风防潮，避暑御寒，是苗族独特的建筑工艺，具有很高的工艺审美和文物研究价值。

侗族村寨

古代侗族地区以“峒”为单位，所以称其地百姓为“峒民”。他们自己则称“甘”。侗族住在贵州、湖南、广西三省区毗连地带，其中大半在贵州。由于住地环境及语言习惯的差异，贵州侗族分为“北侗”和“南侗”两部分，两地民居各有特色。

侗寨鼓楼

北侗地区的民居与当地汉族的民居极为相似，一般都是一楼一底、四榀三间的木结构楼房。屋面覆盖小青瓦，四周安装木板壁，或者垒砌土坯墙。有些侗族民居在正房前二楼下，横腰加建一披檐，此作增加檐下使用空间，形成宽敞前廊，便于小憩纳凉。

南侗地区的民居具有鲜明的地方特点和浓郁的民族特色。其地僻处苗岭南麓，溪流遍地，沟壑纵横，流水淙淙。当地侗胞，依山傍水，修建房屋。由于深受山区地形和潮湿气候的影响，几乎都建干栏式吊脚楼。楼下做猪牛圈，楼上做起居室。南侗地区盛产杉木，民居建筑体积较大，房屋高度很不一般。在竹木掩映的侗寨中，面阔五间、高三四层的庞然大物比比皆是。如果有高大宽敞的楼房，房东特别贤惠，又有能歌善舞、聪明过人的“姑娘头”，便自然而然地成为青年男女谈情说爱、“行歌坐月”的理想场所，侗胞称其为“月堂”。夜幕降临，侗族男青年手接“果吉”（一种乐器，形似牛腿，叫“牛腿琴”），来到“月堂”，与在堂内纺纱、绣花的侗族姑娘对唱情歌。姑娘边纺（绣）边唱，青年自拉自唱，气氛欢快。

侗族村寨多依山傍水，聚族而居，大的村寨有数百户，小的二三十户。侗族村寨多干栏式的木楼，有二三层的小木楼，也有四五层的木楼。

三江、龙胜等地的侗族村寨，几乎寨寨都建有雄伟壮丽的鼓楼，这是侗族人民娱乐和集会议事的场所。鼓楼是杉木结构的塔形建筑物，底为四方形，上面为多角形，楼层均为单数，最高的是从江县的高千寨鼓楼，有15层，整个建筑不用一钉一铆，全部用榫槽衔接。

侗寨还有风雨桥、风雨亭等著名建筑。建于河溪之上的花桥也是侗寨的特有建筑物，与鼓楼有异曲同工之妙，除了石砌墩以外，都是用杉或其他木材做建筑材料。桥面的楼、廊、柱、枋，都不用钉铆衔接。花桥既是便利行旅的桥梁，又是供人避风躲雨的地方，所以又称“风雨桥”。

侗寨建房有一规矩，即围绕鼓楼修建，犹如蜘蛛网，形成放射状。鼓楼是团结的象征，侗寨的标志，在侗民心目中拥有至高无上的地位。在其附近还配套侗戏楼、风雨楼、鼓楼坪，构成社会、文化活动的中心，俨然侗寨的心脏。每逢大事，寨中人皆聚此商议，或是逢年过节，村民身着盛装，在此吹笙踩堂，对歌唱戏，通宵达旦，热闹非凡。许多侗寨，为适应村民拦路迎宾送客、对歌交朋结友的特殊需要，在村头寨尾修建木质寨门。寨门造型多种多样，或似牌楼、凉亭，或似长廊、花桥，将风光如画的侗族村寨装点得更加美丽。这种别具一格的公共建筑物，虽然不是民居，却是以民居为主要载体的侗寨所不可缺少的。

傣族竹楼

傣族主要聚居在云南西双版纳州和德宏州的平坝地区，村寨多临江河湖泊，住宅通常每户一座竹楼，竹篱环绕，果树、翠竹掩映其中，环境十分优美。

傣族人民居住竹楼的历史已经有1000多年了。这种建筑非常适合南亚热带雨林的气候。竹楼是用木料（或竹子）穿在一起连接而成，为四方形，夏季四面通风，冬季阳光充足。竹楼具有夏凉、防潮、防水、防震等特点。楼下做牲畜厩、仓房、粮食加工、堆放杂物、存放农具和交通工具之用，楼上住人。傣族有上楼脱鞋、勤于洗脚的习惯。上楼后右边是卧室，中间是客厅，厅外有凉台。竹楼上的卧室外人（客人）不得窥视和入内，因为他们认为自己的灵魂和家神住在卧室，外人来了会打扰家神，摄走灵魂。客人来傣家寨，若要留宿，只能睡在客厅，睡时还须脚朝大门，意为他总是要离开这个家的，也蕴涵主人对客人的尊敬之意。傣家的饭桌一半在草席上，一半在地上。草席是供长辈和有身份的人坐的，如有和尚来，也要让座于草席上，其他人则围坐而食。

建造新房是傣家人生活中的大事。建房开始之前，首先要选好地址，下基石。接着要准备好8根主柱。由于整个竹楼都是在这8根主柱上建成，选择柱子的材料就成为一件非常要紧的事。当选好的木材从树林里抬进村里时，村民都要吹号迎接，泼水祝福。8根柱子中还要分出4根“公柱子”和4根“母柱子”，分别以男人的衣服和女人的衣服覆盖在柱子上以示区别。建盖房子时，全村人都会来帮忙。届时，主人要准备丰盛的酒菜招待来帮忙的村民和来祝贺的亲戚朋友，整个气氛就像过节一样。

傣家竹楼

西藏的罗布林卡

罗布林卡是七世达赖以后历代达赖喇嘛的夏宫，始建于18世纪40年代七世达赖当政时，藏语意为“宝贝公园”，占地36万平方米，建筑以格桑颇章宫为主体，有房374间，是西藏人造园林中规模最大的。

罗布林卡所处的位置曾是拉萨河故道经过的地方。当时这一带河道曲回，水流平缓，夏日汀草岸柳倒映其中，风景十分秀丽。七世达赖格桑嘉措在哲蚌寺学经期间，时常到此搭帐消夏。于是清朝驻藏大臣命令在泉水附近搭设一些帐篷，供达赖休息和诵经之用，这就是罗布林卡最早的缘起。

1755年，七世达赖在这里建了格桑颇章宫；后经清世宗雍正批准，七世达赖每年夏季在格桑颇章处理政务。从此，罗布林卡逐渐由疗养地演变为处理政教事务的夏宫。以后的历辈达赖均在每年的藏历三月十八日从布达拉宫移居罗布林卡，至藏历九、十月之交返回布达拉宫。亲政之前的达赖则常年在此习经学法。

罗布林卡的建造过程，以七世达赖兴建乌尧颇章为始，十四世达赖修建达旦米文颇章为止，历时200余年。八世达赖时，在园林里建了措吉颇章宫（湖心宫），还有讲经、念经的法苑；十三世达赖时，在园林西侧建坚色颇章宫、格桑德吉宫、其美曲吉宫；十四世达赖时，在园林中部建达旦明久林（永恒不变宫）。罗布林卡经过历代达赖喇嘛的悉心经营，建筑各种宫殿、别墅、凉亭、水榭，栽种大量花草树木，已经形成大型园林，古木参天，芳草遍地，鲜花盛开，果实累累，宫殿精美，泉水清新。

如今的罗布林卡已经变成了一座向广大游人开放的公园和博物馆，供人们参观游览，并举行各种节日游园和度假活动。整个公园东部的建筑群被称为罗布林卡，偏西的建筑群叫做金色林卡。

作为世界上海拔最高的大型园林，由于罗布林卡的人工绿地面积达到了 34 万平方米，所以又被称作高原天然氧吧。这里的藏式建筑风格、2 万余件馆藏文物和稀有的高原植物相辅相成、融为一体，使这处园林建筑成为一处了解西藏文化和历史的多门类博物馆。更为可贵的是，罗布林卡从 1751 年至 1956 年间先后建成的 5 个主要建筑群保存得十分完整，1988 年 1 月 13 日被国务院列入全国第三批全国重点文物保护单位名录，2001 年被列为世界文化遗产。

蒙古包

蒙古包在《史记》、《汉书》等汉语典籍中，被称为“毡帐”或“穹庐”。在蒙文史籍里被称为“斡鲁格台格儿”，意为无窗的房子。现代蒙古语则称其为“奔布格格日”或“蒙古勒格日”，意为圆形或蒙古人房子。“包”字，出自满语。满语称蒙古人住的这种房子为“蒙古博”，“博”是“家”的意思，“博”与“包”音近，因此，蒙古包作为一种译音流传下来，至今已有 300 多年的历史了。

蒙古包的形制是草原上一种呈圆形尖顶的天穹式住屋，由木栅、撑杆、包门、顶圈、衬毡、套毡及皮绳、鬃绳等部件构成。

木栅蒙语称“哈纳”，是用长约 2 米的细木杆相互交叉编扎而成的网片，可以伸缩，几张网片和包门连接起来形成一个圆形的墙架，大约 60 根被称为“乌尼”的撑杆和顶圈插结则构成了蒙古包顶部的伞形骨架。牧民们用皮绳、鬃绳把各部分牢牢地扎在一起，然后内外铺挂上用羊毛编织成的毡子加以封闭，一个精巧美观的蒙古包就建造完成了，体现了最简洁的手法和最省料的工艺相结合的极富表现力的创造。

古代蒙古族牧民必须随着水源、牧草不断迁移，蒙古包的结构特点充分适应了这种游牧生活，各部分之间的连接精巧方便，建造、拆卸、运输都很容易，并且美观实用。风雪来临，包顶不积雪，大雨冲刷也不存水，圆形的结构还可以抵御风暴袭击。毡的厚度可随季节增减。底部的围毡，天热时可以卷起通风。白色的表面，还装饰着由红、蓝、黄等颜色布料做成的如意花纹。充分体现了功能要求和审美要求的统一。

一个中等规模的蒙古包需用方块木栅组成，从外形上看其体量并不大，但包内的使用面积却不小。生活在蒙古包里的牧民，习惯将蒙古包内部平面划分为九个方位。正对顶圈的中位为火位，置有供煮食、取暖的火炉；火位前面的正前方为包门，包门左侧，是置放马鞍、奶桶的地方，右侧则放置案桌、橱柜等。火位周围的五个方位，沿着木栅整齐地摆放着绘有民族特色花纹的木柜木箱。箱柜前面铺着厚厚的毡毯，这是家庭成员室内活动的中心，也是夜晚就寝的地方。蒙古族习惯以右为贵，以上为尊，因此，蒙古包内正对火位的一方为尊位，也是招待宾朋的地方。

公元 13 世纪中叶以后，受藏传佛教的影响，蒙古包内大多设有供家庭成员膜拜的佛龛，供有佛像，佛像前面，摆放供具供品以及黄油铜灯等，称为“圣坛”，其附近绝对不能悬挂或摆放被认为是污浊的东西，只能悬挂男人们使用的象征勇武的弓箭一类物品。蒙族牧民心胸坦荡，蒙古族牧民在蒙古包内的这些居住习俗，是蒙古族牧民在长期的历史进程中所形成的。

哈尼族的蘑菇房

哈尼族居住在向阳的山腰，依傍山势建立村寨。村寨一般为三四十户，多至数百户。村寨背后是郁郁葱葱的古树丛林，周围绿竹青翠，村前梯田层层延伸到河谷底。离村寨不远有清澈甘凉的泉水井。一栋栋哈尼族住房结合地形沿坡布局，高低错落有致，别有一番朴实多变的景象。

传说远古时，哈尼人住的是山洞，山高路陡，出门劳作很不方便。后来他们迁徙到一个名叫“惹罗”的地方时，看到满山遍野生长着大朵大朵的蘑菇，它们不怕风吹雨打，还能让蚂蚁和小虫在下面做窝栖息，他们就比着样子盖起了蘑菇房。

哈尼族的蘑菇房状如蘑菇，由土基墙、竹木架和茅草顶建成。屋顶为四个斜坡面。房子分层：底层关牛马、堆放农具等；中层用木板铺设，隔成左、中、右三间，中间设有一个常年烟火不断的方形火塘；顶层则用泥土覆盖，既能防火，又可堆放物品。

房屋建筑以土、石为主要墙体材料。屋顶有平顶的“土掌房”和双斜面、四斜面的茅草房。因地形陡斜，缺少平地，平顶房较为普遍，既可防火，又便于用屋顶晒粮，空间得到充分利用。

别具一格的蘑菇房，即使在寒气袭人的严冬，屋里也是暖融融的；夏天屋里却十分凉爽。蘑菇房以哈尼族最大的村寨红河州元阳县麻栗寨最为典型。

有史以来，哈尼人迁徙到哪里，蘑菇房就盖到哪里，遍布哈尼山乡，经长期的发展与改进，现在的蘑菇房既有传统特色又日臻完善，与巍峨的山峰、迷人的云海、多姿的梯田，构成了一幅奇妙的画景。

（张雨）

中国古代的建筑样式

宫殿

在古代，“宫”和“室”是相互通用的，《尔雅·释宫》有：“宫谓之室，室谓之宫。”秦代以后，“宫”逐渐成为封建帝王居住和处理朝政的专用建筑，而且建造的规模越来越大，就像独立的小城，故又称宫城。这里的“宫”就是指整个皇宫。中国现存的明、清皇宫——北京紫禁城，占地72万余平方米，宫内亭台楼阁，殿宇台池密布，共有9900多间，是世界上现存最宏伟的皇宫。此外，还有“行宫”，是封建帝王游乐之场所，如西安华清池、承德避暑山庄等；“斋宫”，是为帝王祭祀所用的建筑群，如北京天坛里就有一座著名的“斋宫”。

在皇宫里还宫中有“宫”，指的是单一建筑，如北京故宫里皇帝居住的地方叫“乾清宫”，皇后居住的称“坤宁宫”，后妃居住的就是东西六宫。至于帝王死后被埋进的地方叫做“地宫”。这些“宫”的含义便是指皇家寝处的宫室了。

“宫”在宗教建筑里指的是规模宏大的寺庙。例如，拉萨的布达拉宫、北京的雍和宫。道教的“三清宫”是供奉“神仙”的建筑。

在漫长的封建社会里，“宫”几乎都被皇家和宗教所占有。

“殿”是中国古代规模最大的一类单一建筑，一般称为“大殿”，又因建造在建筑群中轴线上，所以又称“正殿”。中国古代封建社会等级森严，宫殿的建筑规格都有严格的规定。“大殿”是建筑群中规格最高的，体现了封建帝王的最高权力。

中国现存最著名的三大殿是北京故宫的“太和殿”、山东曲阜孔庙中的“大成殿”、泰山岱庙里的“天贶殿”。其中的太和殿是中国古建筑中最华丽的一座“殿”，宽11间，进深5间，共55间，采用传统的重檐庑殿大屋顶，全部用金黄色的琉璃瓦铺设。大屋顶的前后左右有一定的坡度，正脊平直雄伟，四条垂脊成弧形，微微向四角翘起，构成了优美的空间造型。无论是正脊、垂脊或是岔脊，均有一列整齐的“吻兽”装饰，为大殿增添了神话色彩。大殿内金碧辉煌，殿中摆着金漆雕龙宝座，宝座四周有高大的蟠龙金柱。殿顶的天花板上绘龙戏珠、色彩缤纷。殿顶正中置有金龙藻井倒垂着圆球轩辕镜。太和殿是明、清两朝皇帝举行大典、颁发重要诏书等活动的场所，是中国大殿建筑的杰出代表作。

中国其他大殿则作为皇家祭祀之场所。例如，泰山岱庙的天贶殿是帝王祭祀泰山之神的场所；北京天坛里的“祈年殿”是明、清两朝皇帝祈祷五谷丰登之地；天安门东侧太庙里有一座大殿是帝王祭祀祖宗的家庙。因此，中国古代的“大殿”也几乎都被皇家独占了。

周天子明堂复原图

“宫”与“殿”往往并称，一般都是指称中国古代帝王所居的大型建筑组群。作为中国古代最重要的建筑类型，宫殿传承有序，各代都有所增益。总的设计思想都在于强调以皇权为中心的政治伦理秩序，渲染皇权意识，具有鲜明的民族和时代特色。作为封建思想意识最集中的体现，宫殿在很多方面都代表了传统建筑艺术的最高水平。

亭

亭是中国游观性的小建筑，又称亭子。据有关专家考证，最早的亭子可能出现于南北朝时，隋唐以后亭子已成为宫殿、园林建筑中不可缺少的建筑物，明清时期园林中亭子的数量很多，造型也很丰富。其平面多为几何形式，如圆形、方形、长方形、多边形、菱形、扇面形、十字形等。有时还可组合成其他形式，如双菱形、双圆（连环）形等。亭子的屋顶以攒尖顶最多，也可应用其他屋顶形式及其组合变化，如歇山顶、十字脊顶、双圆相套攒尖顶等，有单檐与重檐的区分。

北方的亭与南方的亭在艺术风格方面有所差别，北方的亭檐厚实，翼角和缓，体态端庄；南方的亭檐轻灵，翼角高耸，造型活泼秀丽。

在园林建筑中，亭既要能成景，以成为人们观赏的对象；又要能得景，以吸引人们驻足，所以，亭的位置经营特别重要。古代匠师在这方面取得了出色的成绩。有的可供人饱览山景，如河北承德避暑山庄中的“锤峰落照”、“南山积雪”、“北枕双峰”、“四面云山”等亭；有的可供人沐浴清风，如苏州园林中的“荷风四面”、“月到风来”等亭；有的供人欣赏水景，如“观瀑”、“听涛”、“饮绿”、“洗秋”等亭；有的亭以借景取胜，如苏州拙政园的塔影亭将报恩寺塔借入本园等。它们同时也是从其他景点观赏的目标。亭与廊、墙、桥组合在一起，更可造成别具一格的建筑形式，如扬州瘦西湖的五亭桥、北京北海的五龙亭、广西三江的程阳桥等。

台

台是中国古代传统的一种高而平的建筑，又称平台，一般用土石和砖头垒砌而成，用来眺望或游观之用。其实很多著名的古台并不只是一座孤立的平台，台上常建有宫苑。现存的北京北海的团城，就是一座著名的古台。它是一座 5 米高的圆形城台，面积约 4500 平方米，台上有殿、台、廊庑等建筑物。台也有用来观测天文和气象的，称观象台、天文台。北京建国门内有一座砖砌的高台建筑上陈列着大型的铜制天文仪器，原是明、清两代的天文观测中心。军事上用来传递战争消息的称为烽火台。长城内外就筑有很多烽火台，如遇敌情，白天燃烟，夜间点火，以传递信号。长城上每隔 300 ~ 400 米筑有一座墙台，呈方形，是士兵巡逻放哨的地方。至今在“丝绸之路”上还能看到不少当年的土台，都是古代的军事建筑设置。

楼

楼指中国古代多层木构建筑。西汉以后逐渐发展并取代了春秋以来盛行的高台建筑。早期楼与阁有所区别，楼指屋上直接建屋，其中两层之间没有腰檐的又称为竖楼；日后带有平座的阁与一般的楼都通称为楼阁，楼与阁的界限已不严格。同一形式有时称为楼，有时又称为阁，如黄鹤楼与滕王阁等。在台上建屋有时也可称为楼，而不论这些建筑是单层还是多层，如城楼、角楼等。

中国古代建楼的历史相当久远，战国以后，已出现了“重屋”楼，也就是今天人们常说的楼房。建在园林里的楼一般用做观赏风景。正如唐代著名诗人王之涣《登鹳雀楼》诗句：“欲穷千里目，更上一层楼。”建在住宅中的楼一般当做书房或卧室。中国古代的城镇一般都建有钟楼和鼓楼，采用琉璃瓦顶的重檐歇山形式，四周有回廊，外檐均饰有斗拱。钟鼓楼用于古代报时，所谓“晨钟暮鼓”即早晨打钟开城门，晚上击鼓关城门。北京在明、清时代，每个城门外都有一座箭楼（现存正阳门和德胜门两座）；另外还有角楼，北京内城东南角楼，是北京仅存的一座较完整的角楼，被列为第二批全国重点文物保护单位。

中国古代建楼技术高超，很多结构复杂的多层楼全用木材作骨架，用斗拱连结，不用一根金属钉。如湖南岳阳楼、武昌黄鹤楼都是中国古代高楼的杰作，历来为人们所神往。

阁

阁的建筑形式与楼本来就接近，其正面是门和窗，其余三面都为实墙，四周通常设隔扇或栏杆回廊。

中国古代的阁是用来收藏贵重文物的。如北京故宫里的“文渊阁”就是收藏国家图书的；山东曲阜孔庙里的“奎文阁”专门收藏历代帝王御赐孔庙的书籍、墨迹；浙江宁波的“天一阁”是中国古代私人书籍收藏的最大图书馆。较大寺院里一般建有“藏经阁”，是收藏佛经的图书馆。修建在园林中的阁，则是用来观赏风景的建筑。

中国有些宗教建筑群中，供奉高大佛像的多层建筑通常也称为阁。河北蓟县独乐寺内的观音阁，就是一座高达23米、供奉高大佛像的多层建筑，是中国现存最古老的一座高层楼阁。这座辽代建筑曾先后遭到28次地震，其中3次是破坏性的地震，当时几乎所有的房屋都倒塌了，唯独这座木结构的观音阁未遭破坏。

除了独乐寺的观音阁之外，还有颐和园的佛香阁、承德普宁寺的大乘阁和广西容县的真武阁等，造型挺拔庄重，是中国多层木构建筑的代表作。

牌坊

牌坊又称牌楼。称“楼”是着眼于造型华美的飞檐瓦顶，采用了同古代宫廷建筑的屋顶样式，如庑殿顶、歇山顶、悬山顶等。这些瓦顶被工匠们称为“楼”。常见的牌坊因用料不同而有木牌坊、石牌坊、琉璃牌坊等。

关于牌坊的起源，古建筑学家梁思成在其《敦煌壁画中所见的中国古代建筑》中，以敦煌北魏诸窟中的阙形壁龛为论据，提出北魏时的连阙——两阙间架有屋檐的阙，是阙演变为牌楼的过渡样式。古建筑学家刘敦桢的《牌楼算例》则以“坊”字作为线索，认为唐代建城，城坊制已相当成熟，坊设门，坊门就是牌坊的直接来源。牌坊之“牌”，大约与当初坊门上榜书坊名有关，还同坊门下悬牌旌表贤能的古俗有关。

按古籍记载，周武王表商容之闾。表闾一说是刻石，即将表彰功德的刻石立在闾门前。但也有学者认为，闾门高高，其上正好做文章。或漆或染，或裹或罩，或悬挂或高挑，再加上表彰的标志，恰恰是引人注目的“表闾”形式。这种借助于闾门的表彰形式，开了牌坊的先河。

汉代的闾门，唐代的坊门，大多为木结构。为使标志荣耀的“表闾”长存，便用砖石修门，将表彰的词句刻在砖上石上，这就更接近于现存的牌坊了。

借助于闾门和坊门的表彰，逐渐形成格式，它可以雕饰华丽，但其功用是托起写着歌功颂德或宣扬教化字句的“牌”。于是牌坊就按照社会的需要随处可立，如为状元、节孝、显贵、一方英雄“表闾”的牌坊等，不一而足。

现存宋代石刻《平江图》拓本，标出平江城内牌坊类建筑57处，分布在各街口。立两柱，中间以额枋相连，额枋书坊名，如“大云坊”、“武状元坊”等，立于街口。其额枋之上斗拱相叠，斗拱上覆以有檐有脊的瓦顶。

如今人们仍然可在许多地方，如曲阜孔庙、北京明十三陵、安徽歙县等地看到保存至今的古代牌坊。在一些园林、庙宇以及衙署和祠堂的旧址，也常建有牌坊。

牌楼

牌楼是一种门洞式的纪念性和装饰性的建筑物，也称牌坊，一般用木、砖、石和琉璃等材料建成，上刻题字，中国古代常建于街道路口或庙宇、祠堂、衙署、桥梁、园林前，是用来宣扬封建礼教和标榜功德的。也有的用在店面上，作为招牌和广告的，有的作为象征性的门楼，有的是为有“嘉德懿行”的人作纪念。中国古代在封建伦理道德思想的束缚下，许多守寡妇女的唯一愿望是到老时赢得一座“贞节牌坊”以流芳百世。

北京是中国古都之一，据史料记载，过去曾有57座牌楼。其中最有名的是东单牌楼、西单牌楼，东四牌楼、西四牌楼；前门五牌楼，东、西长安街牌楼等。绝大部分均已毁坏或迁移。

颐和园前面的牌楼保存完好，距今已有200多年的历史，它是颐和园的标志。这座牌楼有5间4柱7楼（间是指柱与柱之间的通道，楼是指飞檐起脊的顶部），是一座古典的中国木结构牌楼，由四根大柱架着三层额枋，上靠斗拱承托着各间的楼层。牌楼正面写着“涵虚”（指水）二字，背面写着“罨秀”（指山）二字，表示牌楼之后便是颐和园的湖光山色。牌楼两面彩绘金龙达176条、金凤36只，显示了帝王所居琼楼玉宇的富丽堂皇。

中国陵墓前的牌楼以北京明十三陵南端的大石牌坊为最著名，它是进入陵园的第一座建筑物。这座牌坊为5间6柱11楼，全用一色汉白玉制成，石柱上还雕刻着龙、狮、麒麟和其他怪兽，显示了帝王的权力和威严。这座牌楼高大雄伟，美观大方，宽达28.86米，中间最高的一座牌楼有14米高，为全国现存最高大的牌楼建筑之一。

北京朝阳区神路街至今还保留了一座独特的3间7楼的琉璃牌楼。东城区雍和宫附近的国子监所在地成贤街的东、西牌楼非常壮观。

华表

华表是中国宫殿、园苑、帝王陵墓前独具风格的一种柱状装饰，又因其常立于街心路口，故又为通衢大街的标志。

华表起源于木制墓碑，后来人们把木柱竖立在交通干道，起到指路的作用，又叫做“华表木”或“恒表”。后来则又起到了收集民主意见的作用。民众将意见写在上面，相传尧、舜时即已有之。称“诽谤木”，是“以横木交柱头，状若花，形似桔槔”，设置在交通要道，方便民众书写，表示君王“纳谏”的诚意。到了汉代，逐渐用石柱代替了华表，石柱造型美观，而且雕刻着各种精美图案，成为中国古代宫门前的一种华贵装饰。书写民意的作用被皇权威严的象征所取代。

北京天安门城楼前后，有两对汉白玉石制华表，石柱上雕有盘绕的神龙，顶端有承露盘，顶端的蹲兽昂首云天，气吞山河。据说它是龙生九子之一，有守望的习性，但人仍一般叫它“石狮”。城楼前的华表上的两只面南而坐的石兽叫做“望君归”。据说它们专门注视皇帝的外巡，如果皇帝久游不归，它们就呼唤皇帝速回，料理政事。城楼后的两只石兽面北而坐，叫做“望君出”，如果皇帝深居宫闱，不理朝政，它们便会催请皇帝出宫，明察下情。这种民间传说反映了人民对皇帝的美好愿望。

阙

阙是中国古代常建于城池、宫殿、宅第、祠庙和陵墓之前用于标志建筑群入口的建筑物。阙也是牌楼的雏形。《关中记》有：“建章宫圆阙临北道；凤在上，故曰凤阙。”在许多画像砖中，表现最多的题材就是这种建筑。此外，在古代石刻和陶器中也多有表现阙的主题。

在春秋战国时期，各国的都城大部分是以“闾里”为单位居住的。25家为一闾，每一闾中都设有相当如今街道办事处的“弹室”，在每个“弹室”门前都竖有两根木杆，杆上斜插一根称为“表”的短横梁。这是为了方便居民挂“举报信”

或“弹劾表”的。本来“表”和“阙”各自为用，但也见有“表”、“阙”难分的，如四川渠县汉代冯焕墓阙，就又像表又像阙。

随着历史的发展，“阙”由原来的两根木杆进化为砖石结构，阙也盖得越来越大，不但宅门要建阙，发展到城门也要建阙。“阙”上有飞檐罘罳（fú sī）。按《汉书·文帝纪》：“未央宫东阙罘罳灾。”颜师古解释说：“罘罳，谓连阙曲阁也，以覆重刻垣墉之处，其形罘罳然。一曰屏也。”还有更形象的解释是，“罘罳”是像网一样的箭楼射孔。总之，“阙”渐渐演变为一种固定的建筑模式了。

古代宫殿衙府门前必定有“阙”。帝王宫门立双阙，并且中国古代皇家建筑的传统平面布局被凝固为一个次词：“宫阙”。“宫阙”一词既用来指称庞大的皇城建筑群，也指代朝廷。

屹立于宫前的双阙，还是国君颁布政令的地方。《史记·商君列传》载，商鞅变法图强，筑冀阙是举措之一。唐代司马贞释：“冀，记也。出列教令，当记于此门阙。”

北魏郦道元《水经注》对汉代宫殿之阙多有涉及：“《关中记》曰，建章宫圆阙，临北道，有金凤在阙上，高丈余，故号凤阙也。”阙上饰以铜凤，让人联想到成都汉画像砖的门阙图案，连阙正中画有一凤凰。古时歌谣：“长安城西有双阙，上有双铜雀，一鸣五谷成，再鸣五谷熟。”铜雀即阙上金凤。郦道元写到未央宫时有，刘邦“令萧何成未央宫，何斩龙首山而营之……山即基，阙不假筑，高出长安城。北有玄武阙，即北阙也；东有苍龙阙，阙内有阊阖、止车诸门”。阙借山势，气象雄伟，令人仰望，充分显示了帝王气势。

至汉代，阙已非宫门专有，寺庙、庭院、陵墓都有建阙的例子，但它仍是庄严或权势的象征。

照壁

照壁是中国古代院落大门内或大门前的一种屏障，也称影壁。其建筑材料包括砖、木、石和琉璃等不同的类型。

中国的影壁至迟在西周时期就有了。在陕西省一西周建筑遗址中，就有一座影壁残迹，东西长 240 厘米，残高 20 厘米，这是中国至今发现的最早的影壁。

影壁的设置在中国古代也是分成等级的。据古代西周礼制规定，只有宫殿等重要的建筑和宅第等方可建筑影壁。它作为一组建筑物的屏障，又称“屏”。能阻挡行人的视线，乘车、轿来访的客人也可在影壁前稍停，整理衣冠，然后入院拜访主人。至于一般民房（如北方的四合院）的影壁，都是后来才有的。

四合院常见的影壁有三种，第一种位于大门内侧，呈一字形，叫做一字影壁。大门内的一字影壁有独立于厢房山墙或隔墙之外的，称为独立影壁；如果在厢房的山墙上直接砌出小墙帽并做出影壁形状，使影壁与山墙连为一体，则称为座山影壁。影壁是北京四合院大门内外的重要装饰壁面，主要作用在于遮挡大门内外杂乱呆板的墙面和景物，美化大门的出入口，人们在进出宅门时，迎面看到的首先是叠砌考究、雕饰精美的墙面和镶刻在上面的吉辞颂语。

影壁中最精美的是中国著名的三大彩色琉璃九龙壁。其中最大的一座保存在山西大同市内，原为明太祖朱元璋的第 13 子朱桂代王府前的一座照壁，长达 45.5 米，高 8 米，厚 2.02 米。壁上雕有九条七彩云龙，有的拨风弄雨，有的腾云欲飞，栩栩如生，各具姿态。最华丽的一座则是北京北海的九龙壁，原属明代离宫的一座影壁。它由彩色琉璃砖砌成，两面各有蟠龙九条。如果仔细查看，影壁的正脊、垂脊、筒瓦等处还雕有许多小龙，大小龙共计 635 条。第三座九龙壁位于北京紫禁城皇极门前。这三座九龙壁都是中国明代的珍贵建筑，都建在院落的前面，既是整个建筑物的一个组成部分，又显示了皇家建筑的富丽堂皇。除九龙壁外，全国各地还有一龙壁、三龙壁、五龙壁等。

（张雨）

建筑和风水

风水指住宅基地、坟地等的地理形势，如地脉、山水的方向等。古代认为风水好坏可以影响家族、子孙的盛衰吉凶。

看风水的习俗在我国历史上非常久远，早在先秦就有相宅活动。一方面是相活人居所，一方面是相死人墓地。这就是早期风水在建筑上的应用。历史上最先给“风水”下定义的是晋代的郭璞，他在《葬书》中说：“葬者，生气也。气乘风则散，界水则止。古人聚之使不散，行之使有止，故谓之风水。”在郭璞之前，风水还有其他的名称，如形法、青囊、青乌、相宅、地理等。

如果说先秦时期是风水学说的孕育时期，宋代则是盛行时期，明清是泛滥时期，至 20 世纪风水学在旧中国还是大有市场。

近年来，一些学者们对“风水”一词的迷信含义持不同见解，主要倾向是不同意将风水与迷信画等号。有人认为风水是为找寻建筑物吉祥地点的景观评价系统，它是中国古代地理选址布局的艺术，不能按照西方概念将它简单称为迷信或科学。风水的核心内容是人们对居住环境进行选择和处理的一种学问，其范围包含住宅、宫室、寺观、陵墓、村落、城市诸方面。

第一，古代风水学的基础是建立在中国传统哲学的阴阳与元气说之上的，将“天人合一”、“万物一体”的思想作为融贯整个风水学的线索。风水选址的基本意义就是为人类寻找适当的居地。风水最重理想环境的选择，而风水的理想环境主要由山和水构成，其中尤以水为生气之源。把宅舍作为大地有机体的一部分，强调建筑与周围环境的和谐，这是风水关于建筑思想的主旨。中国古代建筑受风水影响最大的就是追求一个适宜的大地气场，即对人的生长发育最为有利的外环境。这个环境要山清水秀，风调雨顺。

有考古资料证明，重视人的居住环境，是中国本土文化中一项重要的内容。早在六七千年前，中华先民们对自身居住环境的选择与认识已达相当高的水平。人们在观察环境的同时，开始了能动地选择环境。从殷商之际的宫室遗址中，可以清楚地看到人们对河流与居住环境之关系的认识已达到相当高的水平。对水流的要求是要“弯环绕抱”，讲究“曲则有情”，以河曲之内为吉地，河曲外侧为凶地。有学者认为，这是古代先民在对河流地区的自然环境与城乡建筑之关系作了长期的观察与实践后得出的结论，这一结论与现代河流地貌关于河曲的变化规律是相吻合的。

第二，风水学强调城市与建筑的“面南朝阳”，这既有其深厚的文化背景，又有着非常合理的科学依据。从文化的角度来看，这与《周易》学说有着密切的关联。《周易·说卦》有：“圣人南面而听天下。”后世人所说的帝王统治国家的方略为“南面之术”即源于此。

第三，风水还有其地理原因。中国处在北半球中，阳光大多数时间都是从南面照射过来，人们的生活、生产都是以直接获得阳光为前提，这就决定了人们采光的朝向必然是南向。同时，面南而居的选择也与季节风向有关。中国境内大部分地区冬季盛行的是寒冷的偏北风，而夏季盛行的是暖湿的偏南风，这就决定了中国风水的环境模式的基本格局应当是坐北朝南，其西、北、东三面多有环山，以抵挡寒冷的冬季风，南面略显开阔，以迎纳暖湿的夏季风。

另外，还有风水宝地的说法。其大致模式是：要求北面有绵延不绝的群山峻岭，南方有远近呼应的低山小丘，左右两侧则护山环抱，重重护卫，中向部分堂局分明，地势宽敞，且有屈曲流水环抱。有学者认为，这也是有一定依据的。从现代城市建设的角度上看，也需要考虑整个地域的自然地理条件与生态系统。每一个地域都有它特定的岩性、构造、气候、土质、植被及水文状况。所谓的风水宝地其实就是一个非常良好的生活环境。其科学的价值是：背后的靠山，有利于抵挡冬季北来的寒风；面朝流水，既能接纳夏日南来的凉风，又能享有灌溉、舟楫、养殖之利；朝阳之势，便于得到良好的日照；缓坡阶地，则可避免淹涝之灾；周围植被良好，既可涵养水源、保持水土，又能调节小气候，获得一些薪柴。这些不同特征的环境因素综合在一起，便造就了一个有机的生态环境。

尽管如此，风水说中更多的是虚妄的成分。如风水先生（民间又称为阴阳先生）认为，理寓于气，气固于形。形以目观，气须理察。实际上，“理气说”是虚无缥缈的，谁又能看得见气？只能靠“意会”，这就凭风水先生任意解释了。此外，还有望气说。据风水先生说，望气可以知道朝代更替、官场人事、家业兴衰。封建社会的统治者很相信望气说，其实，这也是毫无依据的。

这些虚妄不实的成分是由于时代与历史的局限造成的。应该取其精华，去其糟粕。在论及建筑“风水”时，我们既要充分理解和吸收学术界的最新成果，又要坚持实事求是的态度。

总之，风水学是一种传统文化现象，一种广泛流传的民俗，一种择吉避凶的术数，一种有关环境与人的学问，一种有关阴宅与阳宅的理论与实践系统的理论，是人们长期实践经验的积淀。从现代科学理论来看，“风水”学是地球物理学、水文地质学、环境景观学、生态建筑学、宇宙星体学、地球磁场方位学、气象学和人体信息学合一的综合性科学。

（张雨）

海外最大的中国园林落户美国

中国古典园林越来越受到世界各国的青睐，从苏州“搬”出去的园林遍布五大洲。2008 年在美国加利福尼亚州洛杉矶亨庭顿图书馆内落成的流芳园，是第 30 座海外版的苏州园林，也是海外最大的苏州园林，其一期已于 2008 年竣工，园内包括一座湖泊、七座建筑、五座石桥等，全部材料均从中国运送而来，并由 60 多位苏州园艺师在现场组建完成。其水榭、亭台、拱桥、长廊、漏窗、怪石等传统苏州园林建筑元素应有尽有，故又有“海外拙政园”的美誉。

美国洛杉矶亨廷顿植物园是美国最著名的私人文化和教育中心，创立于20世纪初，总面积约为207英亩。园内珍藏了众多珍贵的图书、艺术品和植物品种。亨廷顿植物园现有不同国籍和风格的花园14座，“中国园”位于植物园北侧，是该园创园百年来开创的花园家族中面积最大的成员，也是我国目前在海外最大的中国古典风格花园。

目前，苏州古典园林共拥有三家海外“姐妹园”，即与拙政园缔结的加拿大逸园，与留园缔结的美国纽约市寄兴园，与网师园缔结的美国波特兰市兰苏园。

（张雨）

中国最早的动物园：北京万牲园

万牲园是北京动物园的前身，也是中国历史上第一家面对公众开放的动物园。它在明代时本是皇家的庄园，清代于1747年重修后，给一个亲王作为私人花园，东部是“乐善园”，西部叫“可园”，先后三次换了园主，俗称“三贝子花园”。光绪三十二年（1906）筹办农事实验场。作为综合性公园，里面有果树、菜园、棉田和气象台。为取宠慈禧太后，特在园东部开辟一小园驯养野生动物，大部分动物是从德国运来的。1908年对外开放后，一般人将此园称为“万牲园”。这就是中国最早建立的对外开放的动物园。

1929年，“万牲园”改称天然博物馆，1949年，改称“西郊公园”，1955年4月10日，正式命名为“北京动物园”。

今天的北京动物园，位于北京市西城区西直门外，占地面积约90公顷，饲养展览动物900余种、2万多只，每年接待中外游客600多万人次。它已成为现今全国规模最大、饲养动物种类最多、科技力量最强的动物园。

（张雨）

十

教育　学校

孔子和私学的产生

孔子之前的古代教育制度是由国家办学，就是所谓王官之学。这种教育制度的特点是官师合一、政教合一。这种官办的学校，教育大权由贵族垄断，只有社会上层的贵族子弟才有资格接受教育，而平民子弟没有接受教育的权利。由于文化教育没有下移，民间不能流传学术文献。

但是到了春秋时代，社会发生剧变，王室衰微，官学已经荒废停办，垄断在王官那里的文化典籍也散失四方，不少过去在官府教书的王官、巫祝、礼乐之士，也都流落到平民中间去了。因此，兴办私学已具备一定的条件。而且私学的产生也适应了当时文化下移、平民知识分子兴起的需要。孔子目睹春秋以来“礼崩乐坏”、“官失其守”、“天子失官，学在四夷”（《左传·昭公十七年》）的局面，他以“存亡继绝”的历史使命感，抢救并整理了濒临散失危险的上古文化典籍，同时，以此为教本，创办私学，实行了“有教无类”的办学方针。

孔子 30 岁时，他开始在民间创办私学，“始教于阙里”，并以小型学术团体的形式，开始了儒家学派早期的学术活动。

这时的孔子已是一个鲁国人所周知的品德高尚、学问精深的知名人物，求教他的学生自远方接踵而至。从他 30 岁起，一直到他仕鲁之前，在将近 20 年的时间里，他的主要精力就放在了创立私学和从事传授“六艺”的教学方面。大约在孔子 30 岁时，他开始招收第一批弟子，他们在孔子那里，主要是学习“六艺”，即礼、乐、射、御、书、数这六门课程，主要是技艺、节文之事。这些课程在周代是属于小学的课程，重点是培养德行，陶冶性情，多从事于政治军事外交方面的训练，准备由他们担负起闻道救世的重任。

在孔子 34 岁后，他所创办的私学在鲁国已有很大的名声，连鲁国的贵族也将自己的子弟交给孔子教育。孔子之所以办学成名，也是因为他看到鲁国贵族在当时需要自己出来重新恢复礼乐文明。从此，鲁国掌权贵族孟僖子的两个儿子孟懿子和南宫敬叔都做了孔子的弟子。自此之后，孔子办学的经费得到了国家的补给，私学的规模也就越来越大了。

孔子教学活动的一个很大特点，是结合社会实际进行教学。在孔子以前，夏、商、周贵族学校是“学在官府”，教育内容十分简单，谈不上有多少理论性、知识性的教材，这与当时的文化尚处于较低水平有关。孔子在教学中，仍然采用这种礼、乐、射、御、书、数的课程，使他的学生在这六个方面能得到全面的发展。但是他又对教育内容作了重要改革，他研究整理了我国古代的大量文献，从中选出了《诗》、《书》、《礼》、《乐》、《易》、《春秋》这六部经典，作为教科书。这六部经书后来被称为“六经”或“六艺”。

孔子办学的最终目的是为了培养一大批能够参加春秋后期政治改革活动的志士仁人，因此，从培养人的良好道德品质出发，他将教育内容分为四科：德行，言语，政事，文学。将“德行”置于诸科之上。“有教无类”是孔子提出的口号，也是他创办私学的最大特点。所谓“有教无类”，历来有不同解释，或指出身、贫富不分类，或指族种、地域不分类。这种不分富贵贫贱一律教育的做法，在中国教育史上是自孔子创始的，对于当时的贵族政治是一个很大的挑战。由于孔子教学是来者不拒，多多益善，相传他门下的学生竟达3000人之多，其办学规模可谓空前。由此可见，孔子办学极大地扩大了教育对象。他创立私学，教授弟子，其规模之大，影响之深，在古今中外的历史上是罕见的。

其实，在春秋时代，私学的出现，不只是孔子一家，在孔子之前，或与孔子同时，就有许多著名学者兴办私学，只不过是以孔子兴办私学的规模和影响力最大而已。孔子办学之后，推动了私学的进一步发展，于是古代中国出现了许多民间的学术团体，许多著名学者带领门徒四处讲学，于是百家争鸣蔚然成风，形成了春秋战国的众多学派，出现了一种思想自由、学术繁荣的新风气。

私学的兴起冲破了西周官学等级森严的旧传统，使学校从宫廷、官府移到民间，教育对象从贵族扩大到平民，教师以私人身份随处讲学，学生可以自由择师，教学内容与社会现实生活有了较为广泛的联系。由于各家各派相互争论，又相互补充，出现了百家争鸣的盛况。这既促进了学术思想的发展与繁荣，同时又培养出了大批的人才，还造就了一批闪烁着智慧光芒的私学大师，如孔子、墨子、孟子、荀子、韩非等。

春秋战国时期私学的发展，还促进了教育思想与教育理论的发展，不仅《论语》、《墨子》、《孟子》、《荀子》、《管子》、《老子》、《庄子》、《韩非子》、《吕氏春秋》等典籍中保存了大量的教育资料，而且还出现了像《大学》、《中庸》、《学记》、《劝学》、《弟子职》等这样的教育专著。阐述了教育的作用、学制体系、道德教育体系、教学原则和方法、教师的地位等理论，成为这一时代丰富的学校教育经验与教育思想的总结，奠定了中国古代学校教育理论的基础。从此以后，中国古代学校教育制度，一是官学，一是私学，并且私人讲学之风绵延不绝。

（张雨）

古代的学生运动

古代的学生运动，如推溯其源，则源自东汉。古代学子们在国家危难之际，有强烈的忧国忧民传统，也曾经爆发出一系列的学生运动。这些学生运动主要以请愿和讽议为主。如东汉的太学生运动以及演变到后期的党锢之祸，宋朝的太学生运动，明代的东林党人运动，以及近代的公车上书等。

东汉末年，外戚与宦官交替把持朝政，皇帝形同虚设。他们大肆搜刮民脂民膏，强取豪夺；同时又把持官吏选拔大权，滥用亲朋，颠倒是非，混淆黑白，堵塞了一大批有品行、有学识的知识分子的仕途。在这政治黑暗、社会动荡的年月里，面对外戚宦官主持朝政，国家命运和个人前途渺茫，有气节的士大夫大多退归田里，而东汉桓帝年间多达3万余人的太学生们，有感于自己家世的零落和政治前途的黯淡，以郭泰、贾彪等为首的一批学生领袖一方面在太学中进行反宦官政治的组织和宣传；另一方面，他们吸收社会上有识有才能者入太学，以扩充自己阵容。因此，太学成为当时又一政治活动中心，中国的年轻知识分子第一次出现在政治斗争的前线上。桓帝永兴元年（153）朱穆任冀州（今河北中南部）刺史，惩处贪官污吏和权贵。他又以宦官赵忠葬父僭越规制为由，挖坟剖棺查实并逮捕其家属治罪。桓帝闻讯大怒，反将朱穆判作苦役。因此，引发了历史上第一次大规模的学生请愿运动。太学生刘陶等数千人到宫廷向桓帝上书请愿，为朱穆喊冤。他们指责“中官近习，窃持国柄，手握王爵，口含天宪”，颠倒是非，滥用职权。朱穆忠心忧国，深谋远虑，是难得的贤臣。如非要判刑，则我愿代他受刑服苦役。桓帝只好赦免了朱穆。第一次请愿算是结束了。桓帝延熹五年（162），皇甫规平羌有功，因宦官徐璜、左悺向其敲诈贿赂不遂，便诬陷他侵吞军饷，判他服刑苦役。于是，太学生张凤等300余人又发起第二次请愿运动，上书为皇甫规鸣冤，皇甫规又因而得以赦免。

处士的横议与太学生的抗愤，给一批中、下级正直官吏在精神上和舆论上以极大鼓舞，一部分官僚和知识分子对时政提出尖锐的批评，贬抑篡权窃国的外戚宦官，褒扬不畏权势忧国忧民的清官廉吏，逐渐形成了所谓的“清议”。在野处士、在朝中下级正直官吏和太学生三股力量平行发展，交相呼应，形成了东汉末年反宦官斗争的政治高潮。然而，宦官们伺机反扑，终于酿出党锢之祸。在后期的“党锢之祸”中，太学生先后被捕者竟达千余人。

在北宋宣和七年（1125）十月，金兵逼近东京，宋徽宗借口患病，于十二月慌忙传位于太子赵桓（钦宗），朝野一片混乱。太学生陈东等人召集了700多名太学生，跪在皇宫正门宣德门（今御街）前上书救国，在李纲等主战派官员的协助下，蔡京等六贼得到应有惩罚，李纲被任命为兵部侍郎，人心大快。靖康元年（1126）一月，金兵攻城，徽宗南逃，钦宗及丞相李邦彦一伙投降派苟且偷安，力主乞和，借口罢了李纲和赶来救援的抗金将领种师道的官职，一时民怨沸腾。二月，陈东又率领太学生数百人到宣德门前伏阙请愿，东京数万军民也前往声援。但上书后钦宗竟传旨金兵退后再用李纲，愤怒的群众砸毁了宣德门前的栏杆，又赶到东华门（今东华门街）敲打登闻鼓，因久不见回音，又将登闻鼓砸烂。宋廷调打手欲施高压，陈东等临危不惧。民众怒火更加高涨，钦宗怕激起民变，被迫传旨恢复李纲和种师道的官职。宦官朱拱之有意拖延传达旨意，被人群当场打成肉酱，并一连打死恶宦官30余人。李邦彦退朝，被围住大骂，吓得他赶紧逃窜。直到李纲、种师道登上宣德门和大家见了面，请愿人群才欢呼散去。后经军民同心抗敌，金兵仓皇退离。

明朝天启年间的东林党运动也是有学生参与的。东林党代表城市中产阶级的改良集团，提倡自由讲学，自由结社。东林党认识到，要澄清吏治，首先要严肃京察，限制最反动的上层官僚和宦官的特权。他们抨议朝政，反对宦官们的腐败，取得了广大民众的支持与同情，形成了一股比较强大的社会力量。

清光绪二十一年（1895）4月，清政府在甲午战争中战败，被迫派李鸿章赴日本马关签署《马关条约》，把台湾和澎湖列岛割让给日本。消息传出，举国震惊。海峡两岸的中国人同悲同愤，一致谴责清朝政府的卖国罪行。人民一致要求惩办李鸿章，拒绝签订《马关条约》，继续抗战。5月2日，正在北京参加考试的各省1300多名举人，在广东举人康有为、梁启超的发动下，联名向清廷上书请愿，提出拒签和约、迁都抗战、变法图强的三项主张。这就是历史上所称的“公车上书”（因汉代举人孝廉乘公车赴京，以后便以“公车”作为举人入京应试的代称）。

（张雨）

古代官职

早在西周，教育就已经有了成型的制度。按《周礼》记载，大宰为六官之首，“教典”是他所负责的“六典”之一。大司乐负责主持宗教祭祀与国家典礼，作为国家高级的礼乐官，又兼管学校教育，他属下的乐师、师氏、保氏、大胥、小胥等，都是国学的学官。

到了汉武帝时代，设立了五经博士。博士也就是汉代太学的正式教师。博士本是对博识多能者的通称，但在汉代设立太学后，博士就转化为太学的教官，主要从事太学的教学工作了，同时也部分保存了原来作为咨询官吏的职能，参与政府的政治、学术活动。博士并不一定有很高的官职，但任职标准高、人数少，一般很受社会的尊重和朝廷的礼遇。

汉代太学的传统一直被各朝各代所继承发扬。

西晋创办了国子学，这是在太学之外另立的一所中央官学。在国子学里面有国子祭酒、博士各1人，助教15人。隋朝在中央设置了国子寺，内设祭酒1人，总管教育事业，下有属官主簿、录事各1人。隋炀帝时候改国子寺为国子监，名称一直沿用到清朝。在国子监中增加了司业1人，丞3人，有博士和助教。

宋代沿用唐制，太学的教职员很多。除祭酒总管各校政令外，还有司业总管课试、斥黜、教导等事务。而博士职责是分经讲授，以德行、道艺训导学者；除博士教学之外，还有学正，掌举行学规；学录，协助学正；学谕，掌以博士所授经，传谕学生；直学，掌管学生学籍等。

明清时期基本沿袭了宋代的分工，国子监教官各司其职。祭酒、司业掌握政令；监丞参领监务，掌管处罚档案；博士分经讲授；助教、学正、学录共同负责对学生的训导；典簿负责文书、经费；典籍管理书籍；掌馔负责伙食。

所有这些教职名称一直沿用到清末废除科举制度、兴办新式教育时。

（张雨）

孔庙

孔子是我国古代著名的思想家、教育家、儒家学派创始人。相传有弟子3000人，贤弟子72人。孔子曾带领弟子周游列国14年。孔子还是一位古文献整理家，曾修《诗》、《书》，定《礼》、《乐》，序《周易》，作《春秋》。孔子的思想及学说对后世产生了极其深远的影响。

由于孔子被以后历代封建统治者奉为圣人，对其顶礼膜拜，因此，在中国几乎每一个省府或县城，都有一座孔庙（也叫做文庙），就是祭祀孔子的地方。

但是规模最大的一座孔庙在曲阜。它是以孔子的故居为庙，以皇宫的规格而建，是我国三大古建筑群之一，在世界建筑史上也占有重要地位。

孔庙大成殿的祭祀活动

孔庙的初建是在孔子死后第二年，鲁哀公为祭祀孔子，将其故宅改建庙院。以便“岁时奉祀”。自西汉以来，历代的封建帝王对孔庙不断重修和扩建，形成了一座宫殿式的庞大的古建筑群。

北京的孔庙也很有规模，位于安定门内国子监街，是元、明、清三代祭祀孔子的地方，始建于元代大德六年（1302），至今已有600多年的历史了。北京孔庙占地2万平方米，院内有198座元、明、清三代进士题名碑，还有14座明、清两代碑亭。另外还有十三经石碑，是康熙年间江苏金坛贡生蒋衡手书，历时12年，共63万字。这块碑原立于在国子监六堂，1956年移置于此，原准备再放回国子监，后因国子监改为首都图书馆，便将碑立于此处。

孔庙在全国各地的建立和兴盛代表了中国古代不管是民间还是官方对孔子以及他所创立的儒家学说的推崇。历代封建王朝不断对孔子加封，北魏时就封孔子为“宣尼公”，唐贞观时又以孔子为“先圣”，唐玄宗更“依贞观故事”，诏孔子为“先圣”，并谥为“文宣王”。宋代孔庙的礼仪进一步升格，宋真宗谥孔子为“玄圣文宣王”，后又改为“至圣文宣王”。宋仁宗时又封孔子后代为“衍圣公”，世代相传，直到民国时期才废止。宋徽宗除将孔庙之正殿命名为“大成殿”外，“并增文宣王冕十又二旒"，与天子相同，并将祭孔仪式看做与社稷大礼同等重要。元代加号孔子为"大成至圣文宣王"；明代题"至圣先师孔子神位"；清顺治年间定谥为"大成至圣先师孔子"，后改称"至圣先师孔子"。并且孔庙所代表的孔子的神圣性还曾卷入与西方教廷的"礼仪之争"中。清朝康熙年间，教皇曾经颁布了禁止中国的天主教徒祭孔祭祖的教旨，不准中国的教徒参加祀孔仪式，不准他们进入孔庙，这引起清康熙皇帝的愤怒。这些都说明，孔庙所代表的对孔子的尊奉，以及对传统文化的信仰，已超出了孔庙本身的意义了。

（张雨）

末代状元刘春霖

刘春霖，字润琴，号石箕，直隶肃宁人。1872 年，刘春霖出生于直隶肃宁县北石宝村。父亲是一个纯朴本分的农民。由于生活所迫，父亲带着全家投奔到保定府一个亲戚家。经人介绍，父亲到府衙当差，做了皂隶。

清光绪二十九年（1903），刘春霖同兄长刘春堂赴京会试，刘春堂中了进士，而刘春霖名落孙山。第二年是慈禧太后的 70 大寿，特加甲辰恩科，刘春霖得中状元。据传，他原本排榜第二名，第一名为广东的朱汝珍。由于慈禧太后害过珍妃，所以她对"珍"字非常敏感；又因为洪秀全、康有为、孙中山等"大清"的"叛逆者"都是广东人，慈禧从心理上对广东人也很反感。而刘春霖的"春霖"二字意为春风化雨，普降甘霖；其籍贯"肃宁"又可象征"肃静安宁，天下太平"，慈禧认为很吉祥，于是朱笔一挥，把刘春霖定为新科状元。

刘春霖中了状元后为翰林院学士，其间曾到云南办过一次公差，1907 年刘春霖被选派赴日本东京政法大学留学，1909 年学成回国，授翰林编修，任直隶女学堂（后改直隶第二女子师范）监督。宣统元年（1909）改任直隶高等学堂监督，并在莲池文学馆讲学。

清朝在刘春霖中状元后的第二年废除了科举考试。1911 年辛亥革命爆发，清朝灭亡，科举制度被彻底取消，刘春霖就成了中国历史上最后一名状元。

1914 年，窃取了革命果实的袁世凯为实现复辟帝制的野心，多方招揽清朝遗老以壮声势。刘春霖被请进总统府，任总统内史，每天为袁世凯编录一篇历代皇帝的言行录以供其赏读。1927 年以后，刘春霖辞去公职赋闲在家，每日以诗书自慰。

1933 年黄河泛滥成灾，刘春霖会同其他一些知名人士发起组织了河北移民协会，任理事。1934 年农历三月，伪“满洲国”总理郑孝胥特邀刘春霖前往，但遭到他的严词拒绝。“七七事变”后，北平沦陷，伪“华北政务委员会”委员长、汉奸王揖唐，利用与刘春霖同科进士的关系，多次派人以利禄相诱，也都被刘春霖严词拒绝。王揖唐又亲自带了重礼去见刘春霖，并谦卑地说：“年兄的才华品德胜弟十倍，年兄素有建功立业之志，然历经坎坷，今日恰逢施展雄才之时，弟愿抹席以待……”没等王揖唐说完，就遭到刘春霖的怒斥：“我决不依附外国侵略者!”刘春霖怒斥汉奸、不做亡国奴的爱国义举被人争相传颂，但许多亲朋好友也为刘春霖担心，纷纷劝他到南方躲避一下。一些人还热心地为他筹集路费。他却沉痛地说：“躲到哪里去？南方的大片国土也沦陷了，总不能躲出国门，流浪到南洋去吧？我是中国人，死也要死在自己的国土上!”

1942 年 1 月 18 日，刘春霖因心脏病突发与世长辞，享年 71 岁。遵照他的遗嘱，被葬于保定西郊东鲁岗。

（张雨）

同文馆与广方言馆

鸦片战争以后，清政府在与帝国主义列强交涉中屡遭失败，认为语言文字不通，受外人欺蒙，也是一个原因。清咸丰十年（1860），恭亲王奏请设立总理各国事务衙门，专门办理外交。1861 年，总理各国事务衙门正式设立，但官员们大多不懂外语，于是恭亲王等人又奏请挑选天资聪慧、年在 14 岁以下的八旗子弟学习外国语言文字。于是，京师同文馆就于同治元年（1862）七月应运而生，隶属于总理各国事务衙门。

同文馆刚开办时仅设英文馆，次年，法文馆和俄文馆相继成立。同治六年（1867）增设算学馆，传授天文、算学、理化。同治十一年（1872）又添设德文馆，光绪二十二年（1896）又设东文（日文）馆。

同文馆的学生来源后来扩大范围，“应由八旗满、蒙、汉内择其资质聪慧、现习清文、年在十五岁上下者，每旗各保送二至三名，由臣酌量录取，挨次传补”。教学工作由总教习、教习负责。除汉文外，其他课程的教习多数是外国人。

开办同文馆的目的在于培养洋务人才。但于 1900 年因八国联军侵入北京而被迫停办，并于 1901 年年底并入京师大学堂。

同治二年（1863），江苏巡抚李鸿章以上海交涉事件较多为理由，经清政府批准，仿效京师同文馆在上海开设了广方言馆，遴选上海邻近地区14岁以下的俊秀儿童入学。广方言馆不像京师同文馆那样只利用礼拜休业日学习汉文，而是将经史小学列为正课。学生也以外国语文为主课，兼修史地与自然科学。3年后毕业，分派到各通商督抚衙门及海关监督，充任翻译官承办洋务。光绪三十一年（1905），广方言馆改为兵工中学堂，成为五年制的中等工业学堂。

同治三年（1864），广州仿效上海方言馆，也设立了广方言馆，又称“广州同文馆”。该馆主要为培养八旗子弟翻译人才而设，学生不过数十名，每10人中以旗籍8人、汉籍2人为准。当时只讲授英文，兼学浅近的算学。后来添设东文（日文）馆、法文馆、俄文馆，学生名额逐渐增加。到光绪三十一年，改名为广州译学馆，成为介乎中学堂和大学堂之间，与大学预科同级的五年制高等学堂。

（张雨）

我国著名大学的校训

一个学校的校训很大程度上代表着学校的办学方针和风采，我国许多大学都有自己的校训。现举一些主要的如下。

北京大学：蔡元培先生曾以“思想自由、兼容并包”八个字作为北大校训，广为人知。

清华大学：自强不息，厚德载物。

中国人民大学：实事求是。

北京师范大学：学为人师，行为世范。

北京航空航天大学：德才兼备，知行合一。

北京理工大学：德以明理，学以精工。

北京交通大学：知行。

中国海洋大学：海纳百川，取则行远。

中国政法大学：厚德明法，格物致公。

中国矿业大学：开拓创新，严谨治学。

中国药科大学：精业济群。

中国石油大学：厚积薄发，开物成务（北京）；惟真惟实（华东）。

北京科技大学：求实鼎新。

北京邮电大学：厚德，博学，敬业，乐群。

对外经济贸易大学：博学，诚信，求索，笃行。

中国农业大学：解民生之多艰，育天下之英才。

北京外国语大学：兼容并蓄，博学笃行。

复旦大学：博学而笃志，切问而近思。

同济大学：严谨，求实，团结，创新。

上海交通大学：饮水思源，爱国荣校。

华东师范大学：求实创造，为人师表。

华东理工大学：勤奋求实，励志明德。

上海大学：自强不息，先天下之忧而忧，后天下之乐而乐。

南开大学：允公允能，日新月异。

天津大学：实事求是。

重庆大学：耐劳苦，尚俭朴，勤学业，爱国家。

哈尔滨工业大学：规格严格，功夫到家。

哈尔滨工程大学：大工至真，大学至善。

东北大学：自强不息，知行合一。

黑龙江大学：博学慎思，参天尽物。

吉林大学：求实创新，励志图强。

大连理工大学：团结，进取，求实，创新。

东北财经大学：博学济世。

新疆大学：团结，奋进，求实，创新。

兰州大学：自强不息，独树一帜。

西北大学：公诚勤朴。

西安交通大学：精勤求学，敦笃励志，果毅力行，忠恕任事。

西北工业大学：公诚勇毅。

西安电子科技大学：厚德求真，励学笃行。

西安理工大学：祖国，荣誉，责任。

山东大学：学无止境，气有浩然。

青岛大学：博学笃志，明德求真，守正出奇。

南京大学：诚朴雄伟，励学敦行。

东南大学：止于至善。

南京航空航天大学：智周万物，道济天下。

南京理工大学：团结，献身，求是，创新。

南京师范大学：正德厚生，笃学敏行。

苏州大学：养天地正气，法古今完人。

南京农业大学：诚朴勤仁。

河海大学：艰苦朴素，实事求是，严格要求，勇于探索。

浙江大学：求是，创新。

中国科学技术大学：红专并进，理实交融。

安徽大学：至诚至坚，博学笃行。

武汉大学：自强，宏毅，求实，拓新。

华中师范大学：求实创新，立德树人。

华中科技大学：明德厚学，求是创新。

中南大学：经世致用。

华中农业大学：勤读力耕，立己达人。

四川大学：海纳百川，有容乃大。

西南交通大学：精勤求学，敦笃励志，果毅力行，忠恕任事。

厦门大学：自强不息，止于至善。

中山大学：博学，审问，慎思，明辨，笃行。

华南理工大学：博学慎思，明辨笃行。

暨南大学：忠信笃敬。

华南师范大学：艰苦奋斗，严谨治学；求实创新，为人师表。

汕头大学：有志，有识，有恒，有为。

湖南大学：实事求是，敢为人先。

湘潭大学：博学笃行，盛德日新。

江西财经大学：信敏廉毅。

云南大学：自尊，致知，正义，力行。

云南师范大学：刚毅坚卓。

南华大学：明德博学，求实致远。

（张雨）

清华国学四大导师

梁启超、陈寅恪、王国维、赵元任四大国学导师都是我国近现代最杰出的学者，当年，清华国学研究院正是由于拥有他们，创办两年后，其声望就超过了早于它创立的同类学校，并且，清华国学院由此开始，建立了中国学术独立的传统。他们并称为“清华国学四大导师”。

梁启超（1873～1929），字卓如，号任公，又号饮冰室主人，是近代资产阶级改良主义者、学者，生于广东省新会县熊子乡，举人出身。他和其师康有为一起，倡导变法维新，人称“康梁”。他早年所作的政论文，流利畅达，感情奔放，颇有特色。他晚年在清华学校讲学。其著作编为《饮冰室合集》。

梁启超（1873～1929）

1914年，清华刚刚建校3年时，梁启超就来清华演讲，他引用《易经》里的话来勉励清华学生要做君子，树“完整人格”：“天行健，君子以自强不息；地势坤，君子以厚德载物。”他的这次演讲对清华优良学风和校风的养成产生了深远的影响。此后，清华即把“自强不息，厚德载物”八字定为校训。

学者梁实秋在回忆他在清华园聆听梁启超的演讲时说：“他穿着肥大的长袍，步履稳健，风神潇洒，左右顾盼，光芒四射，这就是梁任公先生。他走上讲台，打开他的讲稿，眼光向下面一扫，然后是他的极简短的开场白，一共只有两句，头一句是：‘启超没有什么学问’，眼睛向上一翻，轻轻点一下头：‘可是也有一点喽！’这样谦逊同时又这样自负的话是很难得听到的。”

陈寅恪，著名历史学家，学贯中西，是公认的20世纪最有学问、最有成就的学界大师。他的专业是中古史，曾在清华大学、西南联合大学、中山大学担任教授，还曾任牛津等外国名校教授。他的所有作品都以文言写成，而且学问高深，一般知识背景的读者难以理解。

在20世纪20年代的清华园，陈寅恪曾被认为是“教授中的教授”，因为凡是他讲课，很多教授都会来听。他曾在国外断续留学18年，潜心读书和研究，但对“博士”、“硕士”学位之类，却淡然处之，因此连大学文凭也没拿过。然而就是这个没有学位的人，当在哈佛大学任教的赵元任被聘为清华园的导师时，哈佛大学却点名要陈寅恪继任。关于陈寅恪的学问，只从一点就可知其博大精深：他虽然不是语言学家，但他通晓的文字多达二三十种。

王国维（1877～1927）

王国维（1877～1927），字静安，号观堂。在四大导师中，王国维是第一个来到清华的。王国维年轻时学习语言、科学、哲学和心理学、社会学，30岁之后研究文学。中年之后，又治中国古代史，在甲骨文方面取得了优异成就，奠定了他国学大师的地位。

1923年，王国维曾应召为末代皇帝溥仪的南书房行走。1927年6月2日，王国维自沉于颐和园昆明湖，终年50岁。行前留遗书曰："五十之年，只欠一死。经此世变，义无再辱。"

赵元任（1892～1982），是"中国语言学之父"，中国近代音乐先驱者之一。28岁时，就被美国康乃尔大学聘为物理讲师。29岁时，他回到清华，担任物理、数学和心理学讲师。30岁时任哈佛大学哲学讲师。33岁时被聘为清华哲学教授。1938年后在美国夏威夷大学、耶鲁大学、哈佛大学、加利福尼亚人学柏克莱分校任教。被选为美国语言学会会长，美国东方学会会长。1981年，北京大学授予其名誉教授称号。

赵元任早年从事国语运动，后致力于语言学研究，在音位学理论、中国音韵学、汉语方言以及汉语语法方面有重要的贡献。

（张雨）

民国时期中央研究院的院士

原国立中央研究院（1928年6月～1949年4月）是民国时期最高学术研究机构，直隶于国民政府。其任务主要有两方面：一是实行科学研究；二是指导、联络、奖励学术研究。设有特任级院长一人，其下设行政、研究、评议三机构。

1928年6月中央研究院成立后，陆续按学科分科设置各研究所，到1937年抗日战争发生时为止，已设立物理、化学、工程、地质、天文、气象、历史语言、心理、社会科学及动、植物10个研究所。物理、化学、工程3个研究所设在上海，其余各所均设于南京，并在南京成贤街旧法制局内设立总办事处（北极阁新址落成后，办事处迁往新址办公），以办理全院一般行政事宜。抗战期间，中央研究院各研究所分设于重庆、北碚、李庄、昆明四区。抗战胜利后，数学研究所筹备处、物理研究所、化学研究所、动物研究所、植物研究所、医学研究所筹备处、工学研究所、心理学研究所 8 单位，暂设于上海，总办事处及天文、地质、气象、历史语言、社会科学 5 个研究所设于南京。

中央研究院设院长一人，综合管理全院行政事宜一人，承院长之命，处理全院行政事宜。研究所设所长职务，并指导研究事宜。中央研究院的首任院长是蔡元培，继任院长为朱家骅。总干事先后为杨杏佛、丁文江、朱家骅、任鸿隽、傅斯年、叶企孙、李书华、萨本栋和钱临照。

中央研究院设有学术评议会，为民国期间国内最高学术评议机构。1935 年 6 月 19 日，成立第一届评议会。1948 年 3 月 24 日，中央研究院代院长兼评议会议长朱家骅在南京总办事处主持第二届语言会第五次会议，会期三天。25 日，就第四次会议通过的院士候选人名单（共 150 人；其中，数理组 49 人，生物组 46 人，人文组 55 人）用无记名投标方式投票，选出第一届院士 81 人。会议决定：其中，数理组 28 人，生物组 25 人，人文组 28 人。本来要选 100 人，但有 69 人未超过半数票，只选出 81 人。会议决定以后每年续选 15 人。1949 年，国民党政府败退台湾，在内地的院士选举中断。

民国时期中央研究院第一届院士名单如下：

数理组：

华罗庚，苏步青，严济慈，李四光，竺可桢，茅以升，黄汲清，许宝，陈省身，吴大猷，吴有训，李书华，叶企孙，赵忠尧，饶毓泰，吴宪，吴学周，庄长恭，曾昭抡，朱家骅，姜立夫，翁文灏，杨钟健，谢家荣，周仁，侯德榜，凌鸿勋，萨本栋。

生物组：

贝时章，童第周，王家楫，伍献文，秉志，陈桢，胡先骕，殷宏章，张景钺，钱崇澍，戴芳澜，罗宗洛，李宗恩，袁贻瑾，张孝骞，陈克恢，吴定良，汪敬熙，林可胜，汤佩松，冯德培，蔡翘，李先闻，俞大绂，邓叔群。

人文组：

郭沫若，冯友兰，杨树达，陈寅恪，顾颉刚，梁思成，马寅初，陈达，陶孟和，胡适，吴敬恒，金岳霖，汤用彤，余嘉锡，张元济，柳诒徵，陈垣，傅斯年，李方桂，赵元任，李济，梁思永，董作宾，王世杰，王宠惠，周鲠生，钱端升，萧公权。

1948 年 12 月，中央研究院开始向中国台湾搬迁。除总办事处、数学以及历史语言研究所较完整地迁到台湾外，其余各研究所大都留在南京和上海。在中央研究院 81 名院士中，迁至台湾的仅有凌鸿勋、林可胜、傅斯年、董作宾、李济、王世杰、吴稚晖 7 人，在国外的有陈省身、李书华、赵元任、汪敬熙、胡适、吴大猷等 12 人，其余 50 余人（除萨本栋等人去世外）均留在了中国内地。1949 年 10 月，新中国成立后，中央研究院留在内地的各机构都被中国科学院接收。

上列 81 人中，吴大猷后被任命为“台湾中央研究院”院长；陈省身自 1984 年辞去美国国家数学研究所所长一职后，应我国教育部之邀，任母校南开大学数学研究所所长；严济慈当选为第七届全国人民代表大会代表，并任第七届人大常委会副委员长；苏步青、黄汲清等任第七届全国政协委员。其余如郭沫若、华罗庚、李四光、竺可桢、茅以升、童第周、贝时章、冯友兰、杨树达、陈寅恪、顾颉刚、梁思成、马寅初、金岳霖等人，都在新中国的教学科研工作或在领导工作岗位上做出了杰出的贡献。

（张雨）

抗战时的特殊大学：西南联大

自卢沟桥事变之后，中国教育史掀开了惊心动魄的一页。

当时日寇入侵，平津相继沦陷。华北之大，竟容不下一张课桌。由北京大学、清华大学和天津南开大学撤出的 1600 多名师生经过千里跋涉到达湖南长沙，在临时组建的长沙临时大学里继续他们的学业。三个月后，因日寇逼近，长沙不保，一大批知名教授、学者又克服无数困难，带领学生前往昆明。1938 年 4 月 28 日，湘黔滇旅行团师生经过 68 天的长途跋涉，终于到达云南省会昆明。6 天以后，汇集了三校师生的国立西南联合大学成立。原清华大学校长梅贻琦任联大校长。

在中华民族处于危亡的关头，西南联大的师生们咬紧牙关，培育人才，创造了伟大的奇迹，使西南联大文化具有了独特的历史地位。

当时西南联大的办学条件极为艰难，教室是土墙，屋顶仅盖一层铁皮，宿舍是土坯草屋，睡的是上下层双人床，室内灯光黯淡；教授们的生活也极为清苦；学生们简直得不到起码的温饱。可以说是艰苦备尝，饱经忧患。但是，广大师生们有一种不甘沦亡的坚卓刚毅精神。他们怀着抗战必胜的信念，深信胜利后国家重建，需要一大批人才，因而，教师们教书不忘国难，治学谨严，诲人不倦；学生们读书不忘救国，救国不忘读书。广大师生们都认识到自己肩负的重大使命，形成了刻苦钻研、勤奋学习的优良学风。那时的联大校园，不论是树下、墙角、街头、茶馆，随处可见联大师生们孜孜以求，刻苦攻读的身影。遇到名教授上课，教室内外都挤满了人，好些人站着记笔记。当时校图书馆库藏书少，参考书不足，有些教授为了备好一堂课，往往四处寻觅有关书刊，常常深更半夜赶编讲义，遇停电时，更需秉烛笔耕。

西南联大最突出的历史功绩是：由著名爱国教育家张伯苓、蒋梦麟、梅贻琦等人为首组成的西南联大常委，聚集了原三校著名教授和当代精英，如闻一多、张奚若、陈寅恪、吴大猷、钱穆、陈省身、任之恭、扬振声、曾昭抡、杨石先、罗常培、罗庸、牛满江、潘光旦、吴晗、华罗庚、郑天挺、冯友兰、陈序经、施嘉炀、黄钰生、查良钊、周培源、费孝通、钱钟书等。名师出高徒，在他们的带领指引下，培养出蜚声国内外的大批杰出的科学家、教育家、哲学家、史学家、文学家以及许多党政领导干部，如邓稼先、杨振宁、李政道、朱光亚、彭珮云、王汉斌、汪曾祺等人。八年抗战中曾在西南联大就读的学生共8000多人，其新属附中也培养出又一批杰出人才，如自动化专家戴汝为、文学家冯钟朴等。他们中的许多人是新中国各门科学的开拓者和奠基人，是我国科技、文化、教育的中坚力量。正如纪念西南联大50周年校庆时，当时任云南省省长的和志强在祝词中指出的那样：“人才济济，名流如云。”像西南联大这样人才辈出、群星灿烂的高等院校，在我国教育史上是罕有的。它不仅为中国，也为世界的科学文化和人类进步，做出了重要贡献。西南联大在我国教育史上留下了光辉的一页。

（张雨）

十一

美容　服饰

胭脂花粉

中国古代妇女面妆的习俗最晚在商代就已经出现了。古人以白为美，以黑为丑。所以古代妇女用白粉涂饰肌肤，使之洁白鲜润，保持柔嫩，现出青春美感。因此，以粉饰面，是我国古代妇女化妆的基本内容之一。

古代的化妆粉主要有金属类的铅粉和植物类的米粉等，而其中米粉是最常用的粉饰。“粉，分也。研米使分散也。”米粉选取上等的米做原料经过碎米、浸泡、研磨等多道工序做成，制粉的水质好坏对产品的优劣很有关系。制成的妆粉盛放在各种形状各种材质做的粉盒当中。通常以用丝绵或绸之类的软性材料做成的粉扑，沾染妆粉，敷布于相应的部位。最常见的是在面部，但也有在颈、胸、背、臂乃至全身涂以粉饰的风习，唐代温庭筠的《女冠子》词所说的“雪胸鸾镜里”，就是这种情形。

胭脂，是古代妇女在脸上染颊饰红的主要化妆品，也写作烟支、烟脂、燕脂等，是由汉代张骞从西域传入的。历史上，汉军三次大败匈奴，迫使匈奴逃遁，匈奴悲歌“丧我焉支山，使我妇女无颜色”，其中“焉支山”就盛产可作胭脂原料的植物红蓝草。所以，胭脂可能是从“焉支山”而得名。

红蓝、苏木、山花、石榴、玫瑰等花木是古代用来制作胭脂的主要原料，此外，还用一种植物类的原料紫矿来作胭脂。按不同的原料制成的胭脂种类很多，李时珍《本草纲目》认为：“燕脂有四种，一种以红蓝花汁染胡粉而成，乃苏鄂《演义》所谓‘燕脂出西方，以染粉为妇人面色’者也；一种以山燕脂汁染粉而成，乃段公路《北户录》所谓‘燕脂粉’者；一种以山榴花汁作成者，郑虔胡《本草》载之；一种以紫柳染锦而成者，李珣《药谱》载之。”

在古代，出于使用、贮存便利、美观等诸方面的考虑，胭脂有的凝结做成膏瓣，有的做成粉类，更多的用汁液浸棉、丝、纸做成。胭脂在使用的时候通常先晕于手掌，再匀于脸颊。古代妇女妆红、深浅、范围大小各不相同，浓者明丽娇妍，淡者幽雅动人，有的只染在两颊，有的兼晕眉眼。并且有各种颇具特色的妆名：“慵来妆”，衬倦慵之美，妆法是在脸上施“小朱”；“薄薄施朱，以粉罩之”，是“飞霞妆”；“夹脸连额渥以朱粉”，是“醉妆”等。

（李晓丹）

中国古代的鞋子

中国古代的鞋子有很多种，根据制鞋的材料，可以把鞋分为履、屦、屩、屐、鞮。先秦时期称单底的鞋叫屦，履则是动词，表示脚踏或穿鞋的意思。汉代以前用麻、葛、芦做成的鞋也叫做屦，汉代以后，“屦”废弃不用，而用“履”作为鞋类的总称。履，主要指的是麻、丝做成的鞋，是编织而成的。“屩”专指草鞋；“屐”指木头做的鞋子，后代称之为木屐。木屐现在还保留在日本和我国西南地区的部分山区。古代，木屐主要是用铁器削挖而成的。“鞮”指的是革做成的鞋子，高筒的称靴，矮筒的称鞋。

在整个古代时期，我国的鞋有两大特点：一是鞋不分左右脚，一直到民国时期，才吸收了西方的鞋形，分了左右脚；二是古代的鞋绝大部分的鞋头都高高隆起，但是隆起的部位和高低各个时期有所不同。

履

“履”在古汉语中最初是动词，表示脚踏或穿鞋的意思，例如《诗·小雅》中有：“战战兢兢，如履薄冰。”汉代以后履成为鞋类的总称。《说文解字》有：“履，足所依也。”清代段玉裁注：“古曰屦，今曰履，古曰履，今曰鞋。”

把“履”单独提出，作为古代鞋的种类的一种，主要指的是用麻、丝编织做成的鞋。我国古代有着名目繁多的履类，有的以其形式定名，有的以其色饰定名。明代胡应麟的《少室山房笔丛》里有：“东晋以草木织成，有凤头履、聚云履、五朵履。宋有重台履，梁有分梢履、立凤履、五色云霞履。”

履的名目繁多，主要的有以下几种。

珠履：因履上绣有珠饰而名，南北朝时期为贵族所穿。西晋文学家左思《吴都赋》中有“出蹑珠履，动以千百”之句。

勾履：鞋头呈尖头状，并向上翘，侧看如钩，所以称勾履。最早在汉代出现，唐代盛行。

黄金履：出现在南北朝时期，用金线编织而成。

丝履：用丝线编织而成。长沙马王堆汉墓出土文物中，就有用丝线编织成的丝履。

屐

“屐”指木头做的鞋子，后世称之为木屐。木屐主要是用铁器削挖而成，鞋底装有木齿，前后各一，与地面呈垂直状。木齿的高度一般是 6 ~ 8 厘米，形状有扁平、四方等。木屐相传出现在先秦时期，最初是在雨天穿，防止潮湿并可在泥地行走。东汉以后穿的人渐渐多起来，不一定是雨天穿着，日常居家都穿，演变成一种便履。《晋书·五行志》中说：“初作屐者，妇人头圆，男子头方……至太康初，妇人屐乃头方，与男无别。”

明《中东宫冠服》所绘靴、袜、舄图

屐的名目也不少，主要的有以下几种。

孔子屐：历史上相传有一个小偷偷了孔子的木屐，发现木屐长达一尺四寸，与一般的屐不同。

谢公屐：这种木屐与别的木屐不同处就在于木屐底部的木齿是活动的。谢公屐因南北朝时期的诗人谢灵运而得名。谢灵运登山旅游时经常穿这种木屐，上山的时候把前齿去掉，下山的时候把后齿去掉，这样上下山时十分便利，时称“谢公屐”。李白在《梦游天姥吟留别》一诗中就有：“脚着谢公屐，身登青云梯。”

漆画屐：宋代妇女结婚的时候作为嫁妆的一种木屐，屐上面画满了各种彩色的图画，并且用五彩带作为木屐的带子，表达对出嫁女子的祝福。这种木屐一直延续到 20 世纪中叶。

靴

古代把皮革做成的鞋统称为鞮，把其中高筒的称为靴。靴，原来是我国西北和北方的少数民族穿的，便于游牧乘骑。春秋时期赵武灵王倡导胡服骑射，靴被引入中原。南北朝时期的民族融合使靴获得了进一步的普及，当时男男女女都可以穿靴，只不过不能在正式场合穿着罢了。隋唐时期，靴被定为臣子和天子服饰的配套足服。这个规定后来被历代沿用，直到清代。

串珠朝靴

各个时代有自己不同的靴的种类和样式，主要有以下几种。

皂靴：皂靴是古代用皂色即黑色皮革制成的靴。明代的时候把皂靴定为与文武百官的官服配穿的足服。

快靴：快靴是清代的一种短帮薄底靴，又称做“爬山虎”。这种靴轻便快捷，便于步行，受到练武人士的喜爱。

发靴：发靴是清代用头发编织而成的靴子。

银靴：银靴是用银制作而成的靴子，只有少数王公贵族才能拥有。内蒙古奈曼旗青龙辽代陈国公主驸马合葬墓曾经出土过两双银靴。靴高 14 厘米，底长 32 厘米，用薄银片制作而成。靴筒刻有四只凤凰，靴面刻有两只凤凰，每一只凤凰边有四朵祥云。

锦靴：这种靴的靴帮用红锦或锦缎制作，有的还在上面另外加上刺绣，靴头像凤嘴向上翘起。唐代的宫女和乘骑出门的妇女都穿这种靴子。

（李晓丹）

凤冠霞帔

以凤形饰冠的风习由来已久，早在汉代就已经出现；凤冠的名称则最早出现在晋人王嘉的《拾遗记》中；把凤冠确定为礼服，并列入冠服制度则是宋代以后的事情。

不同的时期凤冠有不同的制作标准，如北宋凤冠，冠上饰有九翚四凤，另有首饰花九株，小花若干株，冠下附两博鬓。而按《明史·舆服志》记载，明洪武三年(1370)，定皇后冠服，“圆匡冒以翡翠，上饰九龙四凤，大花十二树，小花数如之。两博鬓，十二钿”。而永乐三年（1405）定制为：“其冠饰翠龙九，金凤四，中一龙衔大珠一，上有翠盖，下垂珠结，余皆口衔珠滴，珠翠云四十片，大珠花，小珠花数如旧。三博鬓，饰以金龙、翠云，皆垂珠滴。翠口圈一副，上饰珠宝钿花十二，翠钿如其数。托里金口圈一副。”

凤冠

霞帔，又叫做霞袦，形状似彩练，以狭长的布帛做成。上面绣有花卉，云，凤。穿霞帔的时候把它从领子后面绕披到胸前，下面垂一颗金玉珠子，其穿法类似于今天的披肩的穿法。按东汉刘熙的《释名·释衣服》：“帔，披也。披之肩背不及下也。”秦代以前妇女只用一块帛搭披在肩，到晋代和南北朝时期才出现了晕染的帔帛，其后制作装饰日益精良。隋唐时期人们赋予了它“霞帔”的美名，白居易的《霓裳羽衣歌》有“虹裳霞帔步摇冠”的诗句，但霞帔一直到宋代才正式列为礼服。

中国古代，“凤冠霞帔”一直被妇女视为最大的荣耀。明代冯梦龙《醒世恒言》第二十卷有：“花烛之下，乌纱绛袍，凤冠霞帔，好不气象。”清代吴趼人《二十年目睹之怪现状》第五十八回有：“择了吉日迎娶，一般的鼓乐彩舆，凤冠霞帔，花烛拜堂，成了好事。”

龙袍

龙袍是一种绣有龙纹的袍服，是古代帝王和后妃专用的服装，在我国古代服装中占有重要的地位。帝王服装上面绣织龙纹在我国有两千多年的历史，早在周朝就已经有了这种风习。但是，从秦汉到隋唐，帝王礼服一般都是“上衣下裳”，而平时的袍服并不饰以龙纹，所以还没有“龙袍”出现。一直到清代，龙袍才作为专用的服装名称正式确定下来，列入了冠服制度。按《清史稿·舆服志》载，皇帝的龙袍：“色用明黄。领、袖俱石青，片金缘。绣文金龙九。列十二章，间以五色云。领前后正龙各一，左右及交襟处行龙各一，袖端正龙各一。下幅八宝立水，襟左右开，棉，袷，纱、裘，各惟其时。”皇后的龙袍：“之制三，皆明黄色，领、袖皆石青：一，绣文金龙九，间以五色云，福寿文采惟宜。下幅八宝立水，领前后正龙各一，左右及交襟处行龙各一。袖如朝袍，裾左右开。一，绣文五爪金龙八团，两肩前后正龙各一，襟行龙四。下幅八宝立水。一，下幅不施章采。”

按照清朝的礼仪，皇帝龙袍属于一种“吉服”，一般庆典中穿着，在最隆重的祭祀典礼上不穿龙袍，而穿比龙袍更为贵重的朝服。

又按清朝规定，只有皇帝和后妃可以穿龙袍，皇帝若赏赐有功之臣龙袍，必须将上面的龙的五爪改为四爪。

（李晓丹）

中国古代男子也穿裙子

在我国的历史上，人们几乎一直都在穿裙，形制则较为简单。东汉刘熙的《释名》中有：“裙，群也，联接群幅也。”所谓联接群幅，就是古人将二尺二寸幅宽的织物联接起来成筒状。古代的裙幅，一般是由七幅组成，前三幅，后四幅。

中国古代的服装有上古和近古两个截然不同的形式。上古的服装式样主要是上衣下裳。古代的“裳”，指的就是下衣，即裙子。一直到魏晋前后，裙子都一直是男女同用的服装，只是中间出现了一些式样上的小变动，例如，战国以后，随着骑马风习的渐渐流行，从武士开始，男子在裙子中间开一个口子，以便于骑马。但是男子着裙之风没有改变，我国上古时期主要是席地而坐，仍然是以穿裙子为便。

从唐代开始，裙子逐渐成为女子的专用服装，而男子则是以袍靴为主要服装。但是，在正式的朝贺或祭祀大典上，我国古人仍然是以上衣下裳为朝服，也就是说男子仍穿着裙子。一直到清代，朝服还是上衣下裳，仍然是有裙子的。

（李晓丹）

留发不留头

“留发不留头”的说法起源于清朝入关后的易服风波。

汉族男子自古是蓄发绾髻的，此俗源于孔子“身体发肤，受之父母，不可毁伤”之训。满族人的风俗是男子之发“半薙（剃）半留”，于额角两端引一直线，将此线前之头发尽数剃去，只留颅后头发编成辫子。这是遵循女真的旧俗。

清王朝入关之初认为，只有变汉族传统的衣冠服饰为满族的衣冠服饰，才能使百姓顺从于满族的文化习俗，才能使其统治长治久安。于是，他们颁布了“凡投诚官吏军民，皆着剃发，衣冠皆遵本朝制度”的命令。顺治二年（1645），顺治帝进一步颁布命令：“各处文武军民，自应尽令剃发，倘有不从，军法从事。”“向来剃发之制，所以即划一，始行此制，今者天下一家，岂容违异，自今以后，京师内外，限旬日尽令剃发。”顺治帝声称：“遵依者，为吾国之民，迟疑者，为逆命之寇，若惜爱规避，巧言争辩，决不宽贷。”当时，有“留头不留发，留发不留头”的说法。清政府命令剃发匠挑着剃头挑子在路上行走，见到留着头发的就上前去剃发，如果那个人抵抗，就立刻杀了那个人，把他的头悬挂在竹竿上示众。清廷强行剃发的做法激起了汉民族的强烈反抗，当时有一首诗是这样描写的：“满洲衣帽满洲头，满面咸风满面羞。满眼干戈满眼泪，满腔悲愤满腔愁。”

（李晓丹）

清末民初的辫子风波

清末民初出现的剪发辫的行为则原因复杂，既有向西方社会风俗靠拢的含义，也有表示与清政府决裂的颠覆性意义，并成为近代习俗改革中最具革命性的行动。

革命军在街头强行剪辫

最早的剪辫者是定居海外的中国人，原因是为了与当地的风俗靠拢或者是为了工作中的便利。当1898年新加坡华人倡议集体剪辫时，有家报纸转引新加坡的报纸对剪辫的理由进行了颇为详细的综述：“南洋新嘉坡《叻报》载华人割辫会一事，言之甚悉，兹录其大略云：有生长叻地之华人，召集党类，议于去岁除日，各将辫发剪去，以示不服大清之意，并登西报，议论纷然。有谓辫发为不雅观者；有谓辫发久而不洗即觉臭秽难堪者；有谓辫发贻害甚大，如机器房中执役者一时不慎，致为机器所掣，不免性命之虞者；有谓辫发或被车轮牵扯，致受辗转者；有谓此物是禽兽之尾者；有谓如铁链之状者。”对于新加坡华人的剪辫事件，当时的《申报》等有影响的报纸都作了报道，但只是表示惊诧而并无立场鲜明的评论。

除了久居国外的侨民外，剪辫者主要是流亡的革命者、维新派及留学生。如当时“兴中会”领袖人物孙中山和陈少白早在1895年就剪掉了发辫。不过明确地将剪辫易服与制度变革联系起来并产生强大社会影响的是康有为。康有为专门向光绪皇帝进呈《请断发易服改元折》，在讲了一大通辫子的“坏处”之后，便指出，俄国的彼得一世的改革和日本的明治维新，“皆先行断发易俗”，以振民族精神和表示与过去的决裂。

随着屡战屡败所导致的清政府的合法性危机的加深，剪去发辫的行为日益成为激进的留学生表示反叛的举动，到了1905年，逐渐成为留学生的时尚并逐渐传入国内。当时山西同盟会员景定成（梅久）对于1905年一次剪发事件的记述，有很强的象征意义：“山西第二次派来的学生里头，很有几位老先生，保守辫子，好像一条生命似的，宁死也不肯剪掉。我一天借着同乡开恳亲会，发了一段议论，便说道：‘这头发本是一种烦恼的东西，弄成一条辫子，搁在脑背后，已经不成个体统；如今人把他挽在头上，作了个盖顶势，好好一个头颅，让他盘居在上面（影射清政府），压制得全身不爽快（影射不自由）。如今请大家下一个决心，痛痛快快地一刀两断，剪除了他（影射革命），不但一头圆光，而且通身快活，大家有什么顾忌，不肯决然舍去呢?!’这一席话，革命同人，自然领会得来，拍掌喝彩地欢迎。惟有那老先生大不快意。”（《罪案》）

在江南一带留学生比较集中的地区，能够比较快地受到海外剪发风气的影响。加上许多留学生回国后到各地的新式学堂去教书，因此在当地的青年学生中剪发已不乏其人。但官府似乎并不严加追究，这或许从一个侧面表示了统治的衰弱。尽管如此，剪发辫还是一种不受保护的行为，如参加体制内的活动还需要发辫这一合法标志，青年学生要参加乡试就得弄个假辫子戴上。而执法机构对于剪去发辫者还存有比对一般人更多的戒心，在处罚上会比一般人更严厉。

但在全社会的崇慕西方的倾向影响之下，剪辫之风还是在中心城市不断蔓延，甚至波及政府官员。据当时报载，1905 年出洋考察的政治大臣端方、戴鸿慈的 40 多名随员中，“剪辫者已居其半”，其中“有翰林，有道府，有教员，有武员，一切皆有职衔者”。

当时剪辫之风比较盛行的还有军队，特别是在 1905 年 6 月，新编陆军实行改服制，一些官兵为了便于戴新式军帽，便将发辫剪去一部分，一些新式的警察也仿效。清廷禁止军队剪辫，其理由便是认为后脑勺的辫子是“我朝制度所系”，关系重大。1905 年 6 月 24 日《大公报》刊载了《饬禁兵士剪辫》，其禁止命令是这样说的：“新军改易服章，非关慕外，乃取其便于习操，足以振精神而壮形式。若发辫，乃我朝制度所系，倘并此亦并改革，将何以殊异外人。虽脑后拖垂，操时动多窒碍，而自来标兵防勇，莫不盘辫包头，新兵自当仿照变通，将发辫戴于帽内，不准擅自截割，违背定制，贻笑外人。”同样，学部也发布了严厉的禁剪令。使得剪辫之风受到暂时的抑制。

但随着 1908 年慈禧太后死去之后，清王朝的控制力进一步削弱，剪发之风又重新盛行。朝廷的高官包括军机大臣载涛等也支持剪发了。宣统元年（1909），外交大臣伍廷芳奏请剪辫易服，恳求“朝廷明降谕旨，任官商士庶得截去长发，改易西装”。但这仍然没能得到切实的实行。

1910 年 10 月 3 日作为预备立宪成果的资政院召开第一次会议。会上即有两位议员提出准予剪辫的议案，得到了大多数议员的支持，大大地推动了民间的剪辫风潮。

其实，皇亲们敏锐地体察到了发辫和他们的统治之间的关联。某皇亲在听到资政院奏请剪发易服时，不无伤感地说：“发辫亡，中国虽不亡，大清国已亡。”

1911 年 10 月 10 日武昌起义之后，清廷很快批准了资政院的奏请："资政院奏请降旨，即行剪发，以昭大同一折。凡我臣民，均准其自由剪发。"

1911 年 12 月 13 日，当时身为内阁大臣的袁世凯剪掉了辫子，以此为倡导，京官陆续剪辫，并逐渐影响到地方官员。但是作为一种延续 200 多年的社会习俗，想要在短时间内取消，还是很困难的。但是正是因为辫子的特殊意义，它和民国及当时盛行的民族主义观念是如此格格不入，因此，在 1912 年 3 月，当时的南京临时政府，虽然处于复杂的政治社会环境之中，但还是专门就剪辫下了一道命令："兹查通都大邑，剪辫者已多。至偏乡僻壤，留辫者尚复不少。仰内务部通行各省都督，转谕所属地方，一体知悉。凡未去辫者，于令到之日，限二十日一律剪除净尽。"当然民国毕竟已经不是专制的封建王朝，在许多人享受着没有辫子的自由自在之时，崇尚儒学的大学者辜鸿铭（1856~1928）依然可以托着他稀疏的发辫走上北京大学的讲台。只是不知辜鸿铭的辫子是对已经崩溃的王朝的依恋，还是对于日渐失去规范力的文化传统的怀念。

民国政府成立后，颁布了一系列新的服制条例，人们进一步剪辫易服，辫子风波终于结束了。

（于春松　李晓丹）

剃头挑子一头热

清军入关，掀起了一场"留头不留发，留发不留头"的风波。因为北京是国都，所以剃发之令更加严厉。清廷在北京的地安门、东四、西四和正阳门箭楼前搭建席棚，中间供奉着顺治帝下令剃头的圣旨牌，要求过路行人都要进去剃头。但是京城人口多、地面广，只有这四个地方不能使更多的汉人去理发，所以清廷训练大批的兵卒和民夫担剃头挑子走街串户做剃头营生，强制剃头。

剃头挑子一头是长方形的小柜，小柜有三层抽屉，放置剃刀、梳篦、磨刀石等剃头工具，这个小柜也充当被剃头者的坐凳；另一头是圆笼，内有炭盆水锅，用来烧热水，上面放置洗头的铜盆，有的还放一面小镜子。圆笼的一侧立一根桅杆，挂着黄布牙边长方旗，写着"奉旨剃发蓄辫"。这种剃头挑子被赋予了一个十分形象写实的名字，叫做"一头热"。

从剃头挑子"一头热"开始，北京出现了剃头的行当，理发业从此兴起。

（李晓丹）

十二

语言 文字

汉字本身就是诗

汉字是记录汉语的书写符号系统，是一种方块形式的表意文字，它造字的本身融进了“写”的因素。汉字包含形、音、义，有音乐感、形象感，音、形又会对义产生影响。人们在读汉字时，它的音、形、义都会有具象效果，即会产生听觉效果、视觉效果。所以，汉字本身所具有的形象性、抽象性，常常使读者望“文”生义。学者汪曾祺曾说过：“中国字不是拼音文字，中国的有文化的人与其说是用汉语思维，不如说是用汉字思维。”由此我们可以这样说，汉字本身就是读、写结合的，阅读汉字的本身就是读、写协调的。

由于汉字是表意的音节文字，因此，汉语的象形部分对思维的影响要比表音部分对思维的影响大，特别是有利于培养学生的形象思维，有利于学生的“读”、“写”结合。

现代著名语言学家，北京大学的辜正坤教授在多次演讲中说道：“汉字本身就是诗。”他认为，汉字诱导中国文化具备较强的图画性，使中国人具备较强的形象感受能力。例如书法这一类东西，它一定要产生，而在其他语种里面就不太会产生这种东西，迄今为止，没有听说印欧语系里的什么文字是以书法取胜的。还有，比如说中国的诗词是另一种图画性很强的文化现象。你拿绝大多数的中国诗词一念，你会感到它们有非常明显的特征：写景诗极为突出。这些东西你自己看习惯了不觉得，你认为好像诗就该这么写。可是到了国外，或者是你把中国诗词翻译成英语和法语的时候，就老有一些外国人会对你说，他们觉得中国诗词好像没有什么意思，怎么老是山啊、水啊，树啊，鸟啊什么的？难道只把那些景色写上去就是诗了？他根本懂不了，不觉得那是诗。他不明白中国诗人创造的东西怎么会打动人，因为他不明白中国的文字。我们的象形字就是图画。苏东坡说：“味摩诘之诗，诗中有画；观摩诘之画，画中有诗。”一位古希腊学者也说过，画是有声诗，诗是无声画。诗画本是难分难解的艺术形式。诗中如果没有画意，只有枯燥的说教，则往往是拙劣的诗。而汉字得先天之利：一个汉字就等于是一幅画，就是一首诗。它的外形本身看起来就已经是诗了。

（马一玲）

洋泾浜英语对照表

洋泾浜本是原黄浦江一条支流的河名，在旧中国，曾是英、法租界的界河，后被填没筑路，即今天的延安东路。由于当时洋商华贾经常在附近做生意，来往沟通必须进行哪怕是最简单的交谈，加上在洋行上班的中外职员和买办间也有必不可少的语言交流，一来二去，按《上海闲话》作者姚公鹤的说法，“以中国文法英国字音拼合而成，为上海特别之英语”的“洋泾浜英语”也就形成了。

“洋泾浜”三字集中反映了租界华洋杂处的社会文化特征，在上海地区英文专修学校和更高级的大学尚未成立时，来自不同国度的人们和本地居民普遍都使用这种语言。在英文中，所谓的洋泾浜英语被称为“Pigeon English”，即“鸽子英文”，也叫做Pidgin，即皮钦语，专指不同语种的人们在商业交往中发展而成的混杂语言。这种沪版皮钦语一度广泛使用于沪上，连正宗的英国人到上海码头落脚，也得先从师学习几个月“洋泾浜话”，这样才算通过初步的语言关。对普通的上海市民而言，掌握洋泾浜英语的难度似乎并不太大。民国时期的汪仲贤曾在《上海俗语图说》中记载了洋泾浜歌诀：

来是“康姆”去是“谷”，廿四铜钿“吞的福”；
是叫“也司”勿叫“拿”，如此如此“沙咸鱼沙”（So and so）；
真崭实货“佛立谷”，靴叫“蒲脱”鞋叫“靴”；
洋行买办“江摆渡”，小火轮叫“司汀巴”；
“翘梯翘梯”请吃茶，“雪堂雪堂”请侬坐；
烘山芋叫“扑铁秃”，东洋车子“力克靴”；
打屁股叫“班蒲曲”，混账王八“蛋风炉”；
“那摩温”先生是阿大，跑街先生“杀老夫”；
“麦克麦克”钞票多，“毕的生司”当票多；
红头阿三“开泼度”（Keep door），自家兄弟“勃拉茶”；
爷要“发茶”娘“卖茶”，丈人阿伯“发音落”……

也有的类似歌诀中加上“一元洋钿‘温得拉’（one dollar）”的内容，大同小异。如用宁波人的甬音念来，更是原汁原味。这也间接地反映了宁波生意人在当时上海滩的地位。一般在上海市民观念中地位较低的“江北人”，在生活中使用洋泾浜语的机会要少得多，即使有拉黄包车的脚夫和洋顾客讨价还价，有时做个手势也就足矣。倒是在一些洋商开办的工厂里，由于许多工作用语和器具材料是舶来品，不少老工人在干活中，往往会夹杂一些洋泾浜语，常能听到诸如“这只凡尔（valve 阀门）要修了”，“做只猛格”（mark 做个标记）等话语。有时需要到车间里楼梯小平台干活，大家也都习用“格兰汀”来形容，指“go to landing”之意。另如20世纪30年代上海曾一度流行打扑克牌的风气，有些洋泾浜英语也经常混杂使用于牌桌上，典型者如“拉屎揩”，以中文写出来不雅，却是“Last Card”的音译，作最后一副牌解。此语沿用至今，还被人作为中文“最后”之意来用，譬如某人考试成绩不理想，会自嘲是“拉屎揩”，而不会说“拉丝特”（Last），那张“Card”怎么也“揩”不掉了。

“洋泾浜”在近代开埠初期上海人的心目中，有指代租界之意，随着大量洋泾浜语和洋场里不中不西的事物、现象的产生，它已成为当时上海人形容不伦不类的人或事的代名词，带有明显的贬义。而一度传播甚广的“洋泾浜英语”，也因上海人英文水平的日益提高，渐渐淡出历史舞台。

洋泾浜英语示例：

英语	洋泾浜英语	词意
sandwich	三明治	夹肉面包
brandy	白兰地	法国葡萄酒
vitamin	维他命	维生素
beer	啤酒	麦制酒
comprador	康白度	买办
motorcar	摩托卡	汽车
telephone	德律风	电话
shroff	式老夫	跑街
microphone	麦克风	扩音器
engine	引擎	发动机
neon light	霓虹灯	氤气灯
modern girl	摩登狗儿	时髦女郎
cartoon	卡通片	动画片
romance	浪漫史	恋爱故事
meter	米尺达	米
partisan	瘪三	无赖之徒
chiromanist	赤佬	看手相者
copy	拷贝	复制件
ladies	累得死	女士
husband	黑漆板凳	丈夫
wife	怀爱夫	妻子
handsome maiden	咸水妹	美女、妓女
alhabra	亨白郎	全部
dollars	大拉斯	外币
small	司冒儿	小费
cents	生司	钱币
commission	康密兴	佣金

注：资料源于《上海通俗语及洋泾浜——洋泾浜语》，第28～39页。

（马一玲）

汉语在海外

汉字作为世界上历史最悠久的文字，对我国社会的发展，对汉族语言的发展，都有过重要的作用。中华民族创造的灿烂传统文化，如哲学、政治、军事、科技、历史、文学、艺术等方面的优秀成果，都靠汉字记载下来，传播四方，并一直流传到现在，成为中华民族和全世界人民的共同宝贵财富。

汉字在历史上，也曾经被我们的邻国如日本、朝鲜、越南借去记录他们的民族语言。汉字对保存这些国家的文化遗产，促进我国同这些国家的交往与文化交流，也曾起过积极的重要作用。

如今，由于新加坡的华裔居民占多数，所以汉语是新加坡官方文字之一。汉语还是联合国组织的书面文字之一。

改革开放以来，由于中国的快速发展和国际交往日增，汉语在国际交往中的应用价值大大提升，中华文化的魅力也为越来越多的人所认识。学好汉语，就掌握了与 13 亿中国人交流的工具；了解了中华文化，就拥有了通向未来世界一扇重要大门的钥匙。因此，越来越多的外国人通过学习汉语继而学习中国文化。查看近一两年来的媒体，中国的发展为汉语的推广提供了动力，友好气氛推波助澜，学习汉语成为许多外国人的时尚，汉语热，正成为“挡不住的魅力”。

1991 年，在新加坡成立的国际汉语言学会，在国际学术界具有极大的影响力，一年一度的年会成为汉语言学领域世界顶尖的科研精英盛会。

而据韩国著名报纸《韩国日报》、《单一民族报》报道说，在韩国，汉语水平考试（HSK，又被称作汉语托福）成绩已经成为重要的语言能力指标，是除英语之外最重要的大学毕业生求职能力指标。这也说明，随着中国经济的快速发展，国力的提升，汉语水平考试作为一项新出现的新兴事业在国际上越来越受重视。

2003 年 3 月，广州《南方都市报》正式设立“华语文学传媒大奖”，并于 4 月成功举办了首届颁奖大会，2004 年 4 月又在北京举办了第二届“华语文学传媒大奖”。“华语文学传媒大奖”已成为华语文学成果最重要的年度展示之一。

2003 年 9 月 14 日，中国汉语水平考试首次在巴尔干地区举行。

2003 年 12 月，在温家宝总理访美前夕，中美双方共同宣布，“大学汉语和中国文化预修课程及考试项目”（简称 AP 中文）在美国大学启动。这标志着中国语言和文化教学正式进入美国国民教育的主体学校。就连美国大学委员会主席卡珀顿也指出，开设AP中文项目是为了响应全球经济联系不断增加和美国日益成长的多元文化的需要。他表示，该项目不仅可使美国高中生接触汉语，也可接触中国文学和深厚的中国历史，丰富充实他们的成长。

同时美国有关机构还正式承认，在美国的大学入学ACT2统考中，汉语将和其他外语一样，作为高考认定的一个外语项目。

2004年1月，中国与西班牙两国的教育部门签署了《中西高等教育合作协议》，将加强汉语和西班牙语在对方国家的教学和传播方面的合作。

2004年2月10日，喀麦隆高等教育部长莫里斯·楚恩特在会见到访的中国教育代表团时表示，希望喀中进一步加强在教育领域，尤其是在汉语培训等方面的合作。

2004年5月1日，中国和智利两国的教育部在圣地亚哥签订关于教育领域合作的谅解备忘录，智利将开设汉语课。

2004年6月，印度尼西亚40年来首所开设有汉语课程的“文化桥梁三语国民学校”被获准创办，其校长希望这所学校能够成为中华文化的桥梁，增进印中人民的友好。

据国家汉语办公室透露，目前有80多个国家的2300多所大学开设汉语课程。而据统计，在2003年，全球登录汉语网站的人数增加了15%。

孔子学院

2004年11月19日，中国国家对外汉语教学领导小组办公室与美国马里兰大学国际项目部在马里兰大学签署了双方共同建设“马里兰大学孔子学院”的协议。“马里兰大学孔子学院”是中、美双方合作在美国成立的第一所孔子学院。2004年11月21日，中国第一所海外“孔子学院”在韩国汉城（今首尔）举行挂牌仪式。

在海外建立“孔子学院”是中国政府主导的国家项目之一。孔子学院是在借鉴国外有关机构推广本民族语言经验的基础上，在海外设立的以教授汉语和传播中国文化为宗旨的非营利性公益机构。它秉承孔子“和为贵”“和而不同”的理念，推动中外文化的交流与融合，以建设一个持久和平、共同繁荣的和谐世界为宗旨。孔子学院最重要的一项工作就是给世界各地的汉语学习者提供规范、权威的现代汉语教材，提供最正规、最主要的汉语教学渠道，成为传播中国文化和推广汉语教学的全球品牌和平台。

孔子学院总部设在北京，2007 年 4 月 9 日挂牌。境外的孔子学院都是其分支机构，主要采用中外合作的形式开办。截至 2011 年 10 月，全世界已有 93 个国家和地区 303 所孔子学院，以美国、欧洲最多。

孔子是中国传统文化的代表人物，选择孔子作为汉语教学品牌是中国传统文化复兴的标志。孔子的学说传到西方，是从 400 多年前意大利传教士把记录孔子言行的《论语》一书译成拉丁文带到欧洲开始的。而今，孔子学说已走向了五大洲，各国孔子学院的建立，正是孔子“四海之内皆兄弟”“和而不同”以及“君子以文会友，以友辅仁”思想的现实实践。

孔子学院的标识

孔子学院的标识使用简体中文“汉”字的变体，融合昂首高飞的和平鸽和地球两种图案。简洁明快，刚柔并蓄，动感有力，既充分体现了中国传统的语言文化，又体现了快速向现代化迈进的时代步伐，与目前中国国家语言推广机构——国家汉办的标志有一定的传承性，是国家汉办“创新、集成、跨越”工作方针的生动体现。

汉语在世界上的大量增长的需求，表现了中国的综合国力，更重要的是反映了世界各国对我国未来的预测。“孔子学院”的亮相，就是中国国家汉语战略向深度推进的标志性事件之一。孔子，这位中国古代的圣人，随着中国日益融入世界与逐渐寻回文化自信，在全球化的世界里，为推进中国汉语战略，继续发挥着他的作用。

（张奕）

吉祥字的写法

中国文字中的吉祥字有很多，如寿、福、禄、囍、富等，它们的写法也有一定的讲究。

寿

“寿”字是反映人们吉祥观念中最重要的主题象征，传统中五福占据首位的就是寿，若是写时拉长了字体，意为“长寿”；若是写时字体团成一团，称团寿；若是将100个古今各种笔体的“寿”字放在一起，再合成一个一个大的“寿”字，就是颂祝长寿，称为百寿图，寓意健康长寿；若是100个寿字排列起来写，就寓意长命百岁，大吉大贵。

慈禧手书

寿是指一个人的生命存活的期限。生命长的即为寿。古代常有一句话：“寿比南山不老松。”希望人的寿命能像松树一样万年长青。寿代表着人类期望的一种生存极限，寿是以肉体生命的存在为评定标准的。

与之相反的是“夭”，即夭折，短寿之意。人类最怕的就是这个“夭”，因为无论如何的富与贵都无法去享受了，在“夭”面前，富、贵、福、禄都没有意义了。

但是，一个人即使是长寿百岁的，这一生却与富、贵、福、禄都无缘，这个寿同样也是没有意义了。

人们还常把福与寿、禄组合在一起来表达一种美好愿望。

福寿双全：幸福和年寿两样齐备。《红楼梦》第五十二回有：“老祖宗只有伶俐聪明过我十倍的，怎么如今这样福寿双全的？”

福寿无疆：愿福气与寿命没有尽头。《云笈七签》卷六九有：“至诚君子，得而宝之，即福寿无疆。”

福禄双全：既有福气，又做大官。明代沈受先《三元记·秉操》有：“今日在此焚香礼拜，愿他多生贵子，福禄双全。”

福

“福”字的写法与“寿”字差不多，不过写完一般要倒着贴，“倒”和“到”谐音，寓意“福到”。

古代人对“富”与“贵”的追求远远大于“福”，故在很多古籍中，福的地位并不是如何突出，甚至排在了禄、寿之下。福是代表精神领域的一种感受，可见，古人对物质上的欲望，也不让今人。

福与祸相反，祸为灾殃，灾难。而福是幸运，幸福。这是一个比较抽象的词。

古往今来，对幸福的解释可谓五花八门，但没有一种能让众人认可的。因为福是一种与物质追求相对应的精神追求，大千世界，芸芸众生，每个人的思想不同，所追求的境界不同，选择的标准不同，对福的理解自然就不同。说神仙住的地方谓“福地洞天”，而“福慧双修”却是指福德和智慧都达到至善的境界。唐代慧立的《大慈恩寺三藏法师传》有：“菩萨为行，福慧双修，智人得果，不忘其本。”由此可见，福与心性是息息相关的。福更重要的是修心修德。一个人虽无官无位也无财，但能知足常乐，这也是一种福。一人长相面善，人们会说他有个福相，那是因为善、福都是与心相关的。

不论福的定义如何，它都应是一种最美好的感受与愿望，其意义远在富、贵、禄、寿之上，福是靠自己的修养与他人的维护来实现的，福到了，精神修为也就够级别了。

囍

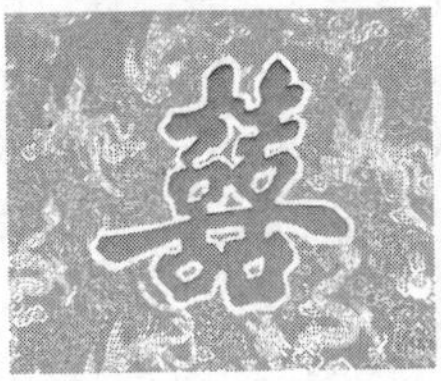
双“喜”

两个“喜”合在一起，称为双“喜”，应用于婚礼上，寄托着燕尔新婚的一对新人对自己爱情生活的殷切期望，寄托着父母兄弟、亲朋好友对新人婚姻美满、和谐的美好祝愿。

招财进宝

在我国传统文化中，财神有两个，一个是武财神“赵公元帅”，又称“赵玄坛”。玄是黑的意思，坛就是神。其特征为：黑脸、骑虎，手拿钢鞭。有的还手捧元宝。另一个财神称为文财神，又称福德财神或增幅财神。他的绘像多为文官装扮，其像粉面，五绺黑髯，着红袍，左有招财童子，右是利市仙官，脚蹬聚宝盆，“招财进宝”四字由此而来。

文财神

（马一玲）

运筹

筹：计谋、谋划；帷幄：古代军中帐幕。“运筹”语见《史记·高祖本纪》。

刘邦同项羽争夺天下，战胜项羽之后，于公元前206年做了皇帝，即汉高祖。当天，刘邦在宫中设宴庆贺时，他在告知群臣之所以会得到天下的原因时说道：“夫运筹帷幄之中，决胜千里之外，吾不如子房（张良）。”这是在称赞张良能够在帐篷中谋划，指挥军队按计划作战。现在用以形容指挥全局，决断自如。

（马一玲）

司空见惯

唐朝的时候，有一个吟诗和作文章都很出色的人，名叫刘禹锡，他中了进士后，便在京做监察御史；因为他的放荡不羁的性格，在京中受人排挤，被贬做苏州刺史。就在苏州刺史的任内，当地有一个曾任过司空官职的人名叫李绅，因仰慕刘禹锡，邀请他饮酒，并请了几个歌伎来在席上作陪。饮酒间，刘禹锡一时诗兴大发，便作了这样的一首诗：“高髻云鬟宫样妆，春风一曲杜韦娘，司空见惯浑闲事，断尽苏州刺史肠。”“司空见惯”这句成语，就是从刘禹锡这首诗中得来的。这首诗中所用的司空两个字，是唐代一种官职的名称，相等于清代的尚书。从刘禹锡的诗来看，整句成语的意思，就是指李司空对这样的事情，已经见惯，不觉得奇怪了。

“司空见惯”是一句很常用的成语，但有很多人仍会把它错用，因为寻常的事情，如果是发生得很自然，便不可以引用这句成语。如早晨的时候，太阳从东方出来，到黄昏的时候，太阳便在西方没落，这样便不能说“司空见惯”。

（马一玲）

空穴来风

许多人在使用“空穴来风”这一成语的时候，是在“无根据”的意义下使用。例如：“某某议论并非空穴来风。”但这种使用是误用。

“空穴来风”本指有空洞，就有风进来。大概与《庄子·齐物论》的“汝闻人籁而未闻地籁，汝闻地籁而未闻天籁夫!”有关。“籁”是古代的一种管乐器，三孔；又指从孔穴中发出来的声音。“天籁”指自然界的音响；“地籁则众窍是已”。这就表明，有空穴，才会有来风。空穴是来风的根据。因此，“空穴来风”一词当为“有根据”讲。如唐朝诗人白居易在其《长庆集·初病风诗》中有：“六十八衰翁，乘衰百疾攻。朽株难免蠹，空穴易来风。”梁启超在《续论市民与银行》一文中也有：“然而银行当事人，安能逃避责任，空穴来风，理有固然。”

在2004年中央、国家机关公务员录用考试行政职业能力测验（B类）试卷中的“阅读理解”部分，就有这样的一道题：

社会上的各种传言和议论，有的是无中生有，有的是空穴来风，我们要善于思索和分辨。

“空穴来风”的意思是：

A. 有洞穴没有风进来，比喻无原由的事。

B. 有洞穴就有风进来，比喻事情不是完全没有原由的。

C. 好像洞穴中的风一样飘忽不定，一会儿这样，一会儿那样。

D. 好像洞穴中的一股风，它是朝着某个方向吹去的。

正确的答案是B。

这表明，对于汉字的意义，我们必须弄清楚才不至于误用。

（张奕）

模范

通常，人们把值得学习的叫做“模范”。如模范党员、模范教师、劳动模范等。可最初这“模范”一词的含义却不是这样。

据资料记载，“模范”是古代铸造金属器物的工具。4500多年前，我国古代劳动人民就用“模”和“范”来冶铸青铜器。“模”是实物的样品，“范”是照模子的样子做出的铸型。把化成水的金属灌进“范”内，冷却后成了和“模”一样的器具。《荀子·强国》中就有“刑范正，金锡美”的记载。意思是说：模好，范正，铸出来的青铜器质量就高。

随着社会的发展，“模”和“范”又被人们引申为值得学习或仿效的榜样，叫做“模范”。

（马一玲）

十三

帝王　将相

尧舜禅让

在我国古史传说中，唐尧和虞舜都是创造华夏文明的著名领袖人物。特别是尧能发现和培养比自己更有才干的杰出人物——舜，并主动将“帝位”让给舜。这就是广为人们传颂特别受儒家推崇的“禅让制”。

按司马迁《史记·五帝本纪》的记述：“帝尧者，放勋。其仁如天，其知如神。就之如日，望之如云。富而不骄，贵而不舒。黄收纯衣，彤车乘白马。能明驯德，以亲九族。九族既睦，便章百姓。百姓昭明，合和万国。”他是当时中原地区众多部落联盟的首领，是具有很高威望的领袖人物。

尧之所以称为“唐尧”，是因为其部落活动的中心区域在唐地。晋代出土的编年体通史《竹书纪年》中就有尧“封于唐”和“游居于陶”的记载。唐在今山西临汾市附近。《史记·五帝本纪》张守节《正义》引《括地志》说：“今晋州所理平阳故城是也，平阳河水一名晋水也。”上述文献虽对平阳地理位置看法不同，但都认为尧的活动中心确在平阳。

唐尧像

尧是一位具有很高道德修养和杰出才干的首领。据《孟子·滕文公上》记述，当时人们生存的环境相当艰苦，河道不畅，洪水泛滥，杂草丛生，飞禽走兽繁盛，兽蹄鸟迹之道遍布各地。为了保证部落繁衍和改善人们的生活，尧开始治水，派后稷管理农业。尧还亲自处理部族内部的争端与诉讼，传说最早的刑法就是他制定的，正是由于有了若干原始法律条文，才能做到褒善惩恶，令众人心悦诚服。虽然尧是当时部落联盟的最高首长，但他在许多重大问题的决策上，都能集思广益，虚心听取各部落首领的意见。

唐尧的最大历史功绩在于他接受大家的推荐，培养了舜这样一位德才兼备的接班人，并在自己年迈之际把舜扶上了部落联盟首领的宝座，使事业后继有人。

舜的名字叫重华，“重华”即眼睛里有两个瞳孔，可见他的确不同凡响。舜是冀州人，因年幼时长期生活在虞地，故称虞舜。据多种文献记述，“虞”即今山西运城地区平陆县城南侧的黄河北岸一带，西周时的虞国即在这里。

舜的家境并不宽裕，他的父亲人称瞽叟，一说瞽叟即瞎眼的老人，另一说舜的父亲并非盲人，而是因为有眼不识善恶是非故曰瞽。在舜年幼时，其母亲就病逝了，瞽叟又续娶了妻子，但她对自己亲生的儿子娇生惯养，对舜却百般刁难折磨，甚至设计想害死舜。但面对父亲的愚顽至极，后母的歹毒刁蛮，弟弟的桀骜不驯，舜仍是一如既往地善良、宽容、勤劳、向上、孝顺。

虞舜像

选拔部落联盟首领，是一件关系着华夏先民的大事。所以，尧在此事上相当谨慎。唐尧在其70岁时发现了舜，当四岳及众部落首领一致推荐了舜之后，尧又先后用了长达十多年的时间，详细考察了舜的人品和才能，当他确信舜的确德才兼备，才“令舜摄行天子之政，荐之于天”。即让舜代理部落联盟首领的职务。这样，在相当长的一段时间里，尧仅退居二线，但仍然参与政务。当尧发现“舜纳于大麓，烈风雷雨弗迷”，这才把领导权彻底交给了舜。

舜继位后，将政治中心由尧都平阳迁到蒲坂，这是他的故居，又长期活动于此地，有雄厚的基础，更便于他的治理。在治理国家事务中，舜仍然保持了善良、宽容、勤奋的美德，尽职尽责，鞠躬尽瘁，而且能够团结其他部落的首领，最大限度地让他们发挥自己的才能。此外，舜还恪守部落联盟民主议事的原则和传统，遇事和其他首领共同商议，并不因自己掌握最高权力就独断专行。在舜暮年时，其子商均完全有可能继承首领职位，而且也有许多人推荐了商均。但舜坚决不同意，而主张由功绩卓著、才能出众的大禹接替首领职位，以实际行动维护了部落联盟的民主政治制度。所以《史记·五帝本纪》称舜：“方五千里，至于荒服……四海之内，咸戴帝舜之功……致异物，凤凰来翔。天下明德皆自虞帝始。”虽然舜所领导的部落联盟绝不可能有方圆五千里的地盘，而凤凰来翔更是一种神话传说，但舜的巨大功绩在当时却是有目共睹的。

按《史记·五帝本纪》记载的舜的履历：20岁以孝闻名天下，30岁被推荐给尧，50岁摄行天子事，58岁时尧去世，61岁代尧登上“帝位”，在位39年，南巡途中去世。

（赵永伟）

夏商周最高统治者的称呼

夏代最初几个君主不称王，而称为“后”，这是因为奴隶制国家刚刚从氏族社会组织中脱胎出来，还带有氏族社会组织的痕迹。所以夏启被称为“夏后启”，以后的继承人太康、仲康、相等也被称为“后”。“后”，当初的意思是生育，也有祖先的意思。当时的君主是以祖宗的身份来行使统治权力，号令各个部族的，俨然是一个大家长兼最高首领。

夏初的100多年里，国家的体制还未完全稳定，依然保留着部落联盟的某些特点。无论是夏内部还是在其他部落，为争夺最高统治地位而进行的斗争是相当激烈的。直到少康重建夏朝，奴隶制国家才完全确立起来，因此，夏的统治者便进一步地称“王”了。

从“王”字的本义来讲，三横分别代表天、地、人，一竖是指一个贯通于天地人之间的人。也即，天下的一切都属于王，所以说“天下所归往也”。从“王”的字义本身已经反映出王被认为是天地人的主宰、最高权力的象征。“王”的称谓一经出现，便为统治者所采纳和继承。

王也称为“天子”，表示自己是上帝的元子。周取代商，是“皇天上帝，改厥元子”，而“天子作民父母，以为天下王”。所以周代的君主就普遍地称“王”了。这说明王是因为被认为具有了上帝元子和民之父母的双重身份，所以才能掌握治国治民的统治权力。

奴隶制国家的重要政治活动是祭祀，但所祭祀的是宗庙社稷。宗庙是古代帝王、诸侯、大夫、士为维护宗法制而设立的祭祀祖宗的处所，王的宗庙建立在国都的中心。社稷是土地神和谷神。可见，当时祭祀的对象主要是祖先和人们赖以生存的土地和食物。所谓祭天、祭地、祭祖先，其实是包括了天、地、人，而王则是唯一贯穿于天地人之间的超人，这就清晰地反映出统治者利用宗教为其统治服务的真正动机。

宗庙社稷是以宗教面貌出现的，虽然它同原始氏族社会的宗教信仰传统有一定的联系，但奴隶主阶级利用这样的背景而增加进阶级统治和阶级镇压的内容，把自己的意图说成是执行天神和祖先的意志，把自己的统治说成是得到土地、谷神的庇护和支持。后来宗庙、社稷分别被作为国家的代称，就足以说明神权是由政权控制的。

王通过誓、诰、命、训、令等方式来行使权力，通过召、使、告、呼等形式来传达王的命令，在适当的时候以“会”的方式召集贵族及诸侯来申明自己的意图。禹在征伐三苗时“乃会群后，誓于师曰：‘济济有众，咸听朕命’”。启与有扈氏大战于甘，“乃召六卿”，“予誓告汝”。“誓”作为最高统治者行使权力的方式得以确立，在《尚书》中就有《甘誓》、《汤誓》、《泰誓》等篇。随着国家制度的不断完善，不同的方式逐渐用于不同的政务。例如，“誓”用于军事，“诰”用于申诫，“命”用于命官任职，“训”用于指导，“令”用于日常事务，都是君主对下所采用的命令方式。不同的命令方式，采用不同的传达贯彻方法。

（赵永伟）

分封制

西周灭商以后，作为中国历史上的第三个奴隶制国家，如何维护自己的统治，巩固国家政权，成为摆在西周统治者面前的当务之急。在吸收商朝灭亡教训的前提下，西周统治者以宗法制度为基础，创建了“封诸侯、建藩卫”制度，即分封制度。作为西周两大制度之一的分封制，对西周的发展、繁荣与灭亡起着极其重要的作用，并且对后世也产生了深远影响。

分封制度作为西周基本制度之一，其具体内容是，周初封建的诸侯，主要是同姓（姬姓）子弟。《荀子·儒效》说，周公“兼制天下，立七十一国，姬姓独居五十三人”。《左传·昭公二十八年》也说：“昔武王克商，光有天下，其兄弟之国者十有五人，姬姓之国者四十人，皆举亲也。”其次封建的诸侯有功臣，有古帝王之后也被分封。

对于西周的统治者为什么要实行这种分封制度，历史界有不同的看法。

一种意见认为是“部落殖民”，根据为《左传·定公四年》所述：“昔武王克商，成王定之，选建明德，以藩屏周。故周公相王室，以尹天下，于周为睦。分鲁公以大路，大旂，夏后氏之璜，封父之繁弱，殷民六族，条氏、徐氏、萧氏、索氏、长勺氏、尾勺氏。使帅其宗氏，辑其分族，将其类丑，以法则周公，用即命于周。是使之职事于鲁，以昭周公之明德。”因此，周初的分封，是胜利的征服者周氏族贵族，带着被征服的殷民六族或七族，跑到原来殷人氏族部落或他族部落集居的地区去统治“商奄之民”或他族的人民。

第二种意见认为是对所征服的器具、土地和人民的“分赃”。从西周当时的生产力水平出发，在那种低生产力水平的条件下，器物与土地是作为财富的象征，是必不可少的生产资料与生活资料，而人民在奴隶制盛行的那个时代，更是一种十分珍贵的资产，从而导致将奴隶社会早期或者更晚一些时候的战争的目的武断地“嫁接”到实行分封制的目的上来。

第三种意见认为是通过分封制度建立藩屏，卫护王室；稳定政局，镇抚名族；抵御外侮，巩固边防。

据史料记载，周武王病死后，子成王诵继立。成王年幼，武王弟周公旦辅政，而带兵驻守在殷都周围的管叔、蔡叔等贵族怀疑周公有夺取王位的意图，对周公极为不满，致使纣子武庚有机可乘，拉拢二叔，又联合东方的徐、奄等部起兵反周，经过三年苦战，才被平定。战后，周公意识到分封势在必行，在“吊二叔之不咸”之余，“封建亲戚以藩屏周”。由此看出分封制的目的所在。

分封制大封同姓子弟、功臣及古帝王之后，让他们在自己的诸侯国内享有一定的特权，能够按照自己的想法进行政治、经济以及文化方面的建设，这就避免了类似于管叔及蔡叔的事情的发生，暂时地满足了西周奴隶主贵族的欲望及要求，缓和了奴隶主贵族之间的矛盾，起到了“稳定政局”的作用。在分封过程中，周公要求那些受封诸侯在治理诸侯国过程中要“启以商政，疆以周索”或“启以夏政，疆以戎索”，要实行文王“明德慎罚”的方针，广求“殷先哲王”的“保民”办法。通过这些措施，极大地缓和了征服者与被征服者的矛盾，降低了殷民及其他族人的反抗情绪，起到了“镇抚各族”的作用。

从西周形势图可以得知：在西周王朝的四周分布着肃慎、山戎、鬼方、羌、濮越等少数民族。一些少数民族经常性地侵扰西周的边界，掠夺财富，而西周在这些边界建立诸侯国，派王室贵族等直接管理，一方面直接加强了周王室的统治力量，对一些少数民族以及一些外族起到一定的威慑作用；另一方面有利于该地区经济的发展，有利于边疆地区与王畿之间的政治、经济以及文化交流，加速先进文化及先进生产技术的传播，从而为抵御外侮，巩固边防提供坚强的物质后盾，起到其应该起的作用。像太王长子太伯和次子仲雍渡江南下，在太湖沿岸建立吴国。他们与当地人民结合，不但对开发吴越做出了贡献，而且还加强了对巴、濮、越、邓等部的控制。

由于分封制是建立在宗法制的基础上，随着人类的不断繁衍，大宗与小宗之间，周王室与诸侯之间的关系越来越疏远。特别是那些在比较边远的地区的诸侯国还由于经济发展的不平衡，与周王室的关系更加越来越疏远。长此以往，本来就因为生产力发展水平而存在不同程度的分散性、独立性的诸侯国离心倾向越来越大，越来越不满足于做一个小小的诸侯国君。一些势力较强的诸侯国更不满足于自己的现状，互相侵占土地，掠夺财富，甚至是吞并小国，战乱由此而开始，500多年争霸战争由此而产生，从此人民陷入战争的水深火热之中，给人民带来了无穷的灾难。因此才有了“春秋无义战”之说。

分封制作为中国奴隶制政治制度的特征，在一种特定的历史环境下，行使着与“郡县制”同样的作用；它有着有利的一面，也有着不利的一面。

（赵永伟）

吕不韦和李斯

吕不韦，阳翟的大商人。以贩贱卖贵为业，经常来往于各国间做生意，成为当时一大富户。曾在赵国碰见被当做人质、留在赵国的秦国太子安国君的儿子异人，经过几次交往，两人成了好朋友。吕不韦也知道了异人的一些情况。原来安国君有二十几个儿子，他也不知道到底哪一个儿子好些，所以一直没有立世子。

有一天，吕不韦问他父亲：“种庄稼、贩卖珠宝的利润有多大?”他父亲说：“种庄稼的利润是十倍，贩卖珠宝的利润是百倍。”他又问：“如果扶持一个人当国王，这利又有多大?”他父亲笑了：“这可是无法估计的利呀。”

得到父亲的赞成后，吕不韦就去找异人，问他想不想回秦国，异人说：“我做梦都想家，可一来我没法回去，二来回去了又能干什么?”吕不韦说：“我会想办法让你回秦国，而且还要让安国君立你为世子。”异人听了，十分感动，就说：“如果真能这样，我当秦国国君就让你当丞相。”

吕不韦像

吕不韦先通过重金贿赂安国君的妻子华阳夫人的姐姐，见到了华阳夫人。吕不韦又送给华阳夫人许多珠宝，然后对她说：“异人在赵国特别想念你们，他聪明好学，而且朋友遍布天下，大家都说他是个孝子。”华阳夫人听了很感动，就怂恿安国君把异人立为世子。

异人在赵国一直没有娶妻。吕不韦有一个小妾赵姬，长得十分漂亮。这天吕不韦对她说：“我想把你许配给异人，好不好?”赵姬大吃一惊说：“我肚子里已经有了您的孩子呀。”吕不韦说：“正因为这样，我才要把你配给异人。”赵姬问：“为什么?”吕不韦说：“异人已经被安国君立为世子，安国君当了国君，异人就会成为太子，安国君死后，异人就是秦国国君呀！秦国的天下不也就是我们吕家的天下了吗?”赵姬虽然很不情愿，但还是同意了。于是，吕不韦就在一次酒宴上，趁机说赵姬是他的一个丫鬟，把赵姬许配给了异人。

此后不久，赵姬果然生了个儿子，异人非常高兴，就给儿子取名叫政。后来，异人即位，即秦孝文王，任命吕不韦为丞相。

三年后，秦王死了，吕不韦扶持 13 岁的太子政即位，即以后历史上著名的秦始皇。当时一切国事都由吕不韦把持，秦始皇称他为尚父。吕不韦的权势达到了巅峰。

秦王嬴政懂事后，就削了吕不韦的官职。吕不韦看到秦王对他很猜忌，心里感到害怕，就自杀了。

李斯，出生于战国末期，楚国上蔡（今河南省上蔡县西）人，是荀子的徒弟、秦国的丞相，是中国历史上第一位集大学者、大权谋家、大政治家于一身的人。

秦统一六国后，在如何管理这个大统一的国家问题上，秦始皇力排众议，采纳了李斯“置郡设县，遣官治理”的建议，把全国分为三十郡，郡下设县。李斯为中国封建社会建立成熟的统治形式，做出了积极的贡献。

秦始皇出游病死沙丘后，为了权力之争，李斯与秦始皇的小儿子胡亥、胡亥的老师赵高之间便展开了一场明争暗斗。后来，赵高为排除李斯这个异己，设计陷害李斯，当李斯落入圈套，发现被人陷害时，已回天无力，等待他的只有被罢官、论罪的分了。胡亥令李斯受五刑，诛三族。李斯的子弟族党一并逮至市曹。这时的李斯哭着对次子说：“我想和你再牵着黄犬，出上蔡东门，赶捕狡兔，已不可能了!”

吕不韦和李斯，都是惯用权谋的人，但最终都将自己的性命算计了进去。

（赵永伟）

王侯将相宁有种乎

陈胜（？~前208），字涉，阳城（今河南商水西南）人，早年为人佣耕。吴广（？~前208），字属，阳夏（今河南太康人），也是贫困农民。

秦二世元年（前209），征发闾左900人屯戍渔阳，陈胜和吴广为屯长。他们行至蕲县大泽乡（今安徽宿州市东南）时，为大雨所阻，不能按期到达。按照秦法，过期者斩首。陈胜、吴广便发动戍卒起义，并提出“大楚兴，陈胜王”的口号。陈胜鼓动戍卒说：“壮士不死则已，死即举大名尔，王侯将相宁有种乎?!”于是，陈胜自立为将军，以吴广为都尉，用秦始皇长子扶苏和楚将项燕的名义发动群众。他们迅速鼓动起声势浩大的农民起义，后因种种原因，起义失败，吴广和陈胜先后死去，但“王侯将相宁有种乎？”却留在了历史记忆中，成为抗争命运的格言。

（赵永伟）

约法三章

按《史记·高祖本纪》与司马贞索隐，汉高祖刘邦（前256或前257~前195），字季，沛县丰乡（今江苏省丰县）人，曾做过亭长。秦二世三年（前207）八月，刘邦进了武关。十月，打到灞上，秦王子婴见大势已去，就乘了素车白马，带着玉玺，向刘邦投降。过了几天，刘邦召集各县有威望的父老豪杰到灞上，“与父老约法三章耳”，“杀人者死，伤人及盗抵罪”。除了这三条，其余秦朝的法律一概废除。老百姓听说刘邦对他们如此宽大仁慈，都希望他能够永远在关中做王，代替秦朝的统治。这就是“约法三章”的由来，后泛指事先约定的规章制度。

（赵永伟）

韩信的胯下之辱

韩信（？~前196），汉初军事家。淮阴（今属江苏）人。年少时父母双亡，家道贫寒，但他刻苦读书，熟谙兵法，深怀安邦定国的抱负。只是生计没有着落，不得已时还曾在熟人家里吃口闲饭，或是到淮水边上钓鱼换钱，为此屡屡遭到周围人的歧视和冷遇。一次，一群恶少当众羞辱韩信。有一个屠夫对韩信说：“你虽然长得又高又大，喜欢带刀佩剑，其实，你胆子小得很。有本事的话，你敢用你的佩剑来刺我吗？如果不敢，就从我的裤裆下钻过去。”韩信自知势单力孤，硬拼肯定吃亏。于是，当着许多围观人的面，从那个屠夫的裤裆下钻了过去。史书上称“胯下之辱”。

公元前209年，陈胜、吴广揭竿而起。韩信佩剑从军，投身项梁的西楚军。项梁战死后，继而跟随项羽，但未受到项羽重用，只是充当了一名执戟卫士。他多次向项羽献策，均不被采纳。于是他愤然逃出楚营，投奔汉王刘邦。刘邦开始时也没把他当将才使用，只任命他为治粟都尉。韩信见刘邦不肯重用，又决意离汉营而去。丞相萧何素知韩信之才，闻讯即刻骑马月夜苦追，将他劝回，由此留下了“萧何月下追韩信”的美谈。后来，刘邦在萧何的屡次劝说下，亲自与韩信讨论军国大事，确信韩信为稀世之才，遂举行仪式，拜他为大将。

汉高祖元年（前206）五月，韩信派人修复刘邦进入南郑时烧毁的栈道，自己却率军悄悄沿南郑故道东出陈仓，一举拿下了关中地区，使刘邦得以还定三秦。“明修栈道，暗度陈仓”由此而来。

汉高祖三年（前204）九月，韩信又引兵东向阏与，活捉代相夏说，收复了代郡。继而韩信挥军趁势，大破20万赵军，斩杀赵军统帅陈余，生擒赵王歇。接着，韩信用“上兵伐谋”办法降服了燕。

汉高祖四年（前203）十一月，韩信俘虏齐王田广，全部平定了齐地。韩信攻占齐地后，项羽恐慌万分，连忙派人去游说韩信，以三分天下为条件，希望韩信反汉联楚，被韩信所拒绝。韩信的谋士蒯通劝他：“将军难道没有听说过勇略震主者身危，功盖天下者不赏的道理吗？……将军如今既有震主的威名，又挟难赏的大功，归楚，楚不信；归汉，汉王震恐。若不自立为王，何处是你的归宿呢？”韩信听了连连摆手谢绝了蒯通的建议。

汉高祖五年（前202）十二月，楚汉两军在垓下（今安徽灵璧南）展开决战。刘邦以韩信为主将，统一指挥各路大军。项羽指挥10万楚军，从正面向汉军阵地猛攻。韩信采用侧翼攻击战法，令汉军中军稍稍后退，避开楚军锐气，而将两翼展开，实行侧击，然后再令中军推进，一下子完成了合围。入夜，韩信令汉军四面唱起楚歌，终使楚军丧失斗志，被汉军一举聚歼于垓下。项羽眼见大势已去，慷慨自刎于乌江边。历时五年的楚汉战争以汉王刘邦夺得天下而告终。

韩信以项羽帐下执戟卫士的低微身份，几年内登坛拜将，屡建奇勋，终至成为左右楚汉战争的一方诸侯。蒯通以“略不世出”来赞誉这位叱咤风云的军事人物。其用兵之道，为后世兵家所推崇。据《汉书·艺文志》记载，他曾著有《韩信兵法》三章，可惜已经失传。韩信的军事才能令刘邦极度不安，故在项羽败亡后，即夺其兵权，徙为楚王，继又黜为淮阴侯，软禁于刘邦身边。一天，刘邦问韩信：“你看我能带多少兵?”韩信答道：“陛下不过能带十万之军。”刘邦又问：“那么你呢?”韩信怔了一下，突然狂傲地大笑道：“我是多多益善啊!”韩信的绝世军功和才华终于招来了杀身之祸，汉高祖十一年（前196），吕后和萧何诱韩信至长乐宫的钟室，以谋反罪名将韩信杀死了。

（赵永伟）

萧何月下追韩信

秦末农民战争中，韩信仗剑投奔项梁军，项梁兵败后归附项羽。他曾多次向项羽献计，始终不被采纳，于是离开项羽前去投奔了刘邦。有一天，韩信违反军纪，按规定应当斩首，临刑时看见汉将夏侯婴，就问道：“难道汉王不想得到天下吗，为什么要斩杀壮士?”夏侯婴以韩信所说不凡、相貌威武而下令释放，并将韩信推荐给刘邦，但未被重用。后韩信多次与丞相萧何谈论，为萧何所赏识。刘邦至南郑途中，韩信思量自己难以受到刘邦的重用，中途离去，被萧何发现后骑马月夜苦追，将他劝回。这就是小说和戏剧中的“萧何月下追韩信”的来由。此时，刘邦正准备收复关中。萧何就向刘邦推荐韩信，称他是汉王争夺天下不能缺少的大将之才，应重用韩信。刘邦采纳萧何建议，七月，择选吉日，斋戒，设坛场，拜韩信为大将。从此，刘邦文依萧何，武靠韩信，又开始举兵东向，争夺天下了。

（赵永伟）

苏武在哪儿牧羊

苏武（？～前60），西汉杜陵（今陕西西安东南）人，字子卿。汉武帝天汉元年（前100），任中郎将，奉命出使匈奴。但因为此次出使中的副使参与了匈奴内部的争斗，苏武也为此受到牵连。匈奴逼迫苏武降顺，遭到苏武拒绝，于是被流放到北海牧羊。但苏武坚贞不屈，一放就是19年。直到汉昭帝始元六年（前81），因匈奴又与汉朝和好，苏武才得以还乡。这就是历史上千载流传的“苏武牧羊”的故事。据考证，苏武牧羊的北海，就是今俄罗斯的贝加尔湖一带。

（赵永伟）

司马迁受宫刑

司马迁（约前145～前90），中国古代历史学家、文学家。字子长，汉代夏阳（今陕西韩城县）人。幼时曾受业经学大师董仲舒、孔安国，成年后继其父司马谈任职太史令。

公元前99年，正当司马迁着手著述《史记》时，一场大祸从天而降。当时，汉朝的骑都尉李陵，奉命率领5000步兵，从居延向北进击匈奴，贰师将军李广利带主力后援。最后，因箭尽粮绝，寡不敌众，李陵战败被俘，投降了匈奴。

因司马迁为李陵辩解，汉武帝怒而定其死罪。按照汉朝刑法，被判处死刑的人若想不死，有两种减免的办法：或是用50万钱赎罪，或是实行宫刑。司马迁家境贫寒，拿不出那么多的钱赎罪，这样就只能接受宫刑。宫刑作为中国古代的五刑之一，是刑罚中最卑贱的一种，是比死还要可怕的奇耻大辱。此时，司马迁在精神上的巨大痛苦，远远超过肉体。屈辱和悲愤深深地折磨着他。但司马迁感到《史记》已酝酿成熟，正躁动于心中，为了这一部亘古未有的宏伟之作，他没有选择死。司马迁从先辈在逆境中不断进取得到了启发和激励，他毅然抛开了自杀的念头，决心“隐忍苟活”，完成已经开始的著书大业。

公元前90年，辉煌巨著《太史公书》即《史记》终于完成了。这时，司马迁已年近60岁了。他写作《史记》，从公元前108年任太史令算起，前后有18年。如果把他20岁开始的实地采访以及后来的删订、修改时间加在一起，足有40年之久，耗费了他毕生的心血。

《史记》全书130篇，52.65万字，记述了上古到汉初的3000年历史。其中，本纪12篇专述帝王，世家30篇讲说诸侯，表10篇勾画历史发展脉络，书8篇记载典章制度，另有列传70篇介绍各阶层人物。后人把它称为纪传体史书。司马迁以其杰出的才华，建造了一座巨大的历史画廊。打开《史记》，无数形象鲜明的历史人物呼之欲出，因而，被后人誉为“史家之绝唱，无韵之离骚”。

（赵永伟）

关羽的武功

关羽（？~220）是中国东汉末将领。字云长，本字长生。河东解县（今山西临猗西南）人。早年随刘备起兵，曾参与镇压黄巾起义，后驻守下邳（今江苏邳州南）。东汉建安五年（200），关羽被曹操擒获，授偏将军。在官渡之战中，为曹军先锋，斩杀袁绍大将颜良，被封为汉寿亭侯。不久关羽“千里走单骑”回归刘备。东汉建安十三年（208），关羽所领的万余水军作为刘备军主力，与孙权联合，大败曹军于赤壁。此后镇守荆州。官至前将军。东汉建安二十四年（219）秋，关羽出兵攻打襄阳、樊城（今属湖北），乘汉水泛滥，迫降曹将于禁，擒杀庞德，围困曹仁、吕常，威胁中原。后因曹操派兵增援，吴将吕蒙乘虚袭取江陵（今属湖北），关羽败走麦城（今湖北当阳东南）。十二月，为吴军擒杀于临沮章乡（今湖北远安境）。关羽作战勇猛，指挥果断，但骄傲自负。后被神化为关帝，在民间影响很大。

关羽像

（赵永伟）

既生瑜，何生亮

周瑜（175~210）是历史上一位才华出众的大人物。他曾为孙策、孙权统一江东立下汗马功劳。在“西征黄祖”、“赤壁之战”等重大战役中都起到了重要的统帅作用。可是在《三国演义》这部古代名著中，周瑜却被描绘为一个狂妄自大、心胸狭窄的人，三番五次谋害诸葛亮不成，最后在“既生瑜，何生亮”的悲呼中气死了。

但历史上的周瑜却并不是这么一副面孔。他勤奋好学，才华横溢，是一个具有雄才大略与开阔胸襟的真英雄。

周瑜年少时就有远大的志向，决心做一个能统一天下、定国安邦的人，成就一番大事业。后来跟随与他同岁的孙策在江东起兵，开始了他的雄图大业。当时袁绍占据北方想拉拢周瑜，被周瑜拒绝，他被孙策封为中郎将时仅 24 岁，人们都称他为周郎。后来周瑜攻打皖城（今安徽潜山县），破城后遇见了当地著名的美女大乔、小乔。孙策娶了大乔，周瑜娶了小乔，十分恩爱，在历史上传为佳话。孙策后来在战争中重伤而死，吩咐其弟孙权把军队交给周瑜统领，数年后，在周瑜的努力下平定了江东。

在晋朝陈寿所写的《三国志·周瑜传》中，末尾有一句话："性度恢廓，大率为得人，惟与程普不睦。"在宋朝，人们还都很喜欢周瑜，这从苏轼的《念奴娇·赤壁怀古》中就可看出："遥想公瑾当年，小乔初嫁了，雄姿英发。羽扇纶巾，谈笑间，樯橹灰飞烟灭。"周瑜雄姿英发，心胸广阔，虽然在《三国志》中记载他与程普不和，但那是由于程普瞧不起他，况且周瑜从不与他计较。程普最终折服，说："与周公瑾交，若饮醇醪，不觉自醉。"自元代往后，人们逐渐对周瑜进行丑化，至《三国演义》成书，他便成了另一个人了。

（赵永伟）

连诸葛亮都帮不上忙的人：扶不起的阿斗

三国时期，蜀国的刘备死后，把皇帝的位置传给他的儿子刘禅，并请丞相诸葛亮来辅佐刘禅治理国家。刘禅有个小名叫做阿斗。阿斗当了皇帝后，每天只会吃喝玩乐，根本不管事，幸亏有诸葛亮帮他撑着，蜀国才能在魏、吴之间保持自己的力量。可是，当诸葛亮去世之后，魏国马上派兵来攻打蜀国，蜀国不但打不过魏国，阿斗还自愿投降，带着一些旧大臣到魏国去当"安乐公"，继续过着吃喝玩乐的日子，完全忘记自己的国家已经灭亡了。有一天，魏国的大将军司马昭请阿斗吃饭，故意叫人来表演蜀国的杂耍，想羞辱这些蜀国来的人。旧大臣们看到这些蜀国的杂耍，都非常难过，可是，阿斗却高兴地拍手称好，一点也没有伤心的样子。后来，司马昭故意讽刺阿斗说："怎么样！在这里过得开心吗？想不想蜀国呀？"没想到，阿斗居然开心地说："此间乐，不思蜀。"司马昭听了以后，在心里窃笑道：

"真是一个扶不起的阿斗呀！难怪会让自己的国家给亡掉！"

（赵永伟）

司马昭之心

三国鼎立之时，曹操已死，魏国只有司马懿还能与诸葛亮算个对手。曹丕死得早，大权渐渐旁落司马氏手中。到曹髦即位时，司马昭任晋公，尽揽魏国军政大权，久有篡逆之心，曹髦心中自然十分不快。

一天，曹髦聚集了手下老幼侍卫300多人驱车出南阙，要讨伐司马昭。司马昭手下有个名叫贾充的，事先得到消息，带着数千铁甲禁兵，来迎曹髦。曹髦摆出皇帝的架子，仗剑大喝说："吾乃天子也！你们拿着刀枪，难道要弑君吗？"君臣之分，毕竟非同小可，禁兵见了曹髦也就不敢再动了。

贾充就叫手下一个名叫成济的人说："司马公养你干什么？不就是为了今天吗？"成济手里拿着戟，问贾充："要活的，还是要死的？"贾充说："司马公有令：只要死的。"于是，成济一戟将曹髦挑出辇外，再一戟，从前胸穿出后背，结果了曹髦的性命。司马昭这时候才出场，演了一场猫哭耗子的戏："昭入内，见髦已死，乃佯作大惊之状，以头撞辇而哭。"

接下来的事情就很有戏剧性了。司马昭边"哭"边问道："今天的事该怎么处理啊？"尚书仆射陈泰说："得把贾充杀了，才能稍解天下的怨气。"司马昭想了半天，又问："还有什么轻一点的解决办法吗？"陈泰说："这就是最轻的了，哪还有更轻的！"司马昭说："成济以臣弑君，大逆不道，应该剐之，灭其三族。"成济大吃一惊，骂司马昭说："怎么算账算到我头上来了？贾充说是你让杀的！"司马昭也不争辩，让手下人先把成济舌头割了，然后尽灭成济三族。后人有诗叹曰："司马当年命贾充，弑君南阙赭袍红。却将成济诛三族，只道军民尽耳聋。"后来，人们用"司马昭之心，路人皆知"来说明阴谋家的野心非常明显，已为人所共知。

（赵永伟）

荒淫无度的隋炀帝

杨广是隋文帝杨坚的第二个儿子，小名阿麽。杨坚建立隋朝后，13 岁的杨广被封为晋王。除了王位外，杨坚还让杨广做并州（今山西太原）的总管。

后来，隋朝兴兵灭南朝的陈，刚 20 岁的杨广是统帅，但真正领兵作战的是贺若弼和韩擒虎等将领。隋灭掉陈进驻建康（今江苏南京）后，杨广表现得很有气度：杀掉了陈后主陈叔宝的奸佞之臣，封存府库，不贪钱财，最后将陈叔宝及皇后等人押回京城。灭陈的战功让杨广进封太尉之职。

此后，杨广也是屡建战功，公元 590 年他奉命到江南任扬州总管，平定江南高智慧的叛乱；公元 600 年他北上击败突厥进犯，这些功劳是其他皇子所没有的。

杨广是个典型的两面派，他的纨绔子弟的色彩更具有隐蔽性。他的性格中糅合了很多正反两方面的特性：既有很强的虚荣心，又喜欢私下寻欢作乐；既有纨绔子弟的低下素质，又具有过人的文武才能。在他得到想得到的东西之前，很善于伪装。等到继承了皇位，他的本性中坏的一面就没有了约束，纵情享乐，结果走向穷途末路。

为了实现做太子，以后做皇帝的梦想，杨广比太子杨勇更善于伪装。知道父母都很节俭，他也装得很简朴。在听说父母要来时，他就让美丽的姬妾都躲藏起来，自己和正妻萧氏一同到门口亲自迎接，还让年老、面貌一般的妇人穿着破旧衣服侍奉父母亲。他还常给父母身边的侍从们一些好处，送些礼物，这些人回去都说杨广的好话。两方面的作用使得隋文帝杨坚越来越喜欢次子杨广了。

杨广即位后，也做了一些收买人心的事，把政治体制也做了些改革，多少也取得一点政绩。功绩较大的是创建了对后世影响深远的科举制，主要是进士科的建立，这为选拔下层优秀知识分子提供了极好的机会。第二是修订了法律，主要是将隋文帝末年比较严酷的法律进行了改革。第三是兴办学校，访求遗散的图书，并加以保护。

隋炀帝在位期间搞了一些大的工程，主要是修建东都洛阳，以及开凿大运河。大运河从北方的涿郡到达南方的余杭，南北蜿蜒长达 5000 多里，成为一个很重要的水运大动脉。此外他还组织修建洛阳城的工程。

在隋朝末年，隋炀帝亲眼看着自己的江山在农民起义的冲击下一溃千里，无法挽救。各地的将领也有很多割据称帝的，从太原起兵的李渊也意图自立为皇帝。但他明知道日子不多了，还没有忘记和嫔妃们寻欢作乐，醉生梦死。他甚至还对萧皇后说："那么多的人想把我赶下去，代替我来做皇帝。我就是被赶下去了，也能做个长城公，你也能做第二个沈后（南朝陈的末代皇帝陈叔宝的皇后沈氏），咱们还是喝酒吧，何必自寻烦恼。"

隋炀帝大业十四年（618）三月，侍从的卫士们推举宇文述的儿子宇文化及为首领，发动了兵变，隋炀帝最后被勒死，时年50岁。后来的谥号是"炀帝"，是被世人评价最低最坏的一种。隋文帝杨坚原来夺取的是北周宇文氏的帝位，最后自己的儿子又被宇文氏的人所杀，历史在这转了一个小圆圈。不过帝位没有再传回去，而是到了李姓那一边，历史演进到了唐朝。

（赵永伟）

唐朝皇帝多被毒死

唐朝除武则天称帝改国号为周外，前后共有22位皇帝。但唐朝皇帝有一个特点，就是这些标榜为老子后人的天子们，都喜欢服食丹药，好几位死在炼丹的术士手里，连一代明君唐太宗都未能免俗。喜欢道教的唐武宗最后也幻想长生不老，死在吃丹药上了，在位仅仅6年。喜欢佛教的唐宣宗一反唐武宗所为，重新复兴佛教，并将唐武宗生前宠爱的道士杀死，但他很快又走上唐武宗的老路，也是服食丹药，最后还是因此而死。至于死于政治谋杀、致毒而亡的还有几位。总之，唐朝皇帝多是被毒死的。

（赵永伟）

唐玄宗的风流史：从此君王不早朝

唐玄宗，名李隆基，又称唐明皇。他是唐朝第七代皇帝，唐睿宗李旦的第三个儿子，是他开创了唐朝最鼎盛的时期，但也是他把自己开创的盛世一手推向了无底、昏暗的深渊。

唐玄宗即位时才20多岁，血气方刚，虽然年轻但非常有主见。他一心想恢复先帝唐太宗的事业。他重整了朝政，除旧布新。经过几年坚持不懈的努力，终于把中宗时期的混乱局面彻底扭转了过来。在他执政前期，政治比较安定，经济繁荣发展，唐朝进入了全盛时期。这与他励精图治，善用人才是分不开的。他选拔人才时，一律不论亲疏，不计贵贱，特别重视德、能。当初就是因为唐玄宗力排众议，重用武则天时代的重臣姚崇。在他的努力下，唐王朝渐渐恢复了元气，并且蒸蒸日上，呈现出一派繁荣昌盛的景象。这就是历史上著名的“开元盛世”。

可惜的是，唐玄宗晚年一改年轻时的作风，过起了荒淫奢侈的生活，不理朝政，终日与杨贵妃饮酒作乐，并且醉心于此。唐代诗人白居易在其《长恨歌》中对此做了形象的描述：“汉皇重色思倾国，御宇多年求不得。杨家有女初长成，养在深闺人未识。天生丽质难自弃，一朝选在君王侧……春宵苦短日高起，从此君王不早朝……”

于是，唐玄宗渐渐疏远了劝谏他的忠臣，而奸臣李林甫、杨国忠等乘虚而入，朝政越来越腐败。可唐玄宗依旧一味地宠幸杨贵妃，甚至为了讨好杨贵妃，不断为杨氏家族加官晋爵，挥霍无度，从而进一步加速了唐朝的衰落和灭亡。同时，拥兵自重的节度使安禄山又趁机反叛，气焰十分嚣张，叛军直指长安。盛极一时的唐王朝受到了沉重的打击。在败逃西南的路上，随行护驾的军士们痛恨唐玄宗贪色误国，杨氏家族专权跋扈，在马嵬坡止步，要求处死杨氏兄妹，才肯重新进发。百般无奈之下，唐玄宗只好杀死了杨国忠，吊死了杨贵妃。以至于以后唐玄宗返回长安，重新路过马嵬坡时，仍然“到此踌躇不能去”；直至晚年还“此恨绵绵无绝期”。

正是由于唐玄宗的风流史，造成了“安史之乱”，使唐朝由盛转衰。同时也造就了白居易的一气舒卷的艺术长篇——《长恨歌》。

（赵永伟）

最没有节操的人：冯道

冯道，字可道，是河北瀛州景城（今河北河间地区）人。相传他未成名问相时，就曾赋诗一首以表心志：“莫为危时便怆神，前程往往有期因。终因海岳归明主，未省乾坤陷吉人。道德几时曾去世，舟车何处不通津。但教方寸无诸恶，虎狼丛中也立身。”他自以为吉人自有天相，任凭乾坤转换，只要识时务不乱方寸，便可以处处通津坦程。冯道的一生也确确实实是按着这一座右铭去做的。

唐末时，冯道曾做幽州刘守光的参军幕僚。刘守光败后，他又转事大宦官、监河东军张承业。张承业用他为巡官，因冯道颇通文学推荐给晋王，任河东节度使掌书记。后唐建立时，拜户部侍郎，充翰林学士。后唐明宗时，拜端明殿学士，后来又做了宰相。冯道不同于以往或以后大多数的奸臣，他从不表现得盛气凌人，不可一世，相反却仿佛是一个节俭、刻苦、自励的忠厚长者和谦谦君子。当后晋后梁隔河而战时，冯道在军中，住在一茅庵之中，不设床席，就卧于一束枯草之上。有一位将士把抢来一个美女送给冯道为妾，冯道却之不过，便将她安置在别的房间里，慢慢访求她的主人，最后将她送还。一时间他美名远扬。

冯道对皇帝，也显得正直、忠义。后唐天成、长兴年间（926～933），由于自然情况比较好，农民收成颇丰。冯道常劝诫明宗："臣做河东掌书记的时候，有一次奉使去中山，途经井陉，地势险峻，臣害怕马失前蹄，紧握衔辔，不敢稍有怠慢。及至过了井陉来到平地，臣以为前面即是坦途，哪知思想一放松反倒跌伤皮肉。大凡身蹈危地时思虑周到反获保全，而居安忘危却反倒不测，仁主应引以为戒。"还有一次，水运军将在临河县得到一个玉环，玉环玲珑剔透，上刻"传国宝万岁杯"六个字，于是他们把玉杯献给明宗。明宗爱不释手，常把它示与众臣赏玩。一天，明宗给冯道展示。冯道却故作深沉地说："这是前世遗留下的有形之宝，不足为奇；陛下身怀无形之宝，才是旷世罕见。"明宗不解，深问冯道："何谓无形之宝?"冯道说："仁义者，帝王之宝也。所以人说：大宝曰皇位，何以守位则曰仁。"明宗虽贵为皇帝，却是个武将出身，这文绉绉的东西他一时转不过弯儿来，待要再问，冯道已神秘兮兮地飘然远去。明宗只好唤侍臣为他讲说，说了好半天才弄明白，心里美滋滋的。

后来，明宗死了，冯道再相闵帝。不久，潞王李从珂在凤翔反叛，闵帝领兵卫州。闵帝前脚一走，冯道就率领百官将潞王迎入，李从珂继续用他为相。公元936年，石敬瑭灭了后唐，建立后晋。冯道打了个包又投奔了后晋，一顿巧言游说，石敬瑭就任他为司空，同中书门下平章事，加司徒，兼侍中，封鲁国公。石敬瑭死了以后，出帝石重贵继位。冯道仍然为相，并且加太尉、封燕国公。后晋仅仅存在了11年，不久契丹大军压境而来，攻入开封，擒了出帝。大臣们或死或出逃，冯道依然方寸不乱，从从容容地到京师朝拜契丹主耶律德光。耶律德光斥责冯道："你在唐曾事四帝，可谓开国守业之臣。唐亡则事晋，也历二帝。如今又要改换门庭，如此不忠不义，本王怎么信你?"冯道并不羞愧，心平气和地立在一边听耶律德光责骂。许久，耶律德光训完了，又问冯道："你为什么来朝？"冯道大言不惭地说："无城无兵，安敢不来？"耶律德光又讽刺他："你是何等的老儿？"冯道装疯卖傻地说："我是无才无德的痴顽老儿。"耶律德光听罢哈哈大笑："倒也乖巧。我再问你，天下百姓如何救得？"冯道答道："此时佛出救不得，惟皇帝救得。"耶律德光大喜，遂封冯道为太傅。耶律德光北归，冯道曾从至常山。后来刘知远建立后汉，冯道又归附了后汉，被封为大师。4年以后的公元951年，郭威灭了后汉建立后周，冯道依然脸不变色心不跳地站到郭威的麾下，凭其三寸不烂之舌，求得太师兼中书令之职。3年以后，后周世宗柴荣即位，柴荣是郭威的养子，文治武功为五代中帝之冠。他初即位便赶上刘圣攻上党。柴荣召集大臣，说："刘圣欺朕年少，国家新立且遇大丧，以为我一定不能出兵迎战。朕以为善用兵者应出其不意，我想亲自督战攻打刘圣。"冯道竭力劝阻。柴荣说："朕见唐太宗平定天下，敌无大小必亲自出征，朕因何不可？"冯道以为柴荣年幼，定无主见，于是出言不敬："陛下不可与唐太宗比。"柴荣大怒，他本来就不大喜欢这个曾历四朝，侍奉过九君的老家伙，于是降旨罢去太师，然后率兵出征。冯道这些年闯过了大风大浪，而今在小小的柴荣这儿翻了船，又羞又恼，不久就忧郁而死。

五代前后共经历了53年，汴、洛之间，君十三，易姓者八，王朝频繁更迭，一共换了五个朝代，出了五姓皇帝。有短命的皇帝，就有短命的大臣，他们往往做不了几年官，就随着王朝的颓废而转眼成烟。但就有这么一个人在这不断的变换更迭中泰然自若未倒下，此人便是冯道。他先后事四姓十位皇帝，均能进退得当，久叨禄位，他既无政治建树，又乏民族气节，一旦国难临头，就巧妙地另攀高枝一走了之。他从不以国家大业为己任，只一味追求高官厚禄，弃国背君。因此，可以说冯道是一个最没有节操的人。

（赵永伟）

王安石的三不怕

王安石（1021~1086），字介甫，号半山，小字獾郎，封荆国公，世人又称王荆公。抚州临川（今属江西）人，北宋杰出的政治家、思想家、文学家。他出生在一个小官吏家庭，年少时好读书，记忆力特别强，从小就受到较好的教育。宋仁宗庆历二年（1042）登杨镇榜进士第四名，先后任淮南判官、鄞县知县、舒州通判、常州知州、提点江东刑狱等地方官吏十多年。宋仁宗嘉祐三年（1058）任三司度支判官时，向英宗上万言书《上仁宗皇帝言事书》，系统地提出了变法主张，要求改变北宋“积贫积弱”的局面，抑制大官僚地主的兼并和特权，推行富国强兵政策，但未被采纳。宋英宗治平四年（1067）神宗刚即位，就诏王安石治江宁府，接着又召为翰林学士。熙宁二年（1069）提为参知政事，从熙宁三年起，他两度任同中书门下平章事。在他任参知政事和宰相期间，取得神宗的支持，抓住“理财”和“整军”两大课题，积极推行农田水利、青苗、均输、方田均税、免役、市易、保甲、保马等新法，史称“王安石变法”或“熙宁变法”。

王安石的变法对巩固宋王朝的统治、增加国家收入，起了积极的作用。但是，也触犯了大地主的利益，遭到许多朝臣的反对。

有一次，宋神宗把王安石找去，问他说：“外面人都在议论，说我们不怕天变，不听人们的舆论，不守祖宗的规矩，你看怎么办?”

王安石坦然回答说：“陛下认真处理政事，这就可说是防止天变了。陛下征询下面的意见，这就是照顾到舆论了；再说，人们的话也有错误的，只要我们做得合乎道理，又何必怕人议论。至于祖宗老规矩，本来就不是固定不变的。”

王安石提出的“天变不足畏”，“尚变者，天道也”，用“新故相除”的进化观点驳斥了守旧派的“道不可变”的形而上学论调。同时又公然提出“祖宗不足法”，认为“祖宗之法，未必尽善，可革则革，不足循守”，是为了给变法确立理论根据并反击守旧派。在变法过程中，他更设置专局，使子雱及门人修撰《诗》、《书》、《周官》三经新义，对新政从理论上加以解释与阐发，并通过政府力量作为学校诵习的定本，被称为“新学”，直接或间接为推行新法服务。上述这些思想，具有一定的进步意义。

王安石坚持三不怕，但是在以司马光为代表的大官僚大地主集团的坚决反对下，宋神宗后来也动摇、妥协了，加之革新派内部又产生裂痕等，新法最终被全部废止。

王安石变法，虽然归根结底是为加强皇权，巩固封建地主统治地位，但在当时对生产力的发展和富国强兵，确曾起到了推动的作用，也在一定程度上减轻了人民的负担，在历史上有其进步的意义。所以，列宁曾称许：“王安石是中国十一世纪时的改革家。”

（赵永伟）

欧阳修赞叹苏东坡的文才

苏轼在20岁前一直在故乡眉山专心学习。宋仁宗嘉祐元年（1056）他同其弟苏辙在父亲的陪伴下初次离开眉山，并赶赴京城参加科举考试，两兄弟顺利地通过预备考试，又一起参加第二年春季的科举，苏轼一举进士及第。此次科举考试的监考官是当时著名的文坛领袖欧阳修及梅尧臣，欧阳修一心提倡古文，以挽救当时文坛浮华不实的流弊，当他读到苏轼的《刑赏忠厚之至论》的文章时，十分惊讶，以为是自己的学生曾巩的作品，本来想取第一名，但考虑很久，为了避偏袒之嫌，取了第二名，而本来应是第二的曾巩，反倒成了第一。殿试时，他献上25篇进策，很得仁宗皇帝的欣赏，于是将苏轼评为翰林学士。欧阳修当时对人说："我要避开他，好让他出人头地。"可见欧阳修当时对拔携后进的爱心。后来，苏轼及苏辙均拜欧阳修为师。

（赵永伟）

青山有幸和白铁无辜：岳飞和秦桧

现在在杭州的岳飞庙里面，有一座岳飞的墓，墓前跪着两个铁铸的人，即秦桧和他的老婆，门前刻有一幅广为流传的对联，"青山有幸埋忠骨，白铁无辜铸佞臣"，以此来说明忠臣和奸臣必定会有历史来做出公正的判决。

岳飞（1103~1142）是南宋军事家，民族英雄，字鹏举，相州汤阴（今属河南）人。少时勤奋好学，并练就一身好武艺。19岁时投军抗辽。不久因父丧，退伍还乡守孝。北宋靖康元年（1126）金兵又大举入侵中原，岳飞再次投军，开始了他抗击金军、保家卫国的戎马生涯。传说岳飞临走时，其母姚氏在他背上刺了"精忠报国"四个大字，这成为岳飞终生遵奉的信条。

岳飞投军后，因作战勇敢，深得副元帅宗泽的赏识，称赞他"智勇才艺，古良将不能过"。第二年，金军攻破开封，俘获了徽、钦二帝，北宋王朝灭亡。五月，康王赵构登基，迁都临安，建立南宋。岳飞上书高宗，要求收复失地，被革职。岳飞遂改投河北都统张所，任中军统领，在太行山一带抗击金军，屡建战功。后复归东京留守宗泽，以战功转武功郎。宗泽死后，从继任东京留守杜充守开封。

建炎三年（1129），金将兀术率金军再次南侵，杜充率军弃开封南逃，岳飞无奈随之南下。是年秋，兀术继续南侵，改任建康（今江苏南京）留守的杜充不战而降。金军得以渡过长江天险，很快就攻下临安、越州（今绍兴）、明州等地，高宗被迫流亡海上。岳飞率孤军坚持敌后作战。他先在广德攻击金军后卫，六战六捷。又在金军进攻常州时，率部驰援，四战四胜。次年，岳飞在牛头山设伏，大破金兀术，收复建康，金军被迫北撤。从此，岳飞威名传遍大江南北，声震河朔。七月，岳飞升任通州镇抚使兼知泰州，拥有人马万余，建立起一支纪律严明、作战骁勇的抗金劲旅“岳家军”。

绍兴三年（1133），岳飞因剿灭李成、张用等“军贼游寇”，得高宗奖“精忠岳飞”的锦旗。次年四月，岳飞挥师北上，击破金傀儡伪齐军，收复襄阳、信阳等六郡。岳飞也因功升任清远军节度使。同年十二月，岳飞又败金兵于庐州（今安徽合肥），金兵被迫北还。绍兴五年（1135），岳飞率军镇压了杨么起义军，从中收编了五六万精兵，使“岳家军”实力大增。

绍兴六年（1136），岳飞再次出师北伐，攻占了伊阳、洛阳、商州和虢州，继而围攻陈、蔡地区。但岳飞很快发现自己是孤军深入，既无援兵，又无粮草，不得不撤回鄂州（今湖北武昌）。此次北伐，岳飞壮志未酬。

1120 年，兀术撕毁和约，再次大举南侵。岳飞奉命出兵反击。相继收复郑州、洛阳等地，在郾城大破金军精锐铁骑兵“铁浮图”和“拐子马”，乘胜进占朱仙镇，距开封仅四十五里。兀术被迫退守开封，金军士气沮丧，发出“撼山易，撼岳家军难”的哀叹，不敢出战。

在朱仙镇，岳飞招兵买马，联络河北义军，积极准备渡过黄河收复失地，直捣黄龙府。他激动地对诸将说：“直捣黄龙府，与诸君痛饮耳！”这时高宗和秦桧却一心求和，连发十二道金字牌班师诏，命令岳飞退兵。岳飞抑制不住内心的悲愤，仰天长叹：“十年之功，毁于一旦！所得州郡，一朝全休！社稷江山，难以中兴！乾坤世界，无由再复！”他壮志难酬，只好挥泪班师。

岳飞回临安后，即被解除兵权，任枢密副使。绍兴十一年（1141）八月，高宗和秦桧派人向金求和，金兀术要求“必先杀岳飞，方可议和”。秦桧乃诬岳飞谋反，将其下狱。绍兴十一年十二月二十九日，秦桧以“莫须有”的罪名将岳飞毒死于临安风波亭，是年岳飞仅三十九岁。其子岳云及部将张宪也同时被害。宁宗时，岳飞得以昭雪，被追封鄂王。

秦桧（1090～1155），中国南宋权奸，字会之，江宁（今江苏南京人）。宋徽宗政和五年（1115）登进士第，官至御史中丞。曾主张抗金，反对割地求和。金军攻占开封后，欲立张邦昌为帝，秦桧进议状，主张另立宋宗室为帝，遂被金军驱掳北去，旋即降敌，在金廷大倡和议，故于建炎四年（1130）被放回南宋。秦桧得宋高宗信任，官至宰相，因提出“南人归南、北人归北”的主张，罢相闲居。绍兴七年（1137），秦桧任枢密使，与宰相张浚劝说宋高宗收回由岳飞并统淮西等军的成命，招致淮西军的哗变投敌，八年，秦桧重新拜相，力主和议，代表宋高宗向金使跪接诏书。十年，金朝都元帅完颜宗弼领兵南侵，岳飞等军大举北伐，屡破金军，进逼开封，秦桧却怂恿宋高宗迫令班师。十一年，宋高宗与秦桧解除岳飞、韩世忠等大将军权，诬构谋反罪状，杀害岳飞，与金朝再次签订屈辱的和约。宋向金称臣、纳贡、割地，金规定宋高宗不许以无罪去首相。秦桧再次任相18年，独揽朝政，排除异己，大兴文字狱，极力贬斥主张抗金的官员，压制抗金舆论，篡改官史。他还任用李椿年等推行经界法，丈量土地，重定两税等税额，又密令各地暗增民税十分之七八，使很多贫民下户因横征暴敛而家破人亡。

（赵永伟）

两个皇帝做俘虏

12世纪最初的25年，是宋朝宋徽宗统治的年代。宋徽宗是历史上有名的风流天子和昏君，他使北宋的政治进入最黑暗、最腐朽的时期。宣和元年（1119）和宣和二年，先后爆发了宋江、方腊领导的两次大的农民起义，宋徽宗虽然镇压和瓦解了这两次农民起义，渡过农民革命带来的一场统治危机，但是中国东北地区女真族的兴起，却使北宋王朝面临覆灭的命运。

当时在中国东北部的女真族，于11世纪兴起于白山黑水之间。女真族杰出首领完颜阿骨打于1115年称帝，建立了金朝。金崛起后，占领了辽国的许多土地，后来金和北宋联合夹攻辽。在1125年，金军俘获辽的皇帝，辽国宣告灭亡。金灭辽以后，看到北宋统治腐朽，防备空虚，就在灭辽的当年冬天，挥军南下，大举进攻北宋。1127年，金军攻陷北宋的都城东京（今开封），掳走宋徽宗、宋钦宗以及后妃、宗室、大臣等3000多人，押往满祖故里三姓（今依兰），于是北宋灭亡，历史上称这一变故为“靖康之变”。

北宋灭亡的同一年，宋钦宗的弟弟赵构在应天府做了皇帝，后来定都临安，这就是历史上的“南宋”。

（赵永伟）

成吉思汗与忽必烈

蒙古族是中国北方一个古老的民族。12 世纪末，铁木真经过十多年战争统一了蒙古各部，1206 年被推举为蒙古的大汗，尊称为“成吉思汗”，意思是“坚强的君主”。成吉思汗建立大蒙古国以后，国力强盛，军事行动波及欧洲的多瑙河流域，对世界历史发展进程产生了重大影响。成吉思汗死后，蒙古军队相继灭西夏和金，统一了中国整个北方地区。

公元 1260 年，忽必烈（成吉思汗的孙子）继承了汗位，建都大都（今北京）。到 1271 年，忽必烈正式称皇帝，建立了元朝（1271 ~ 1368），他就是元世祖。元世祖逐步巩固对北方的统治以后，就集中力量攻打南宋，终于灭了南宋。忽必烈以前辈们的赫赫战绩为荣，并借鉴其经验与教训，于公元 1279 年，最终完成中国空前大统一的丰功伟业，成为中国历史上一位享有盛名的开明君主。与祖父成吉思汗一样，忽必烈堪称蒙古一代伟人。成吉思汗以武力征服震撼世界，忽必烈则以文治著称天下。

元世祖忽必烈做了皇帝以后，就对中央和地方的行政机构进行改革。他先在中央设立中书省，为最高的行政机构。在全国各地设立了十个行中书省，简称“行省”，正式作为地方最高的行政机构。另外，吐蕃（今西藏）地区在元朝时也正式成为中国的一个行政区，由中央的宣政院管辖。元朝政府还设置了澎湖巡检司，管辖台湾与澎湖，这是台湾归属中国中央政府管辖的开始。

元朝行省制度的建立，加强了中央与行省、行省与行省之间的联系，使元朝中央对边疆少数民族地区的管理比以前任何朝代都有效，有利于多民族统一国家的稳定和发展。这是元世祖忽必烈的一项创举。元朝创设的行省制度一直沿用到今天，但在辖区的数目与大小等方面已有很大的变化。

元朝的建立是蒙古帝国各方面制度朝向汉化的重要步骤。元朝初年的经济之所以能够蓬勃发展，与忽必烈年轻时重视人才、听取汉人的意见有很大的关系。元朝在这样开明君主创建下可谓是开了一个好头。

（赵永伟）

朱元璋的和尚背景

据史料记载，朱元璋于1328年出生在当时盱眙县的太平乡，1344年春旱，朱元璋父母和长兄都死于瘟疫。17岁的朱元璋无依无靠，就来到了凤阳的皇觉寺做了游方和尚。五年的云游，使朱元璋见多识广，为朱元璋日后的政治生涯奠定了坚实的思想基础。

明太祖像

元至正十二年（1352），25岁的朱元璋投奔农民起义军郭子兴。由于他英勇多谋，又多次救了郭子兴的命，郭子兴就把养女马氏赐他为妻，并给他起了官名朱元璋，字国瑞。

1355年，28岁的朱元璋已升为千夫长、副元帅，他带领起义军下采石、取太平。并在郭子兴去世后收编了郭子兴的部卒，挟制当时的“小明王”韩林儿号令义军。

1361年，小明王封朱元璋为吴国公。此时朱元璋已收复了大部分元朝国土。为了一统天下，他又与另两支农民起义军部队多次征战，相继打败了陈友谅、张士诚，消灭了群雄，并自立为吴王。

1366年，朱元璋暗害了小明王，收编了所有义军，同时又派大将徐达进攻元朝最后的堡垒元大都燕京，自己于1368年41岁时正式称帝，国号大明，建元洪武，一直到1398年71岁时，才结束了朱明王朝开国皇帝统治中国31年的历史。

朱元璋由贫苦佃户的孩子、游方和尚，经过十多年的杀伐而成为一代开国皇帝，是一位极富传奇色彩的人物，是一个罕见的以屠杀和严酷而著称的军事统帅，也是一个善于施展阴谋诡计、玩弄权术的政治家。

（赵永伟）

郑成功收复台湾

郑成功，1624年出生。他的父亲就是汉族移民领袖郑芝龙。郑成功青年时代，正赶上国内清朝打败明朝，台湾被荷兰人侵占，他亲眼目睹了这两件大事，内心充满了对清王朝和荷兰殖民者的仇恨，暗暗下决心要实现打败清朝、恢复明朝和收复台湾的理想。1647 年，他带领一批人马跑到福建、广东交界处的南澳宣布起兵抗清。从这一年起，十几年间，郑成功与清军进行了顽强的斗争，但终因力量太小，难以取胜，在这种情况下，他决心先收复台湾，以宝岛为基地，再作长远打算。

1661 年阴历三月，郑成功率领 2.5 万名士兵，乘大小战船数百艘，从福建金门岛出发，途经澎湖停留，展开了收复台湾的伟大壮举。他在给荷兰总督的招降书中义正辞严地指出：台湾是我们中国的土地，但长期以来被你们国家所霸占，今天我们要把它收回来，你们理所应当的把土地归还我们。

郑成功像

由于收复台湾的行动是正义的，所以得到海峡两岸人民的支持。当郑成功的先头部队在台南市的鹿耳门一登陆，当地成千上万的台湾百姓都高兴地跑出来欢迎他们。

郑成功的部队在台湾西部沿海与荷兰军队展开了许多场激战，最后将荷兰军队的据点热兰遮城包围起来，并在海上连续打跑了荷兰国内派来的援军。荷兰殖民者实在支持不住了，只得投降，撤出了台湾，被殖民者侵占了 38 年之久的台湾终于回到祖国的怀抱。

郑成功收复台湾后，将赤崁城改为承天府，下管二县，北部为天兴县，南部为万年县，称台湾为“东都”。他废除荷兰殖民者的制度，进行各种改革，发展贸易，兴办学校，同时号召大陆人民移居台湾开荒种地，使台湾的经济、文化迅速发展，在台湾开发史上写下了重要的一章。但由于多年来连续征战，加上收复台湾后，工作特别忙碌，郑成功终于积劳成疾，在收复台湾 5 个月后就病逝了，终年 39 岁。

（赵永伟）

孝庄皇后

孝庄文皇后是清朝一位杰出的蒙古族女政治家，她的一生先后经历了 4 个朝代，辅佐两位幼年皇帝一统江山。她卒于康熙二十六年（1687），享年 75 岁。

孝庄有从政的能力，也经常向顺治、康熙面授机宜，出谋划策，但她不过多出面参政。据记载，康熙年幼主政，安徽桐城一名叫周南的秀才，千里迢迢来京城，上书朝廷，敬请孝庄太皇太后“垂帘听政”，但孝庄婉言拒绝。作为母亲、祖母，孝庄投入更多的是对两位皇帝品行的教育。如康熙有吸大烟的恶习，后来孝庄晓之于理，好言劝告，硬是让当上皇帝的康熙把大烟戒掉。孝庄一生节俭，在宫中经常身体力行倡廉拒侈。有史料记载，清朝初期，由于战事频繁，国库空虚，孝庄就把后宫节省出的钱财和自己的私房钱拿出来犒赏将士。每有自然灾害，她在宫里带头捐钱捐物给灾区。顺治、康熙父子都对她十分孝敬，每及孝庄生日，必大摆筵宴，隆重庆贺。孝庄感到如此奢侈必将造成不良影响，便坚决下令停办宴席。孝庄的言传身教，对顺治、康熙影响都很大。

孝庄皇后像

孝庄是一位非凡的蒙古族女性，她 13 岁进宫，62 年间辅佐清太宗、清世祖、清圣祖三朝皇帝主政，为清初国家的统一和政权的巩固做出了不可磨灭的贡献。她的孙子康熙曾这样评价她：“设无祖母太皇太后，断不能致有今日成立。”

（赵永伟）

雍正是如何获得皇位的

雍正如何获得皇位是清初一大疑案，民间流传甚广的一种说法是，雍正将康熙遗诏“传位十四子”私改成“传位于四子”。但有学者认为这种传说完全是讹传，因为按照清政权的规矩，重大的文书都必须“满汉合璧”，就是既用汉文，又用满文。应该说，雍正无法同时篡改满文与汉文。

雍正皇帝像

第一历史档案馆里保存有当年的遗诏，从遗诏内容看，康熙指定的继承人正是后来登基的雍正皇帝。另外，有学者认为，从康熙晚年的一些言论和举动，比如连续两年派雍正去祭天，可以推测出当时他对继承人已经有所定夺。如果康熙真的要指定皇十四子为继承人，就不会在自己晚年身体健康状况每况愈下的时候还派他到西北去做大将军。

按《清实录》记载，康熙五十六年（1717），群臣再次强烈要求皇帝立太子，因为当时的康熙年事已高，万一驾崩，朝廷无主的局面势必会使天下大乱。康熙理解大家的心情，于是在这年写了一份遗诏。遗诏中，康熙虽然花了很大篇幅讲述自己的功绩、皇家的家史，还提到努尔哈赤废太子以后，被废太子及其拥护者因为心中不满而引发混乱的历史，但在这份遗诏中，他还是没有选立太子。结果，群臣仍然不满意，又继续追问。康熙依然采用拖延的办法，始终没有宣布皇太子是谁。

学术界还有一种看法，康熙六十一年前，“太子虚位”是毋庸置疑的。按《清实录》记载，在立太子的事情上，康熙皇帝曾痛斥群臣，指责他们逼他立太子只是为了寻机拥立新主子，丝毫不关心他的心情。当时，皇太后已病危，她虽不是康熙的生母，但却是康熙尊敬的长辈。与此同时，康熙最亲近的兄长也病逝，康熙几乎没有可以交流的亲近之人。在这种心情落寞的情况下，康熙不可能有再立太子的心情。

虽然雍正自己解释，康熙临终前一天，召见了众位皇子，隆科多宣读了由他继承皇位的遗诏，但有学者认为，康熙生前不会有指定太子的亲笔遗诏。现存于第一历史档案馆的康熙遗诏一定是雍正年间伪造，即前面一部分是康熙五十六年的遗诏，只是把康熙所述的做了 56 年的皇帝改成做了 61 年。第二部分则是雍正自己加上的关于谁做继承人的内容。第三部分是按照惯例，把本应三年的守孝改成了守 27 天。这就是档案馆中现在所见的遗诏。

因此，雍正怎样取得皇位依旧是一大悬案。

（赵永伟）

康熙和乾隆各当了多少年皇帝

清圣祖康熙是清朝入主中原后的第二代皇帝，他在顺治十八年（1661）8 岁时即位，由索尼、苏克萨哈、遏必隆、鳌拜四大臣共同辅政，并于康熙六年（1667）亲政。康熙八年，年仅 16 岁的康熙暗结内大臣索额图等人智捕鳌拜，夺回大权。之后宣布永停圈地，准许壮丁“出旗为民”，又奖励垦荒，蠲钱免粮，任用靳辅、陈潢治理黄河，规定“额外添丁，永不加赋”；设立南书房掌票拟谕旨，加强皇权；又平定三藩之乱；派兵攻入台湾；平定准噶尔部噶尔丹叛乱，巩固了国家统一；又巡行东北，两次发起雅克萨反击战，沉重打击沙俄势力侵略，派索额图、佟国纲赴尼布楚与沙俄谈判边境问题，行前确定黑龙江流域的广大领土“皆我所属之地，不可弃之于俄罗斯”的原则，签订《尼布楚条约》，划定中俄东段边界，使多民族国家的统一得到巩固发展。康熙一生苦研儒学，表倡程朱理学、开博学鸿儒科，设馆纂修《明史》，编纂《古今图书集成》、《全唐诗》、《佩文韵府》、《康熙字典》等。但同时他屡兴文字狱，残酷镇压反清思想。康熙六十一年（1722）死于畅春园，葬于清东陵之景陵。享年69岁，在位61年，庙号清圣祖。

康熙像

清高宗乾隆于雍正十三年（1735）九月即位，时年25岁。乾隆在位60年，在祖父康熙、父皇雍正两朝的基础上，奋发有为，勤于政事。政治上，继续平定国内叛乱，抗击外来侵略，捍卫国家主权和领土完整，加强民族团结并大力整顿吏治。在经济上，减免赋税，兴修水利，屯田垦荒。在文化上提倡汉学，编纂大量图书。在他统治期间，我国是一个疆域辽阔、国力强盛、经济发展、文化繁荣的统一的多民族国家，把“康乾盛世”推向了顶峰。乾隆在位60年后，自动让位给儿子嘉庆，自称太上皇，但仍旧主持朝政，一直到嘉庆四年（1799）正月初三死于养心殿为止，实际掌权统治中国达63年又4个月，不仅是历代封建帝王执政时间最长的一位，同时也是岁数最大的一位，卒年89岁。死后葬入清东陵的裕陵，庙号高宗。

（赵永伟）

和珅和恭王府

和珅是清代乾隆时期的权臣，满洲正红旗人，钮祜禄氏，字致斋。少年家贫，为文生员，乾隆三十四年（1769），袭三等轻车都尉世职，因机灵善辩，仪表俊伟，受乾隆赏识，历任显官，后升任军机大臣，居此要职24年。还兼任多种文武官职，累封至一等公。和珅精明机敏，办事干练，被乾隆视为心腹。乾隆后期，他权势最大，又贪得无厌。政令传宣多由其手书口传，令各省奏折皆用副折送他先阅，各地进贡珍品也多入他家。和珅秉政揽权，广收贿赂，致使府库空虚，吏治败坏，历来

和珅像

被认为是清代中衰的一个重要原因。

和珅的私宅位于北京什刹海的恭王府，建于清乾隆四十一年（1776）。嘉庆四年（1799）乾隆死后，嘉庆皇帝立即列数和珅的20大罪状，第二天就撤除了和珅军机大臣、九门提督两职，抄了他的家，和珅被“赐令自尽”，其宅邸被没收。民间有“和珅跌倒，嘉庆吃饱”的谚语。

咸丰元年（1851），咸丰皇帝将此前和珅的私宅赐予其弟恭亲王奕䜣，改名恭王府。

恭王府是中国现存王府中保存最完整的清代王府。恭王府由府邸、花园两部分组成，占地面积约61120平方米，府邸占地32260平方米，花园占地28860平方米。1982年，国务院将恭王府确立为全国第二批重点文物保护单位，1988年，花园部分正式对外开放。

（赵永伟）

康有为和公车上书

康有为是近代思想家、政治家、文学家。字广厦，号长素。清咸丰八年（1858），康有为生于广东南海西樵之银塘乡。康有为家族世代为儒，以理学传家，因此，康有为7岁即能文，被视为神童；又由于他有志于圣贤之学，开口不离圣人，乡里戏呼他为“圣人”。19岁跟从同县大儒朱次琦在礼山草堂学习，后回乡独学4年，除研究史学并由宋明理学而扩及佛学外，得知“京朝风气，近时人才及各种新书，道、咸、同三朝掌故”，又遍读当时所能见到的、由江南制造局及西方教会所译的各种西方新书，开始汲取新知识。清光绪八年（1882），康有为赴京师应顺天乡试，落第南归后，越发感到“西人治国有方”，于是大量购买西书阅读，并从此大讲西学。由于康有为广泛涉猎西方文化，思想变化日益显著，自成其独特的体系。他学习算学，“以几何著人类公理”，并著内外《康子篇》，内篇讲天地人物之理，外篇讲政教艺乐之事。

光绪十四年（1888）康有为又赴京师应顺天乡试，又落第。鉴于当时中法战争后，国势日蹙，他发愤上万言书：《上清帝第一书》，提出“变成法，通下情，慎

康有为像

左右”。但这个万言书被当时的顽固派所阻挠，未得上达。尽管如此，这个万言书仍然引起朝野很大震动。在此以后，在民族危机日益加深的刺激下，康有为开始接触实际政治，并以自己学习所得传授给自己的学生，同时著书立说。他于光绪十七年（1891）开万木草堂，讲义理之学、经济之学、考据之学、辞章之学，“讲中国数千年学术源流，历史政治沿革得失，取万国以比例断之”。同时又著书多种，以《新学伪经考》为最著名。光绪十九年（1893）康有为中本省举人，第二年会试又落第。他的著述与讲学遭到给事中余晋珊严词弹劾，被斥为“惑世诬民，非圣无法，同少正卯，圣世不容。请焚《新学伪经考》，而禁粤士从学”。经梁启超奔走营救始得以解脱。

光绪二十一年（1895）春，康有为与梁启超一同入京参加进士考试，当时正值清政府在甲午战争中战败，被迫派李鸿章赴日本马关签署《马关条约》，把台湾和澎湖割让给日本。消息传出，举国震惊，各省入京会试的举人也情绪激烈。先是有广东梁启超等联名数百人到都察院上书请代奏，后各省分批跟进。腐朽的清廷无动于衷。于是康有为以夜以继日地草疏万数千言，“伏乞皇上下诏鼓天下之气，迁都定天下之本，练兵强天下之势，变法成天下之治”（《上清帝第二书》），并联合18个省的举人集议于松筠庵，当时参与上书联名的共1200余人。这就是历史上所称的“公车上书”（因汉代举孝廉乘公车赴京，以后便以“公车”作为举人入京应试的代称）。

“公车上书”是近代一次带有群众性的政治运动。而都察院以和约已签字，无法挽回，拒不接收。上书后几日，会试榜发，康有为中进士第八名，授工部主事，他不到任，并在两个月中又连上两书，对变法的内容、步骤作了具体补充，但仍然得不到上达，于是康有为就南归了。南归途中他曾到南京游说张之洞开强学会，因学说不同没有成功，此后继续在万木草堂讲学、著述。

光绪二十三年（1897），德国借口曹州教案，派兵强占胶州湾。十二月康有为“万里浮海”，再次赴北京上书言事，指出“瓜分之祸，迫在目前，其所以致之者，‘兼弱攻昧’之历史公例然也。夫今日在列大竞争之中，图保自存之策，舍变法外，别无他图”。按轻重缓急，提出变法的次序为：第一策“采法俄、日以定国是”；第二策“大集群才而谋变政”；第三策“听任疆臣各自变法”（《上清帝第五书》）。

接着又上一书，但均不得行。

光绪二十四年（1898）戊戌正月初三，康有为被邀到总理衙门，李鸿章、翁同龢、荣禄、廖寿恒、张荫桓等向他询问变法之宜。但顽固派荣禄仍反对变法。第二天，康有为又进呈《日本变政考》及《俄彼得变政记》。初八又应诏上统筹全局折，再上一书。

1888～1898年，10年间康有为共向清帝上书7次。光绪二十四年四月二十八日康有为被光绪帝召见。至九月二十九日奉光绪帝密诏离京，共90天。这就是中国近代史上著名的“百日维新运动”，又称“戊戌变法”。只惜终因顽固派的镇压而失败。

戊戌变法失败后，康有为流亡国外，赴日本、加拿大、英国，继续坚持君主立宪的保皇立场。

（赵永伟）

谭嗣同为什么不跑

谭嗣同（1865～1898），近代思想家、政治家、诗人。字复生，号壮飞，又署华相众生、东海褰冥氏、通眉生。湖南浏阳人。少年时丧母，读书广博却屡试不第。为人生平好任侠，胸怀济世大志。中日甲午海战后转学“西学”，投身变法洪流，得到康有为、梁启超的赏识。光绪二十二年（1897）开设时务学堂，第二年又成立南学会，后创办《湘报》，宣传变法思想。不久入京任四品御衔军机章京，受光绪器重。后因戊戌变法失败就义，为“戊戌六君子”之一。

在戊戌变法过程中，谭嗣同至少有三次机会可以从刀口下全身而退。

第一次机会来自于他的父亲。当时他的父亲已升任湖北巡抚，一生为官的父亲对谭嗣同的处境洞若观火，曾三次写信对谭嗣同晓以利害，命其退出变法，以避“杀身灭族”之祸。但对父亲的规劝，谭嗣同毫不妥协。

第二次机会来自于梁启超。在袁世凯告密后，9月21日慈禧发动政变，囚禁光绪皇帝，临朝“训政”，下令逮捕维新派。戊戌变法失败。此时梁启超劝谭嗣同一起出走日本。谭嗣同执意不肯，他对梁启超说：“不有行者，无以图将来；不有死者，无以酬圣主。”

梁启超避居日本使馆之后，日本使馆方面表示可以为谭嗣同提供“保护”，这

谭嗣同像

是最后的机会。谭嗣同坚辞不受并傲然宣称：“各国变法，无不从流血而成，今中国未闻有因变法而流血者，此之所以不昌者也；有之，请自嗣同始！”

1898 年 9 月 24 日，谭嗣同在“莽苍苍斋”被捕。4 天后，谭嗣同在菜市口法场英勇就义，同时遇害的还有林旭、杨深秀、刘光第、杨锐、康广仁，并称“戊戌六君子”。

在谭嗣同被捕后写给梁启超的绝笔书中，他以“嗣同不恨先众人而死，而恨后嗣同死者虚生也。啮血书此，告我中国臣民，同兴义举”，表达了他对变法图强的矢志不移。在法场上，谭嗣同更以“有心杀贼，无力回天；死得其所，快哉快哉！”为后人留下了气壮山河的遗言。

（赵永伟）

末代皇帝和傀儡皇帝

清朝的末代皇帝爱新觉罗·溥仪也是我国封建王朝最后一个皇帝。溥仪生于 1906 年，是光绪皇帝之侄，醇亲王载沣之子。1908 年 11 月，光绪皇帝和慈禧太后在相隔一天的时间内先后死去。不满 3 岁的溥仪继承帝位，第二年改年号为“宣统”，由其父载沣摄政。1911 年 10 月，武昌起义爆发后，各省纷纷响应，革命巨浪席卷全国。1912 年 2 月 12 日，清廷被迫宣布溥仪退位，统治中国 260 多年的清王朝被推翻了，并从此结束了中国长达 2000 多年的封建专制统治。

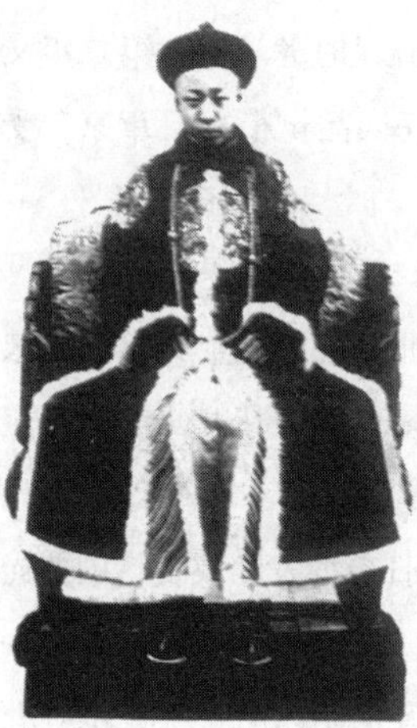
溥仪像

辛亥革命后，北洋军阀袁世凯篡夺了革命果实。按袁世凯拟定的对清皇室的《优待条例》，溥仪退位后皇帝“尊号仍存不变”，“以待各外国君主之礼相待”，并“暂居宫禁”。因此，溥仪退位后，故宫内除太和殿、中和殿、保和殿划归民国外，其余地方仍归清皇室所有。溥仪退位后念念不忘复辟，1917 年 7 月 1 日，他在张勋等人的拥戴下，宣布复辟。在全国人民的一片讨伐声中，复辟失败，7 月 12 日，只做了 12 天复辟皇帝的溥仪不得不再次宣布退位。1924 年，接受革命影响的直系将领冯玉祥发动北京政变，占领北京。并于 11 月 5 日采取断然措施，废除溥仪的皇帝称号，限令“即日移出宫禁”。溥仪先搬进原醇王府，不久逃入日本公使馆。1925 年 2 月由日本便衣警察护送到天津日租界，继续进行复辟活动。1931 年“九一八”事变后，溥仪在日本侵略者的秘密护持下潜往东北，1932 年 3 月在日本帝国主义的导演下，当上了伪“满洲国”的所谓执政，1934 年 3 月又改称皇帝，成为日本帝国主义卵翼下的傀儡。1945 年日本无条件投降后，他在逃往日本途中于 8 月 17 日被苏军俘获，1950 年 8 月被移交给新中国的人民政府。1959 年 12 月 4 日，经中华人民共和国最高人民法院根据特赦令予以释放。

随着溥仪的立场和人生态度的变化，他由皇帝被改造成为中华人民共和国公民，得到了党和人民的信任。1964 年，溥仪担任了政协第四届全国委员会委员、政协文史资料研究委员会的专员，著有《我的前半生》。在漫长的封建社会里，由于不断的改朝换代，出现了许多末代皇帝。那些末代皇帝不是被杀就是自杀，都没落个好下场。唯有溥仪以公民的身份幸福地度过了晚年的美好时光。在党和政府的关怀下，他和李淑贤女士在 1962 年 4 月 30 日结婚，建立了新的美满家庭。一位外宾曾经问他道：“你不以为过去当过皇帝而有自豪感吗？”他答道：“皇帝，这是我认为最可耻的称号，自豪的是我今天成了一名中国公民。”

溥仪于 1967 年 10 月 17 日凌晨与世长辞，终年 60 岁。

（赵永伟）

和亲制度和公主

我国历史上中央王朝的统治者，为了巩固与边疆地区少数民族上层政治上的联盟，加强对边疆地区的统治，或求得边疆地区社会秩序的稳定，往往采取和亲或联姻的措施。

汉、唐、清三朝在这方面具有代表性。如汉朝的和亲，主要是与北部边疆的匈奴以及西北边疆的乌孙。从汉高祖到汉武帝前期，汉朝先后有五位宗室之女和亲匈奴。从汉武帝中期以后，汉朝为联合乌孙反击匈奴，便将和亲重点从匈奴转向乌孙，先后有三位公主、两位宫女和亲乌孙、龟兹和鄯善。

又如唐朝时期的和亲，文成公主和亲吐蕃，在青藏高原传播文化、播种友谊，为汉藏人民所崇敬，成为千古传诵的佳话。

再如清朝的联姻，主要在满族贵族与蒙古王公之间进行。包括两方面内容，一是清朝统治者从蒙古王公家族中选择后妃；二是清朝统治者把公主下嫁给蒙古王公。皇太极共有15位后妃，其中有7位是蒙古族，皇太极的两位皇后——孝端皇后和孝庄皇后以及关雎宫的宸妃都来自内蒙古科尔沁部。顺治皇帝有19位后妃，其中6位是蒙古族。康熙皇帝40位后妃中，有两位来自蒙古族。乾隆皇帝的后妃中也有蒙古族。清顺治初期到乾隆中后期，满族贵族下嫁的公主，竟有13位是皇帝的亲生女儿，并且联姻范围也由漠南蒙古发展到漠北蒙古、漠西蒙古。据不完全统计，科尔沁达尔汉王旗下有公主子孙台吉、姻亲台吉2000余人，土谢图王旗下公主子孙台吉500余人，敖汉旗下600人，巴林王旗下170余人。据张穆的《蒙古游牧记》记载，乾隆皇帝曾作诗："塞牧虽称远，姻盟向最亲。"

清朝的满蒙联姻在发展变化过程中，还逐渐形成了各种制度，主要有俸禄俸缎制、入京朝觐制、生子予衔制和赐恤致祭制。

（赵永伟）

朝代名称的来历

我国历史悠久，朝代更迭纷繁。每朝的创建者首先要办的第一件事就是确立国号（朝代名称）。国号就是一个国家的称号。按《史记·五帝本纪》："自黄帝至舜禹，皆同姓而异其国号，以章明德。"

决定朝代的名称大致有五个来源：由部族、部落联盟的名称而来；来自创建者原有的封号、爵位；来自创建者原始所或政权统治的区域；来自宗族关系；来自寓意吉祥。具体地说：

夏：据传禹曾受封于夏伯，因而称其政权为"夏"。另据历史学家范文澜说，禹的儿子启西迁大夏（山西南部汾浍一带）后，才称"夏"。

商：相传商（今河南商丘南）的始祖契曾帮助禹治水有功而受封于商，以后就以"商"来称其部落（或部族）。汤灭夏后，就以"商"作为国名。后盘庚迁殷（今河南安阳西北）后，又以"殷"或"殷商"并称。

周：周部落到古公亶父时，迁居于周原（今陕西岐山）。武王灭殷以后，就以

“周”为朝代名。周前期建都于镐（今陕西西安西南），后来平王东迁洛邑（今河南洛阳），因在镐的东方，就有“西周”和“东周”的称号。

秦：据《史记》记载，本为古部落，其首领非子为周孝王养马有成绩，被周孝王赐姓为“嬴”，并赐给了一小块土地（今甘肃天水县，另说是陇西谷名）。后来襄公又救周有功被封为诸侯，秦始皇统一六国，始建秦国。

汉：项羽封刘邦为汉王，以后刘邦击败项羽，统一中国，国号称“汉”。汉朝前期建都长安，后期建都洛阳，故从都城上有“西汉”和“东汉”之分，从时间上有“前汉”和“后汉”之分。

魏：汉献帝曾封曹操为“魏公”、“魏王”爵位，曹丕取代汉朝后便称“魏”。以皇室姓曹，历史上又称“曹魏”。

蜀：刘备以四川为活动地区，蜀指四川，其政权称“蜀”。历史上也称“蜀汉”。汉指东汉的继续。

吴：孙权活动于长江下游一带，历史上曾建吴国，曹魏曾封孙权为“吴王”，故史称“孙吴”；又以地位在东，也称“东吴”。

晋：司马昭逼魏帝封他为“晋公”，灭蜀后进爵为晋王。后来他的儿子司马炎继承他的爵位，逼令魏帝退位，自立为皇帝，国号“晋”。

隋：隋文帝杨坚之父杨忠，曾被北周封为“随国公”。隋文帝后袭用此封爵，称为“随朝”。他认为随有走的意思，有不祥之意，便改为“隋”。

唐：唐高祖李渊的祖父李虎，佐周有功，被追封为“唐国公”，爵位传至李渊。太原起兵后，李渊称“唐王”，后废杨侑建唐朝。

辽：辽原称“契丹”，改“辽”是因为居于辽河上游之故。

宋：后周恭帝继位后，命赵匡胤为归德节度使，归德军驻宋州（今河南商丘），赵匡胤为宋州节度使。故陈桥兵变后，发迹在宋州，国号为“宋”。

西夏：拓跋思恭占据夏州（今山西北部），建国时以夏州得名，称“大夏”。因其在西方，宋人称“西夏”。

金：金都城上京会宁（今黑龙江阿城南），位于按出虎水（今阿什河），相传其水产金，女真语“金”为“按出虎”。

元：据《元史》记载，“元”的命名，是元世祖忽必烈定的。是取《易经》中“大哉乾元”句中的“元”，有大、首等意思。但也有人认为与蒙古人的风俗与图腾有关，有的人认为与佛教有关。

明：朱元璋是元末起义军之一，是继承郭子兴而发展起来的，郭子兴属于白莲教组织。白莲教宣称“黑暗即将过去，光明将要到来”，借以鼓舞人民反对黑暗的元朝统治。所以又称“光明教”。白莲教的首领韩山童称“明王”（他的儿子韩林儿称“小明王”），都体现其教义宗旨。朱元璋不仅曾经信仰白莲教，而且承认自己是白莲教起义军的一支（他曾为小明王左副元帅）。朱元璋取得政权后，国号称“明”。

清：满族是女真族的一支。女真族在北宋时建立金国。明末女真势力复强，重建金国（后金）。后金为了向外扩展，割断了同明朝的臣属关系，清太宗皇太极把“女真”改为“满洲”，把“金”改为“清”。在宋时女真人受制于契丹人，“辽”字在契丹语中是“铁”的意思，因此命名“金”，表示比铁更坚强有力，可以压倒“辽”。“金”改“清”的原因，史学家有不同意见，有人认为是皇太极要避免引起尖锐的矛盾而为之。

（赵永伟）

十四

饮食　男女

口味的地域性

我国幅员辽阔，资源丰富，地形复杂，气候、风土人情不同，各地人民的生活习惯和传统风俗都有很大的不同，从而也使各地的口味具有很强的地域性，以各地的独特风味，形成了各自的特点。

人们早期对于口味的描述是“南甜、北咸、东辣、西酸”。这是比较概括的说法。一般来说，早期口味为苏、粤、川、鲁四大主流。“苏”以江苏、浙江的菜系为主，还有闽菜的影响。“粤”为广东、潮州、福建还有客家菜。广州是最早的通商口岸，所以菜系还受了国外的影响。“川”为长江的上游，受西北、西南影响较大。而“鲁”则受山东的孔府菜、宫廷菜的影响最大。

后又逐渐形成了八大菜系，分别是鲁、川、粤、闽、苏、浙、湘、徽菜等。还有十二菜系说，是在八大菜系的基础上增加京菜、沪菜、鄂菜、秦菜四种，即北京菜、上海菜、湖北菜、陕西菜，形成十二菜系。这些菜系都具有各自的地方特色。无论吃到哪个菜系，它们都以其所具有的独特个性，形成了我国不同的菜系和口味的地域性。

（岳晗　南金花）

饺子

饺子是中国最有特色的一种食品，在1400多年的发展过程中，已经成为中国人民不可或缺的食物，逢年过节的时候人们都离不开饺子。尤其以春节和冬至两个节日，民间习俗是一定要吃饺子的。

饺子的来历

饺子源于古代的“角子”。早在三国时期，曹魏的张揖的《广雅》一书中，就提到这种食品。根据考证，饺子是由南北朝至唐朝时期的“偃月形馄饨”和南宋的“燥肉双下角子”发展而来的，距今已有1400多年的历史了。

另外还有一种说法，认为“饺子”的来历和一位“医圣”相关。相传东汉末年的“医圣”张仲景在建安初年（196）任长沙太守，后来瘟疫流行，张仲景辞官还乡，决心为百姓治病。他在回乡路上，见穷苦百姓衣不遮体，许多人冻坏了耳朵，于是用羊肉、辣椒和切碎的祛寒药材，包成耳朵样子的“饺饵”下锅煮熟，分给来治病的穷人。人们吃后，顿觉全身温暖，两耳发热。这样治好了百姓的冻伤，后来人们开始效仿，“饺饵”逐渐被称为“饺子”。

饺子与节日

我国人民有春节吃饺子的习俗。据清朝有关史料记载：“元旦子时，盛馔同离，如食扁食，名角子，取其更岁交子之义。”又说：“每届初一，无论贫富贵贱，皆以白面做饺食之，谓之煮饽饽，举国皆然，无不同也。富贵之家，暗以金银小锞藏之饽饽中，以卜顺利，家人食得者，则终岁大吉。”饺子是人们过春节时无论贫富贵贱都必须吃的。新春佳节吃饺子，还有吉祥如意的意思。饺子是“交子”的谐音，交于子时的意思，寓意吉祥如意，用以辞旧迎新。

“饺子”在其漫长的发展过程中，它的名称也经历了一些变化。古时有“牢丸”、“扁食”、“饺饵”、“粉角”等名称。唐代称饺子为“汤中牢丸”，元代称饺子为“时罗角儿”；明代末年称“饺子”为“粉角”，清朝又称为“扁食”。

饺子的种类

“饺子”因其用馅不同，名称也五花八门，根据它的用馅可以有猪肉水饺、羊肉水饺、牛肉水饺、三鲜水饺、红油水饺、高汤水饺、花素水饺、鱼肉水饺、水晶水饺等。此外，因其成熟方法不同，还有煎饺、蒸饺等。

作为一种非常有特色的食品，饺子在1400多年的历史中，已经在老百姓的心目中扎下了根，渐渐成为中国饮食的代言词。

（岳晗　南金花）

年糕的来历

年糕在中国有悠久的历史。1974年，考古工作者在浙江余姚河姆渡母系氏族社会遗址中发现了稻种，这说明早在7000年前我们的祖先就已经开始种植稻谷。

民间“年糕”的来历是和春秋战国时期的一段历史分不开的，年糕最先从苏州开始传播。春秋战国时期，苏州是吴国的国都。那时诸侯称霸，战火连年，吴国国君阖闾为防敌国进袭，修筑了一道坚固的城墙，认为从此可以高枕无忧了，所以就纵情欢乐。吴国的重臣伍子胥深感忧虑，嘱咐身边的随从“满朝文武如今都以为高墙可保吴国太平。城墙固然可以抵挡敌兵，但里边的人要想出去也会同样受制。如果敌人围而不打，吴国岂不是作茧自缚？忘乎所以，必至祸乱。倘若我有不测，吴国受困，粮草不济，你可去相门城下掘地三尺取粮”。

吴王阖闾死后，他的儿子夫差继承王位，听信谗言，赐伍子胥自刎。后来越王勾践为了报仇，举兵伐吴，将吴国国都团团围住，吴军困守城中，炊断粮绝。伍子胥的随从带领大家到相门外挖地取粮，挖到地下三尺的时候，发现筑城的砖是用糯米造的，糯砖救了全城老百姓。此后，每逢过年，家家户户都用糯米粉做“城砖”来供奉伍子胥。后来流传于各地，称为“年糕”了。

汉朝人对年糕有“稻饼”、“饵”、“糍”等多种称呼。古人对年糕的制作也有一个从米糕到粉糕的发展过程。

（岳晗　南金花）

包子和馄饨

包子最早应该在五代时期就已经出现。有关包子的最早记载见于五代和北宋的史料之中。陶谷《清异录》记载，五代后周的京城汴梁（今河南开封）闾阖门外张手美出售“绿荷包子”。王栐《燕翼诒谋录》中说宋真宗在他的儿子（后来的宋仁宗）出生的时候，赐包子给臣下。《鹤林玉露》记载北宋蔡京的太师府内，有专门做包子的女厨。所以中国的包子可能开始于公元10世纪末到11世纪初，河南开封可能就是包子的发源地。

馄饨是中国出现比较早的食物之一，形如弯月，比饺子的出现要更早一些。对于馄饨的记载最早可以追溯到两千前的汉代，汉代扬雄在他的《方言》中说“饼谓之饨……或谓之馄”。而“馄饨”这一名字的由来，是因为有混沌之形。据说“饺子”就是由馄饨发展过来的，它的历史应当比饺子更早。

（岳晗　南金花）

古代的四种制盐方法

盐是地壳中普遍存在的一种物质，按照它的存在状况可以分为海盐、湖盐、井盐、矿盐等。明代宋应星的《天工开物》将盐分作“海、池、井、土、崖、砂石”等六种。盐的生产在我国已经有五六千年的悠久历史，最早发现的是海盐，约公元前26世纪初至前22世纪到约前21世纪初的五帝时代发现池盐，战国末期发现井盐。

古代制盐的方法是和它的存在状况联系在一起的。夏商周三代时期，我国的岩盐就很出名，《吕氏春秋·本味篇》把青海产的岩盐称为“大夏之盐”。

采取晶盐

最一开始人们是在河床和海床或者湖床直接寻找盐的结晶，但是不久人们发现了更为复杂的制盐方法。

海盐的制取

海盐的取得主要是在气候和地质条件适合的海边开发盐田，依靠日晒和自然蒸发的方法来析取盐。早在仰韶文化时期（公元前5000年至公元前3000年），古人就用海水煮盐。至“黄帝时，诸侯有夙沙氏，始以海水煮乳，煎成盐”。“煮海为盐”即“煎制海盐”，海盐在相当长的时间内都是通过煮、煎来制取。从夙沙氏煮制海盐开始，一直到隋唐时期，海盐的制取都是这种方法。宋元时期海盐才出现了“晒曝成盐”的晒盐方法。明代海盐的生产，晒盐技术得到了进一步的发展和推广，明朝永乐年间，我国开始废锅灶、建盐田，改蒸煮为日晒。清代海盐的生产有煎有晒。

池盐的制取

早期池盐的生产方式是采用太阳暴晒，自然结晶，然后捞采。相传在五帝时代中国就出现了池盐的生产，自汉代起，发明了盐田，由自然产盐到开畦引水，水干成盐，以收其池盐。隋唐垦畦营种法（晒制池盐的方法）的成熟，改变了池盐“天然即成”的原始方法。元代普遍采用垦畦成盐、人工种晒的方法。清代池盐已经全部采取晒制的方法。

井盐的制取

中国井盐生产开始于战国末年，在当时由水利专家李冰领导的治水工程中，人们发现了自然流出的盐泉，揭开了井盐生产的序幕。劳动者手执挖掘工具和开采工具直接在井内生产作业，凿成盐井，采卤制盐。西汉时期的井盐生产技术有很大的提高，已经可以凿百米深的盐井，采用楼架安装定滑轮汲取卤水。煎煮的时候用温锅热卤水蒸发水分。魏晋南北朝时期天然气被广泛用于煮盐。唐代在井口小、井身深的井架之上，滑车可以直接悬挂于覆盖在井口的井架上，使用木桶采汲卤水。此时的“火井”煮盐也有所增加。北宋发明了冲击式凿井法，凿出了一种新型盐井——卓筒井。明井盐钻井技术进一步提高。

1912 年，由欧阳显荣等工匠研制成功立式蒸汽汲卤车，使中国的制盐业进入了一个新时代。

（岳晗　南金花）

五谷杂粮

五谷杂粮是对粮食作物的通称，五谷主要指主食，杂粮则主要指辅食。

“五谷”名称最早出现于春秋战国时期，《论语・微子》中即有“四体不勤，五谷不分”的话。但五谷究竟指哪几种作物，答案却不是唯一的。《周礼》中的五谷指“麻、黍、稷、麦、菽（豆）”；《孟子》中的五谷指“稻、黍、稷、麦、菽”；《管子》中的五谷指“黍、秫、菽、麦、稻”；《楚辞》中的五谷指“稻、稷、黍、菽、麻”；而在近代编成的《辞源》上，五谷为“稻、黍、稷、麦、豆”。

稻大约是在 4700 年前的神农氏时代开始种植的；麦（大麦和小麦）的种植，约在史前晚期或于盘庚迁殷以前传入我国华北；黍、稷和秫都是属于“小米”，黍是黄米；菽是豆的意思，豆在周代被称为“菽”；麻是大麻，叶子有毒，但是种子没有毒，可以食用。五谷概念的形成虽然相沿了 2000 多年，但这几种粮食作物在我国的粮食种植中所处的地位却因时而异。

“五谷”说之所以出现分歧，是因为当时的作物并不止于五种，而各地的作物种类又存在差异。“五谷”说之所以盛行，应该是受到五行思想的影响。笼统说来，五谷指的就是几种主要的粮食作物。

杂粮则是将“五谷”之外的粮食作物统称为“杂粮”。“杂粮”概念也是在不断变化的，品种也不断丰富。严格说来，“五谷”中除了“稻、麦、小米”外，其他的几种作物都已经应该算“杂粮”了。

（岳晗　南金花）

豆腐的来历

豆腐是我国的一种古老传统食品，也是我国古代最为独特的饮食文化发明之一。豆腐含有丰富的蛋白质，不仅味美，同时还具有养生保健的作用。按中医书籍记载，豆腐，味甘性凉，入脾胃大肠经，具有益气和中、生津解毒、和脾胃的功效，可用于赤眼、消渴、休痢等症，并解硫黄、烧酒之毒。豆腐还有抗癌的作用。《食物本草》上说：“凡人初到地方，水土不服，先食豆腐，则渐渐调妥。”也指出了豆腐的药用价值。

豆腐的起源有很多种说法：一种说法认为春秋战国时期已经有豆腐，其主要根据是清代汪汲《事物会原》中的“腐乃豆之魂，故称鬼食，孔子不食”。还有一种说法认为豆腐产生于汉代，是由淮南王刘安发明的。传说他曾与8位老翁在深山中炼丹求道期间偶然制成豆腐，刘安因之被尊为豆腐制作的鼻祖。李时珍《本草纲目》就记载有：“豆腐之法，始于前汉淮南王刘安。”叶子奇的《草目子》、罗颀的《物原》等著作中，也都有豆腐之法始于淮南王刘安的说法。宋代朱熹的《豆腐》诗中也提到“豆腐乃淮南王术”。但赞同意见比较多的是认为豆腐产生于唐代和五代之间。

豆腐是将大豆经过浸泡、磨豆、煮浆、过滤、点卤、去水压制等程序，每个步骤都需要技术支持，是我国古代最复杂的加工工艺之一。如今，伴随着中外文化的交流，豆腐以其具有高蛋白、低脂肪、低热量、低胆固醇的特点，以其营养丰富、味道鲜美，逐渐开始在全球范围内广泛传播。

（岳晗　南金花）

中国古代的调味品

古代的饮食也是很讲究调味的。调味简单地说是调和滋味的意思，具体而言就是用各种调味品和调味手段，在原料加热前、后或者加热的过程中影响原料，使菜肴具有多样口味的方法。

味是某种物质刺激味觉而产生的感觉，就是滋味，味可以分为基本型和复合型。基本型是一种单一的滋味，有九种，即咸、甜、酸、辣、苦、鲜、香、麻、淡；复合型是两种或者两种以上的基本味调和而成的滋味，可以分为咸味型、甜味型、酸味型、辣味型、苦味型、鲜味型、香味型、麻味型、淡味型等九种。复合型的调味品大体可以归纳为50种左右。

调味由实践到理论的形成，经历了一个漫长的过程。商周时期我国已经有了比较成熟的调味理论，确立了常用的调料品种，还制成了复合调料。商代取咸和酸两种为主味，采用的调料品是盐和梅。《尚书·说命》中有："若作和羹，尔惟盐梅。"周代的时候，调味品除了盐梅，又有了一些新的调味品，而且，有了比较严格的配伍法则，烹饪不同的菜肴所用的调料已经有了不同，即使烹饪同一种食物，在不同的季节也会有所不同。调味品已经开始食用葱、芥、韭菜、蓼等。周代也更重视复合调料的制备和使用，《礼记·曲礼》中有"献孰食者操酱齐"。孰食即熟肉食，酱齐是复合调料。周代用酱，一肴配一酱，菜肴不同，所配的酱也不同。汉代的时候，酱成了面酱和豆酱的专称。中国古代调味非常重视酱的作用，五代时期的陶谷在《清异录》中就曾说过："酱，八珍主人；醋，食总管也。"可见，中国古代十分重视酱和醋在调味中的作用。

在制成酸浆的基础上，再加上曲，可以做成苦酒："取黍米一斗，水五斗，煮作粥。曲一斤，烧令黄，槌破，着瓮底。土泥封边，开中央，板盖其上。"这已是利用曲发酵，实际上已是早期的醋。早期的醋称"酢"，《广韵》为："酢，浆也，醋也。"《齐民要术》有"作酢法"，自注为："酢，今醋也"，又称"醯"。《说文解字》上说："'醯'，酸也。"《齐民要术》中还介绍了醋的制作方法。《周礼·天官·醯人》也有："醯人掌共五齐七菹，凡醯物（以醯和以腌菜，注曰：酿菜而柔之以醯，杀腥肉及其气）。以共祭祀之齐菹，凡醯酱之物（和以醯酱）。"卢湛的《祭记》中有："四时之祠，皆用苦酒。"《礼记·檀弓》则称："宋襄公葬其夫人，醯醢百瓮。”这些典籍所记载的都是醋的制作和使用方法。

中国古代有丰富的调味原料，用于烹饪的原料有500多种，绝大部分是中国产的，也有一部分是由域外引进的，比如胡椒、辣椒等。

古代的调味品主要有：咸味主要是盐和酱；甜味主要是各种糖、蜂蜜以及各种果酱等；酸味主要有醋、酸梅、番茄酱、山楂酱等；辣味主要有辣椒、葱、姜、蒜、芥末等；苦味的主要有杏仁、柚皮、陈皮等；鲜味主要有虾子等；香味的主要有酒、香菜、桂皮、茴香、花椒、芝麻等。

中国烹饪善于调味，“五味调和”中的五味，是一种略称，而一种菜肴往往是两种以上滋味的复合味道。中国饮食精于调味，调味品在我国古代的饮食中起了很重要的作用。

（岳晗　南金花）

东坡肉

苏东坡（1037～1101）是唐宋八大家之一，名苏轼，号东坡居士。他不仅辞、书、画都很有造诣，烹饪技术也很高明，现在还流传一个以他的名字命名的菜肴，“东坡肉”，也称为“回赠肉”。

苏东坡早年曾在北宋京城做官，由于与改革派王安石政见不同，自动请调地方，1079年，因所谓的“乌台诗案”受到弹劾，被捕入狱，几个月后被贬谪到黄州（今湖北黄冈）。苏东坡在贫寒境遇中常亲自做菜和友人共享，而且还作了一首诗说：“黄州好猪肉，价贱如泥土。贵者不肯吃，贫者不解煮，早晨起来打两碗，饱得自家君莫管。”又说：“火候足时它自美。”虽然这有可能是后人杜撰，但是也说明苏东坡比较擅长烹肉。

据《徐州文史资料》、《徐州风物志》、《徐州古今名馔》记载。苏东坡赴任徐州知州后，黄河在澶州曹村埽一带决口，洪水围困徐州，苏东坡身先士卒，率领全城军民抗洪筑堤保城，经过70多个昼夜的艰苦奋战，终于保住了徐州城。全城百姓为感谢苏东坡，纷纷杀猪宰羊，担酒携菜上府慰劳。苏东坡推辞不掉，收下后亲自指点家人制成红烧肉，又回赠给参加抗洪的百姓。百姓食后，都觉得此肉肥而不腻、酥香味美，一致称它为“回赠肉”。

后来，苏东坡又到了杭州任知州，浙西一带大雨不止，太湖泛滥，庄稼大片被淹。由于苏轼及早采取有效措施组织民工疏浚西湖，筑堤建桥，以畅通湖水，使西湖秀容重现，又可蓄水灌田，使西湖旧貌变新颜，既为群众带来水利之益，又增添了西湖景色。后来形成了被列为西湖十景之首的“苏堤春晓”。大家就抬猪担酒来给他拜年，苏东坡收到这些酒肉以后，仍然指点家人按照他的方法烹制，然后分送给参加疏浚西湖的民工们吃。大家觉得苏东坡制作的肉味道鲜美，油而不腻，把他送来的肉都亲切地称为“东坡肉”。

此后“东坡肉”越传越广，越做越精，成为风靡全国的一道名菜。传说苏东坡还因为这道菜而丢官，朝廷中有一个人和苏东坡的意见不合，后来听说民间都在吃“东坡肉”，就在皇上面前说苏东坡在人民中的怨声很大，因为人们都在说要吃“东坡肉”，苏东坡因此而丢官。这话以讹传讹的成分较大，但同时也说明当时“东坡肉”已经很流行了。

（岳晗　南金花）

勾践和投醪河

勾践（? ~前465）是春秋时期越国国君，曾为当时的一代霸主。现在浙江绍兴城南靠近塔山的一条小河，名为投醪河，与勾践有很大的关系。

公元前496年，吴王夫差大败越兵，越王勾践只剩下5000多兵，被围困在会稽山。走投无路，只得派大夫文种到吴王营里求和。得允后，他忍辱负重，亲自侍候吴王夫差。三年后，夫差认为勾践真心归顺了他，便放其回国了。回到越国后，勾践用文种、范蠡为相，卧薪尝胆，立志复仇。经过“十年生聚，十年教训”，越国兵强马壮。勾践认为时机已经成熟，决定伐吴雪耻。出师那天，越国父老以美酒为勾践饯行。勾践说：“我不需要那单枪匹马的勇气，我要的是万众一心，同进同退。”为了表达此心，激励士气，他就把父老百姓送的酒倒入河中，与将士们迎流共饮。士兵们士气高涨，斗志昂扬，互相勉励。终于于公元前473年灭了吴国。然后大会诸侯于徐州（山东滕县南），成为春秋后期的霸主。

这件事又称为“箪醪劳师”，《吕氏春秋·顺民篇》中有其记载。后人为了纪念这件事，就把这条河称作“投醪河”，又名“箪醪河”、“劳师泽”。“醪”指混合的酒，也指用稻米、黍米、玉米为原料，以特制曲和酒母作糖化发酵剂，经发酵、压榨、陈贮、勾兑、检验而精心酿造成的发酵酒，即是黄酒。宋代曾有人专门写了一首《咏箪醪河》的诗描述了此事："往事悠悠逝水知，刁流尚想报吴时。一壶能遣三军醉，不比夫差酒作池。"

（岳晗　南金花）

何以解忧，唯有杜康

"何以解忧，惟有杜康"是三国时期魏武帝曹操在他的《短歌行》中写的。

魏武帝曹操，是三国时期的政治家、军事家、诗人，字孟德，小名阿瞒，谯（今安徽亳县）人。东汉末年，在镇压黄巾起义军中，逐步扩充军事力量。建安元年（196）迎献帝都许（今河南许昌东），挟天子以令诸侯，先后削平吕布等割据势力。官渡之战大破军阀袁绍后，逐渐统一了中国北部。建安十三年，率军南下，败于赤壁。后来曹操被封魏王。他在北方屯田，兴修水利，用人惟才，打破世族门第观念，抑制豪强，加强集权。曹操还精于兵法，著有《孙子略解》、《兵书接要》等书。善诗歌，《蒿里行》、《观沧海》、《短歌行》等篇都抒发他的政治抱负。其中的《短歌行》悲凉慷慨，有限与无限的矛盾、生命与死亡的矛盾，都融化在这杯酒中："对酒当歌，人生几何？譬如朝露，去日苦多。慨当以慷，幽思难忘。何以解忧？惟有杜康……"

清苏六朋·太白醉酒

于是，"何以解忧，惟有杜康"便成为流传于天下的名句，而"杜康"也从此成为酒的代称。现在，还有以杜康命名的酒"杜康酒"。

传说酒是杜康发明的。史书上说他"余粥弃于桑，郁积成香，竟有奇味，杜康尝而甘美，遂得酿酒之秘"。即将没有吃完的剩饭，放在桑园的树洞里，剩饭放置时间长在洞中发酵，散发出芳香的气味，杜康由此制作了酒。至于杜康是什么样的人，也是众说纷纭。《说文解字》言"少康，杜康也"。少康是夏禹的儿子启建立的我国第一个朝代——夏朝的第五世君王。如少康即杜康，杜康就是夏朝的一个君主了。

自魏武帝写了"何以解忧，惟有杜康"之后，后代的诗人、学者也有很多写过"杜康"。唐代诗圣杜甫写了"杜酒频劳劝，张梨不外求"；宋代理学家邵雍也曾说过："吃一辈子杜康酒，醉乐陶陶。"作为酒的代称，"杜康"也融入了传统的酒文化中。

（岳晗　南金花）

地窖

我国古代很早就有储藏食物的方法，地窖就是其中一种保存食物、使食物长期保鲜的一种方法。地窖具有"冬暖夏凉"的特点，它的气温随着温度的变化而调节，夏天储存食物，地窖具有"冰窖"的作用，可以起到防腐保鲜的作用，冬天的地窖则更主要是储藏食物，这种地窖的功能是多样的。

地窖的制作方法很简单，就是先在地上挖一个坑，上面用树枝和草秆等遮盖，再用泥土压实，留一个口用于存放食物，一个简单的地窖就可以使用了。土质好的地方，可以直接凿土挖窖，先直下挖一人多深，然后再转挖，窖洞的大小可以根据需要存放的食物来决定挖多大。一个地窖也就形成了。

我国使用地窖的历史很漫长，3000 多年以前，在古老的黄土地上，我们的祖先已经开始懂得利用地窖来藏冰，使冰不融化。《诗经·七月》中有"凿冰冲冲"，"纳之凌阴"。凌阴指的就是地窖或者冰窖。后来宫廷中保存食物，则是在宫廷中设立冰厨即冷库和冰井，也就是地下冷藏室。这种方法在我国黄河流域和长江流域都有很多考古发现。在河南郑县发现的"冰厨"内，并排有五口井，分别存放猪、牛、羊、鸡等残骨。在炎热的吴、越等地，先民们也都有利用地窖来降低气温以保存食物、保鲜防腐的方法。如今，这种方法仍然还在被人们广泛使用着。在黄河流域的农村，至今还是采用地窖的方式来储藏保鲜食物。

（岳晗　南金花）

母系社会和父系社会

母系社会和父系社会是人类社会发展的两个阶段，母系社会又称母系氏族制。在其前期，人类体质上的原始性基本消失，被称做"新人"，属于考古学上的旧石器晚期。到母系氏族制后期，现代人形成，属于新石器早期，距今 4 万至 1 万年前。1 万至 6000 万年前是由母系社会向父系社会的过渡期，考古学上属于新石器时期。大约在 4000 年前，开始进入父系社会，又称为父系氏族制。

在人类社会发展史上，有一个很长的时期是以女性为中心，主要生产劳动是采集和狩猎，女子在采集生产中的重要地位，决定了以女性为中心的母系氏族制。妇女是生产和生活的主持者和指挥者，成年男子则是她们的公共丈夫和部属；妇女除了自己从事生产劳动外，还指挥男子和小孩从事生产劳动，男人们要向她们缴纳自己的劳动生产物。这一时期打制工具有了很大的发展，开始使用磨制和穿孔的工具，并发明了弓箭，人们学会缝制兽皮衣服，家畜饲养、原始手工业及副业出现，等等。人们开始了定居的生活，并产生了最早的文字符号，产生了原始的审美观念和宗教。

这一时期的婚姻制度是外婚制，财产实行族内继承制，子女不但继承着母亲的血统和姓氏，而且在财产方面也实行母系世袭。婚姻的形式仍然是群婚。

母系社会的形成有多种原因。一是社会的生产力低下，主要的生产劳动是采集和狩猎，男子狩猎活动的收获很不稳定，生活主要依靠女子从事的采集和家务管理。二是在群婚的情况下，“民知其母不知其父”，所以世系只能从母亲方面来确定。母系社会延续了几十万年甚至上百万年。在母系社会虽然是女性在社会生活中起主导作用，但是人和人之间地位是平等的，不存在剥削和压迫。

母系社会繁荣时期的文化遗存遍布我国南北各地，代表文化有裴李岗文化、磁山文化、仰韶文化、河姆渡文化、马家窑文化、屈家岭文化等。

伴随着生产力的发展，人类社会的生产、生产活动都有了很大的提高，出现了剩余产品，男子逐渐掌握了经济大权，掌握了私有财产。在这一时期，农业生产得到了迅速的发展；人类开始有意识地进行家畜饲养，制造陶器的技术发展迅速，劳动工具则出现了铜和铁，发明了丝织品，出现了社会分工。人类生产劳动的这些进步，决定了人类社会生产力的提高，男性在社会生产中开始处于一种主导的地位。男子逐渐掌握了私有财产，确认了亲生子女，就必然要求自己的子女要属于自己的氏族，从而能继承自己的财产，于是就一定要把母系社会改变为父系社会。女子在社会中越来越处于从属的地位，甚至成为男性的“私有财产”，婚姻由群婚、对偶婚向一夫一妻制过渡，父权制随家庭出现而产生，财产按照父系继承，世系随父系计算。

男子为了把自己的财产传给出自自己血统的子女，所以对妻子的贞操开始严格要求。父亲对儿女也有绝对的权威，女性在社会中要完全从属于男性，在出嫁以前要遵从自己父亲的意志，出嫁以后要遵从丈夫的意志，丈夫死后，要遵从儿子的意志。女性更多成为男性的附属品。

父系社会时期主要文化遗存代表有龙山文化、齐家文化、大汶口文化和良渚文化等。

（岳晗　南金花）

中国原始社会时期的婚姻制度

中国原始社会时期的婚姻制度如何，没有确切的史料文字记载。但是从考古学家的发掘、古代的神话传说以及一些少数民族的婚姻习俗中，我们可以发现原始社会的婚姻制度主要有以下几种形式。

群婚

群婚包括非血缘群婚和血缘群婚。非血缘群婚发生在人类从动物状态向人类过渡的杂交时期。在这一时期的原始群中，任何两个不同性别的人都可以成为夫妻，没有辈分之分。《吕氏春秋·恃君览》说："昔太古尝无君矣，其民聚生群处，知母不知父，无亲戚、兄弟、夫妻、男女之别，无上下长幼之道。"《管子·君臣》也说："古者，未有君臣上下之别，未有夫妇妃匹之合，兽处群居，以力相征。"神话传说"女娲造人"就反映了这一时期的社会现实风貌。

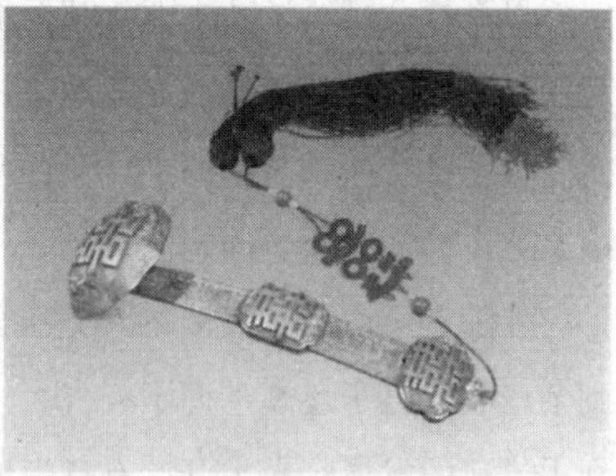

清·喜字金如意

群婚杂交延续了上百万年之后，原始群开始分裂为以血缘为纽带的血缘原始群，在这个原始群中就产生了血缘群婚。这是对人类性交关系加以最低程度的限制而产生的。血缘群婚的特点就是按照辈分来结成夫妻关系，不同的辈分之间禁止通婚。不过在血缘群婚的时期，兄妹仍然可以结为夫妻，这种情况延续了很长一段时间。伏羲和女娲是兄妹的神话故事就反映了古代兄妹结婚的现象：传说伏羲、女娲是兄妹，当时天下还没有人类，于是他们就商量着结为夫妻，从此以后人类就慢慢繁衍开来了。

对偶婚

随着血缘群婚的发展，人们逐渐禁止同胞兄妹之间的通婚，进而禁止了旁系兄妹之间的通婚，最后发展到只允许与外族人通婚，形成了“同姓不婚”的习俗。因为他们在漫长的社会发展过程中逐渐认识到，在同一血缘部落里通婚，不利于人类的繁衍，如“同姓不婚，惧不殖也”（《国语·晋语》）；“男女同姓，其生不藩”（《左传》）。

当由血缘婚发展到族外婚时，人类就进入了对偶婚时代。最初的对偶婚是指一个氏族的男子可能是另外一个氏族的全部女子的丈夫，而一个氏族的女子也可能是另外一个氏族的全部男子的妻子。其表现就是一妻多夫和一夫多妻，个体没有固定的配偶。在这种婚姻形式的基础上，又发展到一个女子在另一个氏族的男子中选择一个作为她的主要丈夫，而一个男子也在另外一个氏族中选择一个女子作为他的主要妻子。这种婚姻形式较之先前的对偶婚，相对来说稳定一些，但还不牢固。虽然他们都有一个主妻或主夫，但是他们仍然实行的是一夫多妻、一妻多夫。另外，对偶婚时期，男子到女方家生活，子女和财产归女方所有，女子占有主导地位。这也就是原始的母系社会。传说尧嫁两个女儿给舜，就是这种婚姻的反映。现今云南永宁纳西族采取阿注婚，在那里，男女之间只建立一种偶居关系，由男子夜宿女家，第二天早上再返回自己的母家。一个女子可与一两个人结为“阿注”，也可以与更多的人偶居。可以说，阿注婚是对偶婚的活化石，它对于了解原始社会的婚姻提供了宝贵的资料。

一夫一妻制

对偶婚中主妻与主夫的存在使子女能够确认自己的父亲，而且随着社会的发展，丈夫在社会生产中的作用越来越重要，因此夫权也就逐渐隆起，渐而取代女子的主导地位，走向夫权制社会，即父系社会。一夫一妻制的特征就是男子不再到女方家居住，而是娶妻子回来；所生的子女和一切财产归男子所有，男子居于主导地位，而女子降到被支配地位；妻子只有一个丈夫，但是丈夫却可以有妻、有妾。严格来说，一夫一妻是一夫多妻，对偶婚时期的一妻多夫这时已经不存在，因为女子已经成为男子的私有财产，男子要求女子的贞操，不准她们跟其他的男人发生性关系，而自己却可以娶多个妾。我国古时的媵品制就反映了这一时期的婚姻制度。所谓媵品制，指一女出嫁时其姐妹跟随她陪嫁给同一个男子的制度。

在对偶婚制向一夫一妻制过渡的时候，女子不甘心失去自己的主导地位，拒绝嫁到男子家，而男子为了能够与这个女子结婚，只好把她抢回家完婚，于是抢劫婚的婚姻形式就在这样的情况下出现了。抢劫婚的发生不光是一个男人和一个女人之间，在他们背后是代表着不同势力的父系制和母系制。女子的反抗，主要是她所具有的旧有观念和母系社会留下的习俗支持着她；男子则是慢慢兴起的男权支配着他的行动。因此，抢婚也就是父系制和母系制斗争的产物。在云南小凉山彝族一直到新中国成立仍然有抢婚的习俗：男女从小就由父母包办，双方之间根本无感情可言，因此到结婚那天必须用抢的方式把新娘抢走。在举行婚礼的那一天，男方要请三四个男子帮助抢亲，而女方山寨的姑娘则严加防范，她们见抢亲的队伍进村来，马上蜂拥而出，向客人泼水进行阻拦。但是女方的小伙子很同情抢亲的人，帮助抢亲的人偷偷潜入村里，抢走新娘。

这种抢劫婚在母系制向父系制社会过渡时期，对于推动对偶婚制向一夫一妻制的过渡起到了很大的作用。但是随着社会经济的发展，经济因素在婚姻中越来越重要，这种靠暴力手段来获得婚姻的抢劫婚的存在就受到了限制，于是聘娶婚成为缔结婚姻的重要形式。

（岳晗　南金花）

男耕女织

在中国传统的农业自然经济时代，男耕女织是主要的自然经济模式。这种经济模式既是男女在生理基础上的自然分工，又符合了农耕社会生产力发展水平的需要。在原始的采集狩猎社会，采集果实是妇女的事，而男人们则从事狩猎和打仗。原始社会后期，随着金属工具（先是铜的，随后是铁工具）的出现和金属加工的发展以及纺织、酿酒、榨油等新的生产活动大量产生，手工业又从农业中分离出来，刀耕火种的原始农业也发展到先进的犁耕农业。这时男子就担当起需要强劳动力的田间劳作，女子则在家纺纱织布，从事手工业劳作。虽然中国在原始社会后期也曾经历了社会的第二次大分工，手工业从农业中分离出来，但是由于统治中国几千年的传统儒家思想一贯主张并实施“重农抑商”的政策，扶持农业，抑制在第三次大分工时从手工业中分离出来的商业，从而导致中国几千年的封建社会都是以农业为主，而手工业只是依附于农业的副业。

男耕女织所代表的是自给自足的小农经济，其特征就是“男主外，女主内”，且男女两性的社会化过程中一直不断地强化着这种分工，导致最后无论是在社会生活的层面，还是政治权力的层面，男人都是核心、主导，代表着强大无比的统治力量，女人就像她所从事的手工业依附于农业那样附属于男人。男尊女卑的思想就在这样的社会背景下产生，并逐渐成为根深蒂固的思想。

然而，由于在中国人的传统思想中，农业是根本，只有当自己拥有了土地之后才会觉得心里踏实，因此历史上有好多靠商业发家的大商人，他们不是拿钱去发展壮大自己的生意，而是去买土地，成为名副其实的大地主。在他们看来，留给子孙后代最好的家产不是金银财宝，而是土地。对于一般人来说，过男耕女织的田园生活则是他们的美好理想和追求。东晋大文学家陶渊明所向往的“世外桃源”就是典型的男耕女织的社会，只不过那里是现实社会的理想化罢了。“牛郎织女”的故事虽然讲的是七仙女和董永的爱情故事，但是他们的甜蜜生活却是在男耕女织的田园生活中所体现出来的：“你耕田来我织布，我挑水来你浇园。”男刚女柔，他们取长补短、相依为命、生活美满、其乐融融，再加上美丽的田园景色，难怪连神仙也要下凡过人间的这种生活了。

但是这种理想中的田园生活对于普通劳动者来说是不存在的，“采菊东篱下，悠然见南山”的悠闲生活恐怕只有那些达官贵人或者仕宦之人才能够享受到，普通百姓只会为官府的税役和自己的艰苦生活而奔波，甚至有时他们连自己的温饱都解决不了。在他们无法改变自己的现状时，也只有将自己的理想生活寄托在那虚无缥缈的根本无法实现的“世外桃源”中了。

（岳晗　南金花）

男尊女卑

在漫长的人类社会的前期，人类社会处于母系社会时期，女性在人类社会中处于中心和核心地位，财产也实行母系世袭。随着生产力的发展，男性在社会活动中的作用超过了女性，逐渐掌握了经济大权，女性的地位越来越下降。中国古代称男子为“阳”，为“健”，称女子为“阴”，为“顺”，在父系社会中女性逐渐成为男性的附属物和私有财产，父权制的家庭也出现，父亲在家庭中具有绝对的权威，女性在社会中越来越没有地位。

父系社会以后，财产继承按照父系继承，世系随父系计算。男子为了把自己的财产传给自己血统的子女，必然要对妻子的贞操开始严格要求。此后的社会对女子的要求越来越高，甚至女子已经完全成为男性的“私有财产”和“附属物”。秦汉以后女子要遵守“三纲五常”、“三从四德”。“三纲五常”中的“三纲”指“君为臣纲，父为子纲，夫为妻纲”，纲就是总的原则，大的原则；“五常”则指“仁、义、礼、智、信”。五常不是针对女性的，是对所有的人都适合的法则。“三纲五常”是我国漫长封建社会最正统的道德伦理的规范。“夫为妻纲”是专门针对女性而言的，在“夫为妻纲”的基础上又对女性提出了“三从四德”的要求。“三从”最早见于《仪礼·丧服》子夏传：“妇人有三从之义，无专用之道。故未嫁从父，既嫁从夫，夫死从子。”意思是说女性在出嫁以前要服从自己的父亲，出嫁以后要服从自己的丈夫，丈夫死后要服从自己的儿子。“四德”指“妇德、妇言、妇容、妇功”（《周礼·九嫔》）。妇德指贞顺，幽闲贞静、规矩礼貌；妇言指辞令，言谈要有分寸，不要多口舌；妇容指仪态，仪态要大方，整洁，素净，得体；妇功指针线活儿以及其他应该属于女性专门做的事。《礼记》还记载女子出嫁以前三个月内要“教以妇德、妇言、妇容、妇功”。汉代的时候，经学家刘向编纂《列女传》以宣扬女德，东汉的女学者班昭还颁布《女诫》，把零散的道德教化理论化、系统化。

女性在我国的夏商周时期还是比较自由的，《诗经》中有很多描写表现了女性自由、开放的风气。到春秋战国时期，女性还是有相对的自由。到宋明时期，女性就更加失去了她的生命的尊严。忠、孝、节是整个社会针对女性的必须遵守的道德规范。宋代著名理学家朱熹就认为“节”是占首要地位的道德规范，他说：“盖闻人之大伦，夫妇居一。三纲之首，理不可废。”宋代著名理学家二程则认为，女子改嫁是失节，娶再嫁女子的男子也被认为是失节。《程氏遗书》卷二十二有：“或问：‘孀妇于理似不可娶，如何？’伊川先生曰：‘然。凡妻，以配身也，若娶失节者以配身，是已失节也。’又问：‘人活居孀贫穷无托者，可再嫁否？’曰：‘只是后世怕寒饿死，故有是说。然饿死事极小，失节事极大。’”意思是说：寡妇死了丈夫，但是不可以再嫁，是因为妻子是配身的，如果娶了失节的女子，那么也就是失节。人们宁可贫穷饿死，也不能失节，因为饿死的事和失节比起来就是小事。

在这种社会的约束下，女子在社会生活中处于一种从属的地位。在婚姻中，这种不平等也为常见，汉律规定，丈夫可以任意打骂妻子，妻子则只有顺从的义务。唐朝法律规定，妻子殴打丈夫，要判刑一年，殴打丈夫致死者，要处斩；而丈夫杀妻者减凡人二等，殴打妻子，就不会判罪。明清法律规定，丈夫逼妻子自尽的，不对他们施以刑罚，而妻子威逼丈夫自尽的，妻子必须承担逼死丈夫的罪责。而且丈夫要休妻很容易，用不着找人裁决，女子却是另外一回事。男子有弃妻的专有权，称为“七出”，《大戴礼记·本命篇》中记载：“妇有七去，不顺父母，去；无子，去；淫，去；妒，去；有恶疾，去；多言，去；窃盗，去。”即使在那样的时代，也有很多人对这样的说法非常不赞同，如明代宋濂就抨击“七出”的“有恶疾”和“无子”，认为有恶疾和无子不是女子自己希望的事，对女性而言也是不得已的不幸。清代学者俞正燮也批评“七出”中的“妒”，说男子可以妻妾满堂，而女子只可事一夫，是无耻之伦。但是，在封建社会里，绝大部分的人还是非常维护这种制度，而且有的到了荒诞的地步。西汉时期的王吉，他家的东邻有一棵枣树，到了秋季果实累累，有的枝条垂到王吉的院子中，他的妻子看他读书很辛苦，就偷偷摘了一把枣给丈夫，王吉知道后就把妻子休掉了，理由就是妻子曾经偷窃。他的东邻听说以后，坚决要把枣树砍倒，邻居也都苦苦相劝王吉把妻子招回，王吉才没有最终休掉妻子。

总之，在整个古代社会，女性在大多数情况下处于男性的附属的地位，“未嫁从父，已嫁从夫，夫死从子”表明女性终身要受制于男性。最初的商周时期，女子相对自由，也有女性主动“出夫”的人，但是这些人一般娘家人的身份地位都很高，势力比较强大，但是女性也仍然是男性的附属物和“私有财产”，演绎到宋代以后，女子就更是失去了自由，而且礼教对女子也十分不公平。在唐朝武则天当政的时期，对女子的约束要相对宽松，女子还可以再婚，而且人们并不以“再婚”为耻，婚爱上也比较自由，但这是一个比较短暂的时期。在相当长的时间里，女性没有生活的地位，从属和附属于男性。男尊女卑是中国进入父系社会以后，延续了几千年的观念。

（南金花　岳晗）

官媒和私媒

“媒妁”在中国古代有多种形式。官媒和私媒是依据媒妁在说合婚姻中的不同特征而分的。

官媒

所谓“官媒”是指在特殊情况下由政府设置的官方媒人，他负责在一定情况下的男女婚姻的缔结。如古代长江下游的吴越地区，一些贫穷人家的男子没有钱成婚，地方官便筹集资金等，为他们寻找对象成婚。

1. 不同时期官媒的称呼

据文献记载，最早设立官媒的是在周代，当时的官媒叫做“媒氏”，他们拿着国家的俸禄，专管判合的事，责任也重大。《周礼·地官·媒氏》记载：“媒氏，掌万民之判。”在春秋战国时期，官媒称为“掌媒”。《管子·入国》有：“凡国、都皆有掌媒……取鳏寡而合和之，予田宅而家室之。”这是说官媒撮合丧偶的男女重新建立家庭。到秦汉魏晋南北朝时称官媒为“媒官”。《三国志》记载了汉武帝派媒官到蛮荒之地管理婚姻，并设立学校进行礼仪教化。元代的官媒叫做“媒互人”。明清时期，因担任官媒这一职务的大多数是年老的妇女，所以，这一时期称她们为“官媒婆”。她们在担任官媒的同时还私下给别人做媒，撮合成亲。这又做着私媒的事，一人身兼两役。

2. 官媒的职责

据《周礼·地官·媒氏》记载：“凡男女自成名以上，皆书年月日名焉。令男三十而娶，女二十而嫁，凡娶判妻入子者，皆书之。仲春之月，令会男女。于是时也，奔者不禁。若无故而不用令者罚之。司男女之无夫家者而会之。凡嫁子娶妻，入币纯帛无过五两。禁迁葬者与嫁殇者。”从这段记载里，可以看出当时媒氏的职责：一是记录人的出生年月日和姓名。媒氏的这一职责可能是为了方便他以后给人配对。二是督促男女按时成家，以及规定婚嫁的年龄。如果有超过年龄不结婚的要受到惩罚。三是“仲春之月，令会男女”，给男女未婚青年创造相识的机会，以便于他们在农闲时能够谈情说爱。四是规定婚嫁的彩礼数量不得超过五两币帛。五是禁止冥婚。六是主管民间的婚姻诉讼，这一职责相当于现在的法院所属。

另外，官媒在以后的不同时期还担负着不同的职责，如在战国时期官媒帮助丧偶的男女重新建立家庭；元代时的官媒还管生活有困难的妇女，如《元史·吕思诚传》说平民张复的叔母是个寡妇，又是个瞎子，靠要饭生活，朝廷就让“媒互人”养她；明清时期，官媒只为犯了罪的女犯和贵族之家外放的奴婢择配婚姻。

私媒

私媒，指在民间以给人做媒并取得报酬而生活的人，或者自己有职业和一定的收入而兼职做媒人的人。专职做媒人的多由年老的妇女担任，而兼职做媒人的人则五花八门，什么人都有。在西周私媒就已出现，唐以前官媒盛行，唐以后私媒逐渐盛行。民间对媒人的称谓有很多，比如媒婆、媒妪、牙婆、红媒、大红媒、月老、红娘等。

1. 私媒的反面形象

媒婆在唐宋元明清时是撮合婚姻的重要的角色。在民间印象中，她们往往贪财好利，在说媒的过程中凭借一张口，走家串户，能把白的说成黑的，黑的说成白的，用欺骗隐瞒的手段骗取男女双方的钱财，坑害了好多青年男女。

如有一则古代故事：

有个媒人给一对男女说媒。她对那个女的说："这个男人过日子真是一把好手。"那个女的听了很高兴，同意相亲。媒人又对那个男的说："这个女的什么都好，就是有点儿嘴不严。"那个男的听了也认为好，翻点闲话不是什么大毛病，也同意相亲。当他们在媒人的安排下相亲见面时，只是远远地互相望了几眼。只见那个男的倒背一只手，气宇轩昂；那个女的拿手帕捂着嘴，显得有点儿羞羞答答。两人都很满意。然而等到入洞房的时候，这个男的才发现那位"羞羞答答"的原来是个豁唇（俗称兔嘴）；而那个女的也发现这位"气宇轩昂"的一只手有残疾。两人都十分气愤，都去找媒人讨要"说法"。媒人却理直气壮地回答说："我早就告清楚你们了，一个是'一把好手'，一个是'有点嘴不严'。并且你们也经过相亲同意了，怎么现在找起我的麻烦了？"

显然，这个媒人并没有瞎，只不过是她在介绍各自的情况时，利用了语言的模糊性。蒙骗了双方。因此，媒人在民间的名声很坏，常被人瞧不起和唾骂。许多历史文献、野史小说、民间文学也都矛头指向媒婆，骂她们骗吃、骗喝、骗财。《骂媒歌》就是在这一时期出现的，如渝北民谣的四首《骂媒歌》中的两个：

（一）

背时媒人来到家，我在菜园种苦瓜；
苦瓜苦瓜快发芽，媒人吃了烂掉牙；
苦瓜苦瓜快牵藤，媒人吃了死男人；
苦瓜苦瓜快开花，媒人吃了烂牙巴；
苦瓜苦瓜快结子，媒人吃了烂肚子。

（二）

豌豆开花角对角，对门来了打卦婆；
厚起一块牛皮脸，大起一双黄瓜脚。
你在娘家有话说，你在婆家哄吃喝；

又夸婆家有田地，又夸娘家陪奁多。

婆家有田在哪里，娘家陪奁莫乱说。

没得田地你莫夸，没得陪奁莫乱说；

冷菜冷饭我吃得，冷言冷语受不得。

从这两首《骂媒歌》中，我们可以看出人们对媒婆的憎恶程度是多么强烈。这些被骂的媒婆多数都是靠说媒而收取酬金的专业媒婆。她们往往走家串户，了解各家情况，为说媒提供方便。《醒世恒言》第十六卷《陆五汉硬留合色鞋》的陆婆"以卖花粉为名，专一做媒做保，做马泊六，正是他的专门"。陆婆"卖花粉"只是为了更好地做媒。有些媒婆还利用自己的便利为他人通奸做中介，如《喻世名言》第一卷《蒋兴哥重会珍珠衫》中的薛婆拿了陈大郎的钱，通过卖珠子去接近蒋兴哥的妻子三巧儿，从而成功地使陈大郎与三巧儿通奸。

2. 私媒的美好形象

当然，并非所有的媒妁都是那么不受人欢迎，像"月老"、"红娘"在人们心中的形象还是美好的。月老又称月下老人，是男女青年寄托自己美好愿望的"幸福之神"。关于月老，唐朝李复言编的《续幽怪录》里有个传说：唐代有位名叫韦固的人晚上出去散步，看到一老人靠着一个大布口袋，在月光下翻着书，他觉得奇怪，于是上前问道："你看的是什么书？"老人回答说是婚书。韦固忙问自己将来的妻子是谁，老人就告诉他是街上卖菜人的三岁女儿。韦固很生气，觉得不可能。一怒之下去杀那个女孩，恰巧没有杀死她只伤了那女孩子的眉心。韦固还以为女孩已经死了呢。过了十多年，韦固当了兵，文才武略，官升得很快。刺史王泰把女儿许配给了他。这姑娘体态窈窕，花容月貌，可就是眉间总黏着贴花。韦固大为奇怪，问其缘由，才知道她就是当初他要杀死的那女孩，老父死后，被王刺史收养，当成了自己的亲闺女。于是后世就把"月老"作为媒人的代称。

红娘是元杂剧《西厢记》中女主人公崔莺莺的婢女，她聪明勇敢，天真爽朗，蔑视封建礼教，热情促成莺莺和张生的结合。之后民间也称热心促成别人姻缘的人为"红娘"。京剧《花为媒》中两个媒婆阳光灿烂，简直就是老了的红娘。

（岳晗　南金花）

收继婚

收继婚也叫做“转房婚”或“收房婚”，指的是如果丈夫早逝，妻子不能外嫁，必须转嫁给夫家的其他男子，如死者的兄弟、堂兄弟甚至死者的父辈和子辈。这种婚俗在春秋时很盛行，直到汉代才明文规定禁止实行收继婚。然而，由于古代经济的、政治的等因素的作用，收继婚仍然风行，不管是在王公贵族还是在平民百姓之中，仍然有收继婚的发生，尤其是一些少数民族，更是有收继婚的风俗。在以后的各个朝代虽然都对收继婚有所限制，但是在民间仍然持续不断。

收继婚根据所收人员的辈分不同，分为同辈收继婚和隔代收继婚。

同辈收继婚

同辈收继婚是指哥哥死后，弟弟娶他的寡嫂为妻；或者弟弟死后，哥哥娶他的弟媳妇为妻。这里的兄弟必须是亲兄弟或同一家族的堂兄弟或者姨表兄弟。

关于远古时期收继婚的传说，著名的是舜与象的故事。舜的父亲瞽叟喜欢后妻的儿子象，他们容不下舜，常想把舜杀掉，于是就让舜挖井。舜挖井的时候，在侧壁凿出一条暗道通向外边。当舜挖到深处时，瞽叟和象一起往井里倒土埋井，而舜从旁边的暗道得以逃脱。瞽叟和象以为舜已经死了，象说：“最初出这个主意的是我。”就跟他的父母一起瓜分舜的财产，说：“舜娶过来的尧的两个女儿，还有尧赐给他的琴，我都要了。牛羊和谷仓都归父母吧。”从这里可以了解，如果儿子死了，财产归父母，而妻子归兄弟。这是远古时期平辈收继婚的体现。

到春秋战国时期，平辈收继婚和隔代收继婚仍然比较多，如《左传·僖公十五年》记载晋惠公即位后，娶了他的嫡嫂贾君。到了汉代，收继婚与已经确立起来的儒家伦理纲常相抵触，所以统治者严禁收继婚，甚至矫枉过正，制定了许多叔嫂避嫌的禁令。但是在北部边境的匈奴仍然保持着收继婚的风俗，《史记·匈奴列传》记载：“父死，妻其后母；兄弟死，皆取其妻妻之。”除了匈奴，当时的西羌、乌孙、乌桓也有收继婚的风俗。嫁到乌孙和亲的解忧公主第一次嫁给岑陬（乌孙官号），岑陬死后由他的堂弟翁归靡娶为妻子，第三次又以继母的身份嫁给了翁归靡的儿子。这样解忧公主一生的婚姻，都跟收继婚有关，第一次是同辈收继婚，第二次则是隔代收继婚。

近代中国的一些地区还流行平辈收继婚，如在江苏淮安，哥哥死后，嫂子嫁弟，叫叔接嫂。不需要举办什么仪式，可以省去一笔嫁费。又如在傈僳族，当成婚后男子不幸死亡，寡妇就不能随便改嫁到别的家族去，而必须留在亡夫的家中，以待再嫁给这一家族的另一男子。苗族的寡妇再嫁首选是前夫的弟弟，如果她不愿意嫁给前夫的弟弟，必须征得男方家长的同意。布依族的婚俗是寡妇再嫁很受歧视，但是转嫁给亡夫的弟弟却很受欢迎。

隔代收继婚

隔代收继婚是指父亲死后，儿子娶自己的庶母为妻，或者叔叔死后，侄儿娶婶子为妻，甚至孙子辈在其祖父辈死后，娶其祖父的小妾为妻；或者父辈、祖父辈在其儿子、孙子辈死后，娶他们的妻为妻；等等。一般来说，隔代收继婚较多的是晚辈收长辈的妻为妻，长辈收晚辈的妻为妻则比较少见，而且即使是晚辈收房到后来就逐渐没有了，只剩下平辈收继婚在一些地方还流行。

从历史的记载来看，夏代就已经存在隔代收继婚了。《括地谱》记载有：“夏桀无道，汤放之鸣条，三年而死，其子獯鬻妻桀之众妻。”夏桀被商汤流放到鸣条这个地方后，三年就死了。他死后，他的儿子獯鬻就娶了夏桀的众多妻妾。这是历史记载的最早的隔代收继婚，说明在夏代隔代收继婚已经存在。

春秋时期，隔代收继婚例子也很多，比如《左传》中记载的晋献公娶其父晋武公的妾齐姜为妻，生了秦穆夫人和太子申生；昭伯娶了其父卫宣公的妾宣姜，生了齐子、戴公、文公、宋桓夫人、许穆夫人，等等。汉代，匈奴等少数民族的隔代收继婚很流行，有名的是去和亲的江都公主和解忧公主以及王昭君。江都公主第一次嫁的人是乌孙王昆莫，第二次嫁的丈夫却是昆莫的孙子岑陬，并且和岑陬生了个女儿。这是孙子娶庶祖母。王昭君嫁到匈奴后，便按照匈奴的风俗，在她的丈夫死了之后，又嫁给了她丈夫前妻生的儿子。这是儿子娶庶母。隋唐时期隔代收继婚的典型，一是隋炀帝在隋文帝死后，娶了隋文帝的两个妾做自己的妾；另一个就是唐高宗李治在其父唐太宗死后，娶了唐太宗的才人武则天，并且封为自己的皇后。这两例都是儿子娶自己的庶母。

隔代收继婚在古代的边疆少数民族中比较流行，如凉山的彝族凡有生育能力的女子，无子女或子女未成年，在丈夫死亡后，必须转嫁给夫家的男子，如果平辈的转嫁不了，还要考虑同一家族中的长辈或晚辈。景颇族女子在丈夫死后，不许外嫁，只能嫁给亡夫家中的一位男子而不计辈分。

古代为什么会存在收继婚

在古代，实行收继婚的男子可以是未婚的，也可以是已婚的，这样在收继之后，这个男子可能有很多妻子。到了近代，实行收继婚的男子一般是未婚的才可以娶寡嫂或者弟媳。其实不管是在古代还是在近代，贫穷家庭的男子由于穷而娶不上媳妇，那么，死了丈夫的嫂子或者弟媳正好就成为他们结婚的首选，因此，对于贫困的男子来说，实行收继婚的一个主要原因就是经济原因。而对于那些王公贵族，他们实行收继婚，可能考虑的更多的是政治原因或者只是看中女子的美貌。如隋炀帝娶他父亲的两个妾为妾以及李治娶武则天为后等。

（岳晗　南金花）

和亲

和亲，按照《辞源》的解释，是与敌人议和，结为姻亲。从这个解释可以看出，最初的和亲主要是为了换取和平而与敌人结成婚姻关系，它属于政治婚姻的一种形式，而且是上层的政治联姻。后来和亲逐渐成为一种为了实现某种政治目的而与其他国家或民族联姻的稳定的姻亲制度。

先秦时期的和亲

历史上最早的和亲是东周国君周襄王娶犬戎之女的事。由于周王室衰微，周襄王逃难到郑国时，郑国的国君对他很怠慢，并且想取而代之。周襄王自己的军队很弱，他只好借助犬戎的军队来共同伐郑。为了让犬戎能够为他出兵，他专门娶了戎狄女为后即狄后。当他在与郑国的冲突解决以后，又后悔娶了狄后，于是就废了狄后。狄后怨恨，就联合惠后（周襄王父亲周惠王的王后）一起做内应，勾结犬戎兵攻打东周的都城洛邑。周襄王仓皇逃离首都，跑到郑国国都新郑躲了起来，直到四年后靠新崛起的晋文公的力量，才将犬戎逐出中原。这是中国历史上最早的不同民族之间的和亲。而最早的同是华夏族的国与国之间的和亲，要数晋文公重耳与秦穆公的侄女之间的婚姻，他靠着和亲得到了秦国的帮助，一帆风顺地回到晋国当上国君并且还成为诸侯国的盟主。

汉代的和亲

和亲从汉代开始形成了一个比较有系统体系的制度。汉高祖刘邦在对匈奴作战中遭逢“白登之围”之后，深知自己的兵力和财力都难以抵抗强大的匈奴骑兵部队，于是接受了娄敬的建议，实行“和亲政策”，将宗室的女儿封为公主嫁给匈奴王单于为阏氏为妻，换取了暂时的和平。汉惠帝、汉文帝、汉景帝各个时期都有派宗室之女嫁给匈奴王的事。汉武帝时，逐渐强大起来的汉王朝改变策略，把江都王刘建的女儿细君封为江都公主，远嫁乌孙国王昆莫，以断绝匈奴与西域各国的联系。刘细君死后，汉武帝又将楚王刘戊的女儿封为解忧公主嫁给了乌孙国王岑陬。到汉宣帝时，解忧公主说服乌孙国王联合汉朝，消灭匈奴 10 万大军，给匈奴以重创。

汉元帝时，亲汉的南匈奴呼韩邪单于亲自进京进贡，并提出要求自愿当汉朝的女婿而结为姻亲。汉元帝非常高兴，于是就昭示宫嫔嫔妃，如有愿意去和亲的，可以自动报名。有个宫女叫王嫱，号昭君，长得美丽，但一直没有得到皇帝的宠幸，于是，就主动提出愿意远嫁匈奴。这就是流传古今的“昭君出塞”的故事。

唐代的和亲

到唐代，公主外嫁到藩国，唐朝与藩国的和亲达到了历史的高峰。最著名的是文成公主嫁给吐蕃松赞干布。唐贞观十二年（638），吐蕃国王松赞干布率军攻打唐朝边城松州，被唐军大败后对大唐俯首称臣。他赞羡大唐的强盛，在给唐太宗上书谢罪的同时，特地求婚。于是，唐太宗封一位侯王的女儿为文成公主，远嫁吐蕃。松赞干布和文成公主举行了盛大的婚礼，并为她建造了唐式皇宫：布达拉宫。文成公主入藏时，带去了很多中原的工匠。他们把中原先进的文化技术带到了西藏。从公元 639 至 822 年，唐朝先后有弘化、文成、金城、和义、宁国、咸安、太和等 17 位公主外嫁吐蕃、突厥、契丹、宁国、回纥等国藩王。

和亲一般都是汉宗室之女远嫁到边疆的藩国，也有汉族皇帝迎娶藩国的女子，如周襄王娶犬戎之女为狄后；唐太宗娶突厥之女为妃。还有汉族皇子和西域公主和亲而到西域的，如唐武则天时有个西域国王点名要唐家的男子去和亲，武则天派了自己的一个侄儿去和亲，结果人家不喜欢他，说只喜欢姓李的子弟，并将其退了回来。无奈，武则天只好又选了个姓李的宗室送了过去。

和亲的结果与影响

一般来说，和亲会带来暂时的和平，在短时间内汉中央王朝与边疆少数民族会有一个相对稳定的和平环境，有利于社会的经济发展。尤其对于少数民族，他们通过和亲，可以得到一大笔丰厚的嫁资，帮助发展壮大自己。如刘邦把宗室女嫁给单于为阏氏后，不光结婚时送去了丰厚的嫁资，还每年奉送给匈奴大量的絮、缯、酒、米等物品，并与匈奴进行贸易。王昭君嫁给匈奴呼韩邪单于之后，把汉朝先进的科学技术文化带入了匈奴，帮助匈奴人发展农业生产，逐渐解决了粮食问题，并促进了畜牧业的发展，使匈奴出现了繁荣的景象。文成公主丰厚的嫁资和带去的先进的农业、手工业技术及文化，对于当时的西藏发展都起到了举足轻重的作用。

和亲在古代对于稳定、维持和平大局方面确实起到了一定的作用，但是对于担负和亲使命的人来说，她们要到一个语言不通、风俗和生活习惯不同的陌生环境与一个陌生的男子相伴一生，可谓是凄苦。嫁到乌孙国的刘细君曾作一首传世的《悲愁歌》来抒发自己的悲苦之情："吾家嫁我兮天一方，远托异国兮乌孙王。穹庐为室兮旃为墙，以肉为食兮酪为浆。居常土思兮心内伤，愿为黄鹄兮还故乡。"汉武帝在看到这首诗时也很感动，于是每年都派使者带着丰厚的礼物去看望刘细君。汉代一共有 13 位公主和亲远嫁，除了解忧公主在晚年得以还乡外，其余都默默无闻地在边疆塞外终了一生。

（岳晗　南金花）

王昭君的改嫁

王昭君，名嫱，西汉元帝时宫女，晋时避司马昭讳，改称明君或明妃。汉宣帝时，匈奴内部分裂，亲汉的呼韩邪单于来到长安，请求汉宣帝帮助他打败其他的匈奴势力。汉宣帝答应了他的请求，从此以后呼韩邪单于一心与汉朝和好。汉宣帝死后，汉元帝即位。呼韩邪单于再一次到长安，要求和亲。汉元帝答应了他的要求，并决定挑个宫女给他。而王昭君久居宫中多年，虽然长得很漂亮，但是根本没有机会见到皇帝的面，所以她主动请求出宫嫁给匈奴单于。汉元帝同意了王昭君的请求。呼韩邪单于和王昭君向汉元帝谢恩的时候，汉元帝看到昭君又美丽又大方，汉宫都为之生色，很后悔将这么一个美女放走。但是为了跟匈奴讲信用，他又不能反悔，只好将王昭君嫁给了呼韩邪单于。

王昭君像

有关王昭君到匈奴后的一些情况，《后汉书·南匈奴列传》和《汉书·匈奴传》都有记载。《汉书》说昭君赐单于，“号宁胡阏氏，生一男伊屠智牙师，为右日逐王”。“复株累单于复妻王昭君，生二女：长女云为须卜居次，小女为当于居次。”《后汉书》也记载：“遂与匈奴。生二子。及呼韩邪死，其前阏氏子代立，欲妻之。昭君上书求归，成帝敕令从胡俗，遂复为后单于阏氏焉。”从这两条记载来看，王昭君到了匈奴之后就做了呼韩邪单于的阏氏（皇后），封为宁胡阏氏，并且生了两个儿子，其中的一个叫栾提伊屠智牙师，封为右日逐王；另外一个儿子史书没有记载，具体情况不得而知。王昭君嫁过去才三年，呼韩邪单于就去世了，雕陶莫皋被立为复株累单于，并且要娶王昭君。这个新单于本是呼韩邪单于与他的前妃大阏氏的儿子，呼韩邪单于死后，理所当然由他来继承单于的位子。按照匈奴的收继婚风俗，他父亲死后，就要由他把父亲的妾娶为妻子，于是他要娶王昭君。但是王昭君是汉人，一下子接受不了匈奴的这种风俗，上书汉成帝，请求回到汉朝。可是汉成帝不批准她的请求，要她遵照匈奴的风俗，继续留在匈奴那儿。所以王昭君又嫁给了呼韩邪单于的儿子复株累单于，而且又生了两个女儿：大女儿叫须卜居次，小女儿为当于居次。

（岳晗　南金花）

王羲之和东床快婿

王羲之（303～361），字逸少，原籍琅琊（今属山东），定居山阴（今浙江绍兴），东晋时著名的书法家，被后人尊称为“书圣”。王羲之不但书法艺术成就很高，他所构建的完整的书法风格体系对后世产生了极大的影响，而且在他身上的成语典故也很多，“东床快婿”即其中之一。

王羲之出身于两晋的名门望族琅琊王氏，他的祖父王正是尚书郎，他的父亲王旷任淮南太守，他的伯父王导更是赫赫有名，是东晋时的丞相，与谢晋、谢安齐名。在两晋时期，名门大姓为了保住自己的显贵门第，往往实行门阀婚姻。因此那时的婚姻特点就是士庶互不通婚，只有同一阶层的人才能结婚。两晋时期的大姓琅琊王氏和谢氏就世代通婚，被世人称为“王谢”。唐朝诗人刘禹锡的《乌衣巷》诗中“旧时王谢堂前燕，飞入寻常百姓家”的“王谢”即指此。而王羲之的岳父郗鉴身居太尉要职，也属于名门望族之一。所以当他的女儿快到出嫁的年龄时，他首先想到的是当时才子颇多的名门王氏，于是就到王府去考察选婿。王府的几位公子听说之后特别高兴，一个个都在悉心打扮自己，正襟危坐，衣冠楚楚，都希望自己被选中。只有20岁的王羲之还像平常一样坐在东边的竹床上，神清气闲地练习毛笔。恰好这天天气比较炎热，他就热得解开了上衣，露出了肚皮。他还一边写字，一边抓冷馒头吃。没想到郗鉴对那些衣冠楚楚的年轻人毫不在意，居然只看中旁若无人的王羲之，于是，最后便将女儿许配给了他。后来人们就把“东床快婿”、“东床坦腹”作为女婿的美称，或称呼他人的女婿叫“令坦”。

（岳晗　南金花）

陪嫁

陪嫁，一般是指女子出嫁时，女方派人跟从女子随嫁到男方，以便在男家伺候嫁娘。

陪嫁最初指的是古代的媵。所谓媵就是指“送”，即送女子出嫁之人。所以古代诸侯的女儿出嫁，跟随其出嫁的男女也叫媵，如商朝著名的大臣伊尹就是商汤娶有莘氏之女为妻时，自愿作陪嫁的媵臣。他到商之后当了商汤的厨师，于是他就以烹调、五味为引子，分析天下大势与为政之道，帮助汤完成了灭夏大任。由此可见，在商代时就有陪嫁的奴隶了。

周代继续沿袭商代的这种媵臣制，并且发展为媵品制。所谓媵品制，指一女出嫁其姊妹也跟随她出嫁给同一个男子的制度。《仪礼·士昏礼》中有：“媵御馂。”郑玄注：“古者嫁女必侄品从，谓之媵。侄，兄之子，品，女弟也。”即诸侯娶一国之女为夫人，女方须以侄（兄弟之女）娣（妹妹）随嫁，同时还须从另两个与女方同姓之国各请一位女子陪嫁，也各以侄、娣相从，一共9人。最初，对于陪嫁者的姓氏有很严格的规定，只有同姓诸侯国的女子才能成为陪嫁的“媵”，她们或者是妹妹，或者是侄女，如《左传·成公八年》记载：“凡诸侯嫁女，同姓媵之，异姓则否。”这种制度在春秋时期很流行，如楚国与鲁国之间有一次联姻，鲁国本来要娶楚国的女子为嫡妻，以齐国的女子作媵，但是齐国却抢在楚国的前面把女子送到鲁国去，并且胁迫鲁僖公把齐女作为嫡妻。国君、诸侯和士大夫同娶姐妹的例子就更多了，如晋献公娶了大、小胡戎姐妹俩，又娶了骊姬及其妹妹；齐桓公娶了长卫姬和少卫姬姐妹俩；鲁庄公娶了齐哀姜和齐叔姜姐妹俩；鲁国的大夫声伯娶的戴己和声己也是姐妹俩。

但是到了后来，诸侯国嫁女，异姓诸侯国的女子也可以成为陪嫁人员。只要是未嫁的有一定家庭背景的女子，都可以去送嫁。如《左传·成公八年》记载，宋共公娶鲁国的伯姬，同姓的卫国和晋国均有来陪嫁的“媵”，而且不同姓的齐国也送来陪嫁的“媵”。在这里，“同姓媵之，异姓则否”的规定被打破了。

这些陪嫁到别国去的女子，其身份是作为出嫁女的陪嫁，所以其尊卑等级地位也就不同。就姐妹同嫁一夫来说，正妻所生的女儿为正妻，庶妻所生的女儿仍然是庶妻。所以一般正妻所生的两个女儿不会同嫁一夫，如卫宣公的夫人（正妻）宣姜所生的两个女儿，一个嫁给宋桓公当夫人，另一个是许穆夫人。另外，作为奴仆的陪嫁者有可能被男主人看中而成为他的妾或者是身份高于妾的偏房。

大概从战国后期以后，这种嫁女需要陪媵的习俗就渐渐没有了，但是陪送丫鬟、奴仆的现象却作为陪媵的一个转化形式而一直保留到近代，尤其是在有钱人家，陪嫁丫鬟或奴仆被认为是天经地义的事。在某些少数民族，姐妹姑侄同嫁一夫的现象却保留了很长时间，如清代的孝庄皇后就是和她的姐姐、姑姑同嫁给皇太极的。

（岳晗　南金花）

童养媳

童养媳是旧中国社会特有的一种婚姻形式，是指男家在儿子尚年幼时，就为他领养或者买一个年幼的小女孩为养女，等她长大后与其子结婚。这种情况早在三国时期就有，据《三国志》记载，东夷的沮国国君有个女儿，快到10岁时，其夫家就接回家当媳妇养着。《后汉书》后记说，建安十八年（213）曹操将从小就在皇宫中长大的三个女儿宪、节、华做汉献帝的三位夫人。从这里可知，东汉末年至三国时就已经存在童养媳的事实，只不过没有“童养媳”这个名称罢了。

童养媳的由来估计是从周代的媵妾制演变而来。周代诸侯娶一国的女儿，那么她的侄女或妹妹就会陪嫁到男家。其中，侄女或妹妹尚在年幼的时候就陪嫁的不在少数。当她们长大后，很有可能被诸侯或国君看中而纳为妻妾的。这逐渐就发展形成为后来的童养媳。

至于童养媳盛行的主要原因，大致有以下几点：

一是家境不太好的家庭怕以后儿子娶亲所花费的财礼多而娶不上媳妇，于是趁儿子还小时，用比较少的钱为他买一个年龄幼小的女孩，或者抱养一个小女孩，待儿子长大后再与她完婚。也有的是女方家庭贫困，抚养不起孩子，就把她送给或卖给家庭富裕的人家做童养媳，如《窦娥冤》中的窦娥，她爹是个穷书生，养不起窦娥，于是在她很小的时候就将她卖给蔡婆家做童养媳。还有的是女孩父母早逝，只得托人做主，与某家的男孩子订婚，抱送夫家抚养，待长成后完婚。

二是男方家庭（尤其是农村家庭）缺乏劳动力，为了补充劳动力而领养童养媳，等到儿子长大后再成婚。这时的童养媳严格上说不是童养媳，她们与男方的年龄差距比较大，一般是大儿媳小女婿，两人有时要相差十几岁的年纪，往往造成婚姻悲剧，就像一首民歌里唱的那样："油菜花开满地黄，18 岁大姐 7 岁郎。日间喂饭并喂菜，夜来洗足抱上床。"

三是有的家庭只有女儿还没有儿子，她们担心自己生不了儿子，就先养个童养媳，来催生儿子，如北方的"等郎妹"或"等郎媳"，南方的"花等女"。在他们看来或许这样更容易生儿子。如果日后果然生了儿子，待他们长成后就结为夫妻；如果以后仍然没有儿子，只好把收养的女子作为义女，等她成年后嫁人，或者另外再抱养一个义子，招赘同族青年为嗣子，与义女完婚。

四是其他的一些原因，如男方生理有缺陷，怕以后招不到媳妇；还有的是在自己的儿子断奶之后，抱个童养媳回来接乳尾的。

关于童养媳的地位，一般来讲，童养媳被抱到男家之后，会当做自己的女儿来看待。在结婚之前，她有点像男方的妹妹或者姐姐，未来的公公婆婆也视她为自己的女儿。但是她在领过门的时候，是以媳妇的身份进来的，这就注定她长大后必定要成为其"哥哥"或"弟弟"的妻子。因其从小就跟其丈夫以兄妹的身份同居一室，待他们长大后再结婚往往情感上接受不了，从而造成许多悲剧。

另外，在比较富裕的家庭中，他们往往把童养媳视为牛马，非但没有怜悯之心，反而动不动就虐待童养媳，甚至逼死童养媳。有的童养媳一世过着非人的奴役生活。民间也有许多反映童养媳血泪生活的歌谣，如"三三七，童养媳，公要茶，婆要坐。一天忙到晚，吃喝不如狗，夜到头，泪双落”（平阳）；“小枣树，摇三摇，童养媳，真难熬。熬住公公熬婆婆，脚蹬锅牌手拿着勺，喝口米汤也舒服”（清江）；“童养媳，苦弗过……我日里做仔千千万，夜里摇纱要到夜半。肚里饿要弗过，偷支腌菜垫垫肚……三年养个小阿大，三六九岁没关节”（上海）；“养媳妇苦，养媳妇苦，半夜起来磨豆腐，三更磨到天明亮，公婆还说我快活”（江北）。不过，在贫苦家庭，他们花了钱买来童养媳，还要哄着她以后跟自己的儿子结婚，所以，一般不会过分苛刻童养媳的。

一般来说，童养媳长大后有三种结局：一是与自己的“丈夫”完婚，大多数童养媳都是这个结局；二是从小在夫家被虐待，过着非人的生活，长大后男方嫌弃她，将她外嫁，有的直接被男方虐待致死；三是童养媳从小与男方一起长大，以兄妹关系相处，感情深厚，长大后互相不愿意嫁娶，于是各自另外选择伴侣。

（岳晗　南金花）

填房

填房，按照《辞源》的解释，就是旧时女子嫁人做后妻叫做填房。男人死了妻子再娶女子作为正室叫做续弦，而能成为填房的女子一般是没有结过婚的。填房，在人们看来不是一件很好的事，一般都是家境不好或自身条件不好的女子才会去做填房。因此，过去人们会对女子做填房表现出不屑。

填房也有另外一种说法，就是姐姐死了，妹妹顶替姐姐担负妻子的职务而嫁给她的姐夫，这也叫做填房。直到新中国成立前，土家族还有这种填房婚。

在福建地区的婚俗中，如果是娶再嫁妇女，礼仪酒席从简，仅请长辈做主，拜祖先、公婆即可。另外，“填房”者不管是黄花闺女还是寡妇，其地位均不如原配妻子，都不能僭越原配妻子的名分。结婚时，拜堂（适用于初嫁女子）要另加一项——拜发妻的牌位；后妻得认发妻为自己的姐姐；重娶的男子与原配妻父母家人的亲情戚谊一如既往，后妻也随夫而行；丈夫死后必须和原配妻合葬，后妻只能葬在侧翼。在泉州，旧时后妻进门时首先要在门后“拜阿姐”，即拜男方死去的发妻。

（岳晗　南金花）

招赘

招赘，即女子不出嫁，招男子入住女家为婚的婚姻形式，称入赘、招上门、招亲、倒插门。招亲时在女家办酒席，举行婚礼。订立特定婚约，约定男方改名换姓（从女性的姓氏），婚后所生子女从女方的姓氏，财产继承、赡养女方父母等问题也都由双方共同解决。20世纪50年代后，男到女家成婚，男方多不改姓，婚后所生子女归属、财产继承、赡养等问题，男女双方及其父母协议即可。

行招赘婚者，男女双方各有不同的用意。从女方来说：大多是因家中有女无儿，招赘为传宗接代，继承家业，养老送终；也有因家中女多男少，且女家男儿小，招赘以补充劳动力，维持家计，管理家产。从男方来看，上门入赘原因也有三种：一种是因家贫多男儿，为娶媳妇发愁，就让个别儿子到女家"上门"，借此使他成家；第二种是贪图女家富贵，将儿子入赘给女家；第三种是男子孤身一人，无依无靠，只得投奔女家。

这种婚姻形式在中国古代也流行很久，如《史记·滑稽列传》中在介绍淳于髡时，说淳于髡，齐之赘婿也。商鞅在秦国变法时，也曾下令"家贫子壮则出赘"，鼓励贫穷家庭的儿子去做上门女婿。在古代文学作品中"招赘"也有所表现。如《西游记》中，孙悟空打趣八戒的时候就说："计较甚的，你要肯，便就教师父与那妇人做个亲家，你就做个倒踏门的女婿。他家这等有财有宝，一定倒陪妆奁，整治个会亲的筵席，我们也落些受用。你在此间还俗，却不是两全其美？"

过去，赘婿常受歧视，在家庭和社会中的地位低下。新中国成立后，入赘这种婚姻形式得到社会的认可，从法律上也给予了相应的保护。现在，农村中很多地方仍然有招赘女婿上门的情况。

（岳晗　南金花）

面首

"面首"是我国古代上层社会的一种风俗，是女皇帝、太后、皇后、公主等为了满足自己的情欲，公开地有一个或者多个"情夫"，因为这些"情夫"都很有姿色，所以称为“面首”。“面首”即是“男妾”。

据《南史》记载，“面首”最早出现在南北朝时期。刘宋的前废帝刘子业后宫有很多的佳丽，他的妹妹山阴公主为此愤愤不平，和前废帝争论，说她和前废帝都是一父所生，刘宋的皇帝有后宫万人，而她只有一个驸马，认为很不公平。刘子业便给她置面首30人。山阴公主仍然不满足，她看到他的姑姑巴西公主的驸马褚渊漂亮，就把褚渊劫持到家中，逼迫他做自己的“面首”，褚渊被关了十几天，一直坚决拒绝，才被释放。《南史》还记载了齐郁林王萧昭业称帝以后，给自己的母亲文安王皇后置面首30人，以安慰他母亲的孤寂。

武则天是唐朝的女皇帝也是中国历史上唯一的一位女皇帝，她在唐高宗死后，也有很多“面首”充斥后宫，如薛怀义、张易之、张昌宗、柳良宾、侯祥、沈南璆、僧惠范等，都是以“阳道壮伟”著于史页的“面首”。按《旧唐书·外戚传》中记载：“薛怀义者，京兆鄠县人，本姓冯，名小宝。以鬻台货为业，伟形神，有膂力，为市于洛阳，得幸于千金公主（高宗女）侍儿。公主知之，入宫言曰：‘小宝有非常材用（指阳具壮伟），可以近侍。’因得召见，恩遇日深。则天欲隐其迹，便于出入禁中，乃度为僧。又以怀义非士族，乃改姓薛。令与太平公主婿薛绍合族，令绍以季父事之。自是与洛阳大德僧法明……等在内道场念诵。怀义出入乘厩马，中官侍从，诸武朝贵，匍匐礼谒，人间呼为薛师。”

唐朝时期蓄养“面首”的人还不仅仅武则天一个人，她的小女儿太平公主，“父为帝，母为后，夫为亲王，子为郡王”，地位十分显赫，也置“面首”。而且，武则天的许多“面首”是她的女儿向她推荐的，比如薛怀义及张宗昌等，都曾经是太平公主的“面首”。

武则天之后的中宗继位，中宗的妻子韦后与上官婉儿共同私通武三思；韦后又有马秦客、杨均等男宠，他的女儿都曾经广置“面首”。这些都反映了古代一些上层女子的淫逸生活。

（岳晗　南金花）

魏、晋、南北朝以来的婚姻形式

魏晋南北朝以后我国的许多婚俗已经出现，而且影响很大，一直都影响整个魏晋以后的社会。南北朝时期出现了门第婚、财婚和冥婚等婚姻形式，这些婚姻形式在魏晋以后也都存在。

门第婚

门第婚是以等级婚姻为典型特征。其以血统、门第、出身当做衡量人们社会地位及身份价值的尺度，婚姻也竭力保持血统的纯化，因而形成了世族婚姻的两个特点：一是重门第，二是地缘性因素比较突出。门第婚长期存在于魏晋南北朝、隋唐、宋及以后的各个时期。比如，魏晋时期我国的世族之间依据政治地位、社会名望和家庭势力结成比较稳定的婚姻关系。各名门大户为了保住他们的显贵门第，便以婚姻为重要的条件，在朝廷中形成血统和姻缘相结合。皇族也以和名门大姓通婚为荣，庶族地主更以能娶名门之女为荣。魏晋南北朝时期是我国门第婚的极盛时期。出身于建康乌衣巷的高门大族王氏家中的“书圣”王羲之，被也是一代名门氏族的郗鉴相中的“坦腹东床”的故事，就是门第婚的典型。

财婚

财婚是指以资财作为缔结婚姻的重要因素，或者以财物作为价金购买妻妾等。它以“纳征”为婚姻缔结的条件，《礼记·昏义》疏有：“纳征，纳聘财也。”《礼记·曲礼》也有：“非受币不交不亲。”说明当时的男女从提亲到结婚都需要货币。

我国最早的财婚出现于两汉三国时期，到魏晋南北朝时期已经逐渐形成风俗。早期的聘礼都是生活的必需品，汉朝的时候，聘礼已经非常高。《汉宫仪》上说：“皇帝聘皇后黄金万斤。”元、明、清时期的聘礼也都很高，民间男女结婚都需要大量的财礼。这些高昂的聘礼使很多人不能承受，有的甚至会倾家荡产。

冥婚

冥婚又指冥配，是中国婚俗的一种特殊形式。冥婚之俗在周朝时已经有了。《周礼·地官·媒氏》中有“禁迁葬者与嫁殇者”。曹操的儿子曹冲少年而死，曹操聘甄氏的亡女，和他的儿子曹冲合葬。冥婚在我国的元、明、清等时期也都存在。即使在今天，仍然有个别冥婚情况出现。

除了上述这些婚俗，魏晋以后在民间婚姻中还存在几种影响很大的婚姻形式，主要有指腹婚、童养媳等婚姻形式，影响很大。

（岳晗　南金花）

食色性也

长期以来，人们误以为“食色性也”是孔子说的，其实不然。这句话最初是由告子说出来的。

在2000多年前的中国，有个老先生名叫告子。他提出了很多独特的哲学观点，比如“性犹湍水也，决诸东则东流，决诸西则西流。人性之无分于善不善也，犹水之无分于东西也”；比如“仁，内也，非外也；义，外也，非内也”。当时的人们喜欢进行学术辩论。告子在和另一位比他小很多的学问家孟子辩论时，提出一个观点就是“食色，性也”。他的意思就是说，吃饭和男女这两件事情，是人的本性。这个故事出自《孟子·告子上》。孟子则不以为然，因为他认为人性本善。

这里所说的男女，就是为了解决性欲问题而创立的婚姻；这所说的本性，大约相当于今天我们所说的本能。从此我们可以看出，古人最初并不否认人的本能的存在，并不反对给予人类满足人类本能的合理性。《礼记·礼运篇》也说：“饮食男女，人之大欲存焉。”也认为饮食和男女，是人的本性。古代人能够认识到这一点，是十分难能可贵的。

中国还有句古话，叫做“民以食为天”（《汉书·郦食其传》），意即，吃饭是人生中的头等大事。可见，在中国古代最初并不主张禁欲主义，而是承认人类物欲存在的合理性，并且强调要认真地对待这些事情。

（岳晗　南金花）

聘礼的演变

聘礼，就是古代“六礼”中的纳征，指婚姻习俗中男方送给女方的财物，又称“聘币”、“聘财”，宋明以后通称“财礼”。聘礼是中国传统习俗中的一种影响深远的婚姻习俗。不论贫富贵贱，也不论是什么民族，在结婚的仪式中聘礼都必不可少。在不同的时代、地区、阶层以及不同的民族中，聘礼有着很大的差别，其数量和种类也各不相同。

周代及春秋战国时期的聘礼

在周代，聘礼主要是物品“玄纁”和“束帛”等。但是周代的礼制规定，不同的阶层必须用不同的聘礼，因此聘礼也分等级，不能僭越。周天子娶后，所用的聘礼为束帛和谷圭。《周礼·春官宗伯》记载说："谷圭以和难，以聘女。"又《周礼·冬官考工记》说："谷圭七寸，天子以聘女。"圭，是古代帝王、诸侯举行隆重礼仪时所用的玉制礼器，上尖下方，其形状大小因爵位及用途不同而异。谷圭属于其中的一种，主要用于天子的婚姻聘礼，表示聘女是合和美好的事情。

诸侯娶夫人，聘礼用束帛和大璋。《周礼·冬官考工记》说："大璋亦如之，诸侯以聘女。"璋，玉器的一种；大璋在春秋时用于诸侯娶夫人的聘礼。天子娶妻用谷圭为聘礼，诸侯用大璋作聘礼，这谷圭和大璋代表了所聘者的身份地位的不同，是象征其地位和财富的一个标志。在他们的聘礼中，除了这种身份标志以外，当然少不了束帛等一般人娶妻时所用的聘礼中的一些物品。

士大夫娶妻，聘礼为玄纁、束帛和俪皮。《仪礼·士昏礼》说："纳征，玄纁、束帛、俪皮，如纳吉礼。"玄纁，就是用深红和纯红两种颜色的布做成的衣服；束帛，在当时相当于五匹丝帛；俪皮，就是两张鹿皮。

平民百姓娶妻则用缁帛为聘礼。《周礼·地官·媒氏》记载："凡嫁子娶妻，入币纯帛无过五两。"这里的纯帛就是缁帛，也即黑色的布帛。周代的礼制规定老百姓的聘礼不得超过五两，否则要受到惩罚。这不光在品种上规定了不同的身份地位的人聘礼不同，而且在数量上也作了规定。

春秋战国时期，国君、诸侯、士大夫等基本上都依循周礼的规定来下聘礼。

周代及春秋战国时期，聘礼主要是以物品为主，如玉器、布帛等，很少用金银等钱币。不过，据史书记载，战国时的齐闵王娶宿瘤为后时却用了黄金两千两。估计从战国后期开始，聘礼主要转向以金钱为主。

汉代的聘礼

汉代的聘礼主要以金钱为主，尤其是皇帝和豪族权贵，他们的聘礼出手就是上千两、上万两。而且除了这些金钱，还另外有许多物品作为金钱聘礼的陪衬之物。汉惠帝纳鲁元公主的女儿为后时，聘礼用黄金两万金，马 12 匹。以后汉朝历代皇帝的聘礼都以此为标准。打破这个纪录的是王莽。《汉书·王莽传》记载汉平帝娶王莽的女儿为皇后时，聘礼是价值两万黄金的大量财物，而王莽称帝之后，他纳后的聘礼中光黄金就有三万金。这是空前绝后的聘礼数量。豪族权贵的聘礼也都用金钱，如《汉书·淮阳宪王传》记载："赵王……复使人愿尚女，聘金二百斤。"

而贫苦人民之家，则没有多少聘礼和买礼物。西汉人鲍宣，他的老师很欣赏他，于是就把自己的女儿桓少君嫁给他，结婚时送了好多嫁资过去。但是鲍宣由于自己没有钱作聘礼，所以也不愿意接受桓少君的嫁资，于是桓少君将嫁资又送了回去，并且换上粗衣与鲍宣回家。

魏晋南北朝时期的聘礼

这时期的聘礼主要沿袭周代聘礼的制度，从天子到诸侯士大夫娶妻都用实物作为聘礼，而不用黄金。如，天子纳后用谷圭和马匹、俪皮、束帛、玄纁等物品；诸侯聘礼用大璋和其他的物品。魏晋南北朝的不同朝代之间的聘礼之制虽然多次改变，但是基本的东西未变。

隋唐时期的聘礼

隋代的太子纳妃，聘礼为玉帛和马匹；唐代的皇帝纳后，聘礼有玄纁、马匹和谷圭以及其他物品。唐时官员的聘礼，按等级来依次递减，而且唐律对各个等级官员的聘礼数量作了限制。《新唐书·礼乐志》记载："诸臣之子，一品至于三品为一等，玄纁束、乘马，玉以璋；四品至于五品为一等，玄纁束、两马，无璋；六品至于九品为一等，玄纁束、俪皮二，而无马。"但唐时的民间却盛行金钱作为聘礼，聘礼多少则没有限制；也可以用酒食当做聘礼。

宋代的聘礼

宋代人结婚比较看重钱财，所以聘礼一般都以金钱为主，其他物品的种类也很多，比如绫罗绸缎之类。皇族娶亲，付给女方的聘礼动不动就白金上万两，还有酒、花粉、马、羊、绫罗绸缎等，数目繁多。民间的聘礼，有钱人家以三金即金钏、金锭、金帔坠为主，另外还有绫罗绸缎等物品。在这个时期，茶成为聘礼中必不可少的东西。到元明时期，"茶礼"几乎成为婚姻的代名词。女子受聘茶礼称"吃茶"。

元代的聘礼

元代的聘礼既有金钱又有牲畜物品等，并且元政府还规定了聘礼的贵贱等级以及数量，不得随意僭越。但是，当时民间的买卖婚非常流行，女方向男方索要财礼的现象很普遍。所以，索要更多的聘礼者比比皆是。而且民间也不一定按照政府所规定的数量来下财礼，往往根据自身的经济情况来决定聘礼的多少。民间的聘礼，除了聘金，还要花红和羊酒以及茶等物品。

明清时期的聘礼

明清两代的聘礼也是既有金钱又有绫罗绸缎等物品，而且民间索要金钱的风气也很盛，所以明清两代都对聘礼的多少作了规定：按官职品级来确定聘礼的数目和数量。但是民间也还是不按照律令的规定来行聘，而是富有的就多给，没钱的就少给。

（南金花　岳晗）

唐代的婚礼习俗

唐代的婚姻继承了传统的“六礼”，结婚时的礼仪也保留了以往的习俗，如催妆、障车、却扇、拜堂、撒帐、闹洞房、撒谷豆、看新妇等。又由于唐代是个开放的朝代，它对边疆各少数民族的婚姻习俗也表现出尊重和吸收。因此唐代的婚姻过程，结婚时还吸收了各个少数民族的一些婚姻礼仪，如青庐、转毡、坐鞍、结发等。下面简要介绍这几种婚俗礼仪。

催妆

迎亲时，新郎到新娘家，用诗词催请新娘早点上车。这个习俗来自北朝，盛行于唐代民间。唐人的催妆用诗，叫做催妆诗。催妆诗均临时出口，傧相、贺喜之人、新郎都可以作催妆诗。据《唐诗纪事》记载：云安公主下嫁时，文武百官推举陆畅为傧相，脱口作了一首催妆诗：“云安公主贵，出嫁五侯家。天母亲调粉，日兄怜赐花。催铺百子帐，待障七香车。借问妆成未？东方欲晓霞。”

催妆不但风行于士大夫家，在民间也很盛行。据《敦煌掇琐》记载：新娘在家拜别祖先，辞别父母之后，哭三五声，就等着傧相作催妆诗了。

障车

此习俗盛行于唐代，即在新娘的车到中途时，游人相拥拦住新娘的车，戏乐新娘，索要酒食、喜糖。《唐会要·嫁娶》记载了当时的障车情形：“往者下里庸鄙，时有障车，邀其酒食，以为戏乐。近日此风转盛，上及王公。乃光奏音乐，多集徒侣，遮拥道路，留滞淹时，邀致财物，动逾万计。”《新唐书·安乐公主传》也记载：安乐公主下嫁武崇训，武崇训死后，安乐公主嫁给武延秀。结婚当天，安乐公主乘车，从皇宫送到武延秀的府邸。皇帝与皇后亲自到安福门观看，并下诏让雍州长史窦怀贞为礼会使，弘文学士为傧相，相王障车，赐给金帛不等。

青庐

即以青布为屋，设于门前，婚礼在其中举行。这是北方少数民族的旧俗。东汉末年盛行于民间。北朝婚礼，也在门外设立青庐并在其中行交拜之礼。唐朝继承北朝的这个礼仪，嫁娶时都用阴阳八卦法来选择吉利的地方设立青庐，并在帐中行交拜礼。《新唐书·汴哀王璥传》记叙了王孙子弟结婚的这个习俗：太子结婚时不住在东宫，而是到别的宫院。太子、亲王、公主婚嫁，设帐于崇仁礼院。

转毡

新娘到家门口的时候，脚不着地，用毛毡铺在地上，让新娘踏着毛毡进到房子里。这也是北方少数民族的习俗，北朝时就有了。到了唐代，民间也改席为毡，流于奢侈。

坐鞍

这也是北方少数民族的习俗，取崇尚骑马的意思。据北宋文学家、史学家欧阳修的记载，这一习俗的大概情形是：结婚当天，在堂中将两个椅子相背，在上面放置一个马鞍，让新郎坐上去，等到新郎喝完三爵酒之后，新娘家人派人三次请新郎下来，于是新郎下来，然后举行婚礼。也叫上高座。

却扇

用扇子来遮住脸。婚礼用却扇，始于晋代。唐代继承这一习俗，从皇室到民间，结婚时无人不用却扇。唐代的士人都会作诗，所以却扇上就都有诗，像催妆诗一样，叫却扇诗。如李商隐代董才的却扇诗为：“莫将画扇出帷来，遮掩春山滞上才。若道团圆似明月，此中须放桂花开。”唐以后却扇习俗已经不见了。

撒帐

男女交拜过后并行坐在床上，有人拿金钱等撒向婚床，取吉利、多生子。唐代公主下嫁，用特别铸成的金钱来撒帐。如唐荆山公主下嫁给薛伯阳时，特地铸制了明钱用来撒帐，钱放在绢中，每十文系一条彩带，近臣可以去拾钱。唐代民间撒帐也用金钱，撒时嘴里必须说“愿辞”，以祝福吉利。

结发

也叫做合髻。这个习俗兴起于何时，已经无法考证，但是从唐诗中可以看到，结发在唐代已经很盛行。所谓合髻，指女子许嫁后，用一种丝绳来束着头发，直到成婚之时，才由新郎亲自从她头发上解下来。后来，传统的新娘、新郎在饮交杯酒之前各自剪下一缕头发，绾在一起，表示同心。一般剪下的头发交给新娘保管。如唐代女子晁采写了一首情诗《子夜歌》送给她的情人文茂，其诗为：“侬既剪云鬟，郎亦分丝发。觅向何人处？绾作同心结。”

看新妇

唐代时看新妇又叫做“观华烛”，指新婚的当晚，新娘身戴玉佩花环，并点燃花烛，让宾客依次观看。

看新妇的风俗由来已久，是从“妇见姑舅”之礼而来。汉代的时候已经盛行，到魏晋南北朝的时候成为婚礼的一个组成部分，上至天子大臣下至黎民百姓都要看新妇。据《南史·河东王传》记载，齐武帝给河东王娶了大臣柳世隆的女儿，成婚之日，带领群臣去看新妇。唐时的这种风俗也很盛行，可以从唐诗中窥见一斑，如褚亮的《咏花烛》诗：“兰径香风满，梅梁暖日斜。言是东方骑，来寻南陌车。靥星临夜烛，眉月隐轻纱。莫言春稍晚，自有镇开花。”

（南金花　岳晗）

抛绣球

抛绣球也是中国古代传统择婿的方式之一。它兴起于何时已经无从考证。不过，在元杂剧里就有士宦贵戚大族结彩楼抛绣球的习俗。如元代王实甫在《西厢记》中借郑恒的口说出了当时的风尚：张生中了探花之后风风光光地游街三天。当游街第二天的时候，卫尚书家 18 岁的小姐还没有定亲，于是就结彩楼准备在这时择婿。当张生刚到卫尚书家的门口时，卫尚书的小姐正好把绣球打在了张生的头上。张生不同意，说自己已经有妻子了，但是卫尚书是权贵豪势之家，根本不理这个，于是就命粗使丫鬟梅香等十来个人硬是将张生拖到了家里。又如元杂剧《李云英风送梧桐叶》里也描写了抛绣球招亲的事，如当朝有文武状元游街，教金哥女孩抛绣球，接丝鞭。先打着文状元，他犹豫了一下，然后用鞭梢挡住了绣球。第二次又打着了武状元，武状元接住绣球拿了丝鞭，结成了佳偶。

从这些描述来看，结彩楼抛绣球，应该是先抛绣球然后再递丝鞭，男子接受丝鞭，婚约就成立，从而招他为婿。那绣球便是三媒六证。凡是通过抛绣球选婿的，男子都以入赘的方式在女家结婚、举行婚礼。也有一种情况是，女子不结彩楼抛绣球，而是直接由媒人将丝鞭送到男家，如果男家接受了丝鞭，婚约即成立。

不过按《宋历科状元录》记载，南宋高宗绍兴二十一年（1151）末，进士赵逵等及第，皇上赐给他们绿绸袍、白简、黄衬衫。谢恩之后，状元等三人身穿绸袍，手拿丝鞭，骑骏马从东华门到其住所，豪门贵族竞相列彩幕观看。如果有贵家女子没有结婚的，一般都在这时择婿。根据这个记载，那么在宋代的时候就的确已经有结彩楼抛绣球择婿的习俗了。

（岳晗　南金花）

民间婚俗

定情信物

定情信物是恋爱中的男女互相赠送信物，表示爱情的忠贞不渝。互相赠送定情信物是中华民族的传统习俗，如《离骚》中就说："解佩纕以结言兮，吾令蹇修以为理。"从古到今，从汉族到边疆的少数民族，都有赠送定情信物的习俗。而且赠送的定情信物一般是能够代表男女双方心意的东西。在不同的时间、地区、民族及不同的个人间，信物也往往不同。三国时繁钦的《定情诗》描述了一对恋人用各种信物盟誓，来笃定他们的情缘。这些信物有臂钏、戒指、耳环、耳坠、手镯、玉佩、簪、绣花鞋、罗帕，等等。"罗缨"是古代女

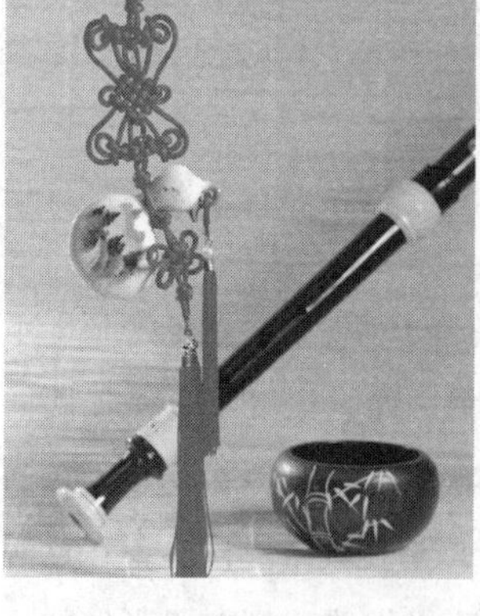

罗缨

子出嫁时系于腰间的彩色丝带，以示她已经心有所属。所以“结缡”便成为古时成婚的代称。《诗经》中有“亲结其缡，九十其仪”，描述女儿出嫁时，母亲一面殷殷叮嘱女儿一些私语，一面恋恋不舍地与其束结罗缨。时至今日，订婚戒指则代替了罗缨。

在恋爱比较自由的边疆少数民族中，定情信物更是不可缺少。如彝族的小伙子一般以花帕相赠，而姑娘们则以自己亲手织的花线带相赠；纳西族的姑娘如果觉得某个小伙子合自己的心意，就会主动向小伙子赠送礼物，她们会拿出自己亲手做的衣服和鞋子相赠，小伙子也会回赠给姑娘一些礼物，比如衣料手饰等；瑶族的姑娘如果相中了某个小伙子，就把自己亲手绣的花腰带赠给对方，小伙子也可以腰带回赠；壮族青年男女则把绣球作为定情信物。

开脸

开脸，又称“拉面”、“净面”、“绞面”，是一种颇为古老的民间风俗，是将麻线或棉线套在双手指上，齿咬线结，把线绷直，缠绞脸上的汗毛。按习俗，女子只有在出嫁时才可以“开脸”，而未婚女子是不能“开脸”的，故有“黄毛丫头”之说。为出嫁女开脸的通常是一位谙熟此道的妇人，一般是她的嫂子或者姑妈、姨妈、邻居等。寡妇不是全福之人，因此不能为出嫁女开脸。开脸的时间因地而异，有的是在迎亲当天，有的是在迎亲前一天；有的是在娘家，有的是在婆家，如满族的开脸就是在婆家。

有关开脸的来历，史书上没有确切的记载，倒是民间有传说。据说隋炀帝三次下江南时，命其手下截取迎亲的喜车，看谁家的新娘漂亮就抢占为己有，搞得老百姓结婚时不敢光明正大地迎娶。这时有个要结婚的姑娘要求男方吹吹打打、热热闹闹地把自己娶回家。怎么办？新郎于是想出一个点子，让媒婆先用线把新娘脸上的汗毛给拔了，把眉毛画成两道弯月，再涂脂抹粉，打扮得像天仙一样漂亮。然后让新娘坐在华丽的台阁子上，并请一班人马吹吹打打，左右护卫。官兵拦住盘问，新郎忙说是赶庙会，里面坐的是城隍娘娘。那官兵一看，果然这娘娘脸部光滑，不同凡人，于是不敢放肆，便把他们放行了。后来人们都这样做，时间一长就变成习俗了。

开脸一般是和“上头”连在一起的，当开脸过后，接着就上头。所谓“上头”就是将新娘原留发辫拆开，改梳成发髻，并配以簪、钗等首饰。开脸和上头标志着一个女子的姑娘时代的结束和媳妇生涯的开始。开脸并不是一件令人高兴的事，因为十几岁女孩的脸皮娇嫩，把汗毛从细皮嫩肉中拔出，实在是很痛的。所以她们在开脸的时候只好咬紧牙关忍受疼痛。

花轿

1. 花轿的种类及乘轿习俗

古代姑娘出嫁时都要坐婆家迎亲的花轿，北京人叫做喜轿。这是婚嫁礼仪中人们视为明媒正娶的标志。如果结婚没有坐轿，会被社会上的人讥笑，自己也要引为终生憾事。

各地的花轿有所不同，有的地方花轿的轿架用红杉木做成，轿栅的四角朝天，轿顶铜制。轿栅与三面轿墙用质地柔韧的水竹罗丝织成，并编织福、禄、寿字及吉祥如意等图案。有的地方花轿轿围用红绸或红缎制成，上有彩绣，还有备女宾坐的绿轿和执事如伞、扇、金瓜、钺斧等。锣鼓执事的数量都要成双成对，以取吉利。轿夫不仅要求健壮有力，而且要求训练有素。走在后面的轿夫看不见路，因此为保障几个轿夫的动作协调一致而使轿子平稳，他们之间形成了一套术语，如前面的轿夫喊“右边一朵花”，后面应“看它莫采它”。这实际上是说右边地面上有一堆马粪，不要踏在上面。

光绪帝大婚时皇后乘坐的喜轿

根据婚嫁者经济状况的不同，花轿的规模也不同，有 4 人花轿、8 人花轿、16 人花轿、民用花轿不等。在云南丽水，习俗认为花轿有神卫护，花轿到达男方，一切闲杂人员，以及翁姑、亲属、客人都要暂避。厨师要把围裙缚在屋柱上，菜刀也要收起来，以避花轿煞神。接着由一位长者向花轿致祝贺词，由新郎向花轿作揖，表示礼敬，然后才能打开花轿门。并由伴姑授以红色长巾，由伴姑牵引新娘出轿。

2. 关于新娘乘花轿的传说

关于新娘乘花轿的由来有这么一则故事：相传乾隆皇帝第二次下江南，经过江苏北部的运河大堤时，从对面来了一班人马，不但不给乾隆让路，还直对着他而来。等走到跟前，看见一匹大红马，马头上挂着大红花，马上坐着一位新娘子。太监大声喝道：“哪里的大胆女子，竟敢拦着皇帝的道路！”话音刚落，就听见马背上的女子说："婚姻大事，人皆有之，何况人生只有一次呢？就是天王老子来了，也得让路叫我过去。"乾隆皇帝在轿内边听边掀开轿帘，看着身穿艳装的新娘说："让路可以，我这儿有个对子，你只要对上，我愿把轿子让与你，送你到夫家如何？"新娘听了，眉开眼笑地说："请吧，大人。"乾隆口出上联："塘中荷花，疯蝶硬要采。"新娘沉思一下，便顺口答道："画上仙女，狂生却难娶。"乾隆听罢，暗暗佩服新娘子的才华，于是便走出花轿，传旨随员，让新娘坐上轿，一直送到新娘的夫家。这则故事当然不是新娘乘花轿的真正由来，它只是讲述了当时的一个特例。可能人们想通过这则故事来表达新娘坐花轿是多么风光！

新中国成立之后，花轿逐渐绝迹。现在一些农村的年轻人复古，结婚时也爱用花轿将新娘迎娶回家了。

拜堂

1. 拜堂的程序

拜堂又称"拜天地"、"拜花堂"，这是婚礼过程中最重要的大礼，过去全国各地都有这种风俗。拜堂是婚礼的高潮阶段，其仪式非常隆重而严肃。因为各地风俗不同，拜堂的具体礼仪也不同。不过拜堂的基本程序都差不多，即：当花轿停在堂屋门前，男方所请的伴娘站到花轿前时，仪式即已开始。一般在男家中庭或者洞房前摆设香案，上面供有"天地君亲师"的牌位，供桌后方悬挂祖宗神幔，堂上红灯高照，张灯结彩，迎面的墙上张贴着大红的"囍"字，两旁还高挂着喜联，两侧嘉宾恭候，伴娘侍立。新郎和新娘在唱礼官（通常为傧相二人即"引赞"和"通赞"）的唱导下开始拜堂。

拜天地的程序有三：一是拜天地，这是因为人们认为男女相交是从结婚才开始，所以要拜天地神祇；二是拜高堂，感谢父母的养育之恩；三是夫妇对拜，意味着男女从此联结在了一起。对拜并不是男女同时致拜，而是女东男西，新娘先拜，新郎接着拜，新娘再拜，也就是新郎拜一次，新娘需拜两次。古人拜堂一般跪拜，到了近代拜堂中的跪拜之礼改成了行鞠躬礼。三拜完毕，引入洞房。至此，男女有了法定的婚姻关系，女子正式成为男家的一员。湖北西部地区的风俗是除了夫妻三拜之外，还要拜舅姑尊长，在这种拜见之前还要选择那些夫妻双全的人先拜，以讨得一种吉利，叫做"开拜"。

2. 拜堂的历史发展

拜堂这一礼俗最初兴起于古人的交拜礼。东汉末年北方的少数民族在"青庐"

里行交拜礼，然后结为正式夫妻；在晋朝时夫妇交拜就更加受到重视；北朝时从天子纳后到平常百姓娶妻都行交拜礼；至隋唐时期夫妇仍然行交拜之礼；宋代新娘在进门后要先参拜祖先，向祖先昭告有新人成为家庭的成员，祈求他们的保佑，并行其他的礼仪之后才回房行交拜礼；元明两代之后就形成了如上描述的拜堂程序和过程。

在一些少数民族地区也存在着拜堂的习俗，如羌族的婚礼仪式是比较隆重的，当新娘到新郎家后，先由新娘的舅父给新郎挂红，然后举行结婚仪式——拜堂。先有四拜：一拜天地，二拜日月灵，三拜国王水土，四拜金银重重福。四拜完毕之后再拜高堂，即一拜祖宗，二拜父母养育恩，三拜夫妻成双对，四拜儿孙个个贤。在拜堂仪式中人们要按习惯唱着他们熟悉的祝福新人的吉祥之语，唱的人一般都年龄稍长。

3. 拜堂歌和拜堂词

过去全国许多地方盛行拜堂时唱拜堂歌，如流行于山西临汾地区的拜堂歌：

喜乐奏欢天喜地，喜爆鸣吉祥如意，
贺新郎状元及第，迎新娘凤冠霞帔。
进大门大吉大利，进二门合心合意，
当院里光色艳丽，行婚礼你喜我喜。
第一项喜乐奏起，鸣礼炮更添喜气，
主婚人月老就位，请送客贵宾入席。
第二项宣读婚书，成佳偶牛郎织女，
行大礼拜天拜地，再参拜和合仙居。
第三项参拜三星，福禄寿日日有增，
拜娘娘麒麟送子，得状元光宗耀祖。
第四项参拜祖宗，育后来天大恩功，
四拜礼诚意慎居，九泉下先人安宁。
第五项举拜五方，拜五行相生相长，
愿五谷丰收满仓，喜五代欢聚同堂。
第六项拜谢月老，牵红线不辞辛劳，
男和女两家结好，月老先生功劳高。
第七项拜谢贵宾，不辞苦登门送亲，
结秦晋佳婿贵妇，喜返程一片放心。

第八项朋友受礼，劳诸位前来贺喜，

诵贺词自由讲话，拜花堂喜气洋洋。

第九项新人对立，互行礼握手道喜，

换礼物略表心意，百年好深厚情意。

第十项夫妻携手，入洞房砂糖蜂蜜，

同乐班喜乐再奏，鸣礼炮喜礼喜毕。

又如客家人的拜堂歌：

一拜天地天作合。

二拜父母养育恩。

三拜宗亲老前辈。

四拜多谢大媒人。

五拜左邻右舍多照应。

六拜哥嫂手足情。

七拜三星多添福禄寿。

八拜送子观音早降临。

九拜邪魔鬼怪远远走。

夫妻对拜百年好合十全十美满堂红。

四川成都地区的拜堂成亲礼也有拜堂之词，当新娘和新郎到来之时，司仪的人在门外高声唱道：“日吉良时，天地开张。新人到此，车马还乡。姜太公在此，诸神回避!”然后拜堂开始，夫妻二人各自站好自己的位置，鼓乐响起时，两人就开始了拜堂的过程。

（岳晗　南金花）

洞房花烛

中国古代历来认为人生有四件大事：久旱逢甘霖，他乡遇故知，洞房花烛夜，金榜题名时。而在这四件事中“洞房花烛”又是排在第一位的。所谓“洞房花烛”，就是新郎、新娘拜堂完毕后在众人簇拥下进入洞房，进行一系列的洞房仪礼之后，完成真正的夫妻之实。

1. 洞房的由来

为什么结婚那天晚上称为洞房花烛夜呢？史书无具体的记载，只留下了一个美丽的传说：帝尧到姑射山仙洞沟牧马坡与牧民谈论如何驯服牲畜，巧遇鹿仙女，两人一见钟情，遂以山洞为房。成婚当晚仙洞对面两座山峰就像红烛一样高照。所以，后世将帝尧与鹿仙女成亲的洞称做洞房，两座山峰称做蜡烛峰，于是在中华民族的历史上就有了“洞房花烛夜”之说。时至今日，新人的新房已经从山洞到平房再到楼房，但人们还是习惯称呼其为洞房。

2. 花烛

结婚当晚要点燃成对的大红蜡烛于厅堂和洞房之内。因为蜡烛上有金银彩饰，所以称其为花烛。六朝时就已经有花烛了，到唐以后结婚用花烛就成为风俗。点花烛的风俗源于古代的抢婚，《礼记·曾子问》记载了周代嫁娶时三日不熄烛的现象：“嫁女之家三夜不熄烛，思相离也；娶妇之家三日不举乐，思嗣亲也。”女家思念被抢走的女儿，故三日不熄烛；男家担心女方来抢人，所以不敢熄烛，以至于逐渐形成了风俗。到后来，点花烛并不是怕女方家来抢人，而是表示喜庆吉祥。民间还把花烛作为夫妇白头偕老、爱情专一、同甘共苦的象征，故花烛又称为“长命灯”。古代民间认为左主男，右主女，如果左烛先燃完，预示着男子先逝，如果右烛先燃完，则预示着女子早逝。因此为了使夫妻能白头到老，民间就有了守护花烛燃烧的习俗。如果一支花烛先燃尽，守花烛的新人就要赶快把另一支花烛吹灭，以遂其愿。还有的地方将花烛用油灯代替。有关花烛的故事还有一个传说：传说姜太公可怜商纣王，于是就封他为“天喜星”，专管人间的婚嫁之事。但由于纣王生性好色，所以当他见到漂亮的新娘就会躲在洞房内不出来，伺机玷污新娘。而新娘根本不认识新郎，无法辨认，往往酿成悲剧。姜太公没法，只好求助周公，于是周公就规定，结婚当晚必须在洞房内点燃红烛，且彻夜不熄，以免新娘认错人。

喜蜡

3. 洞房花烛夜的仪礼

新郎、新娘进入洞房之后还要进行一系列的洞房仪礼，具体为：挑盖头、坐床撒帐、喝交杯酒、同心结发、点花烛。挑盖头又称“挑红巾”，新郎用秤杆将新娘用来盖头的红巾挑起，古人说的“夫妻相识在洞房”恐怕就在这一瞬间。坐床撒帐，新郎挑盖头之后，两人并坐在床上，称“坐床”或“坐福”；接着有人拿糖果金钱等撒向婚床和洞房的四周，叫做“撒帐”，表示良好的祝愿以及为新人驱除邪煞；还有的撒果品五谷等物，一般都有枣子、桂园等，取早生贵子之意。喝交杯酒，又称为“合卺”，表示夫妻相爱。同心结发，各个时期做法不同，但是意义同样重大，后人多用“结发夫妻”来指代原配夫妇。点花烛，指的是新人一起点燃从新娘家带来的花烛。

（岳晗　南金花）

闹洞房

新婚之夜，亲戚朋友进入洞房，对新娘百般戏谑，称为闹洞房，又称“闹新房”、“闹房”、“戏新娘”、“暖新房”、“弄新妇”、“戏妇”、“谑亲”等，它是中国男女成婚时亲朋好友对他们表示祝贺的一种礼俗，其目的都是使婚礼喜庆热闹，同时祝一对新人幸福、欢乐、美满。此习俗源于汉朝，兴盛于近现代，在汉族地区广泛盛行。汉末仲长统的《昌言》中记载：“今嫁娶之会，捶杖以督之戏谑醴以趣之情欲，宣淫佚于广众之中，显阴私于新族之间，污风诡俗，生淫长奸，莫此之甚，不可不断之也。”可知，闹洞房的习俗从汉时已经出现。“闹”的方式各种各样，各地有同有异，有文闹，有武闹。文闹就是向新娘出对子、作诗、猜谜等，或者让新娘讲述她的爱情经过。武闹则行为粗鲁，口出秽言，对新娘动手动脚。古往今来，因为闹洞房过火而导致新娘死亡的事例不在少数。有些更是经常因恶作剧而反目成仇，甚至抢劫新人。

关于闹洞房的由来，民间认为是防止妖魔鬼怪进入洞房。传说很早以前紫微星一天下凡，在路上遇到一个披麻戴孝的女子，跟在迎亲队伍后面，他看出这是魔鬼在伺机作恶，于是也就跟着到新郎家，只见那女人已躲进了洞房。当新郎、新娘拜完天地要进入洞房时，紫微星守着门不让进，说里面藏着魔鬼。众人请他指点除魔办法，他建议客人们在洞房里嬉戏说笑，用笑声驱走邪鬼。果然，到了五更时分，魔鬼终于逃走了。这可能就是民间所说的“人不闹鬼闹”吧。有学者认为“听房”的习俗实质上也是源于防止鬼怪

洞房

进入洞房的一种保护措施。所以闹洞房不仅能增添新婚的喜庆气氛，还能驱邪避恶，保佑新郎、新娘婚后吉祥如意，兴旺发达。

闹洞房时，平辈的、晚辈的亲戚朋友，不分辈分高低，男女老幼都可以到洞房参与逗闹新郎、新娘。俗话说“新婚三日无大小”，除了爹妈谁都可以闹。而且无论如何戏闹，如何难以接受，新娘是万万不能反目生气的，否则会被认为人缘不好，以后不容易相处。

（岳晗　南金花）

撒谷豆

撒谷豆就是在新娘下轿进门时把谷和豆大把大把地往新娘身上撒，同时念诵赞辞，意在压避青羊、乌鸡、青牛三煞神。撒谷豆又叫做“撒草”或“撒喜果”，它源于汉代。据说京房的女儿与翼奉的儿子订立了婚约。翼奉选了个日子准备为儿子迎娶新娘。京房认为翼奉所选的日子不吉利，因为这一天有三煞附在门上。凡是三煞附门的时候，新娘就不可以入门，如果违犯了，隐身附在门上的三煞神就会附到新娘的身上，从而损伤尊长，而且婚后无子。翼奉于是采取了一定的措施。当新娘入门时，用谷豆和草撒向新娘来辟邪。后来的人在结婚时仍然沿用这种做法，逐渐形成了撒谷豆的习俗。可知在汉代已经有撒谷豆这一习俗。到宋朝，撒谷豆习俗已在民间流行。现在，有的地方将撒谷和豆改撒谷草秆、麸皮、瓜子、花生、核桃、栗子等物，有的地方撒盐，有的地方撒护姑粉，这都是撒谷豆的变种，无外乎是驱鬼辟邪，求吉利。

撒谷豆一般分两次举行。第一次在新娘家。新娘即将上轿时，请一位福寿双全的老妇人拿盛有谷豆的米或簸箕在花轿四周、里外、新娘周围抛撒。第二次在新郎家。迎亲队伍回到新郎家，伴随着新娘下轿、进男方家门，都要抛撒谷豆。

从汉至现在，撒谷豆及其变形形式撒草一直盛传不衰，并且遍布我国广大地区，可以说是一种较为典型的婚礼辟邪仪式。因为在人们看来，新娘很容易招致恶魔缠身，是个不祥之人，所以在结婚时有各种各样的习俗来驱鬼辟邪，比如闹洞房、点花烛等。如今，人们仍然沿用这一习俗，主要是一方面寻求吉利，再一个就是为了增加婚礼的喜庆气氛。至于为什么用谷和豆而不用其他的东西，是因为在古人的眼中，谷即代表各种谷物，“五谷丰登”是祝福丰年的吉祥用语，因此谷就成为吉祥之物，具有神奇的力量，可以用来驱鬼辟邪保护新人。有的地方取谷豆旺盛的繁殖力之意，认为向新人撒谷豆可以使新人在结婚之后多生育儿女，能够更好地繁衍后代，所以撒谷豆具有祝福多子的意义。

撒谷豆风俗在我国一些少数民族地区也有传承。湖北鄂西土家族地区就曾有这种风俗；藏族有撒青稞麦婚仪习俗，其习俗也可视为由汉族撒谷豆传承而来。

（岳晗　南金花）

贴“囍”字

在中国的婚礼中，车上、门上、窗户上、床上、家具上等地方到处可见大红的“囍”字。红色在中国文化中代表吉庆和欢乐，而且在中国人看来，红色能够防止妖魔鬼怪的侵犯，保护自己。所以在所有庆典和节日活动中，随处都能看到红色。“囍”字由两个“喜”字组成，则是代表喜事加倍，不同一般的高兴和喜庆，也表示给新人带来好运气和幸福生活，还象征着作为婚姻吉祥物的喜神。因此红“囍”字是家喻户晓，尽人皆知的吉祥符号。

据传，“囍”字为宋代王安石所创。王安石赴京赶考，高中状元，非常高兴，便来到街上闲逛，见一大户人家张灯结彩，悬挂一上联：“洞房花烛夜”，并告示说，有能对出下联者，将女儿许配给他。王安石脱口而出“金榜题名时”，竟胜过所有求婚者的应对，于是喜结良缘。王安石喜事逢双，乘兴挥毫，连写两个喜字，构成新字“囍”。后来，人们争相效仿，结婚贴红“囍”的习俗便流传开来。关于王安石的故事有不同的说法。王安石进京赶考，见一富贵人家门前张灯结彩，灯上题有一副上联：“走马灯，灯走马，灯熄马停步。”说谁能对出下联，就将小姐嫁给他，但始终无人对得上来，王安石当时也没有对上来，于是他就赴京赶考。没想到主考官竟以“飞虎旗”出对：“飞虎旗，旗飞虎，旗卷虎藏身。”王安石便以“招亲”的上联应对，最终考取状元。他金榜题名后又来到那家富人家应对，结果被招为女婿。王安石喜不自禁，提手写了两个喜字，并把它贴在门上，从此，结婚便有了贴红“囍”的习俗。

光绪大婚时坤宁宫喜字门

但是传说还不能说明贴“囍”字的由来，传说之所以盛传不衰，就在于它起到了阐释、渲染、传承贴红“囍”婚俗的作用。真正的“囍”字的由来可能是来源于人们对喜神的崇拜。喜神是传说中的“月老”，婚姻之神，所以结婚要迎喜神、送喜神。然而由于人们不知道喜神长得什么样子，于是便据“喜事成双”的心理，将两个喜字并连起来作为喜神的标志，张贴于洞房，以祈祝婚姻幸福美满，从而红“囍”字作为喜神的标志而代代传承，至今在婚典中仍被普遍使用。由于受中国人结婚时到处都贴红“囍”字的影响，越南人结婚也贴“囍”字，虽然他们不懂汉字，也是图个红红火火的吉利吧。

（岳晗　南金花）

抢亲

抢亲又叫做掠夺婚或抢婚，是一种古老的婚姻形式，它是男子通过运用暴力抢劫手段将女子掠夺为己有并结成婚姻，而不管女方是否同意。抢婚在对偶婚制向一夫一妻制过渡的母系民族崩溃的时代就已经产生。早先的抢婚具有暴力强制性，到了后世才成为象征性的表演。现代社会中自由婚姻增多，因此，抢婚实际上已失去它原来的意义。但抢婚作为婚礼的仪式依然保留，多见于我国西南云、贵、川、藏等省、自治区的少数民族地区。另外，抢亲所需的花费和彩礼少，因此多为贫寒家庭所采用。

1. 抢亲的性质

抢婚具有两种性质，即暴力抢婚和模拟抢婚。暴力抢婚，顾名思义，就是不经过媒聘，纯粹诉诸武力，运用暴力去掠夺女子，尽管女方并不同意。这往往会造成流血冲突，有时甚至双方的伤亡都很大。抢婚过后男方会派媒人去说合，如果女方谅解，便可正式成婚；如果说合不成，也可能因此结下怨恨，互相不往来，长期做冤家。这种情况在现代社会已绝无仅有，保留下来的只是一个带有喜剧色彩的“形式”，抢婚之前男女双方都已经商量好。比如，在湘、桂、黔边境地区的部分侗族山寨，抢婚的方式各地不一，基本上都是男女双方自愿的，在迎娶的当晚，女方故意将新娘藏起来，男方则在半夜设法将新娘“抢”走，抬上花轿，吹吹打打凯旋而归，充溢着得胜者的喜悦。

2. 抢亲的几种原因

下面几种情况可能是使古往今来男女青年采用抢亲的形式来完成婚姻的原因：

一是男女双方自由恋爱有感情，但是女方的家长却不同意，于是男女青年便私下定好日子，让男方来抢亲。阿昌族的女子在被男子抢走时要高呼爹娘，表明她是被人抢走的。由于女方家里没有准备，一般抢婚都能成功。在纳西族，当一对恋人不被家庭承认时，他们便相约在夜深人静时，把女子带到男方家中，来个先斩后奏，然后郑重通知女方的父母，并以礼相待他们，次日再由男方父母带着礼物到女家去赔礼。女方家见生米已煮成熟饭，只好应允他们的婚事。

二是女方已经有意中人，但是女方父母另外选择了其他人，那么其中一个男子就会来抢新娘。阿昌族的规矩是未抢到姑娘的另一个男子，只能眼巴巴地望着姑娘被抢走，而不能半路截取。彝族的男女青年遇到这样的情况则会与其意中人私奔。当与她订婚的男子得到这个消息之后就会立即行动去抢婚，尽快地把女子抢到自家，使女子失去自由，直至有孕。

三是女方已经有自己的意中人，但是别的男子却为了占有她，纠合一批人将其抢走。在新中国成立前，彝族经常发生这样的事。而且当女子被抢走时，如果她的意中人在后面追来，双方就会发生一场抢夺战。即使女子不被其意中人抢走，她在以后也还会与她的意中人潜逃，因此还会发生再次抢婚之事，直到女子回心转意为止。

四是男女恋爱中途女子变心也会导致抢婚。本来男女双方是自由恋爱，可是后来女方变心，男方却还爱着女方，为了得到女方，也可能会采取抢婚的办法。

五是男方为了节省彩礼钱，女方为了节省置办嫁妆的钱，双方约定隐瞒待嫁的女子而实行抢婚仪式。在过去的绍兴，就曾有这种风俗，那里的人们以为抢婚是对女方的尊敬，说明女子不是嫁不掉的，而是被人抢走的，女家脸上有光。

六是在一些地方的彝族中，抢婚是一种交接仪式。在正式娶亲的当天，新娘打扮一新，女家派人将她送至半路，男方家在半路将其抢走，于是抢婚变成一种交接仪式。

（岳晗　南金花）

义绝

“义绝”是法律上强制要求男女离婚的条件。其实“义绝”的说法早就存在，但何时被引入朝廷的律令不得而知。从汉朝开始律令上就有“义绝”这个条令，只是犯了“义绝”这一条不一定非得离婚。到唐朝时律令上则明确记有“义绝”一条，并且规定如果犯了“义绝”这一条，就必须离婚，违者还要受到处罚。

“义绝”的具体内容随着时代的不同也有所不同，长孙无忌所制定的唐律规定“义绝”为如下六个方面：一是（夫）殴妻之祖父母、父母，杀妻外祖父母、伯叔父母、兄弟、姑、姊妹；二是（夫）杀妻之祖父母、父母、伯叔父母、兄弟、姑、姊妹；三是妻殴詈（骂）夫之祖父母、父母，杀伤夫外祖父母、祖叔父母、兄弟、姑、姊妹；四是妻与夫缌麻（五服）以上亲奸；五是夫与妻母奸；六是妻欲害夫。宋朝的律令又规定，如果家长及丈夫逼妻子为娼，那也算作义绝。除了这些律令上明文规定的属于义绝，在实际事例中还有许多属于义绝的行为，如将自己的妻子转嫁卖掉；妻子诬告自己的公公强奸；公公调戏儿媳；女婿诬告老丈人强奸自己的妻子；丈夫虐待妻子使其身体损伤；强奸妻子前夫的现任妻子，等等。

《汉书·孔光传》有言：“夫妇之道，有义则合，无义则离。”本来“义绝”其名义是夫妻的情义已绝，但是考察上述几种情况，其实都属于亲属间的互相侵犯或亲属间的乱伦关系，其目的仍在于维护正常的家庭亲属关系，巩固伦常观念和家族秩序。

（岳晗　南金花）

协离

协离即现今所说的协议离婚，这种离婚方式一般存在于民间，非官方的强制离婚。古代男子可以根据“七出”或“义绝”来休妻，主动权掌握在男子的手中。但是如果妻子没有犯“七出”或“义绝”的禁令，那么男子就不能随意休妻，否则会受到法律制裁。然而，古代夫妻是“以义合”，也以情合；因此，如果他们之间已经不存在情义，那么国家也规定有和离的方法，那就是协离。唐代的《户婚律》上就规定：如果夫妻二人相处得不和谐，经二人商量后，同意“和离”的话，法律予以承认。在协议离婚中，一般都是女方主动要求离婚，男方同意之后，写份离婚书，或按个手印，离婚正式生效。女方主动离婚的例子要数东汉的朱买臣被妻休一事：汉代东吴人朱买臣娶了刘老汉的女儿为妻，刘老汉的女儿因嫌弃朱买臣只读书不求功名，还要靠妻家来养活，没什么用处，因此十分不满意这门婚姻。有一次朱买臣和他的妻子上山砍柴，边走边唱，他的妻子怒气冲冲地骂道："我再也忍受不了，我已下定决心，今天非跟你离婚不可。"朱买臣对妻子说："我五十岁当富贵，今年已经四十多岁了，你跟着我受苦半辈子，何妨再忍耐些时，等我做了官，必当好好补偿你的苦功。"面对朱买臣的挽留，其妻执意要离去。于是朱买臣只好以左手印一个手模在纸上，交与其妻，算是两人作了了断。这种离婚方式，在古代大概就算是协议离婚了。

这种双方同意离婚的方式，不但法律上予以承认，社会风俗也予以承认。而且这种方式多盛行于贫苦之家。如《玉照新志》记载，郑绅年轻的时候家境非常贫困，他的妻子嫌弃他，离他而去。还有《分甘余话》记载，张秀卿会作诗，年少的时候嫁给了一个卖菜的人，后来她很讨厌她的丈夫，便离开他过独居的生活。一次偶然的机会，她与孙翰林对诗，感觉不错，于是就嫁给了这位翰林。这都算是以协议离婚的方式解除婚姻关系。

（岳晗　南金花）

青楼文化现象

青楼，原本指显贵人家的闺阁，也就是大户人家住的房子。后来随着妓女的产生、发展，青楼逐渐成为妓院的代名词。因此，所谓青楼文化，顾名思义就是与青楼相关的文化现象或者在青楼中产生的文化现象。在古代的诗、词、曲等文化中，青楼文化现象有很多，可以说青楼文化现象是古代诗词曲发展的推动因素之一。之所以会出现这种情况，主要与古代妓女的艺术才华和聪明才智以及文人墨客的留恋声色有关。

古代的妓女大多数色艺俱全，尤其是在唐代，妓女的等级地位划分不是以色作为衡量标准，而是以技艺为主，其次才看色貌如何。因此她们用以谋生的更重要的是艺，诗词歌赋、琴棋书画自然成了她们迎来送往的资本。又由于她们沦落风尘往往是被生活所迫，因此，在沦落风尘之后她们仍然会保持着浪漫的向往，诗词歌赋、琴棋书画同时也就成为她们感物伤怀的寄托所在。历史上有才华的妓女比比皆是，她们在诗词曲方面的创作非常之多，同样丰富和发展了中国的文学宝库。如《全唐诗》收录了21位妓女的作品，共有136首诗。著名的有薛涛的《春望词四首》、关盼盼的《燕子楼三首》、杜秋娘的《金缕衣》等。妓女对词的产生也做出了重要的贡献，宋代的妓女琴操、苏琼、陈凤仪、乐婉，以及后来的许多名妓，她们创作的词有很深的造诣，有的不在名家之下。

古代的妓女是从表演音乐歌舞而来的，因此正是将歌舞音乐作为自己基本技能的妓女推动了中国古代音乐歌舞的发展。在妓女中出现了许多舞姿优美、技艺精湛的舞蹈家和精通乐器、作曲的音乐家。如汉代宫妓赵飞燕，西晋时的绿珠，唐代的宫妓谢阿蛮、关盼盼、杜秋娘以及后来的董小婉等“金陵八绝”，等等，都是名噪一时的歌舞艺术家。另外，妓女在琴棋书画方面也有较高的才华。在绘画和书画方面著名的妓女有唐代的薛涛，宋代的苏翠、严蕊，明代的薛素素、马守真等。

妓女所具有的这些诗词歌赋、琴棋书画的本领，令中国历代文人墨客对她们流连忘返，使他们在妓女身上获得了永不枯竭的创作源泉。仅唐宋两代，咏妓女的诗、词就很多。《全唐诗》中，有关妓女的诗篇就有2000多首。这表明唐代妓女在唐代文人心目中还是占有一定地位的。李白、白居易、元稹等大诗人与妓女的来往都比较密切。宋代的著名词人周邦彦和柳永都是靠为妓女填词而出名。他们的词在宋词中造诣较高，创作了很多传世佳作。

正是妓女的色艺俱全和文人墨客的交往，使得青楼文化现象成为中国古代文化中不可缺少的一部分。

（岳晗　南金花）